Die verjährungshemmende Durchsetzungssperre im Personengesellschaftsrecht

Forum Unternehmens-, Steuer- und Bilanzrecht

Deutsche, europäische und internationale Rechtsfragen
Herausgegeben von Oliver Fehrenbacher / Michael Stöber

Band 32

Alexander Gaub

Die verjährungshemmende Durchsetzungssperre im Personengesellschaftsrecht

PETER LANG
Berlin - Bruxelles - Chennai - Lausanne - New York - Oxford

Bibliografische Information der Deutschen Nationalbibliothek
Die Deutsche Nationalbibliothek verzeichnet diese Publikation in der Deutschen Nationalbibliografie; detaillierte bibliografische Daten sind im Internet über http://dnb.d-nb.de abrufbar.

Zugl.: Kiel, Univ., Diss., 2024

D 8
ISSN 2366-293X
ISBN 978-3-631-93371-8 (Print)
E-ISBN 978-3-631-93404-3 (E-PDF)
E-ISBN 978-3-631-93405-0 (EPUB)
DOI 10.3726/b22690

Verlegt durch:
Peter Lang GmbH, Berlin, Deutschland

info@peterlang.com – www.peterlang.com

Inhaltsverzeichnis

Vorwort 13

Abkürzungsverzeichnis 15

A. Einleitung 19

B. Liquidation von Personengesellschaften vor und nach Inkrafttreten des MoPeG 25

I. Ablauf des Liquidationsverfahrens nach bisheriger Rechtslage vor Inkrafttreten des MoPeG 25

II. Ablauf des Liquidationsverfahrens und Reform nach dem MoPeG 29

1. Reform des MoPeG 29
2. Ablauf der Liquidation nach dem MoPeG 30
3. Zwischenergebnis 33

III. Begriffsbestimmungen – Liquidation und Auseinandersetzung 33

IV. Zwischenergebnis 35

C. Der Grundsatz der Durchsetzungssperre 37

I. Herleitung 38

1. Gesetzliche Vorschriften 40
   a. Gesellschaftsrechtliche Vorschriften 41
   b. Aufrechnungsvorschriften 41
   c. Zurückbehaltungsrechte 42
   d. Zwischenergebnis 43
2. Gesellschaftsvertrag 43
3. Ergänzende Vertragsauslegung des Gesellschaftsvertrages 43
4. Stundung 45
5. *Dolo-agit*-Einrede; Treu und Glauben 46
6. Treuepflicht 49
7. Rechtsinstitut *sui generis* 51

8. Gewohnheitsrecht ... 52
9. Zwischenergebnis ... 53

II. Anwendungsbereich ... 55
1. Erfasste Gesellschaftsformen ... 55
2. Zeitlicher Anwendungsbereich ... 57
3. Erfasste Ansprüche ... 58
a. Erfasste Ansprüche: Ansprüche aus dem Gesellschaftsverhältnis ... 58
b. Nicht erfasste Ansprüche: Drittansprüche ... 61
c. *Causa societatis* begründete Ansprüche ... 64
d. Ansprüche und offene Posten ... 67
4. Zwischenergebnis ... 68
a. Anwendungsbereich der Durchsetzungssperre ... 68
b. Liquidationsbefangenheit ... 69
c. Ansprüche und offene Posten ... 70

III. Ausnahmen und Durchbrechungen ... 71
1. Ansprüche mit Selbständigkeitscharakter ... 71
2. Für die Liquidation erforderliche offene Beitragsleistungen sowie Schadenersatzansprüche der Gesellschaft ... 72
3. Überschaubare Verhältnisse und kein wesentliches Gesellschaftsvermögen ... 73
4. Schadenersatz aus vorsätzlich begangenen unerlaubten Handlungen ... 74
5. Verletzung der gesellschaftsrechtlichen Treuepflicht ... 75
6. Persönliche Schädigung eines Gesellschafters ... 76
7. Absichtliche Verzögerung der Liquidation ... 77
8. Bereits vorab feststehende Ausgleichspflicht für einen Aufwendungsersatzanspruch eines Gesellschafters ... 77
9. Bereits vorab feststehender Mindestbetrag eines Auseinandersetzungsguthabens ... 78
a. Ausnahme von der Durchsetzungssperre? ... 79
b. Vorauszahlung auf das Auseinandersetzungsguthaben? ... 80
c. Bewertung ... 81

10. Bereits vorab feststehende Nachschusspflicht 82
11. Zwischenergebnis 83
a. Ausnahmen von der Durchsetzungssperre 83
b. Ausnahmen auch von der Liquidationsbefangenheit? 87
c. Bedeutung für die Verjährungsfrage 88
IV. Rechtswirkungen 89
1. Undurchsetzbarkeit 90
a. Einwendung oder Einrede? 90
b. Undurchsetzbarkeit in Prozess und Vollstreckung 94
2. Erfüllbarkeit 95
3. Aufrechenbarkeit 96
4. Abtretbarkeit; (Ver-)Pfändbarkeit 97
5. Verzugswegfall 99
6. Verjährbarkeit und Verjährungshemmung 99
7. Verrechnungswirkung der Auseinandersetzungsrechnung 103
8. Zwischenergebnis 104
V. Zwischenergebnis 105

D. Verjährung und Verjährungshemmung 109
I. Zwecke der Verjährung 110
1. Perspektive des Gläubigers 111
2. Schutz des Nichtschuldners 112
3. Schutz des Schuldners 113
4. Schutz der Allgemeinheit 114
5. Zwischenergebnis 115
II. Zwecke der Verjährungshemmung 116
III. Durchsetzungssperre und Verjährungszwecke 117
1. Eingeschränkte Möglichkeit des Gläubigers zur Rechtsverfolgung 118
2. Keine Nachlässigkeit in der Rechtsverfolgung 122
3. Keine Entlastung der Gerichte bei Verjährungseintritt 123

4. Keine Regressverschlechterung ... 125
5. Verdunkelung der Beweislage ... 126
6. Rechtsfriede und Rechtssicherheit ... 126
7. Beschleunigung der Abwicklung ... 127
8. Zwischenergebnis ... 128

IV. Verjährung und Verjährungshemmung in der *lex lata* ... 130
1. Verjährbarkeit von Ansprüchen ... 131
2. Verjährungsfristen ... 133
3. Hemmung, Ablaufhemmung und Neubeginn ... 134
a. Verhandlungen nach § 203 BGB ... 134
b. Rechtsverfolgung nach § 204 BGB ... 135
c. Durchsetzungshindernisse nach §§ 205 ff. sowie § 771 BGB ... 135
d. Neubeginn nach § 212 BGB ... 139
4. Zwischenergebnis ... 139

V. Auslegung und Analogiefähigkeit von Verjährungsnormen ... 140
1. Auslegung ... 141
2. Analogien zu Hemmungstatbeständen ... 141
3. Zwischenergebnis ... 142

VI. Einwand unzulässiger Rechtsausübung gegen die Verjährungseinrede ... 143
1. Vorverhalten/Vertrauenstatbestand ... 143
2. Übrige Fallgruppen ... 145
3. Zwischenergebnis ... 145

VII. Privatautonomie und Verjährungsrecht ... 145

VIII. Zwischenergebnis ... 147

E. Vergleich zu anderen Durchsetzungssperren ... 149

I. Durchsetzungssperre beim Kontokorrent, § 355 HGB ... 149
1. Gemeinsamkeiten ... 150
2. Unterschiede ... 151
a. Rechtsnatur und Herleitung ... 151
b. Mehrzahl von Verrechnungsvorgängen ... 151

c. Näheverhältnis ... 152
d. Mehrseitigkeit ... 152
e. Forderungen und offene Posten ... 153
f. Zeitpunkt der Kontokorrent-/Liquidationsgebundenheit ... 153
3. Stellungnahme und Bewertung ... 153
II. Durchsetzungssperren in der Krise der Gesellschaft ... 154
1. Auszahlungssperre des § 30 Abs. 1 GmbHG ... 155
a. Gemeinsamkeiten ... 156
b. Unterschiede ... 156
c. Verjährungsrechtliche Behandlung ... 157
d. Stellungnahme und Bewertung ... 158
2. Eigenkapitalersetzende Darlehen ... 160
a. Gemeinsamkeiten ... 161
b. Unterschiede ... 161
c. Verjährungsrechtliche Behandlung ... 163
d. Stellungnahme und Bewertung ... 163
3. Rangrücktritt ... 164
a. Gemeinsamkeiten ... 166
b. Unterschiede ... 167
c. Verjährungsrechtliche Behandlung ... 167
d. Stellungnahme und Bewertung ... 168
4. Durchsetzungssperre aus der Treuepflicht ... 169
a. Dogmatische Einordnung ... 170
b. Stellungnahme und Bewertung ... 171
5. Zwischenergebnis ... 172
III. Durchsetzungssperre im Insolvenzverfahren ... 173
1. Gemeinsamkeiten ... 174
2. Unterschiede ... 174
a. Näheverhältnis ... 175
b. Quotale Teilerfüllung statt Saldierung ... 175
c. Einseitige Durchsetzungssperre ... 175
d. Förmliche Anmeldung ... 176
3. Verjährungsrechtliche Behandlung ... 176

4. Stellungnahme und Bewertung ... 177
a. Insolvenzrechtliche Lösung ... 177
b. Keine Übertragbarkeit der insolvenzrechtlichen Lösung ... 177
c. Verjährungsrechtliche Folgerungen ... 178

IV. Zwischenergebnis ... 179
1. Rechtliche Rahmenbedingungen ... 179
2. Verjährungsthematik bei den verglichenen Durchsetzungssperren ... 180
3. Lösungskonzepte ... 180
4. Keine Übertragbarkeit vorhandener Lösungen ... 181
5. Wertungen zur Verjährungsthematik ... 182

F. Verjährungshemmung der Durchsetzungssperre ... 183

I. Hemmung kraft vertraglicher Vereinbarung ... 184
1. Vertraglicher Hemmungstatbestand der Durchsetzungssperre ... 184
2. Hemmungstatbestand aus ergänzender Vertragsauslegung ... 185
3. Zwischenergebnis ... 185

II. Gesetzliche Hemmungstatbestände ... 186
1. Hemmung nach § 203 BGB ... 186
a. Grenzen der Hemmung in zeitlicher Hinsicht ... 186
b. Grenzen der Hemmung in sachlicher Hinsicht ... 187
c. Zwischenergebnis ... 188
2. Hemmung nach § 204 Abs. 1 Nr. 1 Var. 2 BGB ... 190
3. Hemmung nach § 205 BGB ... 191
a. Abgrenzung und Einordnung ... 191
b. Keine Subsumtion der Durchsetzungssperre unter § 205 BGB ... 191
c. Vertragliche Nachbildung der Durchsetzungssperre zulässig? ... 193
d. Zwischenergebnis ... 194
4. Zwischenergebnis ... 195

III. Gesetzesanalogien (Einzelanalogien) ... 195

1. Rechtsmethodische Einordnung, Abgrenzung und Zulässigkeit ... 196
2. Verjährungsrechtliche Maßstabsstrenge ... 198
3. Planwidrige Regelungslücke ... 199
a. Abgrenzung zum sog. beredten Schweigen des Gesetzgebers ... 200
b. Bewusst planwidrige Lücken ... 201
c. Anfängliche und nachträgliche Lücken ... 202
d. Verzichtbarkeit der Lücke? ... 202
e. Zwischenergebnis ... 203
4. Zum Vorliegen einer Regelungslücke ... 203
a. Keine anfängliche Regelungslücke ... 203
b. Veränderung rechtlicher Rahmenbedingungen ... 204
c. Regelungsplan des Gesetzgebers ... 204
d. Lücke im Regelungsplan ... 205
e. Zwischenergebnis ... 206
5. Vergleichbare Interessenlage ... 207
6. Gesetzesanalogie zu § 204 Abs. 1 Nr. 10 BGB ... 208
7. Gesetzesanalogie zu § 205 BGB ... 210
a. Vertragliche Vereinbarung ... 210
b. Nachträgliche Vereinbarung ... 211
c. Vorübergehendes Leistungsverweigerungsrecht ... 212
d. Zwischenergebnis ... 213
8. Gesetzesanalogie zu § 207 BGB ... 213
9. Gesetzesanalogie zu § 771 Satz 2 BGB ... 214
10. Zwischenergebnis ... 216
IV. Gesamtanalogie zu §§ 205 – 208 BGB ... 216
1. Abgrenzung und Einordnung ... 217
2. Voraussetzungen einer Gesamtanalogie ... 218
a. Planwidrige Regelungslücke ... 218
b. Gemeinsamer Rechtsgedanke: Durchsetzungshindernisse als Hemmungsgründe ... 218
c. Verallgemeinerungsfähigkeit ... 219

d. Übertragbarkeit ... 220
3. Zwischenergebnis ... 221
V. Gesamtanalogie zu unverjährbaren Ansprüchen ... 221
1. Gemeinsamer Rechtsgedanke ... 222
2. Kein allgemeiner Rechtsgrundsatz ... 223
3. Keine Übertragbarkeit ... 224
4. Zwischenergebnis ... 224
VI. Unverjährbarkeit als Inhaltsänderung der Einzelansprüche ... 225
VII. Konzept des Nichtanspruchs ... 226
VIII. Einwand unzulässiger Rechtsausübung gegen die Verjährungseinrede ... 229
1. Vorverhalten / Vertrauenstatbestand ... 229
2. Rechtliche Sonderbeziehungen ... 230
3. Zwischenergebnis ... 231
IX. Hemmungstatbestand kraft Gewohnheitsrechts ... 231
X. Zwischenergebnis ... 232

G. Das Ende der Hemmung ... 233
I. Ausnahmen von der Durchsetzungssperre ... 233
II. Fortsetzung der Gesellschaft ... 235
III. Feststellung der Auseinandersetzungsrechnung ... 235
IV. Umwandlungsmaßnahmen ... 238
V. Aufgabe der Auseinandersetzungsabsicht ... 240
VI. Zwischenergebnis ... 241

H. Zusammenfassung und Thesen ... 243

Literaturverzeichnis ... 249

Lebenslauf ... 259

Vorwort

Die vorliegende Arbeit wurde im Wintersemester 2024/2025 von der Rechtswissenschaftlichen Fakultät der Christian-Albrechts-Universität zu Kiel als Dissertation angenommen.

Mein Dank gebührt zunächst meinem Doktorvater, Herrn Prof. Dr. *Michael Stöber*, für die Bereitschaft zur Betreuung dieser Arbeit. Er ließ mir in der Bearbeitung des Themas stets die nötigen Freiheiten und stand mir zugleich mit wertvollen Ratschlägen und Hinweisen zur Seite.

Herrn Prof. Dr. *Lukas Rademacher* habe ich für die Übernahme sowie die ausgesprochen zügige Erstellung des Zweitgutachtens zu danken.

Zudem danke ich Herrn Prof. Dr. *Michael Stöber* sowie Herrn Prof. Dr. *Oliver Fehrenbacher* für die Aufnahme des Werkes in die Schriftenreihe „Forum Unternehmens-, Steuer- und Bilanzrecht".

Für die Ermöglichung der berufsbegleitenden Abfassung der Dissertationsschrift habe ich der Kanzlei Flick Gocke Schaumburg und insbesondere Herrn Dr. *Philipp Rulf* sowie Herrn Dr. *Jan C. Giedinghagen*, LL.M. (Boston) zu danken.

Ein besonderer Dank gebührt Frau Richterin am Sozialgericht Dr. *Nadja Richter* sowie Herrn Richter am Landgericht *Adrian Mangalia* für ihre konstruktiven Anregungen und Hinweise.

Vor allem aber habe ich meiner Ehefrau, Frau Regierungsdirektorin *Carina Vanessa Gaub*, für die vorbehaltlose Unterstützung, ihre wertvollen Hinweise zu der Arbeit und nicht zuletzt ihr Verständnis für die Abwesenheitszeiten an zahlreichen Wochenenden zu danken.

Abkürzungsverzeichnis

a.A.	andere Ansicht
Abs.	Absatz
a.F.	alte Fassung
AG	Aktiengesellschaft
AGB	Allgemeine Geschäftsbedingungen
AnfG	Gesetz über die Anfechtung von Rechtshandlungen eines Schuldners außerhalb des Insolvenzverfahrens
Art.	Artikel
BAG	Bundesarbeitsgericht
BAGE	Entscheidungen des Bundesarbeitsgerichtes
BB	Betriebs-Berater
Begr.	Begründung
BFH	Bundesfinanzhof
BGB	Bürgerliches Gesetzbuch
BGBl.	Bundesgesetzblatt
BGH	Bundesgerichtshof
BGHZ	Entscheidungen des Bundesgerichtshofes in Zivilsachen
BT-Drucks.	Bundestagsdrucksache
BVerfG	Bundesverfassungsgericht
BVerfGE	Entscheidungen des Bundesverfassungsgerichtes
bzw.	beziehungsweise
DNotZ	Deutsche Notar-Zeitschrift
DStR	Deutsches Steuerrecht
DStRE	Deutsches Steuerrecht Entscheidungsdienst
ErbVerjRÄndG	Gesetz zur Änderung des Erb- und Verjährungsrechts
EUR	Euro

Fn.	Fußnote
FG	Finanzgericht
GbR	Gesellschaft bürgerlichen Rechts
gem.	gemäß
GG	Grundgesetz
ggf.	gegebenenfalls
GmbH	Gesellschaft mit beschränkter Haftung
GmbHG	Gesetz betreffend die Gesellschaften mit beschränkter Haftung
GoA	Geschäftsführung ohne Auftrag
HGB	Handelsgesetzbuch
h.L.	herrschende Lehre
h.M.	herrschende Meinung
Hrsg.	Herausgeber/-in
HS.	Halbsatz
InsO	Insolvenzordnung
i.V.m.	in Verbindung mit
JA	Juristische Arbeitsblätter
Jura	Juristische Ausbildung
JuS	Juristische Schulung
KG	Kommanditgesellschaft
krit.	kritisch
LG	Landgericht
Lit.	Literatur
MDR	Monatsschrift für Deutsches Recht
MoMiG	Gesetz zur Modernisierung des GmbH-Rechts und zur Bekämpfung von Missbräuchen
MoPeG	Gesetz zur Modernisierung des Personengesellschaftsrechts

n.F.	neue Fassung
NJW	Neue Juristische Wochenschrift
NJW-RR	Neue Juristische Wochenschrift – Rechtsprechungs-Report
Nr.	Nummer
NZG	Neue Zeitschrift für Gesellschaftsrecht
OHG	offene Handelsgesellschaft
OLG	Oberlandesgericht
RegE	Regierungsentwurf
Rn.	Randnummer
RNotZ	Rheinische Notar-Zeitschrift
Rspr.	Rechtsprechung
S.	Seite
SMG	Gesetz zur Modernisierung des Schuldrechts
sog.	so genannte(r)
StGB	Strafgesetzbuch
u.a.	unter anderem
Überbl.	Überblick
UmwG	Umwandlungsgesetz
v.	von / vom
Var.	Variante
VIZ	Zeitschrift für Vermögens- und Immobilienrecht
Voraufl.	Vorauflage
Vorbem.	Vorbemerkungen
WM	Wertpapier Mitteilungen
z.B.	zum Beispiel
ZIP	Zeitschrift für Wirtschaftsrecht
ZPO	Zivilprozessordnung

A. Einleitung

Die vorliegende Arbeit widmet sich einem Sonderaspekt der Durchsetzungssperre in der Liquidation von Personengesellschaften – ihrer verjährungsrechtlichen Behandlung. In der Liquidation und bei Ausscheiden eines Gesellschafters begründet die Durchsetzungssperre die Undurchsetzbarkeit der einzelnen Zahlungsansprüche, die zwischen der Gesellschaft und den Gesellschaftern bestehen und aus dem Gesellschaftsverhältnis herrühren. Solche Einzelansprüche können nach der Auflösung der Gesellschaft insbesondere nicht mehr gerichtlich eingeklagt werden. Anstelle ihrer jeweils separaten Durchsetzung und Erfüllung fließen sie als sog. unselbständige Rechnungsposten in eine Auseinandersetzungsrechnung ein. Durch Saldierung der wechselseitigen Einzelansprüche in der Auseinandersetzungsrechnung ergibt sich am Ende der Liquidation, ob und in welcher Höhe einem Gesellschafter insgesamt noch ein Auseinandersetzungsguthaben zukommt oder ein Nachschuss zu leisten ist. Damit soll eine Vielzahl von Hin- und Herzahlungen auf die noch offenen Einzelansprüche zwischen den Gesellschaftern und der Gesellschaft vermieden, das Auseinandersetzungsverfahren vereinheitlicht und damit die Liquidation erleichtert werden.[1]

Ob indessen die Verjährungsfristen der Einzelansprüche während der Liquidationsphase weiterlaufen und Verjährung eintreten kann, ist trotz jahrzehntelanger Entwicklung der Rechtsfigur der Durchsetzungssperre durch Rechtsprechung und Literatur nur selten – und wenn überhaupt, dann nur am Rande – Gegenstand von Erörterungen gewesen.[2] Die Arbeit soll einen Beitrag zur Klärung der Frage leisten, ob die Einzelansprüche der Verjährung preisgegeben sind, insbesondere wenn sich die Liquidation der Gesellschaft über Jahre hinzieht, eine Durchsetzung der Einzelansprüche aber durch die Durchsetzungssperre ausgeschlossen ist.

---

1 *Brandani*, Die BGB-Gesellschaft in der Liquidation, S. 136 f.; *Hadding/Kießling*, in: Soergel, § 730 a.F. Rn. 9; *Hillers*, Personengesellschaft und Liquidation, S. 128; *Retzlaff*, in: Grüneberg, § 736d Rn. 5; *Richter*, in: Koch, PersG, § 735 BGB Rn. 19; *Schäfer*, in: MüKoBGB, § 735 Rn. 32; *Trost*, in: jurisPK-BGB, § 730 a.F. Rn. 27.

2 In der Rechtsprechung stehen sich zur Verjährungsthematik bislang zwei widersprechende OLG-Entscheidungen gegenüber: Das OLG Frankfurt (v. 15.2.2018 – 3 U 176/15, NZG 2018, 1141, 1143) verneint den Verjährungseintritt während der Liquidationsphase implizit, allerdings ohne nähere Begründung. Das OLG München (v. 27.5.2020 – 7 U 3086/19, BeckRS 2020, 11573, Rn. 96) nimmt hingegen an, dass es zu keiner Verjährungshemmung durch die Durchsetzungssperre komme und die Verjährungsfristen weiterliefen. Zum Stand von Rspr. und Lit. siehe C.IV.6.

Die Verjährungsfrage war vor dem 1. Januar 2002 wenig bedeutsam, galt doch eine allgemeine dreißigjährige Regelverjährungsfrist nach § 195 BGB a.F. Das Problem eines möglichen Verjährungseintritts während der Liquidation vermochte deshalb kaum aufzutreten. Das hat sich mit der Reform durch das Gesetz zur Modernisierung des Schuldrechts (SMG)[3] zum 1. Januar 2002 grundlegend gewandelt. Erstens gilt seither eine auf nunmehr lediglich drei Jahre *„drastisch verkürzte[...] Regelverjährungsfrist“*[4] und es droht bereits binnen kurzer Zeit der Verjährungseintritt. Da sich Liquidationen häufig über Jahre hinziehen,[5] kommt mit voranschreitendem Zeitablauf zusehends die Frage auf, ob eine Verjährung der noch offenen Einzelansprüche eintreten kann.[6] Die Verjährung kann zum einen die Berücksichtigungsfähigkeit von Einzelansprüchen in der Auseinandersetzungsrechnung beseitigen oder, falls die Durchsetzungssperre etwa wegen Fortsetzung der Gesellschaft (§ 734 BGB n.F.) wieder entfällt,[7] zur nunmehr dauerhaften Undurchsetzbarkeit der Einzelforderungen wegen Verjährungseintritts nach § 214 Abs. 1 BGB führen. In beiden Fällen droht dem Gesellschafter ein vollständiger wirtschaftlicher Verlust seiner Einzelforderung.

Zweitens wurden durch das SMG auch die Vorschriften zur Hemmung der Verjährung in erheblicher Weise geändert. § 202 BGB a.F. gewährte vormals noch recht weitgehend die Verjährungshemmung, soweit ein Leistungsverweigerungsrecht bestand. Diese Norm, auf die sich eine verjährungshemmende Wirkung der Durchsetzungssperre zumindest im Wege analoger Anwendung vergleichsweise einfach stützen ließ und teils auch gestützt wurde,[8] wurde durch das SMG in ihrem Anwendungsbereich *„entsprechend der geringen Bedeutung der Vorschrift erheblich vereinfacht“*[9] und eingeschränkt. Die heute in § 205 BGB n.F. niedergelegte Nachfolgevorschrift gewährt die Verjährungshemmung nur noch dann, wenn das Leistungsverweigerungsrecht auf Grund einer vertraglichen Vereinbarung mit dem Gläubiger besteht.[10] Nicht ohne weiteres zu bejahen ist deshalb die Frage,

---

3 Gesetz zur Modernisierung des Schuldrechts (SMG) v. 26.11.2001, BGBl. I, S. 3138.

4 *Leenen*, DStR 2002, 34, 41; vgl. auch *Witt*, JuS 2002, 105, 106.

5 Vgl. dazu Begr. RegE zum MoPeG v. 17.3.2021, BT-Drucks. 19/27635, S. 250.

6 *Freund*, MDR 2011, 577, 578.

7 Zu denken ist ferner an eine Reihe anderer Gründe für das Entfallen der Durchsetzungssperre, dazu G.

8 So *Brandani*, Die BGB-Gesellschaft in der Liquidation, S. 124; *Hillers*, Personengesellschaft und Liquidation, S. 167.

9 Begr. Gesetzentwurf zum SMG, BT-Drucks. 14/6040, S. 118.

10 Vgl. Begr. Gesetzentwurf zum SMG, BT-Drucks. 14/6040, S. 118.

ob § 205 BGB n.F. auf die Durchsetzungssperre direkte oder analoge Anwendung finden kann.[11]

Drittens dürfte die Einführung eines Gesellschaftsregisters durch das Gesetz zur Modernisierung des Personengesellschaftsrechts (MoPeG)[12] zum 1. Januar 2024 für viele GbRs eine Registereintragung erforderlich machen. Das MoPeG begründet für registergängige GbRs einen *„faktischen Zwang zur Registrierung"*,[13] was insbesondere eine Formalisierung auch des Liquidationsverfahrens registrierter GbRs erwarten lässt.[14] Mit der Formalisierung des Liquidationsverfahrens einhergehen dürfte künftig in weitaus größerem Ausmaß eine Befassung mit den offenen Einzelansprüchen und ihrer verjährungsrechtlichen Behandlung. Erst mit Beendigung der Liquidation darf das Erlöschen der GbR nach § 738 BGB n.F. angemeldet werden.[15]

Die Durchsetzungssperre soll nach dem Willen des Gesetzgebers durch das MoPeG unverändert bestehen bleiben.[16] Sie wird allerdings nicht positiviert, anders als eine Vielzahl von Rechtsentwicklungen der Judikatur aus den letzten Jahrzehnten. Nach Auffassung des Gesetzgebers entziehe sich ihre Kodifikation einer abstrakt-generellen Regelung.[17] Die Klärung der durch die Durchsetzungssperre aufgeworfenen Fragestellungen bleibt damit nach wie vor Rechtsprechung und Literatur überantwortet.[18]

Ziel dieser Arbeit ist es, einen Beitrag zur verjährungsrechtlichen Behandlung der Durchsetzungssperre zu leisten. Im Ausgangspunkt fehlt es bereits an

---

11 BGH v. 25.1.2012 – XII ZB 461/11, NJW-RR 2012, 579, Rn. 23: *„Andere rechtliche Hindernisse, die der Geltendmachung des Anspruchs vorübergehend entgegenstehen, begründen – anders als nach früherem Recht – grundsätzlich keine Hemmung"*.

12 Gesetz zur Modernisierung des Personengesellschaftsrechts (MoPeG) v. 10.8.2021, BGBl. I, S. 3436.

13 Begr. RegE zum MoPeG v. 17.3.2021, BT-Drucks. 19/27635, S. 128.

14 Etwa sind nach § 736c BGB n.F. die Liquidatoren anzumelden. Nach § 738 BGB n.F. ist das Erlöschen anzumelden. Ein „Versandenlassen" von GbRs, deren Vermögen ohne Durchführung einer Auseinandersetzung entnommen wurde und bei denen die Gesellschafter offene Ansprüche schlicht auf sich beruhen lassen, dürfte bei eingetragenen GbRs nicht mehr ohne weiteres möglich sein. Die Registerkundigkeit der GbR erzwingt künftig eine Erklärung über die Beendigung der Liquidation.

15 § 738 BGB n.F.: *„(...) ist das Erlöschen der Gesellschaft von sämtlichen Liquidatoren zur Eintragung in das Gesellschaftsregister anzumelden, sobald die Liquidation beendigt ist"*.

16 Begr. RegE zum MoPeG v. 17.3.2021, BT-Drucks. 19/27635, S. 188.

17 Begr. RegE zum MoPeG v. 17.3.2021, BT-Drucks. 19/27635, S. 188.

18 *Schöne*, in: BeckOK-BGB, § 736d n.F. Rn. 4.

ausreichender grundsätzlicher Klärung der Rechtsfigur. Woraus die Durchsetzungssperre herzuleiten ist, welches Wesen ihr zukommt, wie sie wirkt und wie sie in zivilrechtliche Kategorien gefasst werden kann, ist auch heute noch in weiten Teilen umstritten und ungeklärt. Nach Befassung mit diesen – auch für die Verjährung relevanten – Grundsatzfragen zur Rechtsfigur wird der Frage nachgegangen, ob nach den verjährungs- und gesellschaftsrechtlichen Wertungen von Gesetz und Gesetzgeber der Verjährungslauf der Einzelansprüche durch die Durchsetzungssperre überhaupt beeinflusst werden soll und in welcher Weise dies erfolgen kann. In rechtsmethodischer Hinsicht befasst sich die Arbeit insbesondere mit den Rahmenbedingungen der richterrechtlichen Kreation neuer Rechtsfiguren *praeter legem*, der Bestimmung ihrer Reichweite sowie den Leitplanken für ihre Fortentwicklung. Erörtert werden dabei die Voraussetzungen und Grenzen für Rechtsfortbildungen im Gesellschafts- und Verjährungsrecht. In diesem Rahmen soll ein weiterer Schritt in der Entwicklung und Ausformung der Durchsetzungssperre als eigenständige Rechtsfigur erreicht werden. Und nicht zuletzt geht es auch um die Lösung des für den Rechtsanwender praktisch relevanten Problems, welche Möglichkeiten bestehen, auf die bei schlichter Gesetzesanwendung drohende Verjährung der Einzelansprüche zu reagieren. Die Begründungsansätze und Ableitungen zur Verjährungsfrage bei der liquidationsrechtlichen Durchsetzungssperre können sodann auch für andere Durchsetzungssperren relevant und unter Umständen auf diese übertragbar sein.[19]

Im Gang der Untersuchung wird zunächst das Liquidationsverfahren bei Personengesellschaften betrachtet (B). Eingehender Untersuchung unterzogen wird sodann der Grundsatz der Durchsetzungssperre, insbesondere seine Herleitung, sein Anwendungsbereich, die Ausnahmen und Durchbrechungen, die er erfahren hat, und der bisherige Erkenntnisstand zu den Rechtsfolgen und Wirkungen der Durchsetzungssperre (C). Es schließt sich eine Untersuchung des Verjährungsrechts nach §§ 194 ff. BGB an, welches durch das SMG vor gut 20 Jahren eine tiefgreifende Neuausrichtung erfahren hat. Hier werden insbesondere die verjährungsrechtliche Interessenabwägung des Gesetzgebers und seine rechtspolitischen Entscheidungen zu den Gründen und Voraussetzungen für den Verjährungslauf sowie für den Aufschub des Verjährungseintritts aufgearbeitet (D). Da Durchsetzungssperren nicht allein in der Liquidation von Personengesellschaften bekannt sind, widmet sich ein Kapitel dem Vergleich mit anderen Durchsetzungssperren,

---

19 Etwa für die Durchsetzungssperre des § 30 Abs. 1 GmbHG, bei der hinsichtlich der sich dort in ähnlicher Weise stellenden Verjährungsthematik nach *Perwein* (GmbHR 2006, 1149 f.) *„mehr im Dunkeln lieg[t], als dem Praktiker recht sein kann"*.

insbesondere mit Blick auf die verjährungsrechtliche Behandlung der von diesen erfassten Ansprüche (E). Es schließt sich eine Diskussion der rechtsmethodischen Konzepte zur Begründung einer verjährungshemmenden Wirkung der Durchsetzungssperre bzw. des Nichteintritts der Verjährung während der Liquidation an (F). Das letzte Kapitel setzt sich mit dem möglichen Wegfall der Durchsetzungssperre und dem Ende der Hemmung auseinander (G).

B. Liquidation von Personengesellschaften vor und nach Inkrafttreten des MoPeG

Die Auflösung bezeichnet den Übergang von der werbenden Gesellschaft zur Abwicklungsgesellschaft. Sie ist damit eine (bloße) Zweckänderung und führt noch nicht zum Erlöschen bzw. zur Vollbeendigung der Gesellschaft.[20] Mit der Auflösung ist der Zweck der Gesellschaft auf die Liquidation des Gesellschaftsvermögens und die Auseinandersetzung unter den Gesellschaftern gerichtet. Dies bedeutet, dass die noch bestehenden Außenrechtsverhältnisse der Gesellschaft zu Dritten (Arbeitnehmern, Kunden, Lieferanten, (Steuer-)Behörden, etc.) beendet und abgewickelt werden und sodann das verbleibende Vermögen der Gesellschaft unter Berücksichtigung der Einzelansprüche und der sonstigen offenen Posten unter den Gesellschaftern verteilt wird.

I. Ablauf des Liquidationsverfahrens nach bisheriger Rechtslage vor Inkrafttreten des MoPeG

Der Ablauf des Liquidationsverfahrens bei einer Personengesellschaft nach der Gesetzeslage bis zum 31. Dezember 2023 wird im Folgenden überblicksartig dargestellt. In diesem Rahmen wurde die Rechtsfigur der Durchsetzungssperre entwickelt.

Mit der Auflösung ging die Geschäftsführungsbefugnis auf alle Gesellschafter als Abwickler bzw. Liquidatoren über, § 730 Abs. 2 Satz 2 BGB a.F., § 146 Abs. 1 Satz 1 HGB a.F.[21] Diese hatten die laufenden Geschäfte zu beenden, § 730 Abs. 2 Satz 1 BGB a.F., § 149 HGB a.F. Bei der GbR waren die von einem Gesellschafter überlassenen Gegenstände an diesen zurückzugeben, § 732 BGB a.F.[22] Sodann waren aus dem Gesellschaftsvermögen die vorhandenen Verbindlichkeiten der Gesellschaft zu befriedigen, § 733 Abs. 1 BGB a.F., § 149 HGB a.F.[23] Im Anschluss

---

20 *Saam*, in: Ebenroth/Boujong, § 143 Rn. 12; *Schäfer*, GesR, § 10 Rn. 4; *Schäfer*, in: MüKoBGB, § 729 Rn. 5.

21 *Schäfer*, in: MüKoBGB (8. Aufl.), § 730 a.F. Rn. 40.

22 Eine solche Vorschrift bestand nur für die GbR. Für die OHG und die KG fand sich keine entsprechende Norm.

23 *Schöne*, in: BeckOK-BGB, § 733 a.F. Rn. 4; *Westermann*, in: Erman (16. Aufl.), § 734 a.F. Rn. 3.

erfolgte die Verteilung des vorhandenen Gesellschaftsvermögens an die Gesellschafter.

Die Abwicklungstätigkeiten nach bisheriger Rechtslage ließen sich dabei in zwei große Vorgänge bzw. Phasen[24] einteilen:

- Erstens die Abwicklung der (Außen-)Rechtsverhältnisse der Gesellschaft und die Verflüssigung des Gesellschaftsvermögens, häufig als Liquidation bezeichnet, und
- zweitens den Ausgleich im Innenverhältnis zwischen den Gesellschaftern und der Gesellschaft nebst Verteilung des Überschusses, häufig als Auseinandersetzung bezeichnet.[25]

Eine gänzlich saubere Trennung beider Vorgänge war bereits nach bisheriger Rechtslage kaum durchgehend möglich.[26] Für hiesige Betrachtung interessiert vor allem der zweite Vorgang der internen Auseinandersetzung und das verjährungsrechtliche Schicksal der in diese Auseinandersetzung einfließenden Ansprüche aus dem Innenverhältnis der Gesellschaft. Der Ausgleich im Innenverhältnis vollzog sich bislang auf Grundlage einer umfassenden Auseinandersetzungsrechnung, die klärt, wer in welcher Höhe ein Auseinandersetzungsguthaben zu beanspruchen hat oder einen Nachschuss zur Deckung offener Verbindlichkeiten oder zur Ausgleichung von Überentnahmen zu leisten hat.[27]

Bei der GbR vollzog sich die Verteilung des Gesellschaftsvermögens nach der gesetzgeberischen Konzeption wiederum in zwei Schritten: Zunächst wurden die Einlagen zurückerstattet, § 733 Abs. 2 Satz 1 BGB a.F. Danach erfolgte die Verteilung des noch verbleibenden Überschusses nach § 734 BGB a.F., wobei gesetzlich eine Teilung in Natur gem. §§ 731 Satz 2, 733 Abs. 3 BGB a.F. i.V.m. § 752 BGB vorgesehen war. In der Praxis wurde allerdings auch bislang zumeist keine Teilung in Natur und keine zweischrittige Verteilung des Gesellschaftsvermögens vorgenommen. An deren Stelle konnte insbesondere eine Gesamtverflüssigung

---

24 *Hillers*, Personengesellschaft und Liquidation, S. 129.

25 Ähnlich untergliedert *Hellmann*, Die Auseinandersetzung des Gesellschaftsvermögens nach Auflösung und Ausscheiden, §§ 5 ff. und §§ 10 ff.; vgl. zur Verwendung der Terminologie auch *Schäfer*, in: MüKoBGB (8. Aufl.), § 730 a.F. Rn. 1 ff.; *K. Schmidt*, in: MüKoHGB, § 155 a.F. Rn. 16.

26 *Schäfer*, in: MüKoBGB (8. Aufl.), § 730 a.F. Rn. 4.

27 Teilweise wurde die Erstellung der Auseinandersetzungsrechnung auch nur noch als bloß interner schuldrechtlicher Ausgleich gesehen, der bereits *„nicht mehr Teil der gesetzlich vorgesehenen Auseinandersetzung ist"*, so *Kilian*, in: Henssler/Strohn, GesR (5. Aufl.), § 730 a.F. BGB Rn. 12.

des Gesellschaftsvermögens[28] und eine einheitliche Verteilung des Gesellschaftsvermögens unter Einbeziehung aller offenen Posten, einschließlich der Einlagen und Ansprüche aus dem Gesellschaftsverhältnis, treten.[29] Die Abwicklung der Außenrechtsverhältnisse war dabei vorgreiflich für die spätere Auseinandersetzungsrechnung.[30] Erst nach ihrer Durchführung stand fest, welches Restvermögen oder welcher verbleibende Verlust unter den Gesellschaftern zu verteilen war und wer von wem noch etwas zu fordern hatte.

Bei den Personenhandelsgesellschaften (OHG und KG) hingegen war gesetzlich keine Aufteilung in die Rückerstattung der Einlagen und die Verteilung des Überschusses vorgesehen, sondern eine einheitliche Verteilung des nach Befriedigung der Gläubiger verbleibenden Vermögens nach § 155 Abs. 1 HGB a.F.[31] Nach § 155 Abs. 2 HGB a.F. konnte eine vorläufige Verteilung des für die Liquidation und die Gläubigerbefriedigung nicht erforderlichen Geldes erfolgen. Die Details waren bereits bislang Gegenstand anhaltender Diskussion.

Regelungen zum Ausgleich der Einzelansprüche zwischen der Gesellschaft und den Gesellschaftern sahen die bisherigen liquidationsrechtlichen Vorschriften nicht vor. Teils beruhte dies auf der dem Gesetz vor Inkrafttreten des MoPeG zugrundeliegenden Gesamthandstheorie,[32] wonach das Gesellschaftsvermögen als Sondervermögen den Gesellschaftern zur gesamten Hand zugeordnet war, § 718 BGB a.F.[33] Die Rechtspositionen, Rechte und Pflichten der GbR sollten den Gesellschaftern sonach in gesamthänderischer Verbundenheit zugeordnet sein.[34] Die GbR war dabei gesetzlich nicht als eigenes Rechtssubjekt ausgestaltet und existierte als solches nicht. Nicht normiert war daher auch der Umgang mit Einzelforderungen, die sich aus dem Gesellschaftsverhältnis der einzelnen Gesellschafter zur Gesellschaft (Sozialsphäre) ergeben. Die Personenhandelsgesellschaften hingegen waren zwar bereits nach alter Gesetzeslage vor dem 1. Januar 2024 als eigene Rechtssubjekte ausgestaltet, § 124 HGB a.F. Dennoch enthielten auch die für diese gegebenen Regelungen keine Maßgaben zum Ausgleich der

28 *Westermann*, in: Erman (16. Aufl.), § 734 a.F. Rn. 2.

29 *Hillers*, Personengesellschaft und Liquidation, S. 325 und 331 f.; vgl. auch *Schäfer*, in: MüKoBGB (8. Aufl.), § 734 a.F. Rn. 8.

30 Vgl. *K. Schmidt*, in: MüKoHGB, § 155 a.F. Rn. 1.

31 *Heusel*, in: BeckOGK-HGB (Stand: 1.09.2023), § 155 a.F. Rn. 20, 25 f. – str., ob dies durch die Liquidatoren oder außerhalb der Liquidation zu erfolgen hatte.

32 *Habersack*, BB 2001, 477 ff.; *Saenger*, GesR, Rn. 49a.

33 *Hell*, JA 2021, 12, 15.

34 Vgl. *Saenger*, GesR, Rn. 49a.

Einzelansprüche. Hierin spiegelt sich die rudimentär gebliebene Ausgestaltung des Liquidationsrechts durch den Gesetzgeber.

Nach allgemeiner Ansicht waren während der Liquidation die Ansprüche aus dem Gesellschaftsverhältnis grundsätzlich mit einer Durchsetzungssperre belegt, also nicht mehr individuell durchsetzbar.[35] Sie wurden von den Abwicklern bzw. Liquidatoren weder eingezogen noch erfüllt, sondern gingen als Rechnungsposten in die Auseinandersetzungsrechnung ein. In die Auseinandersetzungsrechnung einzubeziehen waren dabei alle unverjährten Einzelforderungen. Soweit hinsichtlich einer Einzelforderung Verjährung eingetreten war, war diese als undurchsetzbare Forderung auszubuchen und nicht mehr zu berücksichtigen.[36] Bestätigt wird dieses Ergebnis durch die Kontrollüberlegung, dass ein Gesellschafter schwerlich die Berücksichtigung einer bereits *vor* Auflösung verjährten Einzelforderung nun im Rahmen der Auseinandersetzung verlangen kann.[37] Darin zeigt sich auch die Bedeutung der Verjährungsfrage: Träte während der Liquidationsphase Verjährung ein, wären die verjährten Einzelforderungen im Rahmen der Auseinandersetzungsrechnung ebenfalls auszubuchen und gingen damit wirtschaftlich für den Gläubiger verloren.

Der sich aus der Auseinandersetzungsrechnung ergebende Saldo aller Positionen – dies beinhaltet neben den offenen Einzelforderungen aus dem Gesellschaftsverhältnis auch den Ausgleich der ggf. unterschiedlich hohen Kapitalkonten –[38] wurde durch Auszahlung des Guthabens am Ende der Liquidation oder Einzahlung eines Nachschusses nach §§ 734, 735 BGB a.F. ausgeglichen. Auch Ausgleichszahlungen unter den Mitgesellschaftern waren denkbar.[39] Der Anspruch auf das Auseinandersetzungsguthaben wurde erst fällig mit Feststellung der Auseinandersetzungsrechnung, die durch Beschlussfassung der Gesellschafter erfolgt.[40] Zur Entstehung gelangen sollte der Anspruch auf das Auseinanderset-

35 *Schäfer*, in: MüKoBGB (8. Aufl.), § 730 a.F. Rn. 31.

36 Vgl. zur Nichtberücksichtigung verjährter Forderungen *Schubert*, in: BeckBilanzK, § 247 HGB Rn. 182.

37 Etwas anderes muss freilich gelten, wenn und soweit eine Aufrechnungslage nach § 215 BGB zu einem Zeitpunkt bestand, zu dem der Einzelanspruch noch unverjährt war, vgl. dazu auch OLG Köln v. 24.9.2014 – 5 U 177/12, BeckRS 2014, 22836, Rn. 66, das die Frage offen ließ.

38 Vgl. *Lehmann-Richter*, in: BeckOK-HGB, § 148 Rn. 72; *K. Schmidt*, in: MüKoHGB, § 155 a.F. Rn. 24.

39 *Westermann*, in: Erman (16. Aufl.), § 730 a.F. Rn. 12.

40 Vgl. BGH v. 27.10.2020 – II ZR 150/19, NZG 2021, 63, Rn. 27; *Habermeier*, in: Staudinger, § 730 a.F. Rn. 26; *Schäfer*, in: MüKoBGB (8. Aufl.), § 705 a.F. Rn. 196; *Westermann*, in: Erman (16. Aufl.), § 730 a.F. Rn. 15; so auch zur neuen Rechtslage

zungsguthaben nach teilweise vertretener Auffassung bereits mit Auflösung,[41] worüber sich streiten lässt.

Nach vollständiger Abwicklung des Gesellschaftsvermögens einschließlich der Verteilung des Überschusses bzw. Auszahlung der Auseinandersetzungsguthaben[42] kam es zur Vollbeendigung der Gesellschaft.[43] Sie ging als Rechtsträger unter.

II. Ablauf des Liquidationsverfahrens und Reform nach dem MoPeG

1. Reform des MoPeG

Die für die Personengesellschaften gegebenen Vorschriften bestanden großenteils seit Inkrafttreten des BGB zum 1. Januar 1900 unverändert. Judikatur und Rechtspraxis haben sich während dieser Zeit jedoch

> *„schrittweise von dem überkommenen Regelungskonzept der §§ 705 ff. BGB entfernt (...), so dass der Rechtsanwender das maßgebliche Recht dem Gesetz vielfach nicht mehr entnehmen kann.“*[44]

So ist die GbR seit dem Jahr 2001 entgegen dem gesetzgeberischen Konzept einer nicht rechtsfähigen Gesamthandsgemeinschaft[45] als rechtsfähig anerkannt.[46] Auch in der Kautelarpraxis werden nahezu durchgehend Abweichungen von der Gesetzeslage vorgenommen. So wird häufig eine Abweichung von dem Einstimmigkeitsprinzip des § 709 Abs. 1 BGB a.F. zugunsten des Mehrheitsprinzips vorgesehen und abweichend vom gesetzlichen Regelstatut der Gesellschafterkonten eine Ausdifferenzierung der Kapitalkonten in Drei- oder Vier-Konten-Modellen vorgesehen.[47] In nahezu jedem schriftlichen GbR-Vertrag findet sich die Regelung, dass die Kündigung eines Gesellschafters nicht zur Auflösung der GbR führt,

---

nach dem MoPeG *Retzlaff*, in: Grüneberg, § 736d Rn. 18; a.A. *Lehmann-Richter*, in: BeckOK-HGB, § 148 Rn. 11 und 71.

41 *Schäfer*, in: MüKoBGB (8. Aufl.), § 705 a.F. Rn. 196.

42 Dies konnte – musste aber nicht zwingend – mit dem Ausgleich zwischen den Gesellschaftern zusammenfallen, vgl. dazu *Schäfer*, in: MüKoBGB (8. Aufl.), § 730 a.F. Rn. 38.

43 *Saenger*, GesR, Rn. 250.

44 Begr. RegE zum MoPeG v. 17.3.2021, BT-Drucks. 19/27635, S. 1.

45 Siehe zur Gesamthandstheorie *Habersack*, BB 2001, 477 ff.; *Saenger*, GesR, Rn. 49a.

46 BGH v. 29.1.2001 – II ZR 331/00, BGHZ 146, 341 = NJW 2001, 1056 – Weißes Ross.

47 *Kahle/Hiller*, in: Beck'sches HB PersG, § 5 Rn. 80.

sondern zum Ausscheiden des Kündigenden, wie nach bisheriger Rechtslage vor Inkrafttreten des MoPeG gesetzlich nur bei den Personenhandelsgesellschaften nach § 131 Abs. 3 Satz 1 Nr. 3 HGB a.F. vorgesehen. Auch die Liquidation bzw. Auseinandersetzung nach §§ 730 ff. BGB a.F., § 155 HGB a.F. vollzog sich in der Praxis nicht streng am Wortlaut des Gesetzes. Der Gesetzesbegründung zum MoPeG ist daher darin zuzustimmen, dass die bisherige Rechtslage vor Inkrafttreten des MoPeG

> *„den praktischen Bedürfnissen nicht mehr gerecht“*[48]

wurde. Mit dem MoPeG wird das Ziel verfolgt,

> *„die Diskrepanzen zum geschriebenen Recht im Interesse der Rechtssicherheit zu beseitigen. Auf diese Weise soll der als gesichert anzusehende Erkenntnisstand um die Rechtsnatur der Gesellschaft bürgerlichen Rechts im Gesetz abgebildet und das geltende Recht innerhalb des bestehenden Systems, das heißt unter Beibehaltung der Unterscheidung zwischen kaufmännischen und nicht kaufmännischen Personengesellschaften, konsolidiert werden.“*[49]

Die

> *„geltenden Vorschriften [sind] an die praktischen Bedürfnisse von Gesellschaften und Gesellschaftern anzupassen.“*[50]

In Teilen bringt das MoPeG auch Neuerungen mit sich, die über die bloße Kodifikation des bereits vor dem MoPeG gelebten Rechts hinausreichen. Dies gilt etwa für die Schaffung des Gesellschaftsregisters, in das künftig die GbR eingetragen werden kann.

2. Ablauf der Liquidation nach dem MoPeG

Die maßgebliche Vorschrift zur Liquidation und Auseinandersetzung der GbR ist künftig in § 736d BGB n.F. enthalten:

> *„§ 736d*
> *Rechtstellung der Liquidatoren*
>
> *(1) Die Liquidatoren haben, auch wenn sie vom Gericht berufen sind, den Weisungen Folge zu leisten, welche die Beteiligten in Bezug auf die Geschäftsführung beschließen. Hat nach dem Gesellschaftsvertrag die Mehrheit der Stimmen zu entscheiden, bedarf der Beschluss der Zustimmung der Beteiligten nach § 736a Absatz 2 Nummer 2 und 4.*

---

48 Begr. RegE zum MoPeG v. 17.3.2021, BT-Drucks. 19/27635, S. 2.
49 Begr. RegE zum MoPeG v. 17.3.2021, BT-Drucks. 19/27635, S. 101.
50 Begr. RegE zum MoPeG v. 17.3.2021, BT-Drucks. 19/27635, S. 2.

(2) Die Liquidatoren haben die laufenden Geschäfte zu beendigen, die Forderungen der Gesellschaft einzuziehen und das übrige Vermögen in Geld umzusetzen. Zur Beendigung der laufenden Geschäfte können die Liquidatoren auch neue Geschäfte eingehen.

(3) Ist die Gesellschaft im Gesellschaftsregister eingetragen, haben die Liquidatoren bei Abgabe ihrer Unterschrift dem Namen der Gesellschaft einen Liquidationszusatz beizufügen.

(4) Aus dem Vermögen der Gesellschaft sind zunächst die Gläubiger der Gesellschaft zu befriedigen. Ist eine Verbindlichkeit noch nicht fällig oder ist sie streitig, ist das zur Berichtigung der Verbindlichkeit Erforderliche zurückzubehalten.

(5) Aus dem nach der Berichtigung der Verbindlichkeiten verbleibenden Gesellschaftsvermögen sind die geleisteten Beiträge zurückzuerstatten. Für Beiträge, die nicht in Geld bestanden haben, ist der Wert zu ersetzen, den sie zur Zeit der Einbringung gehabt haben. Für Beiträge, die in der Leistung von Diensten oder in der Überlassung der Benutzung eines Gegenstands bestanden haben, kann im Zweifel kein Ersatz verlangt werden.

(6) Das nach Berichtigung der Verbindlichkeiten und Rückerstattung der Beiträge verbleibende Vermögen der Gesellschaft ist unter den Gesellschaftern nach dem Verhältnis ihrer Anteile am Gewinn und Verlust zu verteilen."

Die maßgebliche Vorschrift zur Liquidation und Auseinandersetzung bei den Personenhandelsgesellschaften ist in § 148 HGB n.F. enthalten:

„§ 148
Rechtsstellung der Liquidatoren

(1) Die Liquidatoren haben, auch wenn sie vom Gericht berufen sind, den Weisungen Folge zu leisten, welche die Beteiligten in Bezug auf die Geschäftsführung beschließen. Hat nach dem Gesellschaftsvertrag die Mehrheit der Stimmen zu entscheiden, bedarf der Beschluss der Zustimmung der Beteiligten nach § 145 Absatz 2 Nummer 2 und 4.

(2) Die Liquidatoren haben die laufenden Geschäfte zu beendigen, die Forderungen der Gesellschaft einzuziehen und das übrige Vermögen in Geld umzusetzen. Zur Beendigung der laufenden Geschäfte können die Liquidatoren auch neue Geschäfte eingehen.

(3) Die Liquidatoren haben bei Abgabe ihrer Unterschrift der Firma einen Liquidationszusatz beizufügen. Dies gilt entsprechend für die Pflicht nach § 125.

(4) Die Liquidatoren haben gegenüber den nach § 145 Absatz 2 Beteiligten zur Ermittlung des zu verteilenden Gesellschaftsvermögens bei Beginn und Beendigung der Liquidation eine Bilanz aufzustellen. Die Pflichten zur Buchführung (§§ 238 bis 241a) und Jahresrechnungslegung (§§ 242 bis 256a) bleiben unberührt.

(5) Aus dem Vermögen der Gesellschaft sind zunächst die Gläubiger der Gesellschaft zu befriedigen. Ist eine Verbindlichkeit noch nicht fällig oder ist sie streitig, ist das zur Berichtigung der Verbindlichkeit Erforderliche zurückzubehalten.

> *(6) Aus dem nach der Berichtigung der Verbindlichkeiten verbleibenden Gesellschaftsvermögen sind die geleisteten Beiträge zurückzuerstatten. Für Beiträge, die nicht in Geld bestanden haben, ist der Wert zu ersetzen, den sie zur Zeit der Einbringung gehabt haben. Für Beiträge, die in der Leistung von Diensten oder in der Überlassung der Benutzung eines Gegenstands bestanden haben, kann im Zweifel kein Ersatz verlangt werden.*
>
> *(7) Das während der Liquidation entbehrliche Geld wird unter Berücksichtigung der den Gesellschaftern bei der Schlussverteilung zukommenden Beträge vorläufig verteilt.*
>
> *(8) Das nach Berichtigung der Verbindlichkeiten und Rückerstattung der Beiträge verbleibende Vermögen der Gesellschaft ist unter den Gesellschaftern nach dem Verhältnis ihrer Anteile am Gewinn und Verlust, wie sie sich aufgrund der Schlussbilanz im Sinne von Absatz 4 ergeben, schließlich zu verteilen."*

§ 148 Abs. 4 HGB n.F. regelt explizit die Aufstellung einer Bilanz *„zur Ermittlung des zu verteilenden Gesellschaftsvermögens"* durch die Liquidatoren. § 148 Abs. 7 HGB n.F. sieht, wie die Vorgängernorm in § 155 Abs. 2 HGB a.F., eine vorläufige Verteilung vor, soweit Gesellschaftsvermögen nicht für die Liquidation benötigt wird. Die vorläufige Verteilung erfolgt nach § 148 Abs. 7 HGB n.F. *„unter Berücksichtigung der den Gesellschaftern bei der Schlussverteilung zukommenden Beträge"*, also unter Einbeziehung der vorläufigen Inhalte der Auseinandersetzungsrechnung. Der Gesetzentwurf zum MoPeG führt dazu aus, es könne

> *„wirtschaftlich unvernünftig sein, entbehrliches Geld bis zur Aufstellung der Schlussbilanz zurückzuhalten (...), zumal dann, wenn sich die Liquidation über einen längeren Zeitraum hinzieht"*.[51]

Für die GbR ist nach dem MoPeG hingegen keine entsprechende Vorschrift vorgesehen, denn der Gesetzgeber geht nach wie vor davon aus, dass die Liquidation einer GbR wegen ihrer kürzeren Dauer und geringeren Liquidationsmasse keine vorläufige Verteilung erforderlich mache.[52]

Zur Berücksichtigung von Einzelansprüchen und offenen Posten in der Auseinandersetzungsrechnung schweigt das MoPeG. Es bezieht sich allein auf die Verteilung des verbleibenden Gesellschaftsvermögens. Die Verteilung des Überschusses richtet sich der gesetzlichen Regelung nach schlicht nach *„dem Verhältnis [der] Anteile am Gewinn und Verlust"*, §§ 736d Abs. 6 BGB n.F., 148 Abs. 8 HGB n.F. Festzustellen ist damit, dass das Gesetz weder in den für die GbR noch in

---

51 Begr. RegE zum MoPeG v. 17.3.2021, BT-Drucks. 19/27635, S. 250.

52 Begr. RegE zum MoPeG v. 17.3.2021, BT-Drucks. 19/27635, S. 250 – hinsichtlich der Annahme einer *„geringeren Liquidationsmasse"* bei *„kaufmännischen Personengesellschaften"* dürfte ein Redaktionsversehen vorliegen und das Gegenteil gemeint gewesen sein.

den für die Personenhandelsgesellschaften gegebenen Vorschriften der §§ 736d Abs. 6 BGB n.F., 148 Abs. 8 HGB n.F. auf die Notwendigkeit eines Ausgleichs der liquidationsbefangenen Einzelforderungen sowie eines Ausgleichs der bisweilen verschieden hohen Kapitalkontenstände eingeht.

Der Umgang mit den Einzelansprüchen ist auch durch das MoPeG nicht normiert worden. Der Gesetzgeber steht auf dem Standpunkt, dass die Durchsetzungssperre zwar auch künftig in der Liquidation Anwendung finden soll, sie *„zu kodifizieren (...) sich jedoch einer abstrakt-generellen Regelung“*[53] entziehe.

3. Zwischenergebnis

Somit bleibt die Durchsetzungssperre und verjährungsrechtliche Behandlung der Einzelansprüche auch nach der Reform des MoPeG ohne gesetzliche Regelung.

III. Begriffsbestimmungen – Liquidation und Auseinandersetzung

Die Begriffe der Liquidation und Auseinandersetzung werden uneinheitlich und teils synonym verwendet.[54] Der Begriff der Liquidation leitet sich vom lateinischen *liquidare* (verflüssigen) ab. So sehen §§ 733 Abs. 3 BGB a.F., 149 HGB a.F. und §§ 736d BGB n.F., 148 Abs. 2 Satz 1 HGB n.F. jeweils vor, dass das Gesellschaftsvermögen *„in Geld umzusetzen“* ist. Für die GbR verwendete das Gesetz vor der Neufassung durch das MoPeG den Begriff der Auseinandersetzung in § 730 Abs. 1 BGB a.F., für die OHG sowie die KG wurde hingegen der Begriff der Liquidation in § 145 Abs. 1 HGB a.F. verwendet. Wesentliche inhaltliche Unterschiede ergaben sich daraus aber nicht, weder nach der bisherigen Gesetzesfassung noch in der bisherigen Handhabung in der Rechtspraxis. Nach dem MoPeG wird einheitlich auch für die rechtsfähige GbR nur noch der Begriff der Liquidation in §§ 735 ff. BGB n.F. verwendet. Das Liquidationsverfahren war und ist in allen Personengesellschaften recht ähnlich, abgesehen von einigen eher geringfügigen Abweichungen.[55]

---

53 Begr. RegE zum MoPeG v. 17.3.2021, BT-Drucks. 19/27635, S. 188.

54 *Brandani*, Die BGB-Gesellschaft in der Liquidation, S. 8 f; *Hillers*, Personengesellschaft und Liquidation, S. 15; *Retzlaff*, in: Grüneberg, § 735 Rn. 1; *Saenger*, GesR, Rn. 237: *„Auseinandersetzung (Liquidation)“*.

55 Zu nennen wäre hier etwa die nach altem wie auch nach neuem Recht bei den Personenhandelsgesellschaften vorgesehene Vorabverteilung des in der Liquidation bereits überschüssigen Gesellschaftsvermögens nach § 155 Abs. 2 S. 1 HGB a.F. und § 148 Abs. 7 HGB n.F.

Allein für die nicht rechtsfähige GbR nach §§ 740 ff. BGB n.F. wird der Begriff der Auseinandersetzung weiterverwendet, § 740b BGB n.F., wobei die Vorschriften zur Liquidation nach § 736d BGB n.F. kraft Verweis des § 740b Abs. 2 BGB n.F. anzuwenden sind. Ob es zu nennenswerten inhaltlichen Abweichungen im Verhältnis zur Liquidation bei rechtsfähigen Außengesellschaften kommen wird, soll nach der Gesetzesbegründung ausdrücklich der Rechtsprechung überlassen bleiben.[56] Zutreffend ist an dieser vom Gesetzgeber des MoPeG gewählten terminologischen Differenzierung, dass es bei der nicht rechtsfähigen GbR nichts zu verflüssigen gibt. Da diese naturgemäß kein Gesellschaftsvermögen bildet, beschränkt sich die Auseinandersetzung insofern auf einen schuldrechtlichen Ausgleich unter den Gesellschaftern ohne Beteiligung der Gesellschaft, die als Rechtssubjekt nicht existiert.

Der Begriff der Liquidation wird in dieser Arbeit zur Bezeichnung der Abwicklung der Außenrechtsverhältnisse der Gesellschaft sowie zur Umsetzung des Gesellschaftsvermögens in Geld verwendet und ferner auch zur Bezeichnung des Gesamtvorgangs der Abwicklung einer aufgelösten Gesellschaft bis hin zur Vollbeendigung. Dies spiegelt zum einen die Terminologie nach der Reform des MoPeG wider, die nunmehr auch für die Außen-GbR den Begriff der Liquidation verwendet.[57] Zum anderen ist das Verfahren nach Auflösung einer Personengesellschaft nach neuer Gesetzeslage in allen Personengesellschaften auf eine Verflüssigung des Gesellschaftsvermögens gerichtet.[58] Die noch in § 732 BGB

---

56 Begr. RegE zum MoPeG v. 17.3.2021, BT-Drucks. 19/27635, S. 192: „*belässt der Rechtsprechung den nötigen Spielraum, auf die jeweiligen Vermögensverhältnisse der nicht rechtsfähigen Gesellschaft angemessen einzugehen*".

57 Die §§ 735 ff. BGB n.F. sind in Kapitel 6 „*Liquidation der Gesellschaft*" enthalten. Vgl. dazu Begr. RegE zum MoPeG v. 17.3.2021, BT-Drucks. 19/27635, S. 182: „*Das Recht der Gesellschaft bürgerlichen Rechts wird damit, sowohl was die Terminologie als auch den Gesetzesaufbau anbelangt, dem Recht der Personenhandelsgesellschaften angeglichen. Dies ist zum einen Folge der rechtlichen Verselbständigung der Gesellschaft bürgerlichen Rechts, auf deren Abwicklung der bisher im Gesetz verwendete Begriff „Auseinandersetzung" nicht mehr passt.*"

58 Begr. RegE zum MoPeG v. 17.3.2021, BT-Drucks. 19/27635, S. 187: „*Weiter weist die Vorschrift dem Liquidator die Aufgabe zu, neben den Forderungen auch das übrige Vermögen der Gesellschaft in Geld umzusetzen. Die Gesellschaft soll dadurch die nötigen Mittel zur Befriedigung der Gesellschaftsgläubiger und gegebenenfalls zur Verteilung des Überschusses unter die Gesellschafter erlangen. Abweichend von dem geltenden § 733 Absatz 3 BGB ist das Gesellschaftsvermögen vollständig in Geld umzusetzen und nicht mehr nur insoweit, als es für die Berichtigung der Verbindlichkeiten und für die Rückerstattung der geleisteten Beiträge erforderlich ist. Damit entfällt für*

a.F. (Rückgabe von Gegenständen) und § 733 Abs. 3 BGB a.F. (Umsetzung des Gesellschaftsvermögens nur, soweit zur Schuldendeckung erforderlich) angelegte Vorstellung, dass das Gesellschaftsvermögen einer GbR gegenständlich an die Gesellschafter verteilt werde, soll damit künftig nicht mehr gelten und wurde auch bislang in der Praxis häufig nicht gelebt.

Der Begriff der Auseinandersetzung wird in dieser Arbeit zur Bezeichnung des internen Ausgleichs zwischen der Gesellschaft und den Gesellschaftern verwendet. Er bezieht sich auf den Vorgang der Erstellung der Auseinandersetzungsrechnung.

Die mit der Auflösung beginnende Phase bis zum Eintritt der Vollbeendigung der Gesellschaft wird als Liquidations-, Auseinandersetzungs- oder Auflösungsphase bezeichnet. Für die Bezeichnung des Anspruchs auf das sich am Ende der Auseinandersetzung ergebende Guthaben wird der Begriff Auseinandersetzungsguthaben verwendet.

IV. Zwischenergebnis

Nach Auflösung einer Personengesellschaft ist ihr Vermögen zu verflüssigen und die Gesellschaft abzuwickeln. Die Liquidation lässt sich dabei in zwei große Vorgänge untergliedern: Zum einen in die Abwicklung der Außenrechtsverhältnisse der Gesellschaft mit Dritten und zum anderen in die Abwicklung der Innenrechtsverhältnisse einschließlich der Einzelansprüche aus dem Gesellschaftsverhältnis. Die beiden Vorgänge werden in der Regel phasenverschoben[59] vorgenommen, können sich aber auch überlappen. Der zeitlich gestaffelte Ablauf der beiden Vorgänge ist in der alten und ebenso in der neuen Gesetzeslage angelegt, was sich bereits aus der räumlichen Abfolge der gesetzlichen Regelungen zum Liquidationsverfahren ergibt. Detaillierte Vorgaben dazu bestehen allerdings nicht, ebenso wenig wie ein Verbot einer gleichzeitigen Durchführung beider Vorgänge.

Für die bisherige Gesetzeslage ist zu konstatieren, dass das Liquidationsrecht sowohl im BGB wie auch im HGB nur rudimentär geregelt war. Etwa fehlten Vorschriften zum Umgang mit den Einzelansprüchen aus dem Gesellschaftsverhältnis

---

die Verteilung des Überschusses der nach § 731 Satz 2 und § 752 BGB bislang vorgesehene Grundsatz einer Teilung in Natur".

59 Ähnlich auch *Hillers*, Personengesellschaft und Liquidation, S. 129: „*Die Regelungen der §§ 733 ff. BGB; §§ 149, 155 HGB konstituieren nicht ein einheitliches Liquidationsverfahren mit nur einer Stufe, sondern kennen bloß das deutlich in sich gestufte, in mehrere Stadien gegliederte Liquidationsverfahren*"; vgl. auch *Retzlaff*, in: Grüneberg, § 736d Rn. 9.

(Innenverhältnis). Eine Regelung hätte insofern zumindest für die nach §§ 124, 161 Abs. 2 HGB a.F. bereits als eigene Rechtssubjekte ausgestalteten Personenhandelsgesellschaften nahe gelegen. Denn bei diesen war eine Sozialsphäre zwischen den Gesellschaftern und der Gesellschaft gesetzlich vorgesehen, in der Einzelansprüche bestehen konnten. Auch Vorgaben zur Erstellung und Ausgestaltung der Auseinandersetzungsrechnung fehlten völlig. Ebenso vergeblich suchte man Vorgaben zum Inhalt der Gesellschafterpflicht zur Mitwirkung an der Auseinandersetzung. Schließlich existierten keine konkreten Vorgaben zur Vorabverteilung nach § 155 Abs. 2 HGB a.F.

Auch nach neuer Gesetzeslage des MoPeG ist das Liquidationsrecht nur in groben Zügen normiert. Das Procedere der Liquidation und Auseinandersetzung ist im Wesentlichen in jeweils lediglich einer Norm zusammengefasst.[60] Die vorstehend bezeichneten und bereits nach alter Rechtslage nicht normierten Aspekte wurden auch durch das MoPeG keiner Regelung zugeführt. Ebenso blieben der Grundsatz der Durchsetzungssperre und alle mit ihm einhergehenden Fragestellungen durch das MoPeG ohne Regelung.[61] Das neue Liquidationsrecht stellt damit allenfalls lose Leitlinien zum inhaltlichen Ablauf von Liquidation und Auseinandersetzung auf. Dies mag der Vielgestaltigkeit der Verhältnisse geschuldet sein, die sich von Gesellschaft zu Gesellschaft nach ihren tatsächlichen und rechtlichen Gegebenheiten erheblich unterscheiden können. Es stellt durchaus eine regulatorische Herausforderung dar, ein Liquidationsverfahren für die zu verschiedensten Zwecken und in verschiedensten Größen bestehenden Gesellschaften vorzuschreiben. Ähnlich verhält es sich beim Ausscheiden eines Gesellschafters. Hier kommt der Rechtsprechung bei der Bestimmung der Folgen des Ausscheidens ebenfalls große Bedeutung zu.[62]

Wesentliche Erkenntnis für hiesigen Untersuchungsgegenstand ist damit, dass der Umgang mit den Einzelansprüchen aus dem Gesellschaftsverhältnis auch nach der Neuregelung des MoPeG *praeter legem* zu lösen bleibt. Das gilt insbesondere für die Durchsetzungssperre und die mit ihr zusammenhängende Verjährungsthematik.

---

60 § 736d BGB n.F. bzw. § 148 BGB n.F.

61 Begr. RegE zum MoPeG v. 17.3.2021, BT-Drucks. 19/27635, S. 188.

62 Vgl. *Stöber*, in: Handbuch PersG, § 39 Rn. I 1308.

C. Der Grundsatz der Durchsetzungssperre

Der Grundsatz der Durchsetzungssperre stellt ein von der Rechtsprechung über Jahrzehnte entwickeltes Rechtsinstitut des Personengesellschaftsrechts dar und ist heute allgemein anerkannt.[63] Bislang ist die Durchsetzungssperre ohne gesetzliche Normierung geblieben und insbesondere auch mit dem MoPeG keiner Positivierung zugeführt worden, was sie von einer Vielzahl anderer gesellschaftsrechtlicher Rechtsentwicklungen der Judikatur aus den letzten Jahrzehnten unterscheidet.[64] Die Rechtsprechung des BGH hat eine umfangreiche Kasuistik zur Existenz der Durchsetzungssperre, ihrem Anwendungsbereich, ihren Ausnahmen bzw. Durchbrechungen sowie ihren Rechtswirkungen hervorgebracht. Aus der Kasuistik und dem Widerhall, den diese in der Literatur gefunden hat, ist der Grundsatz der Durchsetzungssperre heute als eigenständige Rechtsfigur etabliert.[65] Ihr Zweck besteht darin, Hin- und Herzahlungen zwischen den Gesellschaftern und der Gesellschaft in der Liquidationsphase zu vermeiden.[66] Die sich aus dem Gesellschaftsverhältnis ergebenden wechselseitigen Einzelforderungen sollen nicht mehr individuell erfüllt,[67] sondern in eine einheitliche Gesamtabrechnung (Auseinandersetzungsrechnung) eingestellt werden. Hierbei werden Salden aus den wechselseitigen Ansprüchen sowie aus den weiteren offenen Posten, etwa Guthaben auf Kapitalkonten, gebildet. Im Ergebnis soll dadurch nur noch ein Zahlungsfluss zur Ausgleichung des Endsaldos an bzw. von einem Gesellschafter

---

63 BGH v. 17.6.1953 – II ZR 205/52, BGHZ 10, 91 = NJW 1953, 1217; BGH v. 2.7.1962 – II ZR 204/60, BGHZ 37, 299 = NJW 1962, 1863; BGH v. 5.11.1979 – II ZR 145/78, NJW 1980, 1522; BGH v. 29.6.1981 – II ZR 165/80, NJW 1981, 2802; BGH v. 3.5.1999 – II ZR 32/98, NJW 1999, 2438, 2439; vgl. auch *Schäfer*, in: MüKoBGB, § 735 Rn. 33 sowie in der Voraufl. (8. Aufl.) § 730 a.F. Rn. 31.

64 Begr. RegE zum MoPeG v. 17.3.2021, BT-Drucks. 19/27635, S. 2, 101 – das MoPeG verfolgt dabei den Zweck, das heute geltende Recht zu konsolidieren und „*an die praktischen Bedürfnisse von Gesellschaften und Gesellschaftern anzupassen*“ (S. 2).

65 Vgl. zur Entwicklung und Verdichtung gerichtlicher Einzelentscheidungen zu Rechtsinstituten *Larenz*, Wegweiser zu richterlicher Rechtsschöpfung, S. 275, 298; zur Entwicklung von Rechtsfiguren durch die Synthese gerichtlicher Einzelfallentscheidungen und deren wissenschaftlicher Aufnahme *Esser*, Grundsatz und Norm in der richterlichen Fortbildung des Privatrechts, S. 151; vgl. auch *Larenz*, Wegweiser zu richterlicher Rechtsschöpfung, S. 275, 279.

66 BGH v. 4.12.2012 – II ZR 159/10, NJW-RR 2013, 363, Rn. 44.

67 BGH v. 9.3.1981 – II ZR 70/80, ZIP 1981, 612, 614: Der Zweck, zu „*[ver]hindern, die Gesellschaft oder die Gesellschafter mit Teilforderungen zu überziehen*“.

erforderlich sein. Die Durchsetzungssperre dient damit der Erleichterung und Entlastung der Auseinandersetzung.[68]

Auch jenseits der Liquidation von Personengesellschaften existieren Durchsetzungssperren. Durchsetzungssperren bestehen beispielsweise im Rahmen eines Kontokorrentverhältnisses mit Blick auf die kontokorrentgebundenen Ansprüche, ferner bei vereinbarten (qualifizierten) Rangrücktritten nach §§ 19 Abs. 2 Satz 2, 39 Abs. 2 InsO, die eine sog. vorinsolvenzliche Durchsetzungssperre begründen.[69] Auch bei akuten Liquiditätsengpässen einer Gesellschaft können Ansprüche der Gesellschafter vorübergehend aus Treuepflichtgesichtspunkten von einer Durchsetzung ausgeschlossen sein.[70] Des Weiteren ist im Insolvenzverfahren die individuelle Durchsetzbarkeit der Insolvenzforderungen gegen den Schuldner nicht gegeben. Diese Durchsetzungssperren werden in einem gesonderten Kapitel bezüglich ihrer Ähnlichkeiten und Unterschiede zur liquidationsrechtlichen Durchsetzungssperre untersucht.[71]

Für die liquidationsrechtliche Durchsetzungssperre erfolgt zunächst eine Erörterung der Ansätze zu ihrer dogmatischen Herleitung (I), die insbesondere auch für die Konturierung der Rechtsfigur und für ihre Fortentwicklung bedeutsam ist. Sodann folgt eine Bestandsaufnahme und Systematisierung der bislang ergangenen Rechtsprechung und vorhandenen Literatur zu ihrem Anwendungsbereich (II), ihren Ausnahmen (III) und ihren Rechtswirkungen (IV).

I. Herleitung

Woraus die Durchsetzungssperre herzuleiten ist und welche Rechtsnatur ihr zukommt, ist Gegenstand verschiedentlicher Erörterungen und anhaltender Diskussion.[72] Da eine gesetzliche Positivierung fehlt, bleibt eine Auseinandersetzung mit den verschiedenen Begründungs- und Herleitungsansätzen unerlässlich. Die rechtsmethodische Herleitung der Durchsetzungssperre ist insbesondere

68 *Trost*, in: jurisPK-BGB, § 730 a.F. Rn. 27.

69 Früher konnte unter dem mit dem MoMiG hinfällig gewordenen Rechtsinstitut des Eigenkapitalersatzes eine Durchsetzungssperre anzunehmen sein.

70 BGH v. 11.4.2005 – II ZR 299/03, BeckRS 2005, 5808.

71 Dazu E.

72 Einen guten Überblick hierzu gibt *Stüber*, Der Grundsatz der Durchsetzungssperre bei Liquidation von Personengesellschaften, S. 84 ff. Zumeist wird auf die Herleitung der Durchsetzungssperre allerdings nicht eingegangen und diese als gegeben vorausgesetzt. Zuzustimmen ist daher *Hadding/Häuser* (WM 1988, 1585, 1591), dass die Grundlage der Durchsetzungssperre nur *„selten angegeben“* wird, woran sich auch bis heute wenig geändert hat.

für die Bestimmung ihres Anwendungsbereichs sowie für die Bestimmung ihrer Rechtsfolgen von Bedeutung.[73] Abhängig von der Rechtsgrundlage der Durchsetzungssperre ergeben sich auch die Leitplanken für die weitere Ausformung der Rechtsfigur.

In der Hermeneutik von *Larenz* ist zwischen Rechtsinstituten zu unterscheiden, die (i) durch das Gesetz selbst vorgesehen sind oder vom Gesetz selbst verlangt werden, (ii) solchen, die nicht ausdrücklich vom Gesetz vorgesehen sind, sondern bei denen sich allenfalls eine Grundlage für ihre Ableitung im Gesetz und in Generalklauseln findet, und (iii) solchen, die *contra legem* geschaffen wurden.[74] Die Durchsetzungssperre dürfte recht eindeutig in die zweite Kategorie einzureihen sein. Denn sie ist nicht durch das Gesetz selbst vorgesehen und wird auch nicht von diesem zwingend gefordert, dies sowohl nach alter wie auch nach neuer Rechtslage nach dem MoPeG. Die Durchsetzungssperre dürfte aber auch nicht als *contra legem* geschaffen anzusehen sein, da sie sich nicht zu bestehenden Rechtsnormen, insbesondere nicht zu Normen aus dem Recht der Liquidation, in offenen Widerspruch setzt. Vielmehr ergänzt sie die rudimentär gebliebenen gesetzlichen Vorschriften zur Verfahrensweise in der Liquidation.

Die Zulässigkeit der Entwicklung neuer Rechtsinstitute ist im Rahmen der richterlichen Rechtsfortbildung anerkannt.[75] Sie hat auch im Gesetz selbst ihre Verankerung gefunden, namentlich in § 132 Abs. 4 GVG („*Fortbildung des Rechts*", zuvor bereits geregelt in § 137 GVG a.F.). Verfassungsrechtlich wurzelt sie in der Bindung der Rechtsprechung „*an Gesetz und Recht*" nach Art. 20 Abs. 3 GG. Zu freier Rechtsschöpfung sind die Gerichte nicht befugt.[76] Das BVerfG steckte die Grenzen richterlicher Rechtsfortbildung in der *Soraya*-Entscheidung aus dem Jahr 1973 dahingehend ab, dass

> *„nicht das System der Rechtsordnung verlassen und kein(en) eigene[r] rechtspolitische[r] Wille(n) zur Geltung gebracht, sondern lediglich Grundgedanken der von der Verfassung geprägten Rechtsordnung mit systemimmanenten Mitteln weiterentwickelt"*

werden dürften.[77] Verletzt wurden die Grenzen richterlicher Rechtsfortbildung etwa durch das BAG, als dieses den Versuch unternahm, zugunsten einer Gläu-

73 *Stüber*, Der Grundsatz der Durchsetzungssperre bei Liquidation von Personengesellschaften, S. 84.

74 *Larenz*, Wegweiser zu richterlicher Rechtsschöpfung, S. 275 f.; vgl. auch *Canaris*, Die Feststellung von Lücken im Gesetz, S. 35 ff.; *Meier/Jocham*, JuS 2016, 392, 394.

75 *Wiedemann*, NJW 2014, 2407, 2411 f.

76 *Rüthers/Fischer/Birk*, Rechtstheorie, Rn. 883, 912.

77 BVerfG v. 14.2.1973 – 1 BvR 112/65, BVerfGE 34, 269 = NJW 1973, 1221, 1226.

bigergruppe einen Vorrang bei der Befriedigung im Konkursverfahren zu begründen.[78] Hier sah das BVerfG in der gesetzlichen Ordnung des Konkursrechts keinen Ansatzpunkt für das vom BAG entwickelte Ergebnis.[79] Auch wurde nicht an eine bereits von der Rechtsordnung anerkannte Rechtsentwicklung angeknüpft oder eine solche lediglich ergänzt.[80]

Heute kann von der grundsätzlichen Zulässigkeit richterrechtlicher Rechtsfortbildung ausgegangen werden, ohne dass ihre Voraussetzungen selbst normiert oder abschließend bestimmt wären.[81] Streit besteht allerdings noch über den genauen Grenzverlauf zwischen zulässiger und unzulässiger Rechtsfortbildung.[82]

Als Herleitungsansätze der Durchsetzungssperre werden gesetzliche Vorschriften (1), der Gesellschaftsvertrag (2) und seine ergänzende Auslegung (3), die Grundsätze zur Stundung (4), die Generalklausel von Treu und Glauben (5), die gesellschaftsrechtliche Treuepflicht (6), eine Qualifikation als Rechtfigur *sui generis* (7) sowie eine gewohnheitsrechtliche Anerkennung (8) diskutiert.

1. Gesetzliche Vorschriften

Teilweise werden einzelne gesetzliche Vorschriften als Anknüpfungspunkte für die Durchsetzungssperre herangezogen. Betrachtet werden zunächst spezifisch gesellschaftsrechtliche Normen (a), sodann allgemein schuldrechtliche Regelungen (b und c).

---

78 BVerfG v. 19.10.1983 – 2 BvR 485/80, 2 BvR 486/80, BVerfGE 65, 182 = NJW 1984, 475, 476.

79 BVerfG v. 19.10.1983 – 2 BvR 485/80, 2 BvR 486/80, BVerfGE 65, 182 = NJW 1984, 475.

80 BVerfG v. 19.10.1983 – 2 BvR 485/80, 2 BvR 486/80, BVerfGE 65, 182 = NJW 1984, 475, 476. Zulässig war hingegen die vom BGH vorgenommene Rechtsfortbildung, immateriellen Schadenersatz zu gewähren für eine schwerwiegende Verletzung des – bereits von der Rechtsordnung anerkannten – absoluten Rechts des allgemeinen Persönlichkeitsrechts. Denn dort wurde lediglich eine weitere Sanktion, die Zuerkennung eines Ersatzes für immateriellen Schaden in Geld, hinzugefügt (fortentwickelt). Neues Recht wurde dabei durch den BGH nicht losgelöst von der Rechtsordnung frei geschöpft.

81 Vgl. dazu *Langenbucher*, Die Entwicklung und Auslegung von Richterrecht, S. 48; *Voßkuhle*, Zur Einwirkung der Verfassung auf das Zivilrecht, S. 79, 91.

82 Dazu später noch im Detail unter D.V und F.III.

a. *Gesellschaftsrechtliche Vorschriften*

Allerdings enthalten weder das BGB noch das HGB nach alter oder neuer Fassung gesellschaftsrechtliche Vorschriften, in denen die Durchsetzungssperre bzw. ihre spezifische Wirkung der Undurchsetzbarkeit zum Ausdruck kämen. Der vorgefundene Normenbestand deutet auf kein Durchsetzungshindernis im Innenverhältnis einer aufgelösten Personengesellschaft hin:

- Bei der GbR sehen § 733 Abs. 1 Satz 1 BGB a.F. und § 736d Abs. 2 und Abs. 4 BGB n.F. die Einziehung von Forderungen und die Berichtigung der Schulden der Gesellschaft vor, ohne zwischen denjenigen von Drittgläubigern und Gesellschaftern zu differenzieren.
- Bei den Personenhandelsgesellschaften sehen §§ 149 Satz 1, 155 Abs. 1 HGB a.F. und § 148 Abs. 2 Satz 1 HGB n.F. ebenso die Einziehung der Forderungen der Gesellschaft und die Befriedigung ihrer Gläubiger vor, ebenfalls ohne Ansprüche aus dem Gesellschaftsverhältnis hiervon auszunehmen.

Die gesellschaftsrechtlichen Normen gehen auf die konkrete Behandlung der Ansprüche aus dem Innenverhältnis der Gesellschaft schlicht nicht ein und bestimmen lediglich allgemein, dass offene Forderungen einzuziehen bzw. zu berichtigen sind. Aus gesellschaftsrechtlichen Normen lässt sich die Durchsetzungssperre damit nicht ableiten.

b. *Aufrechnungsvorschriften*

Eine Herleitung der Durchsetzungssperre wird teils aus den Normen zur Aufrechnung nach §§ 387 ff. BGB erwogen.[83] Bei näherer Betrachtung scheidet eine Stützung hierauf aber aus. Zunächst bewirkt die Durchsetzungssperre lediglich ein Durchsetzungshindernis und führt, anders als die Aufrechnung, noch nicht zum Erlöschen der Einzelforderungen. Hierzu kommt es erst durch die Feststellung der Auseinandersetzungsrechnung am Ende der Liquidationsphase, die zur Verrechnung der Einzelforderungen führt.[84] Allenfalls für die Verrechnungswirkung mag es aufrechnungsrechtliche Herleitungsansätze geben. Die Aufrechnung setzt zudem als Gestaltungsrecht eine ausdrückliche Gestaltungserklärung nach § 388 BGB voraus, wohingegen die Durchsetzungssperre mit Auflösung ohne

---

83 *Stüber*, Der Grundsatz der Durchsetzungssperre bei Liquidation von Personengesellschaften, S. 111.

84 Dazu C.IV.7; vgl. auch *Hillers*, Personengesellschaft und Liquidation, S. 325; *Stüber*, Der Grundsatz der Durchsetzungssperre bei Liquidation von Personengesellschaften, S. 209; vgl. zum Kontokorrent *Langenbucher*, in: MüKoHGB, § 355 Rn. 22.

weiteres automatisch eingreift. Eine Herleitung der Durchsetzungssperre aus den Aufrechnungsnormen ist deshalb fernliegend. Die aufrechnungsrechtlichen Regelungen sind in ihrer Wirkweise zu verschieden.

c. *Zurückbehaltungsrechte*

Auch eine Einordnung der Durchsetzungssperre als Zurückbehaltungsrecht wird diskutiert.[85] Diese Einordnung scheint *prima vista* naheliegend, da Zurückbehaltungsrechte hinsichtlich wechselseitig bestehender Ansprüche Einreden begründen. In der Liquidation bestehen regelmäßig wechselseitige Ansprüche aus dem Gesellschaftsverhältnis.

Eine Herleitung aus Zurückbehaltungsrechten scheitert jedoch an mehreren Gesichtspunkten. Die Durchsetzungssperre reicht tatbestandlich deutlich weiter als Zurückbehaltungsrechte. Sie setzt bereits nicht voraus, dass Ansprüche in einem wechselseitigen Verhältnis stehen, was wesentliches Kennzeichen und Erfordernis von Zurückbehaltungsrechten ist. Ferner kommt es bei der Durchsetzungssperre anders als bei Zurückbehaltungsrechten auf die Fälligkeit der (Gegen-)Ansprüche nicht an. Auch der Zielrichtung nach bezweckt die Durchsetzungssperre nicht die Sicherstellung einer simultanen Leistungserbringung Zug um Zug wie etwa in §§ 274, 322 BGB zum Ausdruck gebracht,[86] sondern sie bezweckt den gänzlichen Ausschluss von Leistungspflichten bis zum Ende der Auseinandersetzung.[87] Eine Ableitung aus Zurückbehaltungsrechten ist damit nicht anzunehmen.

---

85 FG München v. 23.1.2009 – 1 K 561/04, DstRE 2009, 1466, 1468; *Stüber*, Der Grundsatz der Durchsetzungssperre bei Liquidation von Personengesellschaften, S. 112 – wobei wohl zu Unrecht darauf verwiesen wird, dass der BGH (v. 12.1.1998 – II ZR 98/96, NJW 1998, 1551) eine Einordnung bezüglich der Durchsetzungssperre als Zurückbehaltungsrecht „*ausdrücklich erläutert*" habe. Vielmehr ging es bei der von *Stüber* in Bezug genommenen Entscheidung um ein Zurückbehaltungsrecht der Gesellschaft gegen einen Anspruch eines Gesellschafters aus § 732 BGB a.F. auf Rückgabe von Gegenständen, mithin also um einen Rückgabeanspruch, der der Durchsetzungssperre ohnehin bereits nicht unterliegt, da er nicht auf Zahlung gerichtet ist (dazu C.II.3.a).

86 Vgl. *Krüger*, in: MüKoBGB, § 273 Rn. 1.

87 *Stüber*, Der Grundsatz der Durchsetzungssperre bei Liquidation von Personengesellschaften, S. 113.

d. Zwischenergebnis

Aus den vorstehend betrachteten gesetzlichen Einzelnormen des Gesellschafts- und des Schuldrechts lassen sich keine Ansätze für eine Herleitung der Durchsetzungssperre erkennen. Auf die Generalklausel des § 242 BGB als Herleitungsansatz, gesetzessystematisch ebenfalls verortet im allgemeinen Schuldrecht, wird gesondert eingegangen.[88]

2. Gesellschaftsvertrag

Gesellschaftsverträge enthalten allenfalls in seltenen Ausnahmefällen Regelungen zur Durchsetzungssperre in der Liquidation oder bei Ausscheiden eines Gesellschafters, obwohl die nach alter wie auch nach neuer Rechtslage dispositiven[89] Normen des Gesetzes eine vertragliche Regelung zuließen. Die in der Beratungspraxis verwendeten Gesellschaftsvertragsmuster beinhalten hierzu standardmäßig keine Klauseln. Ein Regelungsbedarf ist aufgrund der ständigen[90] Rechtsprechung des BGH zur Durchsetzungssperre auf den ersten Blick auch nicht ersichtlich, denn die Durchsetzungssperre greift ohne individuelle kautelarjuristische Regelung im Gesellschaftsvertrag. In der gesellschaftsrechtlichen Gestaltungspraxis spielen verjährungsrechtliche Fragestellungen in der Liquidationsphase bislang keine Rolle. Eine Anknüpfung an den gesellschaftsvertraglichen Normenbestand scheidet daher regelmäßig aus. Die gleichwohl von *Hadding/Häuser* vertretene Auffassung, die Durchsetzungssperre sei aus dem Gesellschaftsverhältnis herzuleiten,[91] ist abzulehnen und überdies unspezifisch.

3. Ergänzende Vertragsauslegung des Gesellschaftsvertrages

Nachdem eine Herleitung aus gesetzlichen Vorschriften nicht ersichtlich ist und auch eine ausdrückliche Regelung im Gesellschaftsvertrag in aller Regel fehlt, kann eine Herleitung im Wege der ergänzenden Vertragsauslegung des Gesellschaftsvertrages in Betracht gezogen werden. Nach teilweise vertretener Auffassung ist die Durchsetzungssperre aus einer ergänzenden Auslegung des Gesellschaftsvertrages herzuleiten.[92] In Abgrenzung zur eigentlichen Auslegung

---

88 Dazu C.I.5.

89 *Servatius*, GbR, § 736d Rn. 69; *Stöber*, in: Handbuch PersG, § 39 Rn. I 1349.

90 Dazu explizit BGH v. 29.6.1981 – II ZR 165/80, NJW 1981, 2802; BGH v. 16.9.1985 – II ZR 41/85, NJW-RR 1986, 456.

91 *Hadding/Häuser*, WM 1988, 1585, 1591.

92 *Hadding/Kießling*, in: Soergel, § 730 a.F. Rn. 9.

nach §§ 133, 157 BGB, die zum Gegenstand hat, ob ein bestimmtes Verhalten als Willenserklärung zu werten ist und ggf. welchen Inhalts diese Willenserklärung bzw. eine vertragliche Abrede ist, befasst sich die ergänzende Vertragsauslegung mit einer Lückenfüllung eines bewusst oder unbewusst offen gelassenen Punktes.[93] Sie bezweckt die Feststellung des hypothetischen Parteiwillens.[94] Auch Gesellschaftsverträge sind einer ergänzenden Vertragsauslegung zugänglich.[95]

Die Vornahme der ergänzenden Vertragsauslegung orientiert sich entweder an der Interessenlage im konkreten Einzelfall oder an Gesichtspunkten, die für Rechtsgeschäfte dieser Art typisch sind. Nach wie vor umstritten ist, ob es Aufgabe der ergänzenden Vertragsauslegung ist, ein bestimmtes, individuelles Rechtsgeschäft zu Ende zu denken, also stets eine am Einzelfall orientierte Bewertung vorzunehmen, oder aber einen für alle Rechtsgeschäfte solcher Art verbindlichen, allgemeinen Grundsatz aufzustellen.[96] Ihre Grenze findet sie im übereinstimmenden entgegenstehenden Willen der Vertragsparteien.[97] Als Rechtsgrundlage der ergänzenden Vertragsauslegung werden die §§ 157, 242 BGB herangezogen.[98]

Erforderlich für die Vornahme einer ergänzenden Vertragsauslegung ist ein Regelungsplan der Parteien,[99] aus dem die Durchsetzungssperre abgeleitet werden kann. An einem solchen fehlt es indessen, denn zumeist enthalten Gesellschaftsverträge von Personengesellschaften keine Regelungen zum Auseinandersetzungsverfahren.[100] Soweit Regelungen zur Liquidation im Gesellschaftsvertrag enthalten sind, beziehen sich diese etwa auf die Liquidatorenstellung, deren Vertretungsmacht oder die Beteiligung der Gesellschafter am Liquidationserlös (ggf. mit einer sog. Liquidationspräferenz für einen Gesellschafter) und weisen damit keinen Zusammenhang zu den Einzelansprüchen aus dem Gesellschaftsverhältnis auf, geschweige denn zu einem auf sie bezogenen Durchsetzungshindernis.[101]

---

93 BGH v. 14.10.1977 – V ZR 253/74, NJW 1978, 695; *Ellenberger*, in: Grüneberg, § 157 Rn. 2.

94 *Dörner*, in: Schulze, § 157 Rn. 4.

95 BGH v. 20.9.1993 – II ZR 104/92, BGHZ 123, 281 = NJW 1993, 3193, 3194.

96 *Busche*, in: MüKoBGB, § 157 Rn. 26 f.; *Wendtland*, in: BeckOK-BGB, § 157 Rn. 28.

97 BGH v. 22.4.1953 – II ZR 143/52, BGHZ 9, 273 = NJW 1953, 937.

98 *Busche*, in: MüKoBGB, § 157 Rn. 28.

99 *Ellenberger*, in: Grüneberg, § 157 Rn. 2.

100 Vgl. etwa das Muster für einen KG-Vertrag bei *Blaum/Scholz*, in: Beck'sches FB Bürgerliches, Handels- und Wirtschaftsrecht, VIII.D.2. oder das Muster eines GbR-Vertrages bei *Giehl*, in: BeckOF-Vertrag, Ziffer 7.1.3.1.

101 Vgl. *Blaum/Scholz*, in: Beck'sches FB Bürgerliches, Handels- und Wirtschaftsrecht, VIII.D.2.

Der Gesellschaftsvertrag ist dann nicht, wie vom BGH gefordert,[102] lückenhaft, da er im relevanten Regelungsbereich bereits überhaupt keinen Regelungsplan enthält. Offen gelassen wird die Durchsetzbarkeit von Einzelansprüchen in der Liquidation deshalb nicht vom Gesellschaftsvertrag, sondern vielmehr von den gesetzlichen Regelungen zum Liquidationsverfahren. Fehlt es an einem vertraglichen Regelungsplan der Parteien, dann ist auch kein hypothetischer Parteiwillen zur Undurchsetzbarkeit ableitbar und eine Entwicklung der Durchsetzungssperre aus dem Regelungsgefüge des Gesellschaftsvertrages scheidet aus.

Bisweilen wird zwar der Versuch unternommen, unter Berufung auf einen vermeintlich vorhandenen Parteiwillen einen bestimmten Regelungsplan bzw. eine bestimmte Regelungsabsicht in ein Vertragswerk hineinzulesen. Es handelt sich dabei aber häufig um eine bloße Fiktion eines Parteiwillens, den die Vertragsparteien nie intendiert und auch nicht im Vertragswerk angedeutet haben. In diesem Fall ist die ergänzende Vertragsauslegung eine Scheinbegründung.[103] Diesen Weg hat die Rechtsprechung zur Herleitung der Durchsetzungssperre bislang nicht beschritten und keine gesellschaftsvertragliche Verankerung der Durchsetzungssperre angenommen. Eine Herleitung der Durchsetzungssperre aus dem Gesellschaftsvertrag scheidet richtigerweise auch aus.[104]

4. Stundung

Die Durchsetzungssperre könnte als Stundung eingeordnet werden. Eine Stundungsabrede, die die Fälligkeit einer Forderung nach § 271 Abs. 2 BGB hinausschiebt,[105] setzt stets eine Vereinbarung zwischen den Parteien voraus. Eine solche Abrede wird in der Liquidation allerdings in den seltensten Fällen vorliegen. Zudem ist für Stundungen anerkannt, dass die Stundungsabrede bei

---

102 BGH v. 3.11.1999 – VIII ZR 269/98, BGHZ 143, 103 = NJW 2000, 1110, 1114: „*der Regelungsplan der Parteien infolge der Lücke einer Vervollständigung bedarf*".

103 Vgl. zu dieser Vorgehensweise in der Praxis *Larenz*, Wegweiser zu richterlicher Rechtsschöpfung, S. 275, 280 und 298 f.: „*Krücke einer Scheinbegründung*". Nach *Brecher* (Scheinbegründungen und Methodenehrlichkeit im Zivilrecht, S. 227, 232) sind Scheinbegründungen dadurch gekennzeichnet, dass es an der Nachvollziehbarkeit des Gedankengangs zur Begründung einer Rechtsfolge fehlt, mithin an der Kontrollierbarkeit und Absicherung gegen subjektive Einflüsse.

104 Vgl. dazu auch *Stüber*, Der Grundsatz der Durchsetzungssperre bei Liquidation von Personengesellschaften, S. 220. Anderes gilt nur, wenn tatsächlich im Einzelfall Anhaltspunkte für die Durchsetzungssperre vorhanden sein sollten.

105 *Krüger*, in: MüKoBGB, § 271 Rn. 22.

Bestreiten des Anspruchs beendet werden kann,[106] was bei der Durchsetzungssperre nicht der Fall ist.[107] Auch zielt die Stundung auf einen zeitlich begrenzten Aufschub der Leistungspflicht ab, wohingegen die Durchsetzungssperre auf ein Durchsetzungshindernis mit dem Ziel einer Verrechnung gerichtet ist, also einer gänzlichen Vermeidung der Leistungserbringung dient. Auch bietet die Stundung keinen Erklärungsansatz für die Rechtswirkungen, die über die Undurchsetzbarkeit hinausreichen wie z.B. die Unabtretbarkeit.[108] Letztlich stellt die Herleitung der Durchsetzungssperre aus den Grundsätzen zur Stundung eine *petitio principii* dar: Die Stundung selbst setzt stets eine Vereinbarung voraus. Daher kann die gerade fehlende vertragliche Vereinbarung der Durchsetzungssperre nicht unter Verweis auf die Grundsätze der Stundung überwunden werden.

5. Dolo-agit-Einrede; Treu und Glauben

Nachdem die Durchsetzungssperre der Vermeidung wechselseitiger Hin- und Herzahlungen in der Liquidationsphase dient, könnte sie als Anwendungsfall der *Dolo-agit*-Einrede angesehen werden. Diese ist eine Ausprägung des Grundsatzes von Treu und Glauben nach § 242 BGB. § 242 BGB regelt, dass der Schuldner einer Leistung verpflichtet ist, die Leistung nach Treu und Glauben und mit Rücksicht auf die Verkehrssitte zu bewirken. Aus der Generalklausel des § 242 BGB hat sich über die Jahrzehnte ein übergeordneter Rechtsgrundsatz entwickelt, wonach sich die Rechtsausübung und Pflichterfüllung nach Treu und Glauben zu richten hat.[109] Unter Herausbildung allgemeiner Wertungsgrundsätze und unter Systematisierung der Einzelfallkasuistik haben Rechtsprechung und Literatur Funktionskreise und Fallgruppen entwickelt und präzisiert, in denen die Rechtssubjekte bei Ausübung ihrer Rechte und Erfüllung ihrer Pflichten bestimmte Schranken einzuhalten haben.[110]

Bei der Ableitung konkreter Handlungs- oder Unterlassungspflichten aus Generalklauseln ist allerdings Zurückhaltung geboten. Die Generalklauseln dürfen nicht kurzerhand und unter „*Ersetzung substantieller Begründungen*“[111] zur Rechtfertigung freier Rechtsschöpfung herhalten. Vielmehr setzt eine Anwendung der

106 BGH v. 5.3.1981 – III ZR 115/80, NJW 1981, 1666, 1667.

107 Ähnlich *Hillers*, Personengesellschaft und Liquidation, S. 165.

108 Dazu C.IV.4.

109 *Grüneberg*, in: Grüneberg, § 242 Rn. 1; *Sutschet*, in: BeckOK-BGB, § 242 Rn. 1.

110 *Grüneberg*, in: Grüneberg, § 242 Rn. 2; *Schubert*, in: MüKoBGB, § 242 Rn. 6; *Schulze*, in: Schulze, § 242 Rn. 21.

111 *Sutschet*, in: BeckOK-BGB, § 242 Rn. 3; vgl. auch *Brecher*, Scheinbegründungen und Methodenehrlichkeit im Zivilrecht, S. 227, 232.

Generalklausel des § 242 BGB auf einen Sachverhalt voraus, dass an die bereits bestehenden Funktionskreise und Fallgruppen konkret angeknüpft werden kann. Die Fortentwicklung des Rechts aus Generalklauseln vollzieht sich deshalb im Wege einer Verfeinerung und Ergänzung des bereits vorhandenen und anerkannten Entwicklungsstandes.[112] Nicht ausreichend sind pauschale Verweise auf die Generalklausel zur Begründung einer Rechtsfolge.

Eine der Funktionen des Grundsatzes von Treu und Glauben ist die Beschränkung der Rechtsausübungsbefugnis, soweit keine schutzwürdigen Eigeninteressen vorliegen und die Rechtsausübung missbräuchlich wäre.[113] In der hierzu entwickelten Fallgruppe einer alsbaldigen Rückgewährpflicht steht der Rechtsausübung die sog. *Dolo-agit*-Einrede (Arglisteinrede) entgegen.[114] Danach ist es mit Treu und Glauben nicht vereinbar, Leistungen zu fordern, die alsbald wieder zurückgewährt werden müssten. Da die Durchsetzungssperre darauf abzielt, Hin- und Herzahlungen zwischen den Gesellschaftern und der Gesellschaft zu vermeiden, kann die Grundlage der Durchsetzungssperre in der Fallgruppe der *Dolo-agit*-Einrede gesehen werden. Sie wurde dort bereits auch vom BGH und einigen Literaturstimmen verortet.[115] Dieser Ansatz erfasst die Konstellation wechselseitig bestehender Ansprüche sowie zudem die Konstellation, in der ein Gesellschafter einen Einzelanspruch gegen die Gesellschaft durchsetzen möchte, im Rahmen

---

112 Vgl. *Schubert*, in: MüKoBGB, § 242 Rn. 6.

113 *Grüneberg*, in: Grüneberg, § 242 Rn. 50.

114 BGH v. 21.5.1953 – IV ZR 192/52, BGHZ 10, 69 = NJW 1953, 1099, 1100 ; BGH v. 21.12.1989 – X ZR 30/89, BGHZ 110, 30 = GRUR 1990, 515, 516; BGH v. 29.9.2020 – II ZR 112/19, NJW-RR 2021, 294, Rn. 18; *Schulze*, in: Schulze, § 242 Rn. 21.

115 BGH v. 29.6.1981 – II ZR 165/80, NJW 1981, 2802: „*Nach ständiger Rechtsprechung können zwar die auf Geld gerichteten Ansprüche eines Gesellschafters nicht mehr einzeln geltend gemacht werden, weil sich in der Regel erst aus der noch aufzustellenden Auseinandersetzungsbilanz ersehen läßt, ob er insgesamt von der Gesellschaft noch etwas zu erhalten hat oder selbst etwas nachzahlen muß. Das beruht aber auf dem Gedanken, daß es mit Treu und Glauben nicht im Einklang steht, vorab Auszahlungen zu verlangen, die später möglicherweise wieder zurückgewährt werden müssen*"; vgl. auch die weniger deutliche Entscheidung des BGH v. 4.7.1968 – II ZR 47/68, NJW 1968, 2005, 2006: „*Solange nicht durch eine abgeschlossene Auseinandersetzungsrechnung feststeht, ob und in welcher Höhe einem Gesellschafter im Endergebnis etwas zusteht, soll er im Vorgriff weder von der Gesellschaft noch von einem Mitgesellschafter etwas verlangen können, was er möglicherweise später wieder zurückzahlen müßte.*"; *Ensthaler*, Die Liquidation von Personengesellschaften, S. 11 f.; *Hillers*, Personengesellschaft und Liquidation, S. 133; *Klöhn*, in: Henssler/Strohn, GesR, § 143 HGB Rn. 13; *K. Schmidt*, in: MüKoHGB, § 155 a.F. Rn. 19.

der Auseinandersetzung aber zur Einzahlung eines Nachschusses in das Gesellschaftsvermögen verpflichtet ist. Auch die umgekehrte Konstellation wird nicht selten anzutreffen sein, etwa bei noch ausstehenden Einlageverpflichtungen der Gesellschafter bei gleichzeitig vorhandenem verteilbaren Liquidationsüberschuss. In diesen und ähnlichen Konstellationen wäre die Durchsetzung eines Einzelanspruchs jeweils treuwidrig. Insoweit kann eine Subsumtion der Durchsetzungssperre unter die *Dolo-agit*-Einrede erfolgen.

Messer wendet dazu kritisch ein, dass derjenige, der sich auf die *Dolo-agit*-Einrede berufe, „*schon das Ergebnis des Abrechnungsverfahrens vortragen und, wenn es bestritten wird, beweisen*" müsse.[116] Dem ist nicht so. Hier folgt aus der Eigenart des Auseinandersetzungsverfahrens und dem Zweck der Durchsetzungssperre, dass eine solche Darlegung und ein solcher Nachweis in Abweichung zum gewöhnlichen Rechtsverkehr gerade nicht gefordert ist. Darlegung und Nachweis der Einzelforderungen haben bestimmungsgemäß nur noch im Rahmen des Auseinandersetzungszwecks und der Erstellung der Auseinandersetzungsrechnung zu erfolgen.

In jeder Hinsicht trägt dieser Ansatz zur Begründung der Durchsetzungssperre aber nicht: Denn die Durchsetzungssperre greift auch dann, wenn gegen einen Einzelanspruch einmal kein gegenläufiger Anspruch aus der Auseinandersetzungsrechnung besteht. Das ist der Fall, wenn lediglich einer der Gesellschafter offene Einzelansprüche geltend machen kann und diesem voraussichtlich auch ein Auseinandersetzungsguthaben zukommt.[117] Ferner trägt der Begründungsansatz der *Dolo-agit*-Einrede nicht, soweit Ansprüche in Mehrpersonenverhältnissen betroffen sind, also gerade nicht zwischen zwei Personen wechselseitige Ansprüche bestehen. Hier vermeidet die Durchsetzungssperre auch karussellartige Zahlungsströme während der Liquidationsphase. Sie reicht in ihrer Wirkung insofern über das von der *Dolo-agit*-Einrede erfasste Zweipersonenverhältnis hinaus. Schließlich kann die *Dolo-agit*-Einrede nicht zur Rechtfertigung der Vereinfachungs- und Vereinheitlichungsfunktion der Durchsetzungssperre in der Liquidation herangezogen werden. Die Durchsetzungssperre dient nicht allein einer Missbrauchsverhinderung und damit dem Schutz des einzelnen Schuldners. Vielmehr kommt der Durchsetzungssperre übergeordnete Funktion für das Auseinandersetzungsverfahren im Ganzen zu.

---

116 *Messer*, Gesellschaftsbezogene Forderungen in der Auseinandersetzung, S. 205, 211.

117 Ausnahmen von der Durchsetzungssperre greifen auch in diesem Falle nur unter bestimmten Voraussetzungen, dazu C.III.3.

Die *Dolo-agit*-Einrede rechtfertigt damit die Durchsetzungssperre in wesentlichen Teilen ihres Anwendungsbereichs.[118] Sie vermag jedoch nicht alle ihrer Anwendungsbereiche und Funktionen zu rechtfertigen.

6. Treuepflicht

Im Gesellschaftsrecht wird zur Beschränkung von Rechtsausübungsbefugnissen häufig die gesellschaftsrechtliche Treuepflicht herangezogen, der die Gesellschafter unterliegen. Sie verpflichtet diese zur Rücksichtnahme auf die Belange der Gesellschaft (vertikale Treuepflicht) sowie auf die Belange der Mitgesellschafter (horizontale Treuepflicht).[119] Die gesellschaftsrechtliche Treuepflicht folgt zum einen aus der Förderpflicht der Gesellschafter aus dem Gesellschaftsvertrag bzw. aus § 705 BGB sowie zum anderen aus dem Grundsatz von Treu und Glauben nach § 242 BGB, wobei Letzteres streitig ist.[120] Heute soll sie auch gewohnheitsrechtliche Anerkennung beanspruchen können.[121] Ihr Zweck ist, die Individualinteressen der Gesellschafter mit den Interessen der Gesellschaft und dem Gesellschaftszweck zu versöhnen.[122] Die gesellschaftsrechtliche Treuepflicht greift auch im Abwicklungsstadium.[123] Sie kann hier aber nur noch in eingeschränkter und abgeschwächter Form Geltung beanspruchen, namentlich soweit es um die Erreichung des Abwicklungszwecks geht,[124] auf den sie in der Liquidationsphase gerichtet ist.[125]

Der konkrete Inhalt der Treuepflicht bestimmt sich jeweils aus der besonderen Natur und Eigenart des Gesellschaftsverhältnisses.[126] Inhaltlich verpflichtet die

---

118 Vgl. zum Anwendungsbereich der Durchsetzungssperre C.II.

119 BGH v. 8.10.2013 – II ZR 310/12, NZG 2013, 1334, Rn. 37; *Gesell*, in: Beck'sches HB PersG, § 4 III.14, Rn. 155 ff.; *Kindler*, Grundkurs Handels- und Gesellschaftsrecht, § 11 Rn. 17; *Servatius*, in: Henssler/Strohn, GesR (5. Aufl.), § 705 BGB a.F. Rn. 41.

120 *Gesell*, in: Beck'sches HB PersG, § 4 III.14, Rn. 155 ff.; *Schäfer*, in: MüKoBGB, § 705 Rn. 274.

121 *Gesell*, in: Beck'sches HB PersG, § 4 III.14, Rn. 155.

122 *Schöne*, in: BeckOK-BGB, § 705 a.F. Rn. 102.

123 BGH v. 9.9.2002 – II ZR 198/00, NJW-RR 2003, 169, 170; *Brandani*, Die BGB-Gesellschaft in der Liquidation, S. 114; *Servatius*, in: Henssler/Strohn, GesR (5. Aufl.), § 705 BGB a.F. Rn. 42.

124 BGH v. 11.1.1971 – II ZR 143/68, NJW 1971, 802; BGH v. 9.9.2002 – II ZR 198/00, NJW-RR 2003, 169, 170; vgl. auch *Schäfer*, in: MüKoBGB, § 705 Rn. 274 sowie in der Voraufl. (8. Aufl.) § 730 a.F. Rn. 29; *Schöne*, in: BeckOK-BGB, § 730 a.F. Rn. 19.

125 Die Auflösung bewirkt eine Zweckänderung der Gesellschaft; *Schäfer*, in: MüKoBGB, § 729 Rn. 5.

126 *Larenz*, Wegweiser zu richterlicher Rechtsschöpfung, S. 275, 285.

Treuepflicht dazu, zu unternehmen (Handlungspflicht), was für den Zweck der Gesellschaft förderlich ist, insbesondere bei der Ausübung von uneigennützigen Rechten wie dem Geschäftsführungsrecht, und zu unterlassen, war ihr abträglich ist (Unterlassungspflicht; Schrankenfunktion).[127] Abhängig davon, ob es um die Ausübung von uneigennützigen Mitgliedschaftsrechten oder die Ausübung von eigennützigen Mitgliedschaftsrechten geht, ist die Ausprägung der Treuebindung stärker oder schwächer.[128] Zu den uneigennützigen Mitgliedschaftsrechten gehört etwa das bereits erwähnte Geschäftsführungsrecht.[129] Zu den eigennützigen Mitgliedschaftsrechten gehören, neben Verwaltungsrechten wie etwa dem Informations- und Kontrollrecht sowie dem Kündigungsrecht,[130] insbesondere auch die Vermögensrechte wie (Gewinn-)Auszahlungsansprüche der Gesellschafter. Die aus dem Gesellschaftsverhältnis entspringenden Einzelforderungen der Gesellschafter rechnen insgesamt zu den eigennützigen Rechten, da sie auf persönliche Zahlung gerichtet sind. Eigennützige Mitgliedschaftsrechte bestehen vor allem im eigenen Interesse eines Gesellschafters.[131] Insoweit kommt die Treuepflicht also nur in schwächerer Ausprägung zur Anwendung.

Selbst die Ausübung von nicht-gesellschaftsrechtlichen Rechtspositionen und Ansprüchen gegenüber der Gesellschaft soll durch die Treuepflicht – wenngleich nur in sehr begrenztem Maße – beschränkt sein und auch die außergesellschaftsrechtlichen Rechtsverhältnisse überlagern.[132] Dies betrifft die sog. Drittansprüche, die zwischen Gesellschafter und Gesellschaft wie unter fremden Dritten und ohne Bezug zum Gesellschaftsverhältnis zustande gekommen sind.[133] Auch insoweit kann die Rechtsausübung unter Berücksichtigung „*überwiegender schutzwürdiger Interessen*“ der Gesellschaft bzw. der Interessen der Mitgesellschafter ausnahmsweise beschränkt sein.[134]

---

127 BGH v. 11.1.1971 – II ZR 143/68, NJW 1971, 802; *Kindler*, Grundkurs Handels- und Gesellschaftsrecht, § 11 Rn. 17; *Schäfer*, in: MüKoBGB, § 705 Rn. 275.

128 *Schöne*, in: BeckOK-BGB, § 705 a.F. Rn. 103 f.

129 *Schöne*, in: BeckOK-BGB, § 705 a.F. Rn. 103; *Servatius*, in: Henssler/Strohn, GesR (5. Aufl.), § 705 BGB a.F. Rn. 42a.

130 *Schäfer*, in: MüKoBGB, § 705 Rn. 279.

131 *Schäfer*, in: MüKoBGB, § 705 Rn. 279.

132 BGH v. 8.10.2013 – II ZR 310/12, NZG 2013, 1334, Rn. 37; *Ensthaler*, Die Liquidation von Personengesellschaften, S. 9; *Schäfer*, in: MüKoBGB, § 705 Rn. 263; *Servatius*, in: Henssler/Strohn, GesR (5. Aufl.), § 705 BGB a.F. Rn. 42c.

133 Dazu noch eingehend C.II.3.b.

134 BGH v. 8.10.2013 – II ZR 310/12, NZG 2013, 1334, Rn. 37; vgl. auch *Schäfer*, in: MüKoBGB, § 705 Rn. 263.

Festhalten lässt sich damit, dass die Einzelansprüche aus dem Gesellschaftsverhältnis sowie ferner auch die nicht-gesellschaftsrechtlichen Ansprüche der Gesellschafter von der gesellschaftsrechtlichen Treuepflicht erfasst werden. Sie erfasst die maßgeblichen Einzelansprüche auch in der Liquidation und setzt deren Durchsetzung zur Erreichung der Abwicklung Schranken, soweit es der Zweck der Abwicklungsgesellschaft erfordert.[135] Die Durchsetzungssperre liegt somit im Funktionsbereich der Treuepflicht, der Rechtsausübung Schranken zu setzen (Unterlassungsfunktion). Die Durchsetzungssperre lässt sich deshalb durch die gesellschaftsrechtliche Treuepflicht begründen.

Hervorzuheben ist an dieser Stelle noch, dass die Treuepflicht hinsichtlich der Einzelansprüche als eigennützige Vermögensrechte der Gesellschafter lediglich in abgeschwächter Form Geltung beanspruchen kann. Dieser Befund erlangt insbesondere noch für der Bestimmung der konkreten Wirkungsweise der Durchsetzungssperre Bedeutung.[136]

7. Rechtsinstitut sui generis

Da sich die Durchsetzungssperre, wie *Hillers* bereits 1989 zutreffend feststellte, mit Mühe nur unter bestehende Normen subsumieren lässt,[137] wird teilweise angenommen, es handele sich um ein Rechtsinstitut *sui generis*.[138] Diese Annahme zieht allerdings den Vorwurf freier Rechtsfindung bzw. einer „aus der Luft gegriffenen" Rechtsumgestaltung auf sich. Schon wegen der erheblichen rechtlichen Auswirkungen auf die Einzelansprüche sollte kein derartiger ankerloser Erklärungsansatz zu Grunde gelegt werden. Dieser Deutungs- und Erklärungsversuch ist daher abzulehnen.

---

135 In der Abwicklung des Innenverhältnisses sollen die Einzelansprüche nicht individuell und gesondert durchgesetzt werden, sondern in einem einheitlichen Verfahren verrechnet werden bzw. ausgeglichen werden, sodass eine Vielzahl an Zahlungsströmen entbehrlich wird. Hin- und Herzahlungen im Abwicklungsstadium wären der zügigen und geordneten Durchführung der Abwicklung abträglich. Insoweit schränkt die Treuepflicht die Rechtausübungsbefugnis ein.

136 Insbesondere für ihre Qualifikation als bloße Einrede bzw. als Leistungsverweigerungsrecht, dazu C.IV.

137 *Hillers*, Personengesellschaft und Liquidation, S. 164.

138 *Brandani*, Die BGB-Gesellschaft in der Liquidation, S. 123.

8. Gewohnheitsrecht

Nachdem der Grundsatz der Durchsetzungssperre bereits seit Jahrzehnten in der Rechtsprechung gefestigt ist und heute auch nach allgemeiner Ansicht befürwortet wird,[139] könnte eine gewohnheitsrechtliche Anerkennung anzunehmen sein. In Abgrenzung zur richterlichen Rechtsfortbildung beruht Gewohnheitsrecht auf

- langewährender Anwendung (*longa consuetudo*)
- eines ungeschriebenen Rechtssatzes
- und allgemeiner Überzeugung von der Richtigkeit dieses Rechtssatzes (*opinio necessitatis*).[140]

Diese Voraussetzungen erfüllt die Durchsetzungssperre. Sie besteht als ungeschriebener Rechtssatz. Ihre Entwicklung reicht zurück auf Rechtsprechung des Reichsgerichts,[141] sie wurde vom BGH in den 50er und 60er Jahren[142] aufgegriffen und wird heute in ständiger Rechtsprechung gelebt.[143] Die Existenz der Durchsetzungssperre wird in der Literatur und in den Verkehrskreisen auch nicht in Frage gestellt, sondern heute als gegeben vorausgesetzt.[144] Die Bedingungen für eine (auch) gewohnheitsrechtliche Anerkennung der Durchsetzungssperre als Rechtsinstitut liegen damit vor.

Wie weit die Durchsetzungssperre als gewohnheitsrechtlicher Rechtssatz reicht und welche Rechtswirkungen im Einzelnen von ihr ausgehen, ist bis heute allerdings nicht abschließend geklärt. Vielmehr bleiben diese Fragestellungen Gegenstand fortwährender Klärung durch Judikatur und Schrifttum. Von der gewohnheitsrechtlichen Anerkennung jedenfalls umfasst sein dürfte die Wirkung der Undurchsetzbarkeit. Hinsichtlich der übrigen im Zusammenhang mit der

---

139 Vgl. nur *Schäfer*, in: MüKoBGB, § 735 Rn. 33 sowie in der Voraufl. (8. Aufl.) § 730 a.F. Rn. 31.

140 BVerfG v. 28.6.1967 – 2 BvR 143/61, BVerfGE 22, 114 = NJW 1967, 2051, 2052; BVerfG v. 15.1.2009 – 2 BvR 2044/07, BVerfGE 122, 248 = NJW 2009, 1469, 1473; BGH v. 4.4.2017 – II ZB 10/16, DstRE 2018, 184, Rn. 24; *Boecken*, BGB AT, Rn. 15, *Fischer*, Die Weiterbildung des Rechts durch die Rechtsprechung, S. 8 f.

141 RG v. 23.10.1920 – V 168/20, RGZ 100, 165, 166 – zur lediglich beschränkten Durchsetzbarkeit von Beitragspflichten in der Liquidationsphase; RG v. 26.5.1925 – II 355/24, RGZ 111, 77, 83.

142 BGH v. 17.6.1953 – II ZR 205/52, BGHZ 10, 91 = NJW 1953, 1217; BGH v. 2.7.1962 – II ZR 204/60, BGHZ 37, 299 = NJW 1962, 1863.

143 BGH v. 29.6.1981 – II ZR 165/80, NJW 1981, 2802; BGH v. 16.9.1985 – II ZR 41/85, NJW-RR 1986, 456.

144 *Schäfer*, in: MüKoBGB, § 735 Rn. 33 sowie in der Voraufl. (8. Aufl.) § 730 a.F. Rn. 31.

Durchsetzungssperre diskutierten Folgen, insbesondere auch hinsichtlich der bislang kaum erörterten verjährungsrechtlichen Wirkung der Durchsetzungssperre, dürfte es hingegen noch an einer ausreichend langen Übung sowie einer insoweit bestehenden allgemeinen Anerkennung fehlen.[145] Man wird mit Blick auf diese Rechtsfolgen nicht umhinkommen, eine jenseits des Gewohnheitsrechts liegende Antwort zu suchen. Festzuhalten bleibt aber an dieser Stelle, dass die gewohnheitsrechtliche Begründung der Durchsetzungssperre zumindest hinsichtlich der Wirkung der Undurchsetzbarkeit möglich ist.

9. Zwischenergebnis

Der Grundsatz der Durchsetzungssperre ist nicht in gesetzlichen Einzelvorschriften verankert. Er kann in aller Regel auch nicht unmittelbar aus dem Gesellschaftsvertrag oder aus diesem im Wege ergänzender Vertragsauslegung abgeleitet werden, falls nicht ausnahmsweise einmal eine vertragliche Regelung der Durchsetzungssperre erfolgt ist. Vielmehr ist die Durchsetzungssperre aus der Generalklausel von Treu und Glauben, *in concreto* aus der Fallgruppe der *Dolo-agit*-Einrede, sowie aus dem Grundsatz der gesellschaftsrechtlichen Treuepflicht herzuleiten. Sie bewegt sich innerhalb der zu diesen entwickelten Funktionsbereiche und Wertungssätze. Anknüpfend an die hergebrachten Prinzipien der *Dolo-agit*-Einrede und die Funktion der Treuepflicht als Rechtsausübungsschranke kann der Handlungsspielraum und die Rechtsausübungsmacht der Gesellschafter im Rahmen des Gesellschaftsverhältnisses und im Rahmen der Erfordernisse des Abwicklungszwecks beschränkt werden.[146]

Die Rechtsprechung hat den Grundsatz der Durchsetzungssperre dabei im Wege richterlicher Rechtsfortbildung zu einer eigenständigen Rechtsfigur des Personengesellschaftsrechts entwickelt.[147] Die Legitimation richterlicher Rechtsfortbildung als Rechtsquelle ist heute, entgegen früher teilweise vertretener Ansicht,[148] nicht mehr zweifelhaft. Die Grenzen richterlicher Rechtsfortbildung wurden bei der Entwicklung der Rechtsfigur der Durchsetzungssperre eingehalten. Die Durchsetzungssperre ist als weitere Konkretisierung und Ausformung der

---

145 Dazu eingehend F.IX.

146 Gleiches gilt für die Gesellschaft und deren Rechtsmacht hinsichtlich ihrer Sozialansprüche.

147 Vgl. zu den Voraussetzungen für diese Entwicklung *Larenz*, Wegweiser zu richterlicher Rechtsschöpfung, S. 275, 298.

148 So etwa noch im Jahre 1971 *Fischer*, Die Weiterbildung des Rechts durch die Rechtsprechung, S. 9.

gesetzlich normierten Generalklausel des § 242 BGB und des anerkannten gesellschaftsrechtlichen Grundsatzes der Treuepflicht einzuordnen. Die Entwicklung der Durchsetzungssperre aus den Leitgedanken einer gesetzlichen Generalklausel und aus dem allgemein anerkannten Rechtsprinzip der gesellschaftsrechtlichen Treuepflicht sichert zugleich den Anschluss an und die Einfassung in das bestehende Rechtssystem.[149] Dieser Entwicklungsansatz grenzt die Durchsetzungssperre als zulässige Rechtsfortbildung von der freien, ungebundenen und unzulässigen Rechtsschöpfung ab.[150]

Damit reiht sich die liquidationsrechtliche Durchsetzungssperre ein in den Kreis richterlicher Neuschöpfungen und Rechtsfortbildungen, zu denen unter anderem auch die Lehre von der fehlerhaften Gesellschaft, der Vertrag mit Schutzwirkung zu Gunsten Dritter, das Recht am eingerichteten und ausgeübten Gewerbebetrieb, das allgemeine Persönlichkeitsrecht und seine deliktsrechtliche Schutzfähigkeit, der innerbetriebliche Schadensausgleich und der betriebliche Gleichbehandlungsgrundsatz sowie die Anerkennung der Rechtsfähigkeit der GbR rechnen.[151]

Aufgrund der nunmehr bereits jahrzehntelangen Anwendung der Durchsetzungssperre in Rechtsprechung und Literatur kann mittlerweile eine Anerkennung auch unter gewohnheitsrechtlichen Gesichtspunkten zumindest in Betracht gezogen werden. Die ursprüngliche Herleitung und Verwurzelung der Durchsetzungssperre ist jedoch nach wie vor für die Bestimmung der Reichweite ihres Anwendungsbereichs und für die Rechtsfolgenbestimmung von Bedeutung.

Die gegenwärtige und künftige weitere Ausformung des Grundsatzes der Durchsetzungssperre ist nur in einer kleinschrittigen Verfeinerung und Konkretisierung des bereits erreichten Erkenntnisstandes und nur innerhalb der äußeren Grenzen des Herleitungsansatzes möglich. Für die hier vertretene Herleitung aus der *Dolo-agit*-Einrede und aus der Treuepflicht als Rechtsausübungsschranken folgt, dass sich die aus der Durchsetzungssperre ergebenden Rechtsfolgen in deren Funktionsbereichen bewegen müssen. Das gilt für die Ableitung weiterer Rechtsfolgen jenseits der Undurchsetzbarkeit und insbesondere für die verjährungsrechtliche Behandlung.

Nach Analyse und Bestimmung des Herleitungsansatzes ist der äußere Rahmen für die Rechtsfolgenbestimmung der Durchsetzungssperre abgesteckt. Der

149 Vgl. dazu *Larenz*, Wegweiser zu richterlicher Rechtsschöpfung, S. 275, 298.

150 Vgl. zur unzulässigen Rechtsschöpfung *Kramer/Arnet*, Juristische Methodenlehre, S. 207; *Rüthers/Fischer/Birk*, Rechtstheorie, Rn. 883.

151 *Larenz*, Wegweiser zu richterlicher Rechtsschöpfung, S. 275 ff.; *Wiedemann*, NJW 2014, 2407, 2410 f.

Rechtsfolgenkonkretisierung im Einzelnen widmet sich Abschnitt IV und der verjährungsrechtlichen Behandlung insbesondere das Kapitel F.[152]

II. Anwendungsbereich

1. Erfasste Gesellschaftsformen

Der Grundsatz der Durchsetzungssperre wurde zunächst für die Auseinandersetzung von Personengesellschaften entwickelt, also insbesondere für die GbR, die OHG, die KG, die PartG sowie die stille Gesellschaft.[153] Die Durchsetzungssperre findet dabei sowohl in der Auseinandersetzung von Personengesellschaften nach deren Auflösung Anwendung als auch beim Ausscheiden eines Gesellschafters.[154] In der Auseinandersetzung von Personengesellschaften liegt ihr wesentlicher Anwendungsbereich, hierzu ist auch der Gutteil der bisherigen Entscheidungen ergangen.

Nach teilweise vertretener Ansicht soll die Durchsetzungssperre auch in den Körperschaften wie der GmbH Anwendung finden.[155] Ihre Relevanz ist dort jedoch von vornherein ungleich viel geringer. Im Unterschied zu den Personengesellschaften besteht in aller Regel gerade keine Fülle an Anspruchsverhältnissen zwischen einer Körperschaft und ihren Gesellschaftern. Dies ist auf den wesentlichen Strukturunterschied der körperschaftlichen Verfassung zurückzuführen. Erstens bestehen bei den Körperschaften und insbesondere auch bei den Kapitalgesellschaften klassischerweise keine variablen (atmenden) Kapitalkonten

---

152 Dort wird sodann durch Vergleich, Wertung und das In-Einklang-Bringen der betroffenen Zwecksetzungen die Rechtsfortbildung bzw. Konkretisierung der Generalklausel und der Treuepflicht in bestimmte Rechtsfolgen zu bewerkstelligen sein.

153 BGH v. 2.7.1962 – II ZR 204/60, BGHZ 37, 299 = NJW 1962, 1863, 1864 f.; BGH v. 4.7.1968 – II ZR 47/68, NJW 1968, 2005, 2006; BGH v. 5.11.1979 – II ZR 145/78, NJW 1980, 1522; für die Anwendung auf die stille Gesellschaft OLG Brandenburg v. 21.12.2022 – 4 U 121/20, BeckRS 2022, 39899, Rn. 20; *Schäfer*, in: MüKoBGB, § 735 Rn. 32.

154 BGH v. 20.12.1956 – II ZR 177/55, BGHZ 23, 17, 29; BGH v. 3.5.1999 – II ZR 32/98, NJW 1999, 2438, 2439; Kammergericht v. 5.3.2007 – 23 U 113/06, NZG 2008, 70, 71; *Kilian*, in: Henssler/Strohn, GesR, § 735 BGB Rn. 15; *Michalski*, NZG 2008, 57; *Schäfer*, in: MüKoBGB, § 728 Rn. 15 sowie zur Rechtslage vor dem MoPeG in der Voraufl. (8. Aufl.) § 738 a.F. Rn. 49; *Stöber*, in: Handbuch PersG, § 39 Rn. I 1328.

155 *Freund*, MDR 2011, 577, 579; *Kleindiek*, in: Lutter/Hommelhoff, § 72 Rn. 7; *Lorscheider*, in: BeckOK-GmbHG, § 72 Rn. 3; *K. Schmidt/Scheller*, in: Scholz, § 72 Rn. 21.

der Gesellschafter, die einen regen Zahlungs- und Buchungsverkehr, etwa für stehengelassene Gewinne, zwischen der Gesellschaft und den Gesellschaftern abbilden.[156] So werden z.B. bei den Kapitalgesellschaften erzielte Jahresüberschüsse in die Rücklagen nach § 266 Abs. 3 A. II., III. HGB eingestellt, sodass es bereits zu keiner individuellen vermögensrechtlichen Zuordnung an die Gesellschafter und einer Begründung von individuellen Auszahlungsansprüchen kommt. Dies kann bei Personengesellschaften durch die Bebuchung von entnahmefähigen Kapitalkonten geschehen.[157] Die Vermögenssphäre der Kapitalgesellschaft ist mithin strikt(er) von der Vermögenssphäre ihrer Gesellschafter getrennt.[158]

Zweitens erschöpfen sich die auf Geldzahlung gerichteten Anspruchsverhältnisse zwischen der Kapitalgesellschaft und ihren Gesellschaftern in einem häufig sogleich im Zuge des Gründungsvorgangs vollständig erfüllten Einlageanspruch sowie in Gewinnauszahlungsansprüchen. Gewinnauszahlungsansprüche entstehen durch Fassung eines Gewinnverwendungsbeschlusses[159] und werden zumeist alsbald erfüllt. Es kommt damit in der Regel nicht zu einer Vielzahl offener Zahlungsansprüche in der Sozialsphäre.

Drittens ist wegen der körperschaftlichen Struktur das Verhältnis der Gesellschafter untereinander weniger eng, sodass in der Individualsphäre häufig bereits keine wechselseitigen Zahlungsansprüche zur Entstehung gelangen.

Schließlich führt auch der Grundsatz der Zulässigkeit der Fremdorganschaft dazu, dass die Anzahl der Anspruchsverhältnisse zwischen Gesellschaft und Gesellschaftern überschaubar bleibt. Handeln Fremdorgane und sind nicht die Gesellschafter selbst geschäftsleitend tätig, dann bestehen insoweit von vornherein keine Ansprüche oder Verbindlichkeiten in der Sozialsphäre.[160] Ansprüche aus der Geschäftsführung und die Problematik der Abwicklung solcher Ansprüche im Verhältnis zwischen der Gesellschaft und den Gesellschaftern bestehen bei Fremdorganen deshalb schon im Ausgangspunkt nicht. Zudem bestehen etwa Ansprüche aus der Geschäftsführertätigkeit (z.B. Vergütungsansprüche) in einer Kapitalgesellschaft auf Grundlage eines separaten schuldrechtlichen Anstellungsvertrages und nicht auf Basis des gesellschaftsrechtlichen Rechtsverhältnisses

---

156 Dazu *Kahle/Hiller*, in: Beck'sches HB PersG, § 5 A.IV.4.d), Rn. 100 ff.

157 Vgl. *Oppenländer*, DStR 1999, 939, 941; *Kahle/Hiller*, in: Beck'sches HB PersG, § 5 A.IV.4 c), Rn. 90.

158 Vgl. auch *Grziwotz*, in: MünchHB GesR, Band III, § 2 Rn. 12.

159 *Kersting*, in: Noack/Servatius/Haas, § 29 Rn. 48, *Raiser/Veil*, Recht der Kapitalgesellschaften, § 18 Rn. 25.

160 Z.B. Vergütungs- oder Haftungsansprüche.

selbst.[161] Im Personengesellschaftsrecht hingegen kann ein gewinnunabhängiges Entnahmerecht für den geschäftsführenden Gesellschafter vorgesehen werden.

Damit ist die Gefahr von Hin- und Herzahlungen in der Liquidation von Kapitalgesellschaften ungleich viel geringer, sodass ein Bedürfnis für eine Durchsetzungssperre nicht erkennbar ist. Wegen dieser wesentlichen Strukturunterschiede und der im Regelfall bei Körperschaften im Innenverhältnis nicht auftretenden Anspruchsfülle sollte der Grundsatz der Durchsetzungssperre auf Personengesellschaften beschränkt bleiben.[162]

2. Zeitlicher Anwendungsbereich

In zeitlicher Hinsicht greift die Durchsetzungssperre mit Auflösung der Personengesellschaft bzw. mit dem Ausscheidensereignis.[163] Die Auflösung kann beispielsweise durch Kündigung nach § 723 BGB a.F. – dies gilt nach Reform durch das MoPeG allerdings nicht mehr ohne weiteres –[164], durch Zweckerreichung nach § 726 BGB a.F. bzw. § 729 Abs. 2 BGB n.F. oder durch Auflösungsbeschluss,[165] der sich nach neuem Recht nach § 729 Abs. 1 Nr. 4, 732 BGB n.F. richtet, herbeigeführt werden. Ab dem Zeitpunkt der Auflösung ist der Zweck der Gesellschaft auf die Liquidation des Gesellschaftsvermögens und die Auseinandersetzung unter den Gesellschaftern gerichtet.[166]

Mit der Feststellung der Auseinandersetzungsrechnung kommt es zur Verrechnung und zum Erlöschen der wechselseitigen Einzelansprüche, soweit sie sich decken, im Übrigen gehen diese in dem einheitlichen und seinerseits nun durchsetzbaren Anspruch auf das Auseinandersetzungsguthaben auf. Details sind

---

161 *Altmeppen*, GmbHG, § 6 Rn. 47.

162 Teilt man hingegen die Einschätzung, dass die Durchsetzungssperre auch auf Kapitalgesellschaften Anwendung finde, würde man sie und die ihr zugeschriebenen und für das Personengesellschaftsrecht entwickelten Rechtswirkungen allerdings entsprechend anzuwenden haben. Die Frage der Anwendbarkeit der Durchsetzungssperre auch im Kapitalgesellschaftsrecht sollte indessen nicht von den Gegebenheiten und von der Komplexität der Auseinandersetzung im Einzelfall abhängig gemacht werden, um Rechtsunsicherheit vorzubeugen.

163 *Sprau*, in: Grüneberg (82. Aufl.), § 730 a.F. Rn. 6; *Stöber*, in: Handbuch PersG, § 39 Rn. I 1328.

164 Nach § 723 Abs. 1 BGB n.F. ist die Kündigung *der Mitgliedschaft* lediglich Ausscheidensgrund, nach § 729 Abs. 1 Nr. 3 BGB n.F. ist die Kündigung *der Gesellschaft* Auflösungsgrund.

165 *Schäfer*, in: MüKoBGB, § 729 Rn. 34.

166 *Schäfer*, in: MüKoBGB, § 729 Rn. 5.

umstritten.[167] Zu diesem Zeitpunkt endet auch die Durchsetzungssperre.[168] Zum Wegfall der Durchsetzungssperre kann es auch bei Fortsetzung der Gesellschaft[169] oder durch Umwandlungsmaßnahmen etc. kommen.[170]

3. Erfasste Ansprüche

a. Erfasste Ansprüche: Ansprüche aus dem Gesellschaftsverhältnis

Die Durchsetzungssperre betrifft diejenigen Ansprüche, die aus dem Gesellschaftsverhältnis herrühren.[171] Erfasst sind damit im Grundsatz alle Ansprüche aus dem Gesellschaftsverhältnis zwischen der Gesellschaft und den Gesellschaftern (Sozialsphäre)[172] sowie Ansprüche der Gesellschafter untereinander (Individualsphäre).[173] Insbesondere bezieht sich die Durchsetzungssperre damit auf

- Ansprüche auf noch nicht erbrachte Beitragsleistungen,[174]

---

167 Hierzu G.III. Einen guten Überblick über den Meinungsstand gibt *Stüber*, Der Grundsatz der Durchsetzungssperre bei Liquidation von Personengesellschaften, S. 207 ff.; vgl. auch *Hillers*, Personengesellschaft und Liquidation, S. 331 f.

168 Zum Ende der verjährungshemmenden Wirkung siehe Kapitel G.

169 *Stüber*, Der Grundsatz der Durchsetzungssperre bei Liquidation von Personengesellschaften, S. 208. Der Fortsetzungsbeschluss führt zur Rückversetzung in eine werbende Gesellschaft, vgl. dazu auch *Eberhard*, in: Beck'sches HB PersG, § 13 Rn. 51; *Schöne*, in: BeckOK-BGB, § 734 Rn. 7.

170 Hierzu G.II und G.IV.

171 Vgl. *Brandani*, Die BGB-Gesellschaft in der Liquidation, S. 126 ff. Vgl. für die Konstellation des Ausscheidens eines Gesellschafters *Stöber*, in: Handbuch PersG, § 39 Rn. I 1328.

172 BGH v. 3.4.2006 – II ZR 40/05, NJW-RR 2006, 1268, Rn. 17; BGH v. 11.9.2018 – II ZR 161/17, NJW 2019, 161, Rn. 13; *Kilian*, in: Henssler/Strohn, GesR, § 735 BGB Rn. 15.

173 Str. – dafür: BGH v. 4.11.2002 – 210/00, NZG 2003, 215; *Roth*, in: Hopt, § 143 Rn. 8; *Schöne*, in: BeckOK-BGB, § 730 a.F. Rn. 32; dagegen: *Saenger*, GesR, Rn. 257; *K. Schmidt*, in: MüKoHGB, § 155 a.F. Rn. 24. Vermittelnder Ansicht sind wohl *Hadding/Kießling*, in: Soergel, § 730 a.F. Rn. 11, die annehmen, dass Individualansprüche dann der Durchsetzungssperre unterliegen, wenn der Ausgleich zwischen Gesellschaftern bereits im Liquidationsverfahren herbeizuführen sein soll, was „*regelmäßig geboten*" sei. Nicht ganz klar ist die Position von *Schäfer*, in: MüKoBGB, § 735 Rn. 32, 35.

174 BGH v. 14.11.1977 – II ZR 183/75, NJW 1978, 424; *Schöne*, in: BeckOK-BGB, § 730 a.F. Rn. 20; *Stöber*, in: Handbuch PersG, § 39 Rn. I 1329.

- Aufwendungsersatzansprüche, sowohl gegen die Gesellschaft, etwa nach § 716 Abs. 1 BGB n.F. bzw. vormals nach § 110 HGB a.F.,[175] wie auch gegen die Mitgesellschafter nach § 426 BGB,[176]
- Gewinnansprüche, dies sowohl in Bezug auf bereits entstandene, stehen gelassene Gewinne bzw. Entnahmerechte als auch für noch während der Liquidation entstehende Gewinne, deren laufende Verteilung nicht mehr verlangt werden kann,[177]
- Rückerstattungsansprüche wegen unzulässiger Entnahmen,[178]
- Schadenersatzansprüche[179] und
- Vergütungsansprüche.[180]

Die Durchsetzungssperre greift dabei *wechselseitig*, erfasst also die Sozialansprüche wie auch die Sozialverbindlichkeiten,[181] ebenso wie die Ansprüche der Gesellschafter untereinander.

---

175 *Fleischer*, in: MüKoHGB, § 110 a.F. Rn. 23.

176 BGH v. 2.7.1962 – II ZR 204/60, BGHZ 37, 299 = NJW 1962, 1863, 1864 f.

177 *Schäfer*, in: MüKoBGB, § 735 Rn. 35 sowie in der Voraufl. (8. Aufl.) § 730 a.F. Rn. 26.

178 BGH v. 3.5.1999 – II ZR 32/98, NJW 1999, 2438, 2439; *Schöne*, in: BeckOK-BGB, § 730 a.F. Rn. 20.

179 BGH v. 4.7.1968 – II ZR 47/68, NJW 1968, 2005, 2006; *Schäfer*, in: MüKoBGB, § 735 Rn. 35; *Schöne*, in: BeckOK-BGB, § 730 a.F. Rn. 20; *Trost*, in: jurisPK-BGB, § 730 a.F. Rn. 23.

180 *Gummert*, in: MünchHB GesR, Band I, § 47 Rn. 37.

181 Nur in einer Einzelentscheidung nimmt der BGH Sozialansprüche, also solche der Gesellschaft, von der Durchsetzungssperre aus, BGH v. 4.11.2002 – 210/00, NZG 2003, 215: „*Dagegen kann die Gesellschaft im Liquidationsstadium grundsätzlich Ansprüche gegen einzelne Gesellschafter geltend machen*". Betrachtet man die Rechtsprechung des BGH im Ganzen, erweist sich als unzutreffend, dass die Gesellschaft im Liquidationsstadium *grundsätzlich* Ansprüche gegen einzelne Gesellschafter geltend machen könne. Der BGH lässt vielmehr im Widerspruch zu der zitierten Entscheidung nur in Ausnahmefällen (zu diesen im Einzelnen C.III) eine Durchsetzung von Sozialansprüchen zu.

Graphisch lassen sich die dursetzungsgesperrten Anspruchsverhältnisse wie folgt darstellen:

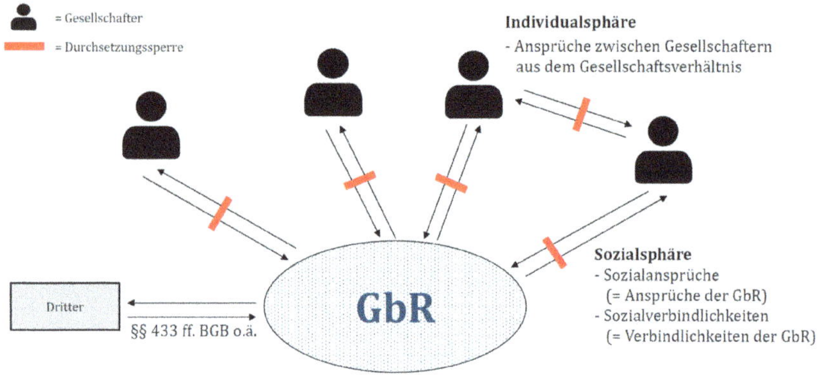

Abbildung 1: *Durchsetzungssperre*
(Quelle: Eigene Darstellung)

Nach teilweise vertretener Auffassung in der Literatur soll die Durchsetzungssperre beschränkt sein auf die Sozialsphäre, also nicht auch zwischen den Gesellschaftern untereinander gelten,[182] oder gar – noch enger – beschränkt sein auf Sozialverbindlichkeiten, also nur für Ansprüche der Gesellschafter gegen die Gesellschaft gelten, wohingegen die Gesellschaft darin frei sein soll, Ansprüche gegen die Gesellschafter durchzusetzen.[183]

Allein Geldforderungen fallen in den Anwendungsbereich der Durchsetzungssperre.[184] Denn nur insoweit kann der Zweck erfüllt werden, Hin- und Herzahlungen im Auseinandersetzungsstadium zu vermeiden, als die Verrechnungsfähigkeit – in der aufrechnungsrechtlichen Terminologie die Gleichartigkeit – gegeben ist.[185] Bei Ansprüchen, die nicht auf Geldleistung gerichtet sind, ist dieser Zweck

182 *Schäfer*, in: MüKoBGB, § 735 Rn. 35: *„soweit es um (originäre) Ansprüche zwischen Gesellschaftern geht“*; *K. Schmidt*, in: MüKoHGB, § 155 a.F. Rn. 24.

183 So wohl *Habermeier*, in: Staudinger, § 730 a.F. Rn. 21; *Salger*, in: Reichert, GmbH & Co. KG, 13. Kap., § 47, Rn. 52.

184 BGH v. 29.6.1981 – II ZR 165/80, NJW 1981, 2802; die Frage allerdings offenlassend BGH v. 4.12.2012 – II ZR 159/10, NJW-RR 2013, 363, Rn. 44; *Kilian*, in: Henssler/Strohn, GesR, § 735 BGB Rn. 16; *Schäfer*, in: MüKoBGB, § 735 Rn. 35; *Stüber*, Der Grundsatz der Durchsetzungssperre bei Liquidation von Personengesellschaften, S.169; *Westermann*, in: Erman (16. Aufl.), § 730 a.F. Rn. 11.

185 Vgl. zur ähnlichen Thematik der erforderlichen Gleichartigkeit im Rahmen der Aufrechenbarkeit nach § 387 BGB *Dennhardt*, in: BeckOK-BGB, § 387 Rn. 27.

hingegen nicht einschlägig und eine Saldierung mit Geldforderungen nicht möglich. Dies galt etwa für den Anspruch aus § 732 BGB a.F. auf Rückgabe von Gegenständen, wobei insofern ein Zurückbehaltungsrecht der Gesellschaft angenommen wurde.[186]

b. Nicht erfasste Ansprüche: Drittansprüche

Ansprüche, die nicht im Gesellschaftsverhältnis ihre Grundlage haben (Drittansprüche), sind in ihrer Geltendmachung nicht durch die Durchsetzungssperre beschränkt.[187] Sie bleiben auch in der Liquidationsphase frei durchsetzbar, selbst wenn das Anspruchsverhältnis zwischen der Gesellschaft und den Gesellschaftern besteht.[188] Welche Ansprüche konkret vom Anwendungsbereich der Durchsetzungssperre nicht erfasst sind, überlässt der Gesetzgeber auch nach der Reform des MoPeG Rechtsprechung und Literatur.[189]

Hierunter zu fassen sind nach heute wohl ganz herrschender Meinung zunächst alle Ansprüche aus Rechtsgeschäften, bei denen der Gesellschafter der Gesellschaft wie ein Dritter gegenüber steht (Geschäfte *at arm's length*) und die nicht wegen des Gesellschaftsverhältnisses (*causa societatis*) begründet wurden.[190] Es kann sich beispielsweise um Ansprüche aus dem Kauf von Gegenständen handeln, die von der Gesellschaft gewerbsmäßig und im gewöhnlichen Geschäftsgang vertrieben werden und die ein Gesellschafter von der Gesellschaft

---

186 *Schäfer*, in: MüKoBGB (8. Aufl.), § 732 a.F. Rn. 4. § 732 BGB a.F. wurde im Zuge des MoPeG gestrichen, da der Gesetzgeber einen Rückgabeanspruch bei Bestehen entsprechender Vereinbarungen als selbstverständlich angesehen hat, siehe dazu Begr. RegE zum MoPeG v. 17.3.2021, BT-Drucks. 19/27635, S. 186. Auch nach neuem Recht sollen solche Rückgabeansprüche mit einem Zurückbehaltungsrecht behaftet sein, sofern der anspruchstellende Gesellschafter im Rahmen der Liquidation voraussichtlich eine Nachschuss- oder Ausgleichszahlung zu leisten hat, so *Saenger*, GesR, Rn. 255.

187 *Richter*, in: Koch, PersG, § 143 HGB Rn. 24. Dies gilt ebenso für die Konstellation des Ausscheidens eines Gesellschafters, dazu *Stöber*, in: Handbuch PersG, § 39 Rn. I 1329.

188 BGH v. 3.4.2006 – II ZR 40/05, NJW-RR 2006, 1268, Rn. 16, 18 ff.; *Kilian*, in: Henssler/Strohn, GesR, § 735 BGB Rn. 15; a.A. und für eine Einbeziehung von Drittansprüchen in die Auseinandersetzungsrechnung *Hillmann*, in: Ebenroth/Boujong (4. Aufl.), § 155 a.F. Rn. 17; *Kamanabrou*, in: Oetker, § 148 Rn. 11, 47.

189 Begr. RegE zum MoPeG v. 17.3.2021, BT-Drucks. 19/27635, S. 187: „*die Vorschrift bewusst offen formuliert*"; vgl. auch *Noack*, in: Schäfer, Das neue Personengesellschaftsrecht, § 9 Rn. 26; *Richter*, in: Koch, PersG, § 735 BGB Rn. 20.

190 BGH v. 3.4.2006 – II ZR 40/05, NJW-RR 2006, 1268, Rn. 18, 20; BGH v. 12.11.2007 – II ZR 183/06, NJW-RR 2008, 287, Rn.14; *Ensthaler*, Die Liquidation von Personengesellschaften, S. 7 f.; *Richter*, in: Koch, PersG, § 148 HGB Rn. 19.

wie ein gesellschaftsfremder Dritter kauft. Ferner kann es um Miet- oder Pachtverhältnisse gehen.[191] Grund für den Ausschluss solcher Drittansprüche von dem Anwendungsbereich der Durchsetzungssperre ist, dass die Durchsetzungssperre und die aus ihr folgenden Beschränkungen sich allein aus den gesellschaftsrechtlichen Bindungen (der Treuepflicht) heraus rechtfertigen.[192] Die gesellschaftsrechtlichen Bindungen erfassen Drittgeschäfte indessen nicht bzw. nur in sehr beschränkten Ausnahmefällen.[193] Um Drittansprüche handelt es sich zunächst auch bei gesetzlichen Ansprüchen, etwa Schadenersatzansprüche aus Deliktsrecht und aus GoA. Diese sind jedenfalls dann nicht von der Durchsetzungssperre erfasst, wenn sie ohne Zusammenhang zur Gesellschafterstellung entstanden sind.[194]

Anspruchsverhältnisse gegenüber gesellschaftsfremden Dritten sind vom Anwendungsbereich von vornherein nicht erfasst. Hierbei handelt es sich um Ansprüche aus dem Außenverhältnis, die zwar Teil der Liquidation sind, nicht aber Teil des gesellschaftsinternen Ausgleichs unter den Gesellschaftern. Die Durchsetzungssperre wirkt nur im Innenverhältnis der Gesellschaft und lässt die Außenrechtsbeziehungen mit Dritten unberührt.

Graphisch lassen sich Drittansprüche, die nicht durchsetzungsgesperrt sind, wie folgt darstellen:

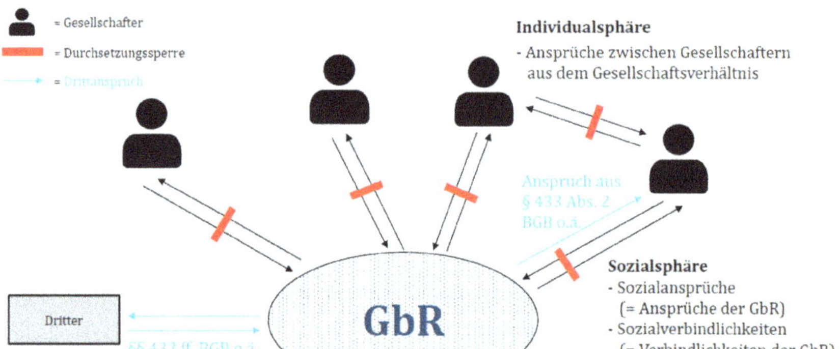

Abbildung 2: *Drittansprüche*

(Quelle: Eigene Darstellung)

---

191 *Messer*, Gesellschaftsbezogene Forderungen in der Auseinandersetzung, S. 205 f.

192 *Trost*, in: jurisPK-BGB, § 730 a.F. Rn. 31.

193 Die Treuepflichtbindung gilt für Drittansprüche im Grundsatz nicht bzw. nur in Ausnahmefällen, dazu C.I.6.

194 *Schäfer*, in: MüKoBGB, § 735 Rn. 36; *Schöne*, in: BeckOK-BGB, § 730 a.F. Rn. 30.

Umstritten ist die Behandlung von Drittansprüchen einer gesellschaftsfremden Person, die nach § 426 Abs. 2 BGB auf einen Gesellschafter übergegangen sind. Das betrifft die Konstellation, in der ein Gesellschafter auf eine Gesellschaftsschuld gegenüber einem Dritten leistet. Er erwirbt durch die Leistung auf die Gesellschaftsschuld einen Aufwendungsersatzanspruch gegen die Gesellschaft.[195] Der leistende Gesellschafter, der bislang nach § 128 HGB a.F. (analog) – künftig nach § 126 HGB n.F. bzw. § 721 BGB n.F. – mit seinen Mitgesellschaftern gesamtschuldnerisch für die Verbindlichkeit der Gesellschaft haftet, erwirbt zugleich auch Ausgleichsansprüche gem. § 426 BGB gegen seine Mitgesellschafter.[196] § 426 Abs. 1 BGB begründet einen selbständigen Ausgleichsanspruch, § 426 Abs. 2 BGB leitet den Anspruch des Dritten, auf den der Gesellschafter geleistet hat, im Wege des gesetzlichen Forderungsübergangs (*cessio legis*) auf den Gesellschafter über.[197] Hinsichtlich Letzterem nimmt der BGH an, dass auch solche ursprünglich originären Drittansprüche mit der Legalzession auf einen Gesellschafter von der Durchsetzungssperre erfasst werden.[198] Nicht nur der Ausgleichsanspruch nach § 426 Abs. 1 BGB, sondern auch der ursprüngliche und durch *cessio legis* des § 426 Abs. 2 BGB übergegangene Drittanspruch soll somit der Durchsetzungssperre unterfallen.

Ebenfalls zweifelhaft ist die Qualität und Behandlung von gesellschaftsvertraglichen Ansprüchen, die bereits *vor* Auflösung an einen Dritten abgetreten wurden. Es geht also – unter umgekehrten Vorzeichen zu vorstehender Konstellation – um originäre gesellschaftsrechtliche Ansprüche aus dem Innenverhältnis, die durch Abtretung an einen gesellschaftsfremden Dritten sich bei Eintritt des auflösenden Ereignisses bereits in der Hand eines Dritten befinden. Hier wird vertreten, dass die Durchsetzungssperre über § 404 BGB eingreife und der Zessionar den Anspruch nun nicht mehr durchsetzen könne.[199] Ob dieses Ergebnis zutreffend ist, ist diskutabel. Vorfrage ist, ob Ansprüche, die *vor* Auflösung abgetretenen wurden, überhaupt noch liquidationsbefangen sind.[200] Das dürfte zu verneinen sein, da Dritte an dem Auseinandersetzungsverfahren nicht teilnehmen.

195 Für die OHG regelte dies explizit § 110 HGB a.F.

196 Dies zusätzlich zu dem Ausgleichsanspruch gegen die Gesellschaft.

197 *Fries*, in: Schulze, § 426 Rn. 4, 12.

198 BGH v. 15.1.1988 – V ZR 183/86, NJW 1988, 1375, 1377; a.A. *Westermann*, in: Erman (16. Aufl.), § 730 a.F. Rn. 11.

199 *Stüber*, Der Grundsatz der Durchsetzungssperre bei Liquidation von Personengesellschaften, S. 216.

200 Zur Liquidationsbefangenheit von Einzelansprüchen sogleich eingehend unter C.II.4.b.

Dementsprechend erfasst auch die Durchsetzungssperre solche Ansprüche nicht.[201] *Nach* Auflösung ist eine Abtretung – jedenfalls an gesellschaftsfremde Dritte – bereits *per se* ausgeschlossen.[202]

Dieselben Grundsätze gelten beim Ausscheiden eines Gesellschafters aus einer Personengesellschaft. Allerdings sind nach Ausscheiden eines Gesellschafters begründete vertragliche Ansprüche auf Vergütung von Leistungen Drittansprüche.[203] Nach dem Ausscheiden handelt es sich bei dem Ausgeschiedenen um einen Nichtgesellschafter. Erbringt er aus Vertrag, auch wenn dieser ursprünglich *causa societatis* eingegangen wurde, nach Ausscheiden noch Leistungen gegenüber der Gesellschaft, so sind die hieraus entstehenden Zahlungsansprüche Drittansprüche. Anders verhält es sich bei der Auflösung. Sie ist lediglich Zweckänderung und die Gesellschafter behalten auch in der Liquidationsphase ihre Gesellschafterstellung.

c. *Causa societatis begründete Ansprüche*

Neben gesellschaftsvertraglichen bzw. gesellschaftsrechtlichen Ansprüchen bestehen häufig auch Ansprüche gesetzlicher oder sonstiger vertraglicher Art zwischen der Gesellschaft und ihren Gesellschaftern. Ob solche Anspruchsverhältnisse von der Durchsetzungssperre erfasst werden, wenn sie gerade aufgrund des Gesellschaftsverhältnisses bzw. aufgrund der Nähebeziehung des Gesellschafters zur Gesellschaft (*causa societatis*) begründet wurden, ist umstritten.

Vertragliche Ansprüche zwischen Gesellschaftern und Gesellschaft, die sich nicht aus dem Gesellschaftsvertrag ergeben, sondern auf gesonderter schuldrechtlicher Grundlage beruhen, sollen nach der Rechtsprechung des BGH der Durchsetzungssperre ebenfalls unterworfen sein, wenn sie *causa societatis* begründet wurden. Für ein Darlehensverhältnis entschied der BGH, dass

> *„die 125000 DM nicht isoliert von dem Gesellschaftsverhältnis, sondern nur in dessen Rahmen und zu seiner Durchführung geliehen [wurden]. Der Anspruch ist darum nach der ständigen Rechtsprechung des Senats mit der Auflösung der Gesellschaft gleichfalls unselbständiger Rechnungsposten der Auseinandersetzungsrechnung geworden.“*[204]

Solche vertraglichen Ansprüche sollen damit als von der Durchsetzungssperre erfasst anzusehen sein, wenn ein Zusammenhang des Vertragsverhältnisses zum

---

201 Durchsetzungssperre und Liquidationsbefangenheit sind in ihrem Anwendungsbereich grundsätzlich deckungsgleich, dazu C.II.4.b.

202 Dazu C.IV.4.

203 *Stöber*, in: Handbuch PersG, § 39 Rn. I 1328.

204 BGH v. 16.9.1985 – II ZR 41/85, NJW-RR 1986, 456.

Gesellschaftsverhältnis besteht. Eine klare Ausformung und Konkretisierung der Anforderungen an das Näheverhältnis bzw. den Zusammenhang des Vertragsverhältnisses zum Gesellschaftsverhältnis ist bislang durch die Rechtsprechung noch nicht erfolgt. Es werden sich daher häufig nicht einfache Abgrenzungsfragen stellen, ob ein hinreichender Zusammenhang zum Gesellschaftsverhältnis besteht.[205]

In der Literatur wird hingegen teilweise vertreten, es komme allein darauf an, ob ein Anspruch gerade gesellschaftsvertraglicher Art sei oder nicht.[206] Auch dann, wenn ein Rechtsgeschäft im Hinblick auf das Gesellschaftsverhältnis abgeschlossen ist, sollen die ihm entspringenden Ansprüche als Drittansprüche nicht der Durchsetzungssperre unterfallen.[207] Nach dieser Literaturauffassung wäre danach abzugrenzen, ob der Anspruch an sich gesellschaftsvertraglicher Art ist oder aber einem anderen Vertragstypus zuzuordnen ist. Insbesondere bei mündlichen Vereinbarungen in zweigliedrigen Gesellschaften wird man dann der Frage nachgehen müssen, ob eine Abrede noch Teil des Gesellschaftsverhältnisses ist oder ob es sich um eine danebengestellte, gesonderte vertragliche Abrede handelt. Der BGH-Fall aus dem Jahr 1985, in dem DM 125.000,00 „*geliehen*"[208] worden waren, illustriert anschaulich, wie schwierig die Einordnung sein kann. Liest man die Entscheidung, mag man es auch für möglich halten, das Darlehen und die damit verbundene Risikoteilungsabrede als eine Form gesellschaftsvertraglicher Beitragsleistung zu verstehen. Ähnlich stellte sich in einem BGH-Fall aus dem Jahr 2007 die Abgrenzungsfrage, ob der Erwerb eines Erbanteils gesellschaftsvertraglicher Natur war oder nicht.[209] Das Berufungsgericht hatte die streitgegenständliche Rechtsgrundlage noch im Gesellschaftsvertrag gesehen, was

---

205 Dazu jüngst OLG Hamm v. 17.6.2024 – 8 U 102/23, NZG 2024, 1315, Rn. 60 ff.

206 *Kilian*, in: Henssler/Strohn, GesR, § 735 BGB Rn. 15: „*Maßgeblich für die Sperrwirkung ist stets, dass der fragliche Anspruch auf dem Gesellschaftsverhältnis beruht; ist das anspruchsbegründende Rechtsverhältnis ein anderes als die Gesellschaft, kann der Anspruch als Drittgläubigerforderung außerhalb der Liquidation geltend gemacht werden. Dies gilt etwa für einen Ersatzanspruch gegen einen Mitgesellschafter wegen eines Schadens, der die Gesellschaft nicht berührt (BGH NJW 1962, 859), für einen Rückzahlungsanspruch aus einem anderen Rechtsverhältnis, der allenfalls einen wirtschaftlichen Bezug zur GbR hat*"; *Schöne*, in: BeckOK-BGB, § 730 a.F. Rn. 30.

207 *Schöne*, in: BeckOK-BGB, § 730 a.F. Rn. 30 – insoweit lässt sich darüber streiten, wie die zitierte BGH-Judikatur (Fn. 198) zutreffend einzuordnen ist.

208 BGH v. 16.09.1985 – II ZR 41/85, NJW-RR 1986, 456.

209 BGH v. 12.11.2007 – II ZR 183/06, NJW-RR 2008, 287, Rn. 14: „*Wie die Revision mit Recht rügt, stünde der Annahme einer gesellschaftsvertraglich fundierten Durchsetzungssperre außerdem entgegen, dass der Anspruch auf Rückübertragung des Erbanteils seine Grundlage nicht in einem – vom BerGer. Zu Unrecht angenommenen*

der BGH verneinte. Die Schwierigkeiten in der Abgrenzung traten auch in diesem Fall recht anschaulich hervor.

Letztlich ist es Sache der Vertragsparteien und abhängig von deren Willensrichtung, ob ein Anspruchsverhältnis inner- oder außerhalb des Gesellschaftsverhältnisses geregelt wird. In der Kautelarpraxis wird häufig diskutiert, welche Rechte und Pflichten Bestandteil des Gesellschaftsvertrages werden sollen und welche in eine separate Gesellschaftervereinbarung ausgegliedert werden. Die Parteien werden dies jedoch bisweilen ohne explizite Regelung lassen, insbesondere bei nur mündlichen Abreden, sodass eine Auslegung unumgänglich ist. Diese Literaturauffassung kann daher nur den vermeintlichen Vorteil einer klareren Abgrenzung für sich reklamieren. Letztendlich muss auch im Rahmen dieser Literaturauffassung eine Qualifikation als entweder gesellschaftsvertraglich oder nicht-gesellschaftsvertraglich vorgenommen werden. Diese dürfte nicht einfacher zu handhaben sein, als die Bewertung, ob ein Anspruchsverhältnis auf Basis einer gesonderten schuldrechtlichen Abrede *causa societatis* besteht oder nicht.

Der BGH-Auffassung ist damit der Vorzug zu geben. Die bisweilen zufällige Ausgliederung eines Anspruchsverhältnisses in eine gesonderte schuldrechtliche Abrede kann nicht dazu führen, dass ein gerade auf Grund der Gesellschafterstellung begründeter Anspruch anders behandelt wird als originär gesellschaftsvertragliche Ansprüche. Es ist stets das Wesen eines Anspruchs und sein spezifischer, innerer Zusammenhang zur Gesellschafterstellung maßgeblich, welcher in Zweifelsfällen durch Wertung festzustellen ist.

Wie mit gesetzlichen Ansprüchen umzugehen sein soll, die einen Bezug zum Gesellschaftsverhältnis aufweisen, ist bislang vom BGH noch ungeklärt.[210] In diese Kategorie fallen etwa Schadenersatzansprüche aus Delikt, bei denen der zugrunde liegende Lebenssachverhalt zugleich einen Schadenersatzanspruch aus Gesellschaftsvertrag (§§ 280, 705 BGB) begründet. Nach manchen Stimmen in der Literatur sollen gesetzliche Ansprüche stets als Drittgläubigeransprüche anzusehen sein.[211] Teilweise wird dafür plädiert, diese ebenfalls als liquidations-

– Gesellschaftsvertrag, sondern in dem Kaufvertrag der Parteien über den Erbanteil findet".

210 Vgl. dazu *Trost*, in: jurisPK-BGB, § 730 a.F. Rn. 32.

211 *Schäfer*, in: MüKoBGB, § 735 Rn. 36; *Schöne*, in: BeckOK-BGB, § 730 a.F. Rn. 30: *„bleiben als Drittgläubigeransprüche hingegen von der Durchsetzungssperre in jedem Fall unberührt"*; *Trost*, in: jurisPK-BGB, § 730 a.F. Rn. 32; *Westermann*, in: Erman (16. Aufl.), § 730 a.F. Rn. 12.

befangen anzusehen.[212] Auch bei gesetzlichen Ansprüchen bietet sich an, danach abzugrenzen, ob ein spezifischer, innerer Zusammenhang des Anspruchs zur Gesellschafterstellung besteht oder nicht.

d. *Ansprüche und offene Posten*

Neben den Einzelansprüchen sind im Rahmen der Auseinandersetzungsrechnung noch weitere Positionen einzubeziehen, namentlich die auf den Kapitalkonten der Gesellschafter verbuchten Positionen sowie die stillen Reserven, die im Rahmen der Liquidation aufgedeckt werden.[213] Auf den Kapitalkonten werden, je nach gesellschaftsvertraglicher Ausgestaltung,[214] etwa die geleisteten Einlagen und Beiträge sowie aufgelaufene und noch nicht entnommene Gewinne verbucht, auf deren Ausschüttung nach dem Gesellschaftervertrag kein Anspruch besteht und die erst im Zuge der Liquidation unter die Gesellschafter zu verteilen sind. Auch diese sind im Rahmen der Auseinandersetzungsrechnung einzubeziehende offene Posten.[215]

Die Durchsetzungssperre erfasst indessen nur Ansprüche im Sinne des § 194 Abs. 1 BGB, die auf Geldzahlung gerichtet sind. Nicht von der Durchsetzungssperre betroffen sind daher all jene auf Kapitalkonten gebuchten Beträge, soweit diese nicht zugleich Ansprüche verkörpern. Letzteres ist etwa der Fall bei dem Kapitalkonto I (bei den heute in der Praxis üblichen Mehrkonten-Modellen teils auch als sog. Festkapitalkonto bezeichnet) oder bei dem gesamthänderisch gebundenen Rücklagenkonto.[216] Da hinsichtlich dort verbuchter Einlagen oder Gewinne keine Ansprüche der Gesellschafter auf Auszahlung gegen die Gesellschaft bestehen, bedarf es naturgemäß bereits keiner Durchsetzungssperre. Den dort verbuchten Beträgen kommt *a priori* schon keine Anspruchsqualität zu. Ebenso begründet etwa ein Verlustvortragskonto mit bereits aufgelaufenen Verlusten

---

212 *Hellmann*, Die Auseinandersetzung des Gesellschaftsvermögens nach Auflösung und Ausscheiden, S. 29 sowie die dortige Fn. 81; *Hillers*, Personengesellschaft und Liquidation, S. 202, dort Fn. 24.

213 *Heusel*, in: BeckOGK-HGB, § 148 Rn. 206; *Kahle/Hiller*, in: Beck'sches HB PersG, § 5 A.IV.4 d), Rn. 100; *K. Schmidt*, in: MüKoHGB, § 155 a.F. Rn. 24.

214 Vgl. dazu *Kahle/Hiller*, in: Beck'sches HB PersG, § 5 Rn. 80 ff.; *Messer*, Gesellschaftsbezogene Forderungen in der Auseinandersetzung, S. 205, 212.

215 BGH v. 3.5.1999 – II ZR 32/98, NJW 1999, 2438, 2439.

216 *Kahle/Hiller*, in: Beck'sches HB PersG, § 5 A.IV.4 a), Rn. 91 sowie e), Rn. 110; *Rodewald*, GmbHR 1998, 521, 525 ff.

keinen Zahlungsanspruch der Gesellschaft gegen die Gesellschafter, sondern dient nur der Verrechnung mit künftigen Gewinnen.[217]

Anders verhält es sich bei nicht entnommenen Gewinnen, die auf Privat- oder Darlehenskonten verbucht sind. Bei ihnen kann es sich zugleich um Forderungen der Gesellschafter gegen die Gesellschaft handeln,[218] die dann von der Durchsetzungssperre erfasst werden. Ebenso liegt es, wenn sich solche Konten, etwa durch Überentnahmen, im Minus befinden. Dann kann der Gesellschaft, je nach gesellschaftsvertraglicher Regelung, ein Anspruch auf Rückerstattung auf gesellschaftsvertraglicher Grundlage oder aus Bereicherungsrecht zustehen. Auch auf ihn findet die Durchsetzungssperre Anwendung.

4. Zwischenergebnis

a. Anwendungsbereich der Durchsetzungssperre

Der Anwendungsbereich der Durchsetzungssperre ist im Wesentlichen recht klar konturiert, wobei einige Detailaspekte noch ungeklärt und streitig sind. Sie gilt für alle Personengesellschaften, nicht hingegen für Kapitalgesellschaften, deren körperschaftliche Struktur die Problematik einer Vielzahl offener Ansprüche zwischen Gesellschaft und Gesellschaftern vermeidet. In zeitlicher Hinsicht gilt sie während der Liquidationsphase. Ihr unterfallen alle auf Geldzahlung gerichteten Ansprüche aus dem Gesellschaftsverhältnis, sowohl aus der Sozial- wie auch aus der Individualsphäre. Die Durchsetzungssperre gilt dabei wechselseitig, d.h. sowohl für Sozialansprüche wie auch für Sozialverbindlichkeiten sowie für die wechselseitigen Ansprüche zwischen den Gesellschaftern. Teilweise in der Literatur vertretene Auffassungen sind abzulehnen, die eine Beschränkung des Anwendungsbereichs etwa auf die Sozialsphäre[219] oder gar – noch enger – auf Sozialverbindlichkeiten,[220] also allein auf Ansprüche der Gesellschafter gegen die Gesellschaft, postulieren. Sie engen den Anwendungsbereich ohne sachlichen Grund ein und konterkarieren damit den Zweck, Hin- und Herzahlung in der Liquidationsphase weitestmöglich zu vermeiden und alle Einzelansprüche aus

---

217 *Gummert*, in: MünchHB GesR, Band I, § 24 Rn. 40.

218 *Grunewald*, in: MüKoHGB, § 167 a.F. Rn. 17.

219 *Schäfer*, in: MüKoBGB, § 735 Rn. 35; *K. Schmidt*, in: MüKoHGB, § 155 a.F. Rn. 24.

220 So wohl *Habermeier*, in: Staudinger, § 730 a.F. Rn. 21; *Salger*, in: Reichert, GmbH & Co. KG, 13. Kap., § 47, Rn. 52. Bereits das Reichsgericht sah dies anders und betrachtete Beitragsrückstände als durch den Abwicklungszweck nur beschränkt durchsetzbar, RG v. 23.10.1920 – V 168/20, RGZ 100, 165, 166.

dem Innenverhältnis in einer einheitlichen Gesamtabrechnung zu behandeln.[221] Es ist auch kein schutzwürdiges Interesse der Gesellschaft ersichtlich, ihre Sozialansprüche stets frei durchsetzen zu können. Dem Interesse der Gesellschaft, die für die Liquidation erforderlichen Einzelansprüche gegen die Gesellschafter effizient durchsetzen zu können, wird durch entsprechende Ausnahmen von der Durchsetzungssperre und durch die Beweislastverteilung zugunsten der Gesellschaft[222] hinreichend Rechnung getragen.

Ohne eindeutige Klärung geblieben ist bislang, unter welchen Voraussetzungen darüber hinaus nicht originär gesellschaftsrechtliche bzw. nicht-gesellschaftsvertragliche Ansprüche von der Durchsetzungssperre erfasst werden. Es bietet sich an, für eine Einbeziehung in den Anwendungsbereich der Durchsetzungssperre darauf abzustellen, ob solche Ansprüche gerade aufgrund eines konkreten, inneren Zusammenhangs zur Gesellschafterstellung begründet wurden oder aber ob das Anspruchsverhältnis nur zufällig mit einem Gesellschafter besteht, der insoweit der Gesellschaft wie ein fremder Dritter gegenübersteht. Wertungs- und Abgrenzungsfragen werden sich allerdings kaum gänzlich vermeiden lassen. Eine nähere Konkretisierung der Abgrenzungskriterien durch den BGH steht noch aus und ist wünschenswert.

Die Abgrenzung des Anwendungsbereichs ist zunächst bedeutsam für die Frage, welche Ansprüche frei durchsetzbar bleiben und welche von dem Durchsetzungshindernis sowie ferner von den möglichen weiteren Folgen der Durchsetzungssperre, etwa Aufrechnungsbeschränkungen oder einer Verjährungshemmung, betroffen sind.[223] Mit dem Anwendungsbereich der Durchsetzungssperre hat sich ein Gläubiger damit zuallererst zu befassen, wenn er über eine Geltendmachung seines Anspruchs nachdenkt, insbesondere vor dem Hintergrund drohender Verjährung.

b. Liquidationsbefangenheit

Daneben stellt sich die Frage, ob mit der Klärung des Anwendungsbereichs der Durchsetzungssperre zugleich auch der Kreis der Ansprüche abgesteckt ist, die liquidationsbefangen sind. Liquidationsbefangenheit meint die Einbeziehung von Ansprüchen in das Auseinandersetzungsverfahren und damit schlussend-

---

221 *Brandani*, Die BGB-Gesellschaft in der Liquidation, S. 136 f.

222 BGH v. 3.7.1978 – II ZR 54/77, NJW 1978, 2154; BGH v. 5.11.1979 – II ZR 145/78, NJW 1980, 1522, 1523.

223 Zu den Rechtsfolgen im Einzelnen C.IV.

lich auch in die Auseinandersetzungsrechnung.[224] Die Liquidationsbefangenheit bestimmt damit unter anderem auch, worauf sich die Verrechnungswirkung[225] der Auseinandersetzungsrechnung im Grundsatz erstreckt. Richtigerweise ist anzunehmen, dass Durchsetzungssperre und Liquidationsbefangenheit grundsätzlich denselben Anwendungsbereich haben und damit deckungsgleich sind.[226] Beide sind auf das Ziel gerichtet, Ansprüche für die spätere Auseinandersetzungsrechnung zu konservieren bzw. sie dem Auseinandersetzungsverfahren zuzuweisen. Es handelt sich damit um zwei Seiten derselben Medaille, wobei der Begriff der Durchsetzungssperre, von dem in der älteren Rechtsprechung noch nicht die Rede war, nunmehr dann verwendet wird, wenn gerade die Wirkung der Undurchsetzbarkeit thematisiert wird. Eine klare Trennung beider Aspekte und eine besondere Unterscheidungsschärfe in der Terminologie hat sich allerdings noch nicht herausgebildet. So beziehen sich viele Entscheidungen und Stimmen in der Literatur mit dem Begriff der Durchsetzungssperre sowohl auf das Durchsetzungshindernis wie auch auf die Funktion der durchsetzungsgesperrten Einzelansprüche als Rechnungsposten im Auseinandersetzungsverfahren und in der Auseinandersetzungsrechnung.

c. *Ansprüche und offene Posten*

Der Unterscheidung von liquidationsbefangenen Ansprüchen und offenen Posten kommt verjährungsrechtliche Bedeutung zu. Beide finden Eingang in die Auseinandersetzungsrechnung, wobei die offenen Posten mangels Anspruchsqualität *per se* unverjährbar sind, § 194 Abs. 1 BGB. Dabei hängt es von der gesellschaftsvertraglichen Ausgestaltung des Kontenmodells ab, ob das Guthaben auf einem Konto zugleich einen Anspruch verkörpert oder nicht. Verkörpert das Guthaben keinen Anspruch (z.B. auf einem Rücklagenkonto), wäre es verjährungssicher

224 Eingehend zur Entwicklung dieses Grundsatzes *Hillers*, Personengesellschaft und Liquidation, S. 119 ff. *Brandani*, Die BGB-Gesellschaft in der Liquidation, S. 121, verwendet den Begriff synonym zu dem der Durchsetzungssperre.

225 Zu dieser C.IV.7.

226 So wohl auch *Hillers*, Personengesellschaft und Liquidation, S. 119 ff. Eine Einbeziehung auch der offenen Posten in den Grundsatz der Liquidationsbefangenheit scheint nicht von vornherein abwegig. Allerdings bedarf es insoweit keines besonderen Grundsatzes, der deren Einbeziehung in das Auseinandersetzungsverfahren begründet, denn die offenen Posten sind, anders als die Einzelansprüche, naturgemäß Teil der Auseinandersetzung. Sie sind gewissermaßen ein Abbild des Gesellschaftsvermögens, das schon nach gesetzlicher Regelung in der Auseinandersetzung zu verteilen ist, § 734 BGB a.F, § 736d Abs. 6 BGB n.F.

bis zum Ende der Liquidation konserviert. Verkörpert das Guthaben hingegen zugleich auch einen Anspruch (z.B. ein Guthaben auf einem ohne weiteres entnahmefähigen Darlehenskonto), droht Verjährung, die im Grundsatz dazu führen kann, dass der Anspruch nicht mehr in der Auseinandersetzungsrechnung zu berücksichtigen ist.[227]

Dies führt zu zwei Feststellungen. Erstens wären offene Posten, die zugleich auch einen Anspruch begründen, obwohl sie rechtlich stärker sind, in der Liquidation nachteilig. Sie könnten nicht nur nicht mehr durchgesetzt werden, sondern wären auch noch dem Verjährungslauf preisgegeben.[228] Zweitens scheint es nur schwer zu rechtfertigen, dass Einzelforderungen während der Liquidationsphase der Verjährung unterliegen können, während offene Posten ohne weiteres dauerhaft erhalten bleiben. Die Unterscheidung in den Rechtsfolgen scheint zufälliger Art zu sein und nicht gerechtfertigt. Dieser Befund ist als Fingerzeit gegen die Verjährung der Einzelansprüche in der Liquidation zu werten.

III. Ausnahmen und Durchbrechungen

Vom Grundsatz der Durchsetzungssperre sind zahlreiche Ausnahmen und Durchbrechungen anerkannt. Greift eine Ausnahme von der Durchsetzungssperre, kann der betroffene Einzelanspruch aus dem Innenverhältnis der Gesellschaft auch im Liquidationsstadium eingefordert und gerichtlich durchgesetzt werden.

1. Ansprüche mit Selbständigkeitscharakter

Eine Ausnahme gilt nach Rechtsprechung des BGH für Ansprüche, die ihrer Bestimmung nach ihre Selbständigkeit behalten sollen.[229] Es handelt sich dabei um Ansprüche mit einem besonderen Selbständigkeitsgehalt. Dieser kann sich aus

---

227 Dazu B.I. und C.IV.6. Zu bemerken ist an dieser Stelle jedoch, dass Entnahmeansprüche nach herrschender Meinung nicht sogleich fällig sind, sondern erst durch Geltendmachung fällig werden (sog. verhaltene Ansprüche), dazu Begr. RegE zum MoPeG v. 17.3.2021, BT-Drucks. 19/27635, S. 240; *Priester*, in: MüKoHGB, § 122 a.F. Rn. 8; *Staake*, in: BeckOGK-HGB (Stand: 1.12.2022), § 122 a.F. Rn. 42; a.A. – nunmehr abweichend zur Voraufl. und zum neugefassten § 122 HGB – *Lieder*, in: Oetker, § 122 Rn. 7.

228 Zwingend ist dieses Ergebnis nicht. In Ermangelung gesetzlicher Vorschriften ist unklar, wie mit Guthaben auf Kapitalkonten umzugehen sein soll.

229 BGH v. 2.10.1997 – II ZR 249/96, NJW 1998, 376; BGH v. 17.5.2011 – II ZR 285/09, NZG 2011, 858 Rn. 15; OLG Frankfurt a. M. v. 15.2.2018 – 3 U 176/15, NZG 2018, 1141, 1143; *Stöber*, in: Handbuch PersG, § 39 Rn. I 1329.

dem Gesellschaftsvertrag oder aus dem Sinn und Zweck gesellschaftsvertraglicher Bestimmungen ergeben.[230] Kann etwa ein Gesellschafter nach der gesellschaftsvertraglichen Vereinbarung in jedem Fall die Rückzahlung seiner Einlage und unabhängig von der Höhe eines etwaigen Verlustes verlangen, so soll er diese isoliert einfordern und durchsetzen können.[231] Diese Ausnahme ist recht klar und nachvollziehbar.

2. Für die Liquidation erforderliche offene Beitragsleistungen sowie Schadenersatzansprüche der Gesellschaft

Von der Gesellschaft können gegen einen Gesellschafter die für die Liquidation erforderlichen und noch ausstehenden Beitragsleistungen durchgesetzt werden.[232] Diese Fallgruppe wurde bereits durch das Reichsgericht entwickelt.[233] Der Gesellschafter als Beitragsschuldner soll die Beweislast dafür tragen, dass die ausstehenden Beiträge in der Liquidation nicht erforderlich sind.[234] Auch für Schadenersatzansprüche der Gesellschaft soll eine Ausnahme gelten, wenn diese zur Befriedigung der Gesellschaftsgläubiger benötigt werden.[235]

Die Rechtfertigung für diese vor allem bei verlustträchtiger Tätigkeit der Gesellschaft zum Tragen kommende Fallgruppe liegt auf der Hand. Soweit die Gesellschaft über Ansprüche gegen ihre Gesellschafter verfügt und Liquidität benötigt, um ihrerseits die Gesellschaftsgläubiger befriedigen zu können oder die Kosten des Liquidationsverfahrens zu bedienen, ist eine Ausnahme von der Durchsetzungssperre zur Durchführung der Liquidation unumgänglich. Die Ausnahme sollte daher auch nicht auf Ansprüche der Gesellschaft auf Beitragsleistung

---

230 BGH v. 17.5.2011 – II ZR 285/09, NZG 2011, 858, Rn. 15; OLG Frankfurt a. M. v. 15.2.2018 – 3 U 176/15, NZG 2018, 1141, 1143. Sofern es sich um einen liquidationsbefangenen vertraglichen Anspruch handelt, der nicht im Gesellschaftsvertrag wurzelt, kann sich die Bestimmung des Selbständigkeitscharakters auch aus dem Vertrag ergeben.

231 BGH v. 26.1.1967 – II ZR 127/65, WM 1967, 346.

232 BGH v. 3.7.1978 – II ZR 54/77, NJW 1978, 2154; ebenso bereits zuvor RG v. 23.10.1920 – V 168/20, RGZ 100, 165, 166; *Retzlaff*, in: Grüneberg, § 736d Rn. 5; *Schöne*, in: BeckOK-BGB, § 730 a.F. Rn. 20; *Trost*, in: jurisPK-BGB, § 730 a.F. Rn. 23.

233 RG v. 23.10.1920 – V 168/20, RGZ 100, 165, 166; RG v. 26.5.1925 – II 355/24, RGZ 111, 77, 83.

234 BGH v. 3.7.1978 – II ZR 54/77, NJW 1978, 2154; BGH v. 5.11.1979 – II ZR 145/78, NJW 1980, 1522, 1523.

235 *Trost*, in: jurisPK-BGB, § 730 a.F. Rn. 23.

und Schadenersatz beschränkt sein, sondern für alle Ansprüche der Gesellschaft gelten. Der Zweck der Ausnahme ist für alle Sozialansprüche einschlägig.

Fraglich bleibt allerdings nach der bisherigen Rechtsprechung, was gelten soll, wenn der Liquiditätsbedarf der Gesellschaft geringer ist als die offenen Sozialansprüche. Dann müsste eine Auswahl getroffen werden, in Bezug auf welche Gesellschafter und in Bezug auf welche Ansprüche die Durchsetzungssperre entfallen soll. Als Lösungsansatz bietet sich eine entsprechende Anwendung des Rechtsgedanken des § 396 BGB i.V.m. §§ 366 Abs. 2, 367 BGB an. § 396 BGB befugt den Aufrechnenden zu bestimmen, welche von mehreren sich aufrechenbar gegenüberstehenden Forderungen getilgt werden sollen. Auch das Widerspruchsrecht des anderen Teils nach § 396 Abs. 1 Satz 2 BGB ist sachgerecht, wenn der in Anspruch Genommene (bei § 396 BGB der Aufrechnungsgegner) mit der vorgenommenen Forderungsbestimmung nicht einverstanden ist. Es bringt Forderungsreihenfolge des § 366 Abs. 2 BGB zur Anwendung. Bei einer Mehrheit offener Sozialansprüche der Gesellschaft, die in Summe den Liquiditätsbedarf übersteigen, können damit im Wege analoger Anwendung des § 396 BGB diejenigen Forderungen durch die Gesellschaft bestimmt werden, die im Rahmen hiesiger Ausnahme durchsetzbar werden sollen.[236] Dabei ist die Gesellschaft an den Gleichbehandlungsgrundsatz gebunden.[237]

3. Überschaubare Verhältnisse und kein wesentliches Gesellschaftsvermögen

Eine Ausnahme soll auch dann gelten, wenn die Verhältnisse der Gesellschaft überschaubar sind und

> *„das Ergebnis der Auseinandersetzung mit den anderen Gesellschaftern in zulässiger Weise vorweggenommen und dadurch ein weiteres Auseinandersetzungsverfahren vermieden wird.“*[238]

---

236 Eine analoge Anwendung des § 366 Abs. 1 BGB kommt dabei nicht in Betracht. Dort steht dem *Schuldner* die Tilgungsbestimmung zu. Hiesige Konstellation steht unter umgekehrten Vorzeichen. Nicht der freiwillig leistende Schuldner bestimmt die zu tilgenden Forderungen, vielmehr ist es an dem *Gläubiger* (der Gesellschaft), zu bestimmen, dass und welche Ansprüche geltend gemacht werden.

237 *Servatius*, GbR, § 736d Rn. 30.

238 BGH v. 17.6.1953 – II ZR 205/52, BGHZ 10, 91 = NJW 1953, 1217, 1219; ebenso BGH v. 3.2.2015 – II ZR 335/13, NJW 2015, 1956, Rn. 22; BGH v. 13.10.2015 – II ZR 214/13, NZG 2016, 218, Rn. 15; OLG München v. 25.1.2017 – 7 U 2988/16, BeckRS 2017, 101734, Rn. 28.

Nicht recht klar ist indessen, worin in solchen Fallgestaltungen die Vorwegnahme der Auseinandersetzung im Unterschied zur eigentlichen, finalen Auseinandersetzung liegen soll. Wenn, wie im BGH-Fall aus dem Jahr 1953,

> *„keine GesellschVerbindlichkeiten mehr vorhanden sind und es sich nur noch um die Verteilung des in der Ersatzforderung bestehenden letzten Vermögensgegenstandes handelt"*,[239]

dann dürfte die Aufteilung der Ersatzforderung entsprechend den Beteiligungsverhältnissen und die Leistung hierauf bereits die finale Auseinandersetzung darstellen. Es handelt sich daher nicht um eine Ausnahme vom Grundsatz der Durchsetzungssperre.

4. Schadenersatz aus vorsätzlich begangenen unerlaubten Handlungen

Nach einer Entscheidung des OLG Hamm soll eine Ausnahme für Ansprüche aus vorsätzlich begangenen unerlaubten Handlungen gelten.[240] Es wendet dabei den Rechtsgedanken des § 393 BGB an, wonach die Aufrechnung gegen Ansprüche aus vorsätzlich begangener unerlaubter Handlung unzulässig ist.[241] Die Ausnahme will das OLG Hamm jedoch auf Fälle beschränken, in denen

> *„die unerlaubte Handlung zu einem Zeitpunkt stattfindet, in dem das Ausscheiden eines Gesellschafters und damit die durchzuführende Saldierung der Ansprüche zwischen Gesellschaft und Gesellschafter bereits feststeht"*.[242]

Ob diese Ausnahme gerechtfertigt ist, ist diskutabel. Für die vom OLG Hamm angenommene Ausnahme spricht, dass der Vorsatz-Schädiger nicht schutzwürdig ist. Dem Anspruchsgläubiger bleibt es unbenommen, den Anspruch, statt ihn durchzusetzen, in die Auseinandersetzungsrechnung einfließen zu lassen. Auch ist das Argument des OLG Hamm nicht von der Hand zu weisen, dass *„eine (zivilrechtlich) sanktionslose unzulässige Selbsthilfe"*[243] ermöglicht würde. Ein solches Vorgehen – ein Windhundrennen um die freie Liquidität – ist in der Praxis nicht selten zu beobachten. Manche Gesellschafter neigen dazu, ihre durch die

---

239 BGH v. 17.6.1953 – II ZR 205/52, BGHZ 10, 91 = NJW 1953, 1217, 1219.

240 OLG Hamm v.16.1.2003 – 27 U 208/01, NZG 2003, 677, 678; so auch *Sprau*, in: Grüneberg (82. Aufl.), § 730 a.F. Rn. 7; vgl. auch *Gummert*, in: Münch HB GesR, § 21 Rn. 98.

241 OLG Hamm v. 16.1.2003 – 27 U 208/01, NZG 2003, 677, 678; so auch *Sprau*, in: Grüneberg (82. Aufl.), § 730 a.F. Rn. 7.

242 OLG Hamm v. 16.1.2003 – 27 U 208/01, NZG 2003, 677, 678.

243 OLG Hamm v. 16.1.2003 – 27 U 208/01, NZG 2003, 677, 678.

Selbstorganschaft vermittelten Zugriffsmöglichkeiten zu nutzen, um sich ihren (vermeintlichen) Anteil am Gesellschaftsvermögen bzw. ihr Liquidationsguthaben vorab zu sichern. Die übrigen Gesellschafter haben dann das Nachsehen und ihnen bleibt nur das Betreiben der oftmals mühevollen Auseinandersetzung.[244]

Gegen die Ausnahme spricht, dass der Zweck der Durchsetzungssperre, Hin- und Herzahlungen zu vermeiden und alle Einzelansprüche einheitlich in einer Gesamtabrechnung zu berücksichtigen, auch für Ansprüche aus Vorsatzdelikt uneingeschränkt einschlägig ist. Bislang hat der BGH nicht nach der Verschuldensform differenziert und Schadenersatzansprüche im Allgemeinen der Durchsetzungssperre unterworfen.[245] Womöglich hatte das OLG Hamm deshalb zur weiteren Voraussetzung gemacht, dass das Vorsatzdelikt erst nach Ausscheiden (bzw. Auflösung) begangen worden sein dürfe, und so versucht, die Reichweite dieser Ausnahme zu beschränken. Soweit schließlich die Gesellschaft der Zahlung auf den Schadenersatzanspruch bedarf, greift ohnehin bereits die vorstehend dargestellte Ausnahme.[246] Schließlich ist, auch wenn eine zivilrechtliche Sanktionierung von Vorsatzschädigungen wegen der Durchsetzungssperre ausscheidet, eine strafrechtliche Sanktionierung über § 266 StGB möglich. Die besseren Gründe sprechen damit gegen diese Ausnahme, für die es keine zwingende Notwendigkeit gibt.

5. Verletzung der gesellschaftsrechtlichen Treuepflicht

Eine weitere Ausnahme von der Durchsetzungssperre bejahte der BGH in einer *Obiter-dictum*-Entscheidung aus dem Jahr 1997, „*wenn die gesellschaftliche Treuepflicht verletzt ist*".[247] Die Verletzung der gesellschaftlichen Treuepflicht dürfte jedoch für sich allein genommen und ohne Hinzutreten weiterer Gesichtspunkte (wie etwa der Erforderlichkeit einer Zahlung für die Durchführung der Liquidation) keine Ausnahme von der Durchsetzungssperre rechtfertigen. Sie hat denn auch bislang in der Rechtspraxis und Judikatur, soweit ersichtlich, noch keine Anwendung gefunden. Im Jahr 2012 stellte der BGH dann klar, dass es „*keine generelle Ausnahme von der Durchsetzungssperre für Treuepflichtverletzungen*"[248] gebe. Bei der Erwähnung dieser Ausnahme durch den BGH im Jahr 1997 könnte es sich somit um ein Versehen oder zumindest um eine verkürzte Darstellung

244 *Freund*, MDR 2011, 577, 579.
245 BGH v. 30.11.1959 – II ZR 145/58, NJW 1960, 433, 434.
246 Siehe dazu C.III.2.
247 BGH v. 2.10.1997 – II ZR 249/96, NJW 1998, 376.
248 BGH v. 4.12.2012 – II ZR 159/10, NJW-RR 2013, 363, Rn. 47.

gehandelt haben. Eine tragende Rechtfertigung für eine Ausnahme von Ansprüchen, allein weil sie auf Treuepflichtverletzungen beruhen, leuchtet jedenfalls nicht ein und ist daher abzulehnen.

6. Persönliche Schädigung eines Gesellschafters

Von der Durchsetzungssperre ausgenommen sein sollen ferner Ansprüche wegen persönlicher Schädigung eines Mitgesellschafters, mithin also Schadenersatzansprüche aus der Individualsphäre.[249] Voraussetzung für diese Ausnahme soll sein, dass

> *„den Mitgesellschaftern allein ohne gleichzeitige Beeinträchtigung der Gesellschaft ein Schaden entsteht“.*[250]

Der Entscheidung aus dem Jahre 1962 lag die Erwägung zugrunde, dass solche Ansprüche bereits nicht Gegenstand der Auseinandersetzung seien, sondern diese losgelöst von der Auseinandersetzung zu regeln seien.[251] Die Ausnahme und die Entscheidung aus dem Jahre 1962 kann allerdings mittlerweile als überholt gelten.[252] Der BGH geht heute davon aus, dass Ansprüche aus der Individualsphäre im Grundsatz liquidationsbefangen sind und in die Auseinandersetzungsrechnung eingehen,[253] wenngleich hierzu noch keine ständige Rechtsprechung vorhanden ist. Ist ein Anspruch liquidationsbefangen, ist er im Grundsatz von der Durchsetzungssperre erfasst. In der Folge müssten auch Schadenersatzansprüche zwischen Mitgesellschaftern, soweit sie auf dem Gesellschaftsverhältnis beruhen (insbesondere aus §§ 280, 705 BGB), von der Durchsetzungssperre ohne Ausnahme erfasst sein. Zumindest ist kein nachvollziehbares Differenzierungskriterium ersichtlich, warum gerade die die Individualsphäre betreffenden Schadenersatzansprüche der Gesellschafter untereinander von anderen, ebenfalls ausschließlich die Individualsphäre betreffenden (nicht auf Schadenersatz gerichteten) Ansprüchen zu unterscheiden sein sollten.

Zur Einordnung und Abgrenzung ist noch darauf hinzuweisen, dass Schadenersatzansprüche zwischen Gesellschaftern dann von vornherein nicht in den

---

249 BGH v. 8.2.1962 – II ZR 205/60, NJW 1962, 859; vgl. auch *Westermann*, in: Erman (16. Aufl.), § 730 a.F. Rn. 11.

250 BGH v. 8.2.1962 – II ZR 205/60, NJW 1962, 859. Hiervon abzugrenzen sind Schädigungen, die zunächst allein die Gesellschaft treffen und durch welche die Gesellschafter lediglich mittelbar – reflexhaft – Nachteile erleiden.

251 BGH v. 8.2.1962 – II ZR 205/60, NJW 1962, 859.

252 A.A. wohl *Lieder*, in: Erman, § 735 Rn. 15.

253 BGH v. 4.11.2002 – 210/00, NZG 2003, 215.

Anwendungsbereich der Durchsetzungssperre fallen, wenn die Schädigung losgelöst vom Gesellschaftsverhältnis geschieht. In diesem Falle handelt es sich nicht um liquidationsbefangene Ansprüche, sondern um Drittansprüche.

7. Absichtliche Verzögerung der Liquidation

Für den Fall einer absichtlichen Verzögerung der Liquidation durch einen Gesellschafter soll sich dieser nicht auf die Durchsetzungssperre berufen können.[254] Für die Ausnahme spricht, dass der Gesellschafter in diesem Fall nicht schutzwürdig ist. Auch lässt sich aus § 162 Abs. 1 BGB (Bedingungsvereitelung) die Wertung ableiten, dass treuwidrige Handlungen keinen Rechtsvorteil begründen sollen. Gegen die Ausnahme spricht allerdings, dass es jedem Gesellschafter unbenommen bleibt, den Blockierenden auf Mitwirkung an der Auseinandersetzung zu verklagen[255] und etwaige (Verzögerungs-)Schäden bei diesem zu liquidieren.[256] Im Sinne einer möglichst weitgehenden Vermeidung von Hin- und Herzahlungen sowie einer möglichst einheitlichen Behandlung aller liquidationsbefangenen Ansprüche in einer Gesamtabrechnung sollte diese Ausnahme keine Anerkennung finden.

8. Bereits vorab feststehende Ausgleichspflicht für einen Aufwendungsersatzanspruch eines Gesellschafters

Im Grundsatz kann ein Anspruch auf Ersatz von Aufwendungen, die ein Gesellschafter für die Gesellschaft getätigt hat,[257] nur gegen die Gesellschaft geltend gemacht werden. Dieser Aufwendungsersatzanspruch ist von der Durchsetzungssperre erfasst. Die Mitgesellschafter haften nur subsidiär nach § 426 BGB auf

254 BGH v. 4.7.1968 – II ZR 47/68, NJW 1968, 2005, 2006.

255 Dazu BGH v. 24.11.1980 – II ZR 194/79, NJW 1981, 749; *Schöne*, in: BeckOK-BGB, § 730 a.F. Rn. 18.

256 Selbst bei absichtlicher Verzögerung der Liquidation dürfte hinsichtlich der Einzelansprüche mangels Durchsetzbarkeit kein Schuldnerverzug nach § 286 BGB anzunehmen sein (dazu IV.5). Gleichwohl dürfte ein Anspruch auf Ersatz von Verzögerungsschäden aus dem rechtlichen Gesichtspunkt einer Verletzung der Pflicht zur Mitwirkung an der Auseinandersetzung nach §§ 280, 705 BGB bestehen. Im Ergebnis wird man sich für die Schadenskalkulation an einem hypothetischen Verzugszinssatz nach § 288 Abs. 1 BGB auf das erst verzögert fällig werdende Auseinandersetzungsguthaben orientieren können. Hier gilt also gewissermaßen der bekannte Grundsatz „dulde und liquidiere".

257 Für die OHG regelte dies explizit § 110 HGB a.F.

Ausgleich, soweit von der Gesellschaft kein Ersatz zu erlangen ist.[258] Ist von der Gesellschaft keine Erstattung zu erlangen und steht bereits vor Abschluss der Auseinandersetzung fest, dass ein Mitgesellschafter zur Leistung eines Nachschusses verpflichtet sein wird, so soll der Gesellschafter, dem der Aufwendungsersatzanspruch zusteht, seinen subsidiären Ausgleichsanspruch gegen den Mitgesellschafter vorab durchsetzen können.[259]

Diese Ausnahme beruht allein auf Billigkeitserwägungen des Einzelfalls. Dem Gesellschafter, der Ausgleich verlangen kann, wollte der BGH ein Zuwarten bis zum Ende der Liquidation nicht zumuten. Eine aus dem Sinn und Zweck der Durchsetzungssperre oder aus sonstigen rechtlich belastbaren Umständen ableitbare Rechtfertigung ist nicht ersichtlich. Die Ausnahme ist deshalb abzulehnen.

9. Bereits vorab feststehender Mindestbetrag eines Auseinandersetzungsguthabens

Steht vor Finalisierung der Auseinandersetzungsrechnung bereits definitiv fest, dass ein Gesellschafter einen bestimmten Mindestbetrag als Liquidationsguthaben zu fordern hat, soll in diesem Umfang die Durchsetzungssperre einer Forderung nicht entgegengehalten werden können.[260] Gleiches soll im Rahmen des Ausscheidens eines Gesellschafters gelten.[261] Ein Gesellschafter, der nach den konkreten Verhältnissen offensichtlich ein Auseinandersetzungsguthaben zu erhalten hat, soll nicht jahrelang auf dieses warten müssen, zumal da die Durchsetzungssperre den Verzugseintritt hinsichtlich der Einzelforderungen – und damit Verzugszinsen – ausschließt.[262] Für die Durchsetzung erforderlich sein soll jedoch stets eine wenigstens vorläufige Auseinandersetzungsrechnung.[263] Der BGH wendet die Fallgruppe insbesondere unter dem Gesichtspunkt an, dass ein

258 Dazu bereits C.II.3.b.

259 BGH v. 2.7.1962 – II ZR 204/60, BGHZ 37, 299 = NJW 1962, 1863, 1865; vgl. auch *Schäfer*, in: MüKoBGB, § 735 Rn. 37 sowie in der Voraufl. (8. Aufl.) § 730 a.F. Rn. 56; *Selb*, EwiR 1988, 439, 440.

260 BGH v. 2.7.1962 – II ZR 204/60, BGHZ 37, 299 = NJW 1962, 1863, 1865; BGH v. 16.5.1988 – II ZR 316/87, NJW-RR 1988, 1379, 1380; BGH v. 9.3.1992 – II ZR 195/90, NJW 1992, 2757, 2758; BGH v. 10.5.1993 – II ZR 111/92, NJW-RR 1993 1187; OLG Hamm v. 2.12.2002 – 8 U 132/01, NZG 2003, 279, 280; *Korff/Spiegelberg*, in: Ring/Grziwotz, PK-PersGesR, § 730 BGB a.F. Rn. 9; *Schäfer*, in: MüKoBGB, § 735 Rn. 37; *Schöne*, in: BeckOK-BGB, § 730 a.F. Rn. 30.

261 Kammergericht v. 5.3.2007 – 23 U 113/06, NZG 2008, 70, 72.

262 Dazu C.IV.5.

263 BGH v. 12.11.1990 – II ZR 232/89, NJW-RR 1991, 549.

Gesellschafter den wesentlichen Teil der (immateriellen) Güter des Unternehmens der Gesellschaft ohne Gegenleistung an sich zieht bzw. nutzbar macht, weshalb der oder die anderen Gesellschafter einen Ausgleich erhalten sollen.[264] Offenbar hält es der BGH gerade in solchen, besonders extrem gelagerten Konstellationen für unbillig, dem oder den anderen Gesellschaftern ein Zuwarten bis zum Ende Liquidation zuzumuten. Eine ausdrückliche Begründung oder nachvollziehbare dogmatische Abstützung dieser Ausnahme liefert der BGH allerdings nicht.[265]

Die genaue Wirkweise dieser Ausnahme ist bislang ungeklärt. Fraglich ist bereits, ob es sich überhaupt um eine eigentliche Ausnahme von Einzelansprüchen von der Durchsetzungssperre handelt[266] oder ob es sich nicht vielmehr um eine verkappte Vorauszahlung auf das Auseinandersetzungsguthaben (§ 155 Abs. 2 Satz 1 HGB a.F.; § 148 Abs. 7 HGB n.F.) handelt.[267] Vergegenwärtigt man sich die Grundfunktion der Durchsetzungssperre, so hindert sie eine Durchsetzung der sich aus dem Gesellschaftsverhältnis ergebenden Einzelansprüche. Sie trifft aber keine Anordnung darüber, wann die Zahlung des Auseinandersetzungsguthabens, welches von den Einzelansprüchen aus dem Gesellschaftsverhältnis zu unterscheiden ist, zu erfolgen hat. Die Haltung des BGH zur Einordnung entweder als echte Ausnahme eines Einzelanspruchs von der Durchsetzungssperre oder als Vorauszahlung auf das Auseinandersetzungsguthaben ist unklar. Teils deuten Entscheidungen in die eine, teils in die andere Richtung.

a. Ausnahme von der Durchsetzungssperre?

Eine Ausnahme von der Durchsetzungssperre legen folgende Entscheidungen nahe. Im Jahr 1962 entschied der BGH zu einem Anspruch auf Aufwendungserstattung Folgendes:

> *„Steht im Zeitpunkt der Geltendmachung dieses Anspruchs bereits mit Sicherheit fest, daß der erstattungsberechtigte Gesellschafter mindestens in Höhe dieses Anspruchs von seinem Mitgesellschafter Ausgleich verlangen kann, dann muß er auch schon vor Abschluß der Auseinandersetzung in der Lage sein, diesen Anspruch durchzusetzen.“*[268]

---

264 BGH v. 14.1.1980 – II ZR 218/78, NJW 1980, 1628 – ergangen zu einer zweigliedrigen Gesellschaft; BGH v. 27.3.1995 – II ZR 3/94, NJW-RR 1995, 1182; vgl. auch *Freund*, MDR 2011, 577, 580.

265 Siehe etwa BGH v. 27.3.1995 – II ZR 3/94, NJW-RR 1995, 1182.

266 So wohl BGH v. 2.7.1962 – II ZR 204/60, BGHZ 37, 299 = NJW 1962, 1863, 1865; so wohl auch *Schöne*, in: BeckOK-BGB, § 730 a.F. Rn. 30.

267 So *Heusel*, in: BeckOGK-HGB, § 148 Rn. 208; *Hillers*, Personengesellschaft und Liquidation, 1989, 212; *K. Schmidt*, in: MüKoHGB, § 149 a.F. Rn. 44.

268 BGH v. 2.7.1962 – II ZR 204/60, BGHZ 37, 299 = NJW 1962, 1863, 1865.

Im Jahr 1981 entschied der BGH, dass

> *„der Ausgeschiedene (…) einen Einzelposten ausnahmsweise dann isoliert geltend machen [kann], wenn auf Grund besonderer Umstände feststeht, daß er einen auf diese Weise erlangten Betrag keinesfalls zurückzuzahlen braucht“.*[269]

Im Jahr 1985 urteilte der BGH, dass ein im Grundsatz von der Durchsetzungssperre erfasster Darlehensanspruch schon vor Finalisierung der Auseinandersetzungsrechnung ausgeurteilt werden könne,

> *„soweit der Darlehensanspruch einen möglichen Ausgleichsanspruch des Bekl. mit Sicherheit übersteigt.“*[270]

Ähnlich sah es auch das Kammergericht im Jahr 2007.[271]

b. Vorauszahlung auf das Auseinandersetzungsguthaben?

Eine spätere BGH-Entscheidung aus dem Jahr 1995 deutet hingegen auf eine Vorauszahlung auf das Auseinandersetzungsguthaben hin. Der BGH führt aus, dass unter dieser Ausnahme

> *„einem Gesellschafter schon während des Abwicklungsstadiums ein Ausgleichsanspruch zustehen“*[272] kann bzw. der Gesellschafter *„einen Ausgleich erhalten muß“*.[273]

Hier scheint der BGH eher eine Abschlagszahlung auf das Auseinandersetzungsguthaben vor Augen zu haben. Auch das OLG Hamm scheint eher von einer Vorauszahlung auf das Auseinandersetzungsguthaben auszugehen.[274] Ebenso sieht es auch eine in der Literatur vorzufindende Auffassung.[275] Demnach handelte es sich nicht um eine Ausnahme bestimmter Einzelansprüche von der Durchsetzungssperre, sondern um eine Vorauszahlung auf das Auseinandersetzungsguthaben.

---

269 BGH v. 11.3.1981 – II ZR 70/80, ZIP 1981, 612, 613.

270 BGH v. 16.9.1985 – II ZR 41/85, NJW-RR 1986, 456.

271 Kammergericht v. 5.3.2007 – 23 U 113/06, NZG 2008, 70, 72: *„einzelne Zahlungsansprüche dann isoliert geltend gemacht werden können, wenn feststeht, dass dem Gesellschafter ein dem geforderten Betrag entsprechender Mindestbetrag aus dem Gesellschaftsvermögen in jedem Fall zusteht“.*

272 BGH v. 27.3.1995 – II ZR 3/94, NJW-RR 1995, 1182.

273 BGH v. 27.3.1995 – II ZR 3/94, NJW-RR 1995, 1182.

274 OLG Hamm v. 2.12.2002 – 8 U 132/01, NZG 2003, 279, 280.

275 *Hillers*, Personengesellschaft und Liquidation, 1989, 212; *K. Schmidt*, in: MüKoHGB, § 149 a.F. Rn. 44.

c. *Bewertung*

Die Frage scheint *prima vista* nur von akademischem Interesse. Ob nun der Gesellschafter einen Zahlungsanspruch durchsetzen kann und dieser nach seiner Erfüllung aus der Auseinandersetzungsrechnung herauszustreichen ist oder ob er eine Vorauszahlung auf sein Auseinandersetzungsguthaben erhält, die von der Schlusszahlung abzusetzen ist, spielt im Ergebnis rechnerisch keine Rolle. Gleichwohl ist relevant, ob ein Einzelanspruch von der Durchsetzungssperre erfasst ist oder nicht. Denn unter Umständen kann (i) der Einzelanspruch verjähren, (ii) Verzug eintreten mit entsprechenden Folgen nach §§ 287 ff. BGB (insbesondere die Verzinsung) und (iii) die Abtretbarkeit sowie (iv) die Aufrechenbarkeit gegeben sein. Auch schließt sich die Frage an, ob, sofern eine Ausnahme eines Einzelanspruchs von der Durchsetzungssperre anzunehmen ist, diese Hand in Hand mit einer Ausnahme auch von der Liquidationsbefangenheit ginge. Davon hängt ab, ob eine automatische Verrechnung auch dieses Einzelanspruchs im Zuge der Auseinandersetzungsrechnung erfolgt oder nicht vielmehr eine gesonderte Zahlung oder Aufrechnung nach §§ 387 ff. BGB erforderlich ist, um den Anspruch zum Erlöschen zu bringen.

Erblickt man in dieser Fallgruppe eine echte Ausnahme vom Grundsatz der Durchsetzungssperre, kommt man nicht umhin, konkrete Einzelansprüche zu individualisieren, die dann isoliert durchsetzbar wären. Dabei ist einleuchtend, dass die Ausnahme betragsmäßig nur soweit reichen kann, wie dem Gesellschafter ein Mindestguthaben auch definitiv zukommt. Unter Umständen kann ein Gesellschafter nicht alle seine offenen Einzelansprüche in vollem Umfang vorab durchsetzen. Hierbei ist ungeklärt, welchen von mehreren Einzelansprüchen die Durchsetzungssperre dann nicht entgegengehalten werden kann. Die Lösung könnte, wie bereits im Rahmen der Ausnahme der für die Liquidation erforderlichen Sozialansprüche erörtert,[276] darin zu sehen sein, dem Anspruchsteller ein Bestimmungsrecht analog § 396 Abs. 1 BGB zuzubilligen, mit dessen Ausübung die Durchsetzungssperre entfällt.

Vorzugswürdig scheint indessen, eine Ausnahme von Einzelansprüchen von der Durchsetzungssperre *per se* abzulehnen und vielmehr eine Vorauszahlung auf das Liquidationsguthaben nach § 155 Abs. 2 Satz 1 HGB a.F., § 148 Abs. 7 HGB n.F. anzunehmen.[277] Es handelt sich damit richtigerweise um eine bloß

276 Dazu C.III.2.

277 Gegen die Annahme einer Abschlagszahlung auf das Liquidationsguthaben spricht allerdings, dass eine solche nach § 155 Abs. 2 HGB a.F. sowie nach § 148 Abs. 7 HGB n.F. gesetzlich allein für die Personen*handels*gesellschaften vorgesehen ist, nicht

„vermeintliche Ausnahme“.[278] Diese Einordnung vermeidet auch die kontroverse und für den Anspruchsteller mit erheblichen Prozessrisiken[279] verbundene Frage, welche konkrete Einzelforderung nun ausgenommen und für ihn durchsetzbar wäre.

10. Bereits vorab feststehende Nachschusspflicht

Wenn bereits vorab feststehe, dass ein Gesellschafter für einen Nachschuss in einem bestimmten Mindestumfang aufkommen müsse, soll er insoweit bereits vor der Finalisierung der Auseinandersetzungsrechnung durchsetzbar zur Zahlung verpflichtet sein.[280] Es handelt sich um die spiegelbildliche Konstellation zur eben genannten Fallgruppe. Abzugrenzen ist sie von der Fallgruppe einer für die Liquidation erforderlichen, offenen Beitragsleistung. Bei hiesiger Ausnahme des BGH geht es gerade nicht um einen Einzelanspruch gegen einen Gesellschafter, sondern vielmehr um eine Verlustbeteiligung. Die Ausnahme käme etwa dann zum Tragen, wenn es keinen offenen Einzelanspruch gegen den Gesellschafter gibt, dieser aber – etwa in der haftungsunbeschränkten GbR – wegen verlustträchtiger Tätigkeit der Gesellschaft Verluste zu decken hat.

Ob es sich tatsächlich um eine Ausnahme von der Durchsetzungssperre handelt, ist auch bei dieser Fallgruppe fraglich. Richtigerweise handelt es sich auch hier lediglich um eine vermeintliche Ausnahme, denn der Sache nach geht es um eine Vorauszahlung auf die Nachschusspflicht nach § 735 BGB a.F. bzw. § 737 BGB n.F., § 149 HGB n.F.

---

jedoch für die GbR, dies sowohl nach alter wie auch nach neuer Rechtslage gem. § 734 BGB a.F, § 736d Abs. 6 BGB n.F., wobei der BGH gerade zur GbR geurteilt hat, BGH v. 27.3.1995 – II ZR 3/94, NJW-RR 1995, 1182; vgl. dazu auch die Begr. RegE zum MoPeG v. 17.3.2021, BT-Drucks. 19/27635, S. 250 – nach dieser wird davon ausgegangen, dass die Liquidation bei der GbR kürzer dauern wird und eine Vorabverteilung daher nicht erforderlich sein wird. Dies dürfte bei lange dauernden Liquidationen aber eine analoge Anwendung auf die GbR nicht hindern, auch wenn einzuräumen ist, dass eine insofern erforderliche planwidrige Regelungslücke fraglich ist.

278 *K. Schmidt*, in: MüKoHGB, § 149 a.F. Rn. 44.

279 Sollte aus Sicht des Gerichts eine „falsche“ Einzelforderung eingeklagt worden sein, dürften eine Klageänderung oder Hilfsanträge geboten sein.

280 BGH v. 12.11.1990 – II ZR 232/89, NJW-RR 1991, 549.

11. Zwischenergebnis

a. Ausnahmen von der Durchsetzungssperre

Konnte für den Anwendungsbereich der Durchsetzungssperre noch recht klar danach differenziert werden, ob es sich um gesellschaftsrechtliche Ansprüche oder um Drittansprüche handelt, ist die Systematisierung der Ausnahmen und Durchbrechungen der Durchsetzungssperre ungleich viel schwieriger. Der BGH hat in den vergangenen Jahrzehnten diverse Fallgruppen herausgearbeitet und teils auch präzisiert, in denen Ausnahmen von der Durchsetzungssperre greifen sollen. Allerdings fehlt es bislang an einer grundsätzlichen Erarbeitung tragender Leitlinien und Prinzipien für die Begründung der einzelnen Ausnahmen und Durchbrechungen. Sie stehen weitgehend zusammenhanglos nebeneinander. Die erste wesentliche Erkenntnis aus der Analyse der bislang angenommenen Ausnahmen ist deshalb, dass sich diese auf keine einheitliche Grundlage zurückführen lassen. Die Ausnahmen sind in besonderem Maße von Billigkeitserwägungen getragen und haben voneinander unabhängige und verschiedene Ansatzpunkte.

Der BGH verweist allerdings darauf, dass Ausnahmen insbesondere dann zugelassen würden,

> *„wenn die Gefahr von Hin- und Herzahlungen während des Auseinandersetzungsverfahrens (…) nicht besteht“*,[281]

also der Zweck der Durchsetzungssperre durch eine Ausnahme nicht betroffen ist. Auf den Grundgedanken, Ausnahmen dann zuzulassen, wenn der Zweck der Durchsetzungssperre nicht beeinträchtigt wird, lassen sich die Ausnahmen unter Ziffern 3, 8, 9 und 10 zurückführen. Bei der Ausnahme unter Ziffer 3 ist der Zweck nicht betroffen, weil bei überschaubaren Verhältnissen und ohne Vorhandensein von wesentlichem Gesellschaftsvermögen keine Fülle an Einzelansprüchen besteht, die in einer Vielzahl von Hin- und Herzahlungen münden könnte. Bei den Ausnahmen unter Ziffern 8, 9 und 10 drohen keine Hin- und Herzahlungen, nachdem diese vom BGH anerkannten Ausnahmen nur dann greifen, wenn sich aus der Auseinandersetzungsrechnung kein zu dem ausgenommenen Einzelanspruch gegenläufiger Zahlungsstrom ergeben wird. Gleichwohl beeinträchtigt bleibt allerdings der Zweck der Durchsetzungssperre, alle Einzelansprüche in einem einheitlichen Verfahren zu berücksichtigen. Daher ist dieser Rechtfertigungsansatz nicht überzeugend.

---

281 BGH v. 4.12.2012 – II ZR 159/10, NJW-RR 2013, 363, Rn. 44.

Ein allgemeiner Erklärungsansatz für die Begründung aller Ausnahmen lässt sich nicht ausmachen. Es ist eine ganze Reihe anderer Ausnahmen durch die Rechtsprechung anerkannt, die unabhängig davon zum Zuge kommen, ob der Zweck der Vermeidung von Hin- und Herzahlungen betroffen ist oder nicht. Die übrigen Ausnahmen beruhen darauf, dass anderen Zwecken als den von der Durchsetzungssperre verfolgten ein größeres Gewicht und damit der Vorrang vor der Durchsetzungssperre eingeräumt wird. Die vom BGH anerkannten Ausnahmen unter Ziffern 1, 2, 4, 5 und 7 dienen jeweils völlig unterschiedlichen Zwecksetzungen.

Allenfalls eine grobe Systematisierung der Ausnahmen ist demnach wie folgt möglich:

- Ausnahmen, die den Zweck der Durchsetzungssperre nicht oder nur geringfügig tangieren,[282] sowie
- Ausnahmen, deren Zwecken größeres Gewicht und Vorrang vor dem Zweck der Durchsetzungssperre eingeräumt wird.[283]

Ferner bleibt nach Analyse der Rechtsprechung unklar, ob das Nichtbestehen einer Gefahr von Hin- und Herzahlungen allein *ratio* zur Begründung von Ausnahmen ist oder ob das Nichtbestehen dieser Gefahr zugleich auch Tatbestandsmerkmal einzelner Ausnahmen[284] sein soll. Fragwürdig ist dabei, ob das Nichtbestehen einer Gefahr von Hin- und Herzahlungen überhaupt als Tatbestandsmerkmal taugt. Denn in der Rechtspraxis wird die Bewertung und Entscheidung Schwierigkeiten bereiten, ob im Einzelfall die Gefahr von Hin- und Herzahlungen anzunehmen ist.[285] Wann größerer Auseinandersetzungsaufwand besteht oder die Verhältnisse unübersichtlich sind, lässt sich wegen der Verschiedenheit der Verhältnisse in Liquidationsgesellschaften kaum tatbestandlich umreißen. Unklar bleibt ferner, unter welchen Voraussetzungen eine Gefahr von Hin- und Herzahlungen anzunehmen sein soll, insbesondere wie wahrscheinlich der Eintritt ihrer Verwirklichung sein muss und wie weitgehend die Verhältnisse dafür bereits geklärt sein müssen. Dies gilt, zumal solche Entscheidungen noch während der laufenden Liquidation getroffen werden müssten. Das Kriterium einer Gefahr von Hin- und

---

282 Die Ausnahmen im Abschnitt C.III unter Ziffern 3, 8, 9, 10; BGH v. 4.12.2012 – II ZR 159/10, NJW-RR 2013, 363, Rn. 44: „*wenn die Gefahr von Hin- und Herzahlungen während des Auseinandersetzungsverfahrens (…) nicht besteht*".

283 Die Ausnahmen im Abschnitt C.III unter Ziffern 1, 2, 4, 5 und 7.

284 Die Ausnahmen im Abschnitt C.III unter Ziffern 3, 8, 9 und 10.

285 Vgl. dazu OLG Hamm v. 2.12.2002 – 8 U 132/01, NZG 2003, 279, 280.

Herzahlungen als Tatbestandsmerkmal einzelner Ausnahmen ist darum kaum subsumtionsfähig und deshalb abzulehnen.

Zur Systematisierung der Ausnahmen wird bisweilen der Versuch unternommen, die Ausnahmen nach der Anspruchsrichtung (Gesellschafts- oder Gesellschafteransprüche) zu ordnen.[286] Diese Aufteilung ist jedoch nicht zielführend. Viele Ausnahmen greifen ihrem Zweck und Anwendungsbereich nach unabhängig davon, wer Anspruchsinhaber ist oder gegen wen ein Anspruchsverhältnis gerichtet ist. Das trifft beispielsweise zu auf die Ausnahme für Ansprüche, die ihre Selbständigkeit behalten sollen, Ansprüche aus vorsätzlich begangener unerlaubter Handlung[287] sowie Ausnahmefallgruppen, nach denen vor dem Schluss der Auseinandersetzung ein Mindestbetrag bzw. ein Nachschuss verlangt werden kann. Dieser Ansatz trägt damit nichts zur Systematisierung der Ausnahmen bei.

Als zweite Erkenntnis ergibt sich, dass sich der Dschungel an Ausnahmen bei genauer Betrachtung deutlich lichtet: Einige vermeintliche Ausnahmen sind zutreffender Bewertung nach keine.[288]

Drittens ist zu konstatieren, dass von den danach verbleibenden Ausnahmen lediglich zwei erforderlich und anerkennenswert sind, nämlich Ausnahmen für Ansprüche mit besonderem Selbständigkeitscharakter und Ausnahmen für Sozialansprüche der Gesellschaft, soweit diese einen Liquiditätsbedarf zur Durchführung der Liquidation decken muss.[289] Insbesondere bedarf es keiner Ausnahmen für Fallgestaltungen, in denen im konkreten Einzelfall eine Gefahr von Hin- und Herzahlungen nicht besteht.[290] Hier kann die Auseinandersetzung zügig beendet werden. Hinsichtlich der Ausnahmen für ein bereits vorab feststehendes (Mindest-)Auseinandersetzungsguthaben bzw. eine (Mindest-)Nachschusspflicht[291] kann eine Vorauszahlung auf das Auseinandersetzungsguthaben geleistet werden, die die durchsetzungsgesperrten Einzelansprüche unberührt lässt. Damit entfällt auch das oben bereits skizzierte Problem einer Subsumtion unter das Tatbestandsmerkmal der im Einzelfall bestehenden Gefahr von Hin- und Herzahlungen. Die

---

286 *Freund*, MDR 2011, 577, 579; vgl. auch *Sprau*, in: Grüneberg (82. Aufl.), § 730 a.F. Rn. 6 ff.

287 Vorsätzlich begangene unerlaubte Handlungen können auch durch die Gesellschaft begangen werden, wenn ihr ein Vorsatzdelikt ihres Geschäftsführungsorgans nach § 31 BGB analog zuzurechnen ist.

288 Die Ausnahmen im Abschnitt C.III unter Ziffern 3, 9 und 10.

289 Die Ausnahmen im Abschnitt C.III unter Ziffern 1 und 2.

290 Die Ausnahme im Abschnitt C.III unter Ziffer 3.

291 Die Ausnahmen im Abschnitt C.III unter Ziffern 9 und 10.

hier vertretene Auffassung einer nur restriktiven Anerkennung von Ausnahmen kann für sich ferner den Vorzug größerer Rechtsklarheit beanspruchen.

Viertens ist festzuhalten, dass die Ausnahmen ihrerseits nur einen möglichst kleinen Anwendungsbereich erhalten sollten. Der Zweck der Durchsetzungssperre, Hin- und Herzahlungen zu verhindern, kann dadurch weitestmöglich erreicht werden. Die tatsächlich anerkennenswerten Fallgruppen sollten daher eng ausgelegt werden. Dies enthöbe den Rechtsanwender auch weitgehend von schwierigen Abgrenzungsfragen und Risiken bei der Bewertung der Rechtslage. So ließe sich verhindern, dass ein Gesellschafter eine womöglich derzeit[292] unbegründete Klage auf Zahlung einreicht, bei der sich nach Einschätzung des Gerichts ergibt, dass für den geltend gemachten Anspruch doch keine Ausnahme greift.[293] Auch bleibt durch eng umgrenzte Ausnahmetatbestände der Druck auf eine zügige Durchführung der Liquidation hoch, was für eine schnelle Abwicklung aufgelöster Gesellschaften und damit für deren Zweckerreichung förderlich ist.

Eine präzisere Konturierung der einzelnen Ausnahmetatbestände und deren konkreter Voraussetzungen bleibt nach wie vor wünschenswert und auch fortwährende Aufgabe von Rechtsprechung und Literatur. Die klare Bestimmung der Ausnahmen ist für den rechtssicheren Umgang mit den Einzelansprüchen von besonderer Bedeutung. Ein Gläubiger muss wissen, ob er seinen Einzelanspruch gerichtlich einklagen darf oder dies – bei Eingreifen einer Ausnahme von der Durchsetzungssperre –[294] sogar muss, um keine Verjährung eintreten zu lassen. Auch hinsichtlich weiterer Rechtsfolgen wie etwa der Aufrechenbarkeit und der Verzugsverzinsung knüpfen sich an das Vorliegen eines Ausnahmetatbestandes relevante Folgen.[295] Ohne ausreichende Klärung der Ausnahmetatbestände drohen neben der Rechtsunsicherheit vor allem auch überflüssige Prozesse, zu denen anwaltliche Berater zur Beschreitung des rechtssichersten Weges unter Umständen werden raten müssen.

---

292 BGH v. 24.10.1994 – II ZR 231/93, NJW 1995, 188, 189; BGH v. 15.5.2000 – II ZR 6/99, NJW 2000, 2586.

293 Eine Umdeutung in eine Feststellungsklage, dazu BGH v. 4.11.2002 – 210/00, NZG 2003, 215, würde jedenfalls insoweit nicht helfen, als die Einzelforderung unstreitig ist und damit unter Umständen das erforderliche Feststellungsinteresse fehlt, dazu OLG Brandenburg v. 30.3.2007 – 7 U 177/05, BeckRS 2009, 5904.

294 Zur Fragestellung, ob bei Eingreifen einer Ausnahme von der Durchsetzungssperre für die ausgenommenen Einzelansprüche eine Verjährungshemmung anzunehmen ist, siehe F.IV.3 und G.I.

295 Dazu C.IV.

b. Ausnahmen auch von der Liquidationsbefangenheit?

Losgelöst von der Bestimmung der Ausnahmetatbestände stellt sich die Grundsatzfrage, ob Ausnahmen von der Durchsetzungssperre die betroffenen Ansprüche dem Auseinandersetzungsverfahren insgesamt entziehen. Anders gewendet: Entfällt mit dem Vorliegen einer Ausnahme auch die Liquidationsbefangenheit und unterliegt der Einzelanspruch dann – wie ein Drittanspruch – keinerlei liquidationsrechtlichen Beschränkungen und Wirkungen? Diese Fragestellung äußert sich konkret in der Zuschreibung oder Nichtzuschreibung einzelner Rechtsfolgen.

Besteht eine Ausnahme von der Durchsetzungssperre, entfällt jedenfalls das Durchsetzungshindernis und der Einzelanspruch kann wieder eingeklagt werden. Auch der Verzugseintritt dürfte dann wieder möglich sein.[296] Weniger klar ist die Lage bei anderen Folgen, etwa der Aufrechenbarkeit oder der Abtretbarkeit sowie beim Verjährungslauf. Diese Wirkungen und Folgen können, müssen aber nicht zwingend, auf die Durchsetzungssperre als solche zurückgeführt werden – sie könnten auch in der Liquidationsbefangenheit zu verwurzeln sein. Hier wird relevant, ob das Vorliegen einer Ausnahme den Anspruch der Liquidationsbefangenheit insgesamt entzieht oder aber ob der Anspruch allein von der Durchsetzungssperre ausgenommen wird, im Übrigen aber seine Liquidationsbefangenheit behält. Bereits erörtert wurde, dass Durchsetzungssperre und Liquidationsbefangenheit in ihrem Anwendungsbereich grundsätzlichen deckungsgleich sind.[297]

Für das Fortbestehen der Liquidationsbefangenheit eines Einzelanspruchs trotz Vorliegens einer Ausnahme von der Durchsetzungssperre spricht, dass Ausnahmen von der Durchsetzungssperre nicht statisch-punktuell anzunehmen sind, sondern mit Blick auf den Liquiditätsbedarf der Gesellschaft[298] einer dynamischen Entwicklung unterliegen können. Inwieweit Ansprüche für die Durchführung der Liquidation erforderlich sind, kann sich im Laufe der Liquidationsphase erst ergeben und steten Veränderungen unterliegen. Ein Liquiditätsbedarf kann erst im Verlaufe der Liquidation entstehen oder aber durch eine unerwartet günstige oder schnelle Veräußerung von Vermögengegenständen der Gesellschaft wieder entfallen. Ähnlich verhält es sich mit anderen von der Rechtsprechung anerkannten Ausnahmen. Zunächst überschaubare Verhältnisse können während der Liquidation unüberschaubar

296 Dazu C.IV.5.

297 Dazu C.II.4.

298 Die Ausnahme im Abschnitt C.III unter Ziffer 2.

werden[299] und Mindestguthaben oder Mindestnachschusspflichten können sich mit ihrem Fortschreiten konkretisieren.[300] Hier wäre es wenig opportun, auch die Liquidationsbefangenheit einem ständigen Wechsel zu unterwerfen.

Einen geringeren und auch ausreichenden Eingriff stellt es dar, lediglich die Durchsetzungssperre insoweit aufzuheben, als ein aktueller Liquiditätsbedarf besteht, die Liquidationsbefangenheit aber unverändert fortbestehen zu lassen. Schließlich kann eine Berücksichtigung eines ausgenommenen Einzelanspruchs in der Auseinandersetzungsrechnung bei fortbestehender Liquidationsbefangenheit erfolgen, wenn von einer Erfüllung dieses Anspruchs trotz bestehender Ausnahme von der Durchsetzungssperre abgesehen wurde. Denkbar sind Fälle, in denen die Gesellschaft den Liquiditätsbedarf anderweitig, beispielsweise durch (Gesellschafter)Darlehen, deckt. Auch von der Durchsetzungssperre ausgenommene Ansprüche können damit von der Verrechnungswirkung miterfasst werden bzw. im Auseinandersetzungsguthaben aufgehen.[301] Das ist auch sachgerecht, denn es besteht kein Grund, den Zweck einer einheitlichen Berücksichtigung aller Einzelforderungen aus dem Gesellschaftsverhältnis in Auseinandersetzungsverfahren und -rechnung weiter einzuschränken als zwingend erforderlich.

Damit haben Ausnahmen von der Durchsetzungssperre keine Auswirkung auf die – fortbestehende – Liquidationsbefangenheit der Einzelforderungen. Soweit Ausnahmen greifen, sind Durchsetzungssperre und Liquidationsbefangenheit ausnahmsweise nicht deckungsgleich.

c. *Bedeutung für die Verjährungsfrage*

Für die Verjährungsfrage wie auch für andere Einzelfolgen im Zusammenhang mit der Durchsetzungssperre ergibt sich daraus, dass zwischen Durchsetzungssperre und Liquidationsbefangenheit zu differenzieren ist. Verjährungsrechtliche Folgerungen könnten unterschiedlich ausfallen, je nach dem, ob diese an die Durchsetzungssperre anknüpfen oder aber an die allgemein-liquidationsrechtliche Wirkung der Liquidationsbefangenheit. Lösungen der Verjährungsthematik in Anknüpfung gerade an die Durchsetzungssperre dürften daher nicht für Einzelansprüche gelten, die von der Durchsetzungssperre ausgenommen sind. Lösungen in Anknüpfung an die Liquidationsbefangenheit dürften hingegen auch für Einzelansprüche greifen, für die eine Ausnahme von der Durchsetzungssperre

299 Die Ausnahme im Abschnitt C.III unter Ziffer 3.

300 Die Ausnahmen im Abschnitt C.III unter Ziffern 3, 9 und 10.

301 Dazu C.IV.7.

besteht. Jenseits dieser beiden möglichen Anknüpfungspunkte sind freilich auch andere Ansatzpunkte zur Lösung der Verjährungsfrage denkbar.[302]

Eine Anerkennung lediglich weniger Ausnahmen und eine restriktive Fassung der Ausnahmetatbestände kann dabei die Bedeutung der Frage von vornherein erheblich mindern, ob Einzelansprüche, für die eine Ausnahme gilt, verjährungsrechtlich anders zu behandeln sind als durchsetzungsgesperrte Einzelansprüche. Ausnahmen sind allein dort gerechtfertigt, wo sie entweder zur Durchführung der Liquidation unerlässlich sind oder aber die Gesellschafter selbst durch vertragliche Selbständigkeitsbestimmungen die Abgrenzungsfrage aufgeworfen haben. Die Rechtssicherheit und Einheitlichkeit des Umgangs mit den Einzelansprüchen erfordern deshalb eine restriktive Ausnahmehandhabung. Die bisherige Rechtsprechung deutet hingegen in die umgekehrte Richtung ausufernder Ausnahmetatbeständen. Unter diesen Vorzeichen ist die Differenzierung zwischen Durchsetzungssperre und Liquidationsbefangenheit besonders bedeutsam, da jede Ausnahme zur Folgefrage führt, ob der ausgenommene Anspruch in der Liquidationsphase dem Verjährungslauf preisgegeben ist oder nicht.

IV. Rechtswirkungen

Die rechtlichen Folgen der Durchsetzungssperre sind auch heute noch weitgehend ungeklärt, dies jedenfalls jenseits der mantrahaft in Rechtsprechung und Literatur wiederholten Aussage, dass die Einzelansprüche durch den Übergang ins Liquidationsstadium ihre Selbständigkeit verlören und nicht mehr separat durchgesetzt werden könnten. Zu diskutieren sind insbesondere folgende mögliche Auswirkungen aus und im Zusammenhang mit der Durchsetzungssperre auf die Einzelansprüche:

- Undurchsetzbarkeit und Unvollstreckbarkeit;
- Erfüllbarkeit;
- Aufrechenbarkeit;
- Abtretbarkeit und (Ver-)Pfändbarkeit;
- Verzugswegfall;
- Verjährungshemmung;
- Verrechnungswirkung.

Ob es sich jeweils um eigentliche Wirkungen der Durchsetzungssperre oder vielmehr um allgemein-liquidationsrechtliche Wirkungen handelt, ist diskutabel und bislang noch nicht geklärt. Dies gilt insbesondere für die Verjährungsfrage und

---

302 Etwa der Gesellschaftsvertrag oder Ableitungen aus diesem.

die Verrechnungswirkung bei Beschlussfassung über die Auseinandersetzungsrechnung.[303]

1. Undurchsetzbarkeit

In ständiger Rechtsprechung anerkannt und allgemeine Ansicht ist, dass die Einzelansprüche undurchsetzbar werden und der Gläubiger die Zahlung nicht mehr zu fordern berechtigt ist.[304]

a. Einwendung oder Einrede?

Teilweise wird die Durchsetzungssperre als Einwendung[305] charakterisiert, teilweise als Einrede oder als Leistungsverweigerungsrecht.[306]

Die Begriffe der Einrede und der Einwendung werden uneinheitlich verwendet und können je nach Verwendungskontext in ihrer Bedeutung verschieden sein.[307] Unter prozessualen Einreden werden alle Tatsachen verstanden, die ein Gegenrecht erfüllen, das der Beklagte gegen die Klageforderung erhebt.[308] Dabei sollen sowohl dem Prozessrecht als auch dem materiellen Recht entspringende Gegenrechte erfasst sein.[309] Ein rein prozessuales Gegenrecht stellt etwa die Schiedseinrede nach § 1032 ZPO dar.[310] Für hiesige Untersuchung sind die

---

303 *Stüber*, Der Grundsatz der Durchsetzungssperre bei Liquidation von Personengesellschaften, S. 207 ff.

304 BGH v. 4.11.2002 – 210/00, NZG 2003, 215; BGH v. 3.4.2006 – II ZR 40/05, NJW-RR 2006, 1268, Rn. 17 ff.; BGH v. 11.9.2018 – II ZR 161/17, NJW 2019, 161, Rn. 13; vgl. zur allgemeinen Anerkennung auch *Schäfer*, in: MüKoBGB, § 735 Rn. 33 sowie in der Voraufl. (8. Aufl.) § 730 a.F. Rn. 31.

305 So im Ergebnis BGH v. 30.11.1959 – II ZR 145/58, NJW 1960, 433, 434: „*überhaupt nicht mehr geschuldet werden*"; so auch *Hillers*, Personengesellschaft und Liquidation, S. 166; *K. Schmidt*, in: MüKoHGB, § 155 a.F. Rn. 20; *Sprau*, in: Grüneberg (82. Aufl.), § 730 a.F. Rn. 6: „*als Einwendg vAw zu berücksichtigen*"; vgl. zu dieser Einordnung auch *Stüber*, Der Grundsatz der Durchsetzungssperre bei Liquidation von Personengesellschaften, S. 226 ff.

306 Für die bloße Undurchsetzbarkeit BGH v. 15.5.2000 – II ZR 6/99, NJW 2000, 2586, 2587; *Brandani*, Die BGB-Gesellschaft in der Liquidation, S. 124; *Hillers*, Personengesellschaft und Liquidation, S. 166: „*rechtshemmende Einwendung*"; *Stüber*, Der Grundsatz der Durchsetzungssperre bei Liquidation von Personengesellschaften, S. 208.

307 *Brox/Walker*, BGB AT, § 31 Rn. 6; *Ulrici/Purrmann*, JuS 2011, 104.

308 *Brox/Walker*, BGB AT, § 31 Rn. 1; *Medicus/Petersen*, Bürgerliches Recht, Rn. 731 f.

309 *Medicus/Petersen*, Bürgerliches Recht, Rn. 731.

310 *Wolf/Eslami*, in: BeckOK-ZPO, § 1032 Rn. 23.

materiell-rechtlichen Gegenrechte von Belang, nachdem die Durchsetzungssperre keine Rechtsfigur des Prozessrechts ist, sondern eine des materiellen Rechts. Für die materiell-rechtlichen Gegenrechte wird der Begriff der Einwendung als Oberbegriff verwendet.[311] Hier wird wiederum zwischen Einwendungen und Einreden des materiellen Rechts wie folgt differenziert:

- Rechtshindernde Einwendungen und
- rechtsvernichtende Einwendungen

sowie

- dilatorische (aufschiebende bzw. zeitweise) Einreden und
- peremptorische (dauerhafte) Einreden.[312]

Die Einwendungen wirken dauerhaft rechtshindernd bzw. -vernichtend und betreffen den Rechtsbestand als solchen. Sie sind im Prozess von Amts wegen zu berücksichtigen, müssen also nicht vom Beklagten erhoben werden, um eine Klageabweisung zu erreichen.[313] Zu den rechtshindernden Einwendungen zählen solche Tatbestände, die bereits die Entstehung eines Anspruchs verhindern, z.B. gesetzliche Verbote nach § 134 BGB oder die Sittenwidrigkeit nach § 138 BGB.[314] Rechtsvernichtende Einwendungen führen zum Untergang eines vormals bestehenden Anspruchs. Zu ihnen gehören etwa die Erfüllung nach § 362 BGB, die Aufrechnung nach § 389 BGB oder der Rücktritt nach § 349 BGB, die jeweils den Anspruch zum Erlöschen bringen.[315]

Einreden lassen dagegen Existenz und Rechtsbestand einer Forderung unberührt. Lediglich die Durchsetzbarkeit, insbesondere vor Gericht, ist zeitweilig oder dauerhaft ausgeschlossen. Der Schuldner muss sich auf die Einrede berufen, andernfalls bleibt sie im Prozess unberücksichtigt, selbst wenn die den Einredetatbestand tragenden Tatsachen vorgetragen und unstreitig sind.[316] Bei Berufung auf die Einrede scheidet auch der Verzug nach § 286 BGB und damit insbesondere die Verzinsung als Verzugsfolge nach § 288 BGB aus.[317] Zu den dilatorischen Einreden gehören die Einrede des nicht erfüllten Vertrages nach § 320 BGB oder

311 *Petersen*, Jura 2008, 422, 424.
312 *Brox/Walker*, BGB AT, § 31 Rn. 1 ff.
313 *Ulrici/Purrmann*, JuS 2011, 104.
314 *Armbrüster*, in: MüKoBGB, § 138 Rn. 295.
315 BGH v. 28.11.2007 – VIII ZR 16/07, BGHZ 174, 290 = NJW 2008, 911, Rn. 10; *Dennhardt*, in: BeckOK-BGB, § 362 Rn. 3; *Gaier*, in: MüKoBGB, § 346 Rn. 41.
316 *Brox/Walker*, BGB AT, § 31 Rn. 7.
317 *Grüneberg*, in: Grüneberg, § 286 Rn. 9.

Zurückbehaltungsrechte,[318] zu den peremptorischen Einreden rechnet z.B. die Verjährungseinrede nach § 214 BGB.[319] Leistet der Schuldner trotz bestehender Einrede oder beruft er sich im Prozess nicht auf sie, tritt Erfüllung ein bzw. kommt es zu seiner (uneingeschränkten) Verurteilung.[320] Eine Rückforderung ist dann grundsätzlich ausgeschlossen, was § 214 Abs. 2 BGB für die Verjährungseinrede explizit anordnet.[321]

Als rechtsvernichtende Einwendung wurde die Durchsetzungssperre teils in der bisherigen Rechtsprechung und Literatur kategorisiert[322] und angenommen, dass die Einzelansprüche mit der Auflösung ihre Anspruchsqualität selbst verlören und sich in reine Rechnungsposten der Auseinandersetzungsrechnung umwandelten.[323] In diese Richtung deutet auch eine (allerdings wohl missverständliche) Entscheidung des BGH aus dem Jahr 1966.[324] Für ein Erlöschen der Einzelansprüche aus dem Innenverhältnis der Gesellschaft ist allerdings kein Grund ersichtlich. Weder wird dies durch den Zweck der Durchsetzungssperre oder der Liquidation gefordert, noch lässt sich die Erlöschensfolge in rechtsmethodisch zulässiger Weise begründen. Schon gar nicht bietet das Gesetz hierfür irgendeinen Anhaltspunkt. Ausgehend von der nicht ohne Grund bestehenden Bezeichnung als „Durchsetzungssperre" liegt zudem nahe, dass lediglich die Durchsetzbarkeit der Einzelansprüche mit Übergang ins Liquidationsstadium entfällt – mehr nicht. Auch gibt es keine Notwendigkeit für eine Erlöschensfolge, im Gegenteil. *Hillers* weist zutreffend darauf hin, dass akzessorische Sicherheiten für Einzelansprüche entfielen.[325] *Stüber* verweist darauf, dass die Fortsetzung der Gesell-

---

318 Zurückbehaltungsrechte sehen z.B. § 273 BGB und § 369 HGB vor.

319 *Dörner*, in: Schulze, § 214 Rn. 3; *Grothe*, in: MüKoBGB, § 214 Rn. 1.

320 Bei Geltendmachung von Zurückbehaltungsrechten kommt es lediglich zur Verurteilung Zug um Zug nach §§ 274 Abs. 1, 322 BGB.

321 *Henrich*, in: BeckOK-BGB, § 214 Rn. 5.

322 So im Ergebnis BGH v. 30.11.1959 – II ZR 145/58, NJW 1960, 433, 434: *„überhaupt nicht mehr geschuldet werden"*; so auch *K. Schmidt*, in: MüKoHGB, § 155 a.F. Rn. 20.

323 *K. Schmidt*, in: MüKoHGB, § 155 a.F. Rn. 20: *„bei den angeblichen Einzelforderungen unter den Gesellschaftern überhaupt nur noch um Rechnungsposten, die sich aus Forderungen der Gesellschafter gegen die Gesellschaft und der Gesellschaft gegen die Gesellschafter ergeben"*; *Sprau*, in: Grüneberg (82. Aufl.), § 730 a.F. Rn. 6: *„sind nur noch Rechngsposten"*.

324 BGH v. 8.3.1966 – V ZR 32/64, BeckRS 1966, 161 – der BGH dürfte damals vermutlich eher ein bloßes Erlöschen von *Förderpflichten* der Gesellschafter, insbesondere zur Erreichung des vor Auflösung bestehenden Gesellschaftszwecks, vor Augen gehabt haben und nicht das Erlöschen der Einzelansprüche.

325 *Hillers*, Personengesellschaft und Liquidation, S. 177.

schaft grundsätzlich möglich sei, was sich schwerlich mit einem Untergang der Einzelansprüche vertrüge.[326] Schließlich ist die vorbezeichnete Rechtsprechung des BGH aus den 1950er und 1960er Jahren heute jedenfalls überholt, nachdem der BGH nunmehr die Auffassung vertritt, Leistungsklagen auf Einzelansprüche seinen lediglich als *derzeit* unbegründet abzuweisen.[327] Explizit verweist der BGH darauf, dass „*der fortbestehende Anspruch auf Zahlung*" lediglich undurchsetzbar werde.[328]

Eine Qualifikation als Einwendung ist damit abzulehnen. Der Durchsetzungssperre kommt weder rechthindernde noch rechtsvernichtende Wirkung zu.[329] Vielmehr hat sie bloß rechtshemmende Wirkung während der Liquidationsphase. Daher ist eine Qualifikation als Einrede und bloßes Leistungsverweigerungsrecht vorzunehmen.[330] Dies entspricht zudem der Herleitung der Durchsetzungssperre aus der gesellschaftsrechtlichen Treuepflicht sowie aus der *Dolo-agit*-Einrede und deren Funktionen als Rechtsausübungsschranke.[331] Nachdem die Treuepflicht in Bezug auf die Einzelansprüche als eigennützige Vermögensrechte auch lediglich in schwacher Ausprägung zur Anwendung kommt, wäre eine Qualifikation als Einwendung zu weitreichend und nicht zu rechtfertigen. Eine Qualifikation als Einrede wurde ebenso für die Durchsetzungssperre im Rahmen des früheren Eigenkapitalersatzrechts vorgenommen.[332] Die liquidationsrechtliche Durchsetzungssperre begründet schließlich auch kein peremptorisches Durchsetzungshindernis. Beschließen die Gesellschafter einer aufgelösten Personengesellschaft deren Fortsetzung, so führt dies zum Entfallen der Durchsetzungssperre und die Einzelansprüche gewinnen ihre selbständige Durchsetzbarkeit zurück.[333] Treffend

---

326 *Stüber*, Der Grundsatz der Durchsetzungssperre bei Liquidation von Personengesellschaften, S. 208.

327 BGH v. 24.10.1994 – II ZR 231/93, NJW 1995, 188, 189; BGH v. 15.5.2000 – II ZR 6/99, NJW 2000, 2586.

328 BGH v. 15.5.2000 – II ZR 6/99, NJW 2000, 2586, 2587.

329 Vgl. dazu *Stüber*, Der Grundsatz der Durchsetzungssperre bei Liquidation von Personengesellschaften, S. 226.

330 Ebenso *Brandani*, Die BGB-Gesellschaft in der Liquidation, S. 124.

331 *Kindler*, Grundkurs Handels- und Gesellschaftsrecht, § 11 Rn. 17.

332 OLG München v. 25.6.2014 – 7 U 961/1, BeckRS 2014, 18230, Rn. 36: „*Es ist deshalb der h.M. zu folgen, die annimmt, dass der Anspruch während der Unterdeckungsphase nur einredebehaftet ist.*"

333 Dazu G.II; vgl. *Stüber*, Der Grundsatz der Durchsetzungssperre bei Liquidation von Personengesellschaften, S. 208; zur Rückversetzung in eine werbende Gesellschaft durch Fortsetzung(sbeschluss) *Eberhard*, in: Beck'sches HB PersG, § 13 Rn. 51; *Schöne*, in: BeckOK-BGB, § 734 Rn. 7.

beschreiben *Brandani* und *Stüber* die Wirkung der Durchsetzungssperre deshalb als „*Lähmung*" der Einzelansprüche.[334]

Folgte man hingegen der – aus guten Gründen abzulehnenden – Auffassung, der Durchsetzungssperre komme Einwendungscharakter zu, stellen sich die in diesem Abschnitt behandelten Rechtsfolgefragen von vornherein nicht mehr.

b. Undurchsetzbarkeit in Prozess und Vollstreckung

Prozessual bewirkt die Durchsetzungssperre nach Rechtsprechung und Literatur, dass eine Leistungsklage als derzeit unbegründet abzuweisen ist.[335] Möglich bleiben jedoch Feststellungklagen. Wird entgegen der Durchsetzungssperre auf Leistung geklagt, so soll der Leistungsantrag zugleich einen Feststellungsantrag beinhalten und das Gericht zu einer Feststellung des Einzelanspruchs befugt sein.[336]

Ist ein Einzelanspruch bereits vor der Auflösung tituliert worden,[337] mag sich der Gläubiger fragen, ob er den Titel nach Übergang ins Liquidationsstadium noch vollstrecken kann. Der Sache nach handelt es sich bei der Durchsetzungssperre um ein nach Schluss der mündlichen Verhandlung und erst mit Auflösung (bzw. Ausscheiden) entstandenes materiell-rechtliches Gegenrecht nach § 767 Abs. 2 ZPO.[338] Die Vollstreckbarkeit des Titels ist auf Antrag des Schuldners durch rechtsgestaltende Entscheidung zu beseitigen.[339] Die Titulierung eines Einzelanspruchs in einem Leistungsurteil oder einem anderen Vollstreckungstitel nach § 794 ZPO ändert deshalb nichts an der Undurchsetzbarkeit.

---

334 *Brandani*, Die BGB-Gesellschaft in der Liquidation, S. 124; *Stüber*, Der Grundsatz der Durchsetzungssperre bei Liquidation von Personengesellschaften, S. 214 – wobei allerdings ein gewisser Widerspruch zu der von *Stüber* vorgenommenen Charakterisierung der Durchsetzungssperre besteht.

335 BGH v. 24.10.1994 – II ZR 231/93, NJW 1995, 188, 189; BGH v. 15.5.2000 – II ZR 6/99, NJW 2000, 2586; *Richter*, in: Koch, PersG, § 143 HGB Rn. 27.

336 BGH v. 10.5.1993 – II ZR 111/92, NJW-RR 1993, 1187, 1188; BGH v. 24.10.1994 – II ZR 231/93, NJW 1995, 188, 189; BGH v. 4.11.2002 – 210/00, NZG 2003, 215; *Hillers*, Personengesellschaft und Liquidation, S. 166, dort Fn. 108; *Kilian*, in: Henssler/Strohn, GesR, § 735 BGB Rn. 18.

337 Zumindest der Schluss der mündlichen Verhandlung muss vor dem Auflösungsereignis gelegen haben.

338 A.A. aber wohl OLG München v. 22.12.2023 – 15 W 1340/23, BeckRS 2023, 38110, Rn. 18; vgl. zu den im Rahmen des § 767 ZPO erhebbaren Einwendungen *K. Schmidt/Brinkman*, in: MüKoZPO, § 767 Rn. 58 ff.

339 *Kindl*, in: Saenger, ZPO, § 767 Rn. 1.

2. Erfüllbarkeit

Die Erfüllbarkeit nach § 271 Abs. 1 BGB bezeichnet den Zeitraum, ab dem der Schuldner eine Leistung bewirken kann und ab dem der Gläubiger bei Nichtannahme in Annahmeverzug geraten kann.[340] Ohne Vorliegen der Erfüllbarkeit ist eine Erfüllung nach § 362 BGB und damit das Erlöschen des Anspruchs nicht möglich.[341] Zahlt der Schuldner gleichwohl, führt dies zu einem bereicherungsrechtlichen Anspruch auf Rückerstattung. Die Erfüllbarkeit wird üblicherweise auf einer Zeitschiene betrachtet, auf der zu einem bestimmten Zeitpunkt die Erfüllbarkeit eintritt und sodann dauerhaft bis zur Erfüllung fortbesteht. Zum Entfallen einer einmal eingetretenen Erfüllbarkeit kommt es im Grundsatz nicht. Im gesetzlichen Regelfall nach § 271 Abs. 1 BGB tritt die Erfüllbarkeit sofort mit Anspruchsentstehung ein, was allerdings durch Vereinbarung auch einer anderweitigen Regelung zugänglich ist.

Die Durchsetzungssperre erfasst alle im Zeitpunkt der Auflösung bereits bestehenden und alle nach Auflösung neu entstehenden Einzelansprüche. Diese sind auf Basis des gesetzlichen Regelfalls des § 271 Abs. 1 BGB grundsätzlich erfüllbar. Dennoch wird teilweise vertreten, dass die Erfüllbarkeit der von der Durchsetzungssperre erfassten Ansprüche ausgeschlossen sei, dies etwa in Anlehnung an die Situation beim Kontokorrent.[342] Zahlungen auf Einzelansprüche sollen demnach nicht mehr zum Erlöschen führen. Die Zahlungen und die mit ihnen verbundenen bereicherungsrechtlichen Erstattungsansprüche sollen als weitere Posten ebenfalls im Rahmen der Gesamtabrechnung zu berücksichtigen sein.[343] Höchstrichterliche oder obergerichtliche Rechtsprechung ist zu dieser Frage bislang nicht ersichtlich. Für die vorinsolvenzliche Durchsetzungssperre beim qualifizierten Rangrücktritt[344] nach §§ 19 Abs. 2 Satz 2, 39 Abs. 2 InsO vertritt der BGH die Auffassung, dass eine Erfüllung nicht bewirkt werden könne und eine dennoch geleistete Zahlung einen Kondiktionsanspruch begründe.[345]

Die Erfüllbarkeit der Einzelansprüche im Auflösungsstadium könnte allenfalls dann beeinträchtigt sein, wenn der Zweck der Durchsetzungssperre dies gebietet.

---

340 *Schulze*, in: Schulze, § 271 Rn. 2.

341 *Bittner/Kolbe*, in: Staudinger, § 271 Rn. 1; *Fries*, in: Schulze, § 362 Rn. 3; *Krüger*, in: MüKoBGB, § 271 Rn. 1.

342 *Hillers*, Personengesellschaft und Liquidation, S. 168; *Stüber*, Der Grundsatz der Durchsetzungssperre bei Liquidation von Personengesellschaften, S. 214.

343 *Stüber*, Der Grundsatz der Durchsetzungssperre bei Liquidation von Personengesellschaften, S. 214.

344 Dazu E.II.3.

345 BGH v. 5.3.2015 – IX ZR 133/14, BGHZ 204, 231 = NJW 2015, 1672, Rn. 27.

Sie soll insbesondere Hin- und Herzahlungen vermeiden und die Auseinandersetzung erleichtern. Entschließt sich der Schuldner eines Einzelanspruchs freiwillig zu dessen Erfüllung, fragt sich, welcher Vorteil damit verbunden wäre, wenn seine Zahlung keine Erfüllungswirkung zeitigte. Es käme statt zum Erlöschen des Einzelanspruchs und einer Verkürzung der Auseinandersetzungsrechnung zum Hinzutreten eines zusätzlichen bereicherungsrechtlichen Anspruchs, also zu einer Verlängerung der Auseinandersetzungsrechnung. Nichts wäre damit gewonnen. Zumeist wird auch keine Motivation des Schuldners bestehen, auf Einzelansprüche zu leisten (es sei denn, er rechnet mit einer Nachschusspflicht), sodass der Zweck der Vermeidung von Hin- und Herzahlungen nicht gefährdet erscheint.

Richtig ist deshalb, dass die Durchsetzungssperre lediglich dem Gläubiger das Recht nimmt, die Zahlung durchsetzen zu können, nicht hingegen dem Schuldner die Berechtigung, die Zahlung mit Erfüllungswirkung leisten zu dürfen. Ein Wegfall der Erfüllbarkeit ist im Rahmen des hier vertretenen Herleitungsansatzes – die Durchsetzungssperre als Ausprägung der Schrankenfunktion der gesellschaftsrechtlichen Treuepflicht und der *Dolo-agit*-Einrede – nicht begründbar. Es bleibt beim gesetzlichen Regelfall des § 271 Abs. 1 BGB. Wer dies anders sieht, trägt die Argumentationslast nicht nur für die *ratio* zur Vornahme einer Abweichung vom gesetzlichen Regelfall, sondern auch für die konkrete rechtsmethodische Begründung des Entfallens der Erfüllbarkeit.

3. Aufrechenbarkeit

Anknüpfend an das vorstehend gefundene Ergebnis zur Erfüllbarkeit von Einzelansprüchen ist die Aufrechenbarkeit nach §§ 387 ff. BGB zu behandeln. Zulässig ist die Aufrechnung *gegen* Einzelansprüche, die von der Durchsetzungssperre erfasst sind, nicht hingegen die Aufrechnung *mit* solchen Einzelansprüchen. Letzteres folgt bereits aus § 390 BGB,[346] da der Durchsetzungssperre Einredecharakter zukommt.[347] Die Aufrechnung bedeutet gewissermaßen die Verwendung eines Anspruchs (Gegenanspruch) zur Tilgung einer Schuld (Hauptanspruch) anstelle der eigentlich geschuldeten Erfüllungsleistung. Da dem Gläubiger eines von der Durchsetzungssperre erfassten Einzelanspruchs dessen Durchsetzbarkeit verwehrt ist, kann ein solcher Einzelanspruch nicht als Gegenforderung zur Aufrechnung gestellt werden.[348] Umgekehrt jedoch kann ein (fälliger) Drittanspruch als

346 *Schlüter*, in: MüKoBGB, § 390 Rn. 1.

347 Zum Einredecharakter der Durchsetzungssperre bereits C.IV.1.a.

348 Im Ergebnis ebenso *Messer*, Gesellschaftsbezogene Forderungen in der Auseinandersetzung, S. 205, 214.

Gegenforderung gegen einen von der Durchsetzungssperre erfassten (erfüllbaren) Hauptanspruch aufgerechnet werden. Steht z.B. der Gesellschaft gegen einen Gesellschafter ein von der Durchsetzungssperre erfasster Einzelanspruch aus dem Gesellschaftsverhältnis zu, etwa auf Zahlung einer noch offenen Beitragsschuld (hier der Hauptanspruch), so kann der Gesellschafter einen ihm gegen die Gesellschaft zustehenden Drittanspruch (hier die Gegenforderung) aufrechnen. Umgekehrt ist es der Gesellschaft jedoch verwehrt, den Anspruch auf die Beitragsleistung *gegen* den Drittanspruch aufzurechnen. Anders wäre dies nur, wenn eine Ausnahme von Durchsetzungssperre griffe, z.B. weil die offene Beitragsleistung noch für die Liquidation benötigt wird. Dann stünde auch der Gesellschaft die Befugnis zu, den von der Durchsetzungssperre ausgenommenen Anspruch auf Beitragsleistung als Gegenforderung aufzurechnen.

Folgende Kontrollüberlegung unterstreicht die Richtigkeit dieser Auffassung: Ließe man eine solche Aufrechnung eines Drittanspruchs gegen einen liquidationsbefangenen Einzelanspruch nicht zu, müsste es zu einer Zahlung auf den Drittanspruch kommen, obwohl ein gegenläufiger Einzelanspruch bestünde. Letzterer wiederum bliebe bestehen. Das führt nicht zu der von der Durchsetzungssperre bezweckten Erleichterung der Auseinandersetzung. Im Gegenteil erleichtert die Aufrechnung die Auseinandersetzung, indem ein Drittanspruch ohne Zahlungsfluss erlischt und die Auseinandersetzungsrechnung ferner um einen Einzelanspruch entlastet wird.

Nach anderer Ansicht soll stets die Gesellschaft zur Aufrechnung berechtigt sein.[349] Teilweise wird die Aufrechnung unter Beteiligung eines durchsetzungsgesperrten Einzelanspruchs *per se* für unzulässig gehalten, gleich ob *mit* oder *gegen* diesen aufgerechnet werden soll.[350]

4. Abtretbarkeit; (Ver-)Pfändbarkeit

Die Zulässigkeit der Abtretbarkeit wird in Rechtsprechung und Literatur verneint.[351] So weist das OLG Hamm zutreffend auf die im Falle der Abtretung erfolgende Inhaltsänderung nach § 399 BGB hin sowie auf eine Nähe zum Konto-

---

349 *Schäfer*, in: MüKoBGB, § 735 Rn. 36; ebenso wohl auch *Schöne*, in: BeckOK-BGB, § 730 a.F. Rn. 30.

350 *Stüber*, Der Grundsatz der Durchsetzungssperre bei Liquidation von Personengesellschaften, S. 217 – das ist nur konsequent, wenn man zugleich die Erfüllbarkeit der Einzelansprüche ablehnt, was jedoch unzutreffend ist, dazu unter 2.

351 OLG Hamm v. 13.1.2016 – 8 U 115/15, BeckRS 2016, 3478, Rn. 63; *Heusel*, in: BeckOGK-HGB, § 148 Rn. 206; *Retzlaff*, in: Grüneberg, § 736d Rn. 15; *Saenger*, in: Schulze (11. Aufl.), § 730 a.F. Rn. 4; *K. Schmidt*, in: MüKoHGB, § 155 a.F. Rn. 20;

korrent, bei dem ebenfalls eine Abtretung der einzelnen kontokorrentgebundenen Ansprüche unzulässig ist.[352] Ob die Abtretung allerdings, wie das OLG Hamm meint,[353] eine Inhaltsänderung gerade dergestalt zur Folge hätte, dass der Zessionar nach Abtretung wieder zur Durchsetzung berechtigt sein würde, scheint wegen des akzessorischen Übergangs der Gegenrechte nach § 404 BGB zumindest zweifelhaft, denn der Zessionar erwürbe bereits einen im Zeitpunkt der Abtretung durchsetzungsgesperrten Einzelanspruch.[354] Eine Inhaltsänderung würde aber jedenfalls zumindest insofern eintreten, als die Qualität des Anspruchs als unselbständiger Rechnungsposten betroffen wäre. Denn durch die Abtretung wäre die Inhaberschaft des Anspruchs nicht mehr der Gesellschaft oder dem Gesellschafter als Zedent zugeordnet, sodass der Anspruch nicht zu dessen Gunsten als Rechnungsposten in der Auseinandersetzungsrechnung berücksichtigt werden könnte. Der Anspruch würde dem Auseinandersetzungsverfahren entzogen, er verlöre seine Liquidationsbefangenheit. Durch die Abtretung würde der Zweck der Durchsetzungssperre vereitelt, alle Einzelansprüche in einem einheitlichen Verfahren einer Saldierung und einem Ausgleich zuzuführen.

Für Abtretungen zwischen den Gesellschaftern und der Gesellschaft gilt das allerdings nicht. Denn insoweit bewirkt die Abtretung keine Inhaltsänderung des Einzelanspruchs in seiner Eigenschaft als Rechnungsposten. Lediglich ist der Einzelanspruch als Rechnungsposten dann für eine andere Person in der Auseinandersetzungsrechnung zu verbuchen.

In Anknüpfung an die Unabtretbarkeit ergibt sich auch die Unverpfändbarkeit nach §§ 1204 ff., 1273 ff. BGB[355] sowie die vollstreckungsrechtliche Unpfändbarkeit, § 851 ZPO.[356] Die (Pfändungs-)Pfandrechte an bereits *vor* Auflösung ver- bzw. gepfändeten Einzelansprüchen bleiben unberührt. Hier ist kein Grund ersichtlich, warum der dispositive interne Ausgleich aus dem Innenverhältnis einer Liquidationsgesellschaft bereits bestehende Sicherungen von Gläubigern beeinträchtigen könnte. Vor Auflösung entfaltet die Durchsetzungssperre keine Wirkung, insbesondere auch keine Vorwirkung.

Stüber, Der Grundsatz der Durchsetzungssperre bei Liquidation von Personengesellschaften, S. 215.

352 OLG Hamm v. 13.1.2016 – 8 U 115/15, BeckRS 2016, 3478, Rn. 63.

353 OLG Hamm v. 13.1.2016 – 8 U 115/15, BeckRS 2016, 3478, Rn. 63.

354 Dies ist ein maßgeblicher Unterschied zu der unter C.II.3.b erörterten Situation der Abtretung *vor* Auflösung.

355 *Heusel*, in: BeckOGK-HGB, § 148 Rn. 206.

356 *Heusel*, in: BeckOGK-HGB, § 148 Rn. 206; *K. Schmidt*, in: MüKoHGB, § 155 a.F. Rn. 20.

5. Verzugswegfall

Schuldnerverzug nach §§ 286 ff. BGB ist mit Eingreifen der Durchsetzungssperre ausgeschlossen, da dieser stets eine durchsetzbare Forderung voraussetzt.[357] Entsprechend laufen ab dem Zeitpunkt der Auflösung auch keine Verzugszinsen mehr, ein bereits eingetretener Schuldnerverzug endet mit Auflösung für die Zukunft. Bereits aufgelaufene Verzugszinsen bleiben bestehen.[358]

6. Verjährbarkeit und Verjährungshemmung

Nur selten beleuchtet ist bislang die Frage, ob der Verjährungslauf der Einzelansprüche in der Liquidation gehemmt ist bzw. Verjährung eintreten kann. Zur Vorbereitung der tiefergehenden Diskussion der einzelnen in Betracht kommenden Konzepte zum Umgang mit der Verjährungsfrage wird an dieser Stelle zunächst die vorliegende Rechtsprechung und Literatur ausgewertet.

Eine Verjährungshemmung nimmt das OLG Frankfurt a.M. an und entschied zu Gewinnauszahlungsansprüchen aus Vorjahren, dass diese im Liquidationsstadium nicht von der Verjährung bedroht seien:

> *„Entgegen der Auffassung des Kl. läuft dieser nicht Gefahr, dass sein Gewinnanteil verjährt, denn – wie oben ausgeführt – ist ein solcher Anspruch ohnehin nicht als isoliert einklagbare Forderung durchsetzbar.“*[359]

Für einen Feststellungsantrag unter dem Gesichtspunkt einer möglichen Verjährung der Gewinnauszahlungsansprüche[360] hat das OLG Frankfurt a.M. das Feststellungsinteresse verneint.[361] Es geht davon aus, dass in Bezug auf Einzelansprüche in der Liquidationsphase keine Verjährung eintreten könne. Eine dogmatische Begründung liefert das OLG Frankfurt a.M. nicht. Festzustellen ist lediglich, dass als Ansatzpunkt für diese Rechtsfolge der Wegfall der Durchsetzbarkeit herangezogen wurde. Die Entscheidung des OLG Frankfurt ist rechts-

---

357 *Grüneberg*, in: Grüneberg, § 286 Rn. 9 f.; *Stüber*, Der Grundsatz der Durchsetzungssperre bei Liquidation von Personengesellschaften, S. 215.

358 *Lorenz*, in: BeckOK-BGB, § 286 Rn. 65; so auch *Stüber*, Der Grundsatz der Durchsetzungssperre bei Liquidation von Personengesellschaften, S. 215.

359 OLG Frankfurt a. M. v. 15.2.2018 – 3 U 176/15, NZG 2018, 1141, 1143.

360 Das erforderlich Feststellungsinteresse nach § 256 Abs. 1 ZPO kann allein mit einem möglichen Verjährungseintritt begründet werden, BGH v. 11.7.1989 – VI ZR 234/88, NJW-RR 1989, 1367; BGH v. 7.5.2003 – IV ZR 121/02, NJW-RR 2003, 1076, 1077.

361 OLG Frankfurt a. M. v. 15.2.2018 – 3 U 176/15, NZG 2018, 1141, 1143.

kräftig, eine Entscheidung durch den BGH steht in diesem Verfahren damit nicht mehr an.[362]

Anders sieht es das OLG München, das eine Verjährungshemmung verneint:

> *„Eine vom Kläger unter Berufung auf eine Fundstelle bei Hillers, Personengesellschaft und Liquidation, 1989, S. 165 ff. behauptete Hemmung der Verjährung „analog § 205 BGB" (Schriftsatz des Klägervertreters vom 21.03.2019, S. 4, Bl. 227 d.A.) ist nicht eingetreten. § 205 BGB in der seit 01.01.2002 geltenden Fassung setzt nach seinem Wortlaut eine Vereinbarung zwischen Schuldner und Gläubiger voraus, auf Grund derer der Schuldner vorübergehend zur Verweigerung der Leistung berechtigt ist. Ein solches Stillhalteabkommen zwischen dem Nebenintervenienten bzw. dem Kläger und der Beklagten ist jedoch nicht ersichtlich. Andere rechtliche Hindernisse, die der Geltendmachung eines Anspruchs vorübergehend entgegenstehen, begründen anders als nach früherem Recht (§ 202 BGB a.F.), auf das sich auch die vom Klägervertreter bemühte Literaturmeinung bezieht, grundsätzlich keine Hemmung nach § 205 BGB (BGH, Urteil vom 25.01.2012 – XII ZB 605/10), Rdnr. 24). Daher führt das Bestehen einer gesellschaftsrechtlichen Durchsetzungssperre zu keiner Hemmung, ganz abgesehen davon, dass der hier relevante Anspruch auf Erteilung einer Abfindungsbilanz anders als ein Zahlungsanspruch von der Durchsetzungssperre gerade nicht erfasst ist. Warum im streitgegenständlichen Fall eine analoge Anwendung des § 205 BGB notwendig sein soll, erschließt sich nicht."*[363]

In der Literatur tritt für eine Hemmung der Verjährung *Stüber* ein.[364] Sie begründet die Verjährungshemmung damit, dass die mangelnde Klagbarkeit der Einzelforderungen bei sich über Jahre hinziehenden Liquidationen[365] nicht zur Verjährung der Einzelforderungen führen dürfe. Es widerspräche dem Sinn und Zweck der Durchsetzungssperre, wirtschaftliche Werte zu vernichten. Sinn der Durchsetzungssperre sei es vielmehr, die Einzelansprüche in einem geordneten Liquidationsverfahren einheitlich zu behandeln. Rechtsmethodisch sei § 205 BGB analog anzuwenden.[366] Der Sichtweise von *Stüber* kann nicht in jeder Hinsicht gefolgt werden. Erstens führt der Verjährungseintritt nicht zu einer Vernichtung wirtschaftlicher Werte, also gleichsam zu ihrem Verschwinden, sondern zu einer bloßen Verschiebung der Beteiligungsquoten der Gesellschafter bei der Verteilung des Gesellschaftsvermögens. Wäre ein Einzelanspruch wegen Verjährungseintritts während der Liquidation in der

362 OLG Frankfurt a. M. v. 15.2.2018 – 3 U 176/15, NZG 2018, 1141, 1143.

363 OLG München v. 27.5.2020 – 7 U 3086/19, BeckRS 2020, 11573, Rn. 96.

364 *Stüber*, Der Grundsatz der Durchsetzungssperre bei Liquidation von Personengesellschaften, S. 219 ff.

365 Begr. RegE zum MoPeG v. 17.3.2021, BT-Drucks. 19/27635, S. 250.

366 *Stüber*, Der Grundsatz der Durchsetzungssperre bei Liquidation von Personengesellschaften, S. 119.

Auseinandersetzungsrechnung nicht mehr zu berücksichtigen,[367] würde das (dann freie) Gesellschaftsvermögen in der Höhe des Einzelanspruchs nach den Beteiligungsquoten unter allen Gesellschafter aufgeteilt, § 734 BGB a.F., § 736d Abs. 6 BGB n.F. Es käme also lediglich zu einer Verschiebung in der Zuordnung, nicht zu einer Vernichtung von Vermögenswerten. Zweitens würde der Zweck eines geordneten Liquidations- bzw. Auseinandersetzungsverfahrens durch den Verjährungseintritt nicht tangiert. Die verjährenden Einzelforderungen wären nach und nach aus der Auseinandersetzungsrechnung auszubuchen.[368] Drittens ist auch die Abstützung des von *Stüber* gefundenen Ergebnisses durch einen Verweis auf das Kontokorrent und die Übertragbarkeit der dortigen Wertung zweifelhaft.[369] Die Situation beim Kontokorrent steht unter wesentlich anderen Vorzeichen, nämlich insbesondere einer vertraglichen Kontokorrentabrede.[370] Ob schließlich – viertens – eine analoge Anwendung des § 205 BGB möglich ist, „*weil die Wirkung des Leistungshindernisses einem vereinbarten Leistungsverweigerungsrecht gleichkommt*“,[371] ist sowohl hinsichtlich der Maßgeblichkeit des gebildeten Obersatzes[372] wie auch hinsichtlich der Subsumtion fraglich und im Ergebnis zu verneinen.[373]

Ebenfalls für eine Hemmungswirkung sprechen sich *Hillers* und *Brandani* aus.[374] Die Verjährung sei während der gesamten Zeit der Liquidation analog § 202 BGB a.F. (der Vorgängerregelung des heutigen § 205 BGB) gehemmt. Ebenfalls wird eine Parallele zum Kontokorrent gezogen und zur Abstützung der Rechtsauffassung auf die dortige Literatur verwiesen. Die Hemmung dauere an bis zum Ende der Liquidation.[375] § 202 BGB a.F. war zum Zeitpunkt der Dissertationen von *Hillers* (1989) und *Brandani* (2001) noch wie folgt gefasst:

---

367 Etwas anderes gilt, wenn und soweit eine Aufrechnungslage nach § 215 BGB bestand, vgl. Fn. 37.

368 Vgl. *Schubert*, in: BeckBilanzK, § 247 HGB Rn. 182.

369 *Stüber*, Der Grundsatz der Durchsetzungssperre bei Liquidation von Personengesellschaften, S. 220.

370 Hierzu noch ausführlich E.I.

371 *Stüber*, Der Grundsatz der Durchsetzungssperre bei Liquidation von Personengesellschaften, S. 220.

372 Also ob die Durchsetzungssperre einem vereinbarten Leistungsverweigerungsrecht gleichkommt.

373 Hierzu F.III.7.

374 *Brandani*, Die BGB-Gesellschaft in der Liquidation, S. 124; *Hillers*, Personengesellschaft und Liquidation, S. 167.

375 *Hillers*, Personengesellschaft und Liquidation, S. 167.

„§ 202 BGB

(1) Die Verjährung ist gehemmt, solange die Leistung gestundet oder der Verpflichtete aus einem anderen Grunde vorübergehend zur Verweigerung der Leistung berechtigt ist.

(2) Diese Vorschrift findet keine Anwendung auf die Einrede des Zurückbehaltungsrechts, des nicht erfüllten Vertrags, der mangelnden Sicherheitsleistung, der Vorausklage sowie auf die nach § 770 dem Bürgen und nach den §§ 2014, 2015 dem Erben zustehenden Einreden."

Durch das SMG erhielt die Vorschrift ihre nunmehrige Fassung in Gestalt des § 205 BGB:

„§ 205 Hemmung der Verjährung bei Leistungsverweigerungsrecht

Die Verjährung ist gehemmt, solange der Schuldner auf Grund einer Vereinbarung mit dem Gläubiger vorübergehend zur Verweigerung der Leistung berechtigt ist."

Auf Grundlage des § 202 BGB a.F. schien eine Subsumtion der Durchsetzungssperre oder zumindest eine analoge Anwendung noch recht naheliegend, weil die Norm offen gefasst war und auch Durchsetzungshindernissen „*aus einem anderen Grunde*" als der Stundung verjährungshemmende Wirkung beilegte. Die von *Hillers* und *Brandani* vorgenommene Bewertung dürfte heute allerdings überholt sein. Erstens ist die Nachfolgenorm des § 205 BGB dem eindeutigen Wortlaut nach ausschließlich auf vertragliche Leistungsverweigerungsrechte beschränkt. Durchsetzungshindernisse „*aus einem anderen Grunde*" sind nicht mehr tatbestandsmäßig und wirken nicht hemmungsbegründend. Zweitens soll nach dem gesetzgeberischen Willen die heute gültige Nachfolgenorm des § 205 BGB allein für „*nachträgliche(n) Vereinbarungen, die dem Schuldner einen Aufschub gewähren*",[376] gelten. Selbst eine – nicht unzweifelhafte – Verwurzelung der Durchsetzungssperre im Gesellschaftsvertrag hilft daher nicht weiter, da es insoweit an der Nachträglichkeit der Vereinbarung der Durchsetzungssperre fehlen dürfte.[377] Drittens soll § 205 BGB nach dem gesetzgeberischen Willen nur für „*vorübergehende Leistungsverweigerungsrechte*"[378] gelten. Ob nun die Durchsetzungssperre der Stundungsabrede insofern vergleichbar ist und als vorübergehendes Durchsetzungshindernis charakterisiert werden kann, ist zumindest streitig,[379] sollen und werden doch die Einzelansprüche bestimmungsgemäß im Regelfall

---

376 Begr. Gesetzentwurf zum SMG v. 14.5.2001, BT-Drucks. 14/6040, S. 118.

377 Dazu noch eingehend F.II.3.b sowie F.III.7.b.

378 Begr. Gesetzentwurf zum SMG v. 14.5.2001, BT-Drucks. 14/6040, S. 118.

379 *Hillers*, Personengesellschaft und Liquidation, S. 165; *Stüber*, Der Grundsatz der Durchsetzungssperre bei Liquidation von Personengesellschaften, S. 207 ff., 212.

in der Auseinandersetzungsrechnung aufgehen und damit nicht zu einem späteren Zeitpunkt wieder durchsetzbar.[380] Hierin liegt ein wesentlicher Unterschied zur Stundung, deren Wesensmerkmal der nur zeitlich begrenzte Ausschluss der Leistungspflicht ist.[381]

Auch *K. Schmidt* bejaht eine verjährungshemmende Wirkung und stützt dies ebenfalls auf § 205 BGB analog, allerdings nicht ohne sogleich im Nachsatz darauf hinzuweisen, dass es sich

> *„bei den angeblichen Einzelforderungen unter den Gesellschaftern überhaupt nur noch um Rechnungsposten, die sich aus Forderungen der Gesellschafter gegen die Gesellschaft und der Gesellschaft gegen die Gesellschafter ergeben"*,[382]

handele. Unter dieser – unzutreffenden –[383] Prämisse des Untergangs der von der Durchsetzungssperre erfassten Einzelforderungen als Ansprüche im Sinne des § 194 Abs. 1 BGB stellt sich freilich die Verjährungsfrage von vornherein nicht mehr.

Von einer Verjährbarkeit der Einzelansprüche in der Liquidation geht *Freund* aus.[384] Die Beteiligten hätten auch von den relevanten Umständen regelmäßig Kenntnis, sodass die Verjährungsfrist laufe.[385] Er nimmt damit offenbar eine Verjährung der Einzelansprüche an.[386]

7. Verrechnungswirkung der Auseinandersetzungsrechnung

Mit Feststellung der Auseinandersetzungsrechnung durch Beschlussfassung der Gesellschafter kommt es zur Saldierung der sich gegenüberstehenden Einzelansprüche.[387] In Anlehnung an die Rechtslage beim Kontokorrent wird vertreten,

---

380 Dazu noch eingehend F.III.7.c.

381 *Krüger*, in: MüKoBGB, § 271 Rn. 24.

382 *K. Schmidt*, in: MüKoHGB, § 155 a.F. Rn. 20.

383 Dazu F.IV.

384 *Freund*, MDR 2011, 577 f. – wobei nicht vollends klar wird, ob er sich sowohl auf die Verjährung des Anspruchs auf Mitwirkung an der Auseinandersetzung als auch auf die Einzelansprüche bezieht.

385 *Freund*, MDR 2011, 577 f.

386 *Freund*, MDR 2011, 577 f.: *„Die Hemmung durch Klageerhebung gem. § 204 Abs. 1 Nr. 1 BGB betrifft nur den geltend gemachten Einzelanspruch, nicht aber die Ansprüche auf Mitwirkung an der Auseinandersetzungsrechnung"* – einer Hemmung durch Klageerhebung bedürfte es nicht, wenn die Einzelansprüche in der Liquidation *per se* unverjährbar oder bereits durch die Durchsetzungssperre in ihrer Verjährung gehemmt wären.

387 *Retzlaff*, in: Grüneberg, § 736d Rn. 15.

dass die Einzelansprüche, zumindest soweit sie sich gegenüberstehen und decken, erlöschen und im übersteigenden Teil in dem nunmehr einheitlichen Anspruch auf das Auseinandersetzungsguthaben aufgehen.[388] Details sind ungeklärt und streitig.[389]

Die Verrechnungswirkung erfasst alle Einzelansprüche, die in den Anwendungsbereich der Durchsetzungssperre fallen und liquidationsbefangen sind. Sie erfasst auch Einzelansprüche, für die eine Ausnahme gilt. Das Bestehen einer Ausnahme führt nach hier vertretener Auffassung allein zum Entfallen des Durchsetzungshindernisses, nicht aber zur Herauslösung eines Einzelanspruchs aus dem Auseinandersetzungsverfahren.[390] Soweit bei Beschlussfassung über die Auseinandersetzungsrechnung noch keine Tilgung eines ausgenommenen Anspruchs erfolgt ist, ist dieser in die Auseinandersetzungsrechnung einzustellen und dann auch Gegenstand der Verrechnungswirkung.[391]

8. Zwischenergebnis

Allgemeine Ansicht ist heute, dass die Durchsetzungssperre den liquidationsbefangenen Einzelansprüchen jedenfalls die Durchsetzbarkeit nimmt, sowohl materiell-rechtlich wie auch prozessual. Weitergehende Auffassungen, wonach die Anspruchsqualität als solche verloren gehe und die Einzelansprüche untergingen, sind abzulehnen. Die Durchsetzungssperre begründet damit lediglich eine Einrede gegen die Einzelansprüche, aber keine Einwendung. Die Einzelansprüche bleiben erfüllbar und können durch den Schuldner auch während der Liquidationsphase freiwillig getilgt und zum Erlöschen gebracht werden. In Anknüpfung an die zu bejahende Erfüllbarkeit ist eine Aufrechnung gegen die Einzelansprüche zulässig. Mit Einzelansprüchen kann hingegen nicht aufgerechnet werden, denn dies käme einer Durchsetzung gleich.

---

388 *Hillers*, Personengesellschaft und Liquidation, S. 164, 175; *Stüber*, Der Grundsatz der Durchsetzungssperre bei Liquidation von Personengesellschaften, S. 209; vgl. zum Kontokorrent *Kindler*, Grundkurs Handels- und Gesellschaftsrecht, § 7 Rn. 51; *Langenbucher*, in: MüKoHGB, § 355 Rn. 22.

389 Vgl. dazu *Stüber*, Der Grundsatz der Durchsetzungssperre bei Liquidation von Personengesellschaften, S. 207 ff.

390 Dazu C.III.11.b.

391 Anderes gilt, wenn die Gesellschafter einen Anspruch z.B. aus Versehen nicht in die Auseinandersetzungsrechnung aufgenommen haben. Dieser wird dann nicht verrechnet und geht auch nicht im einheitlichen Anspruch auf das Auseinandersetzungsguthaben auf. Er besteht nach Abschluss der Auseinandersetzung als nunmehr wieder durchsetzbarer Einzelanspruch fort.

Die Abtretung von Einzelansprüchen an gesellschaftsfremde Dritte ist ausgeschlossen. Sie entzöge den Einzelanspruch dem Auseinandersetzungsverfahren und der Auseinandersetzungsrechnung. Dies widerspräche dem Zweck von Durchsetzungssperre und Liquidationsbefangenheit, eine einheitliche Berücksichtigung aller Einzelansprüche in einem Verfahren zu ermöglichen. Zulässig bleiben Abtretungen an Gesellschafter oder an die Gesellschaft selbst, da solche Abtretungen die Liquidationsbefangenheit nicht berühren. Verzug ist während der Liquidationsphase ausgeschlossen, da dieser stets einen vollwirksamen und durchsetzbaren Anspruch voraussetzt.[392] Ein bereits eingetretener Schuldnerverzug entfällt mit der Auflösung.

Hinsichtlich der Verjährbarkeit der Einzelansprüche während der Liquidationsphase wird nach den bislang vorliegenden Äußerungen in Rechtsprechung und Literatur teils angenommen, dass die Verjährung gehemmt sei. Dieser Fragestellung und der Diskussion tragfähiger Begründungskonzepte widmet sich *in extenso* ein gesondertes Kapitel.[393] Für die Verjährungsfrage ergibt sich auf Grundlage hiesiger Rechtsfolgenanalyse aber bereits, dass durch die Qualifikation der Durchsetzungssperre als bloße Einrede eine Lösung eher im Bereich der verjährungshemmenden Durchsetzungshindernisse (§§ 205 ff. BGB) zu suchen sein dürfte. Bei Qualifikation als Einwendung hätte hingegen eine Lösung der Verjährungsthematik nahegelegen, die an den dann anzunehmenden Untergang der Einzelansprüche bzw. an den Verlust der Anspruchsqualität anknüpft.[394]

Im Ganzen ist festzuhalten, dass jenseits der Rechtsfolge der Undurchsetzbarkeit bislang kein gefestigtes Meinungsbild in Rechtsprechung und Literatur vorliegt.

V. Zwischenergebnis

Herzuleiten ist die Durchsetzungssperre aus der gesellschaftsrechtlichen Treuepflicht sowie aus der Generalklausel von Treu und Glauben (Fallgruppe der *Dolo-agit*-Einrede). Aus der Einzelfallkasuistik hat sich über die Jahrzehnte im Wege einer „*Schritt-für-Schritt-Entwicklung*“[395] eine neue Rechtsfigur herausgebildet,

---

392 *Grüneberg*, in: Grüneberg, § 286 Rn. 9.

393 F.

394 Die Einzelansprüche wandelten sich dann in bloße Rechnungsposten, die mangels Anspruchsqualität nicht mehr der Verjährbarkeit nach § 194 Abs. 1 BGB unterlägen, dazu F.VII.

395 Dazu *Wiedemann*, NJW 2014, 2407, 2411.

die das Substrat der „*generalisierende Wirkungskraft der einzelnen Urteile*"[396] ist. Der Grundsatz der Durchsetzungssperre ist heute allgemein anerkannt[397] und kann zudem im Bereich seiner Kernfunktion der Undurchsetzbarkeit auch als Gewohnheitsrecht Geltung beanspruchen.

Durch die Herleitung werden mögliche Anknüpfungspunkte für eine verjährungshemmende Wirkung der Durchsetzungssperre vorgezeichnet. Die im Zusammenhang mit der Durchsetzungssperre abzuleitenden Folgen müssen sich im Rahmen der Funktionsbereiche der Herleitungsgrundlage bewegen. Andernfalls kann ihnen der Einwand fehlender rechtsmethodischer Begründung und unzulässiger freier Rechtsschöpfung entgegengehalten werden. So dürfte eine vertraglich-privatautonome Rechtfertigung einer Hemmungswirkung der Durchsetzungssperre – etwa als vertraglich vereinbarter Hemmungsgrund – mangels vertraglicher Herleitung der Durchsetzungssperre ausscheiden. Auch spricht die Qualifikation als Einrede gegen eine Lösung der Verjährungsproblematik auf Grundlage des Konzepts eines Untergangs der Anspruchsqualität. Hingegen deutet sich wegen der Herleitung aus der gesellschaftsrechtlichen Treuepflicht und aus der *Dolo-agit*-Einrede eine mögliche Verjährungshemmung im Rahmen der Durchsetzungshindernisse nach den §§ 205 ff. BGB an. Denkbar scheint allerdings auch eine zur Unverjährbarkeit führende Inhaltsänderung der Einzelansprüche als Auswirkung der Liquidationsbefangenheit.[398]

Der Anwendungsbereich der Durchsetzungssperre erstreckt sich auf die Personengesellschaften. Sie findet sowohl in der Liquidation wie auch beim Ausscheiden eines Gesellschafters Anwendung. Auf Körperschaften findet sie keine Anwendung. Von der Durchsetzungssperre betroffen sind alle Ansprüche auf Geldzahlung aus dem Gesellschaftsverhältnis sowie ferner nicht gesellschaftsrechtliche, aber *causa societatis* zwischen den Gesellschaftern und der Gesellschaft begründete Ansprüche. Die Durchsetzungssperre gilt wechselseitig für die Ansprüche aus der Sozialsphäre wie auch für die Ansprüche aus der Individualsphäre zwischen den Gesellschaftern.

Aus Praktikabilitätsgründen wird der Grundsatz von zahlreichen Ausnahmen durchlöchert, die zu erheblichen Teilen auf Billigkeitserwägungen beruhen. Anerkennenswert und tatsächlich erforderlich sind indessen nur wenige Ausnahmen. Im Übrigen sollte es bei einem umfassenden Anwendungsbereich der Durchsetzungssperre bleiben. Dies dient einem möglichst einheitlichen Umgang

---

396 *Fischer*, Die Weiterbildung des Rechts durch die Rechtsprechung, S. 25.
397 Siehe Fn. 63.
398 Zu den möglichen Konzepten im Einzelnen F.

mit den Einzelansprüchen aus dem Gesellschaftsverhältnis und einer möglichst weitreichenden Zweckverwirklichung der Durchsetzungssperre. Ausnahmen sollten daher *per se* nur mit Zurückhaltung angenommen werden und auch deren Anwendungsbereiche restriktiv gehalten werden.

Durchsetzungssperre und Liquidationsbefangenheit sind in ihren Anwendungsbereichen grundsätzlich deckungsgleich. Sofern Ausnahmen von der Durchsetzungssperre anzunehmen sind, bleiben die Einzelansprüche liquidationsbefangen und damit dem Auseinandersetzungsverfahren verhaftet. Insoweit fallen Durchsetzungssperre und Liquidationsbefangenheit ausnahmsweise auseinander. Im Vorgriff auf die Verjährungsfrage ergibt sich daraus, dass zwischen Durchsetzungssperre und Liquidationsbefangenheit bzw. allgemein liquidationsrechtlichen Wirkungen zu differenzieren ist. Eine Lösung in Anknüpfung an die Durchsetzungssperre würde nicht für Ansprüche gelten, für die eine Ausnahme greift.

Rechtsfolge der Durchsetzungssperre ist unstreitig die Undurchsetzbarkeit der Einzelansprüche. Die Durchsetzungssperre ist als Einrede zu qualifizieren und nicht als Einwendung. Im Übrigen sind die im Zusammenhang mit der Durchsetzungssperre eintretenden Folgen noch wenig geklärt, was insbesondere für die Verjährungsfrage gilt. Einstweilen sind die Rechtsfolgen im Zusammenhang mit der Durchsetzungssperre auf Grundlage des hier dargestellten Standes anzunehmen.[399]

---

399 Dazu C.IV.

D. Verjährung und Verjährungshemmung

Die Verjährung schafft für den Schuldner einen Einredetatbestand. Nach Eintritt der Verjährung ist er berechtigt, die Leistung zu verweigern, § 214 Abs. 1 BGB. Der Verjährungseintritt bedeutet für den Gläubiger in der Regel nichts Geringeres als einen dauerhaften und vollständigen Rechtsverlust,[400] wenngleich der Anspruch nicht erlischt,[401] sondern dauerhaft undurchsetzbar wird. Nach einem gewissen Zeitraum soll der in Anspruch Genommene damit berechtigt sein, die Leistung allein aufgrund des Zeitablaufs zu verweigern, ohne auf die Sache selbst eingehen zu müssen.[402] Hierfür werden Rechtsfrieden und Rechtssicherheit als Rechtfertigungsgründe angeführt.[403]

In diesem Kapitel erfolgt zunächst eine Analyse der rechtspolitischen Ziele der Verjährung und Verjährungshemmung sowie der involvierten Interessenlagen von Gläubiger, Schuldner, Nichtschuldner und der Allgemeinheit (I und II). Diese Analyse dient dem Zweck, deren Einschlägigkeit für die Durchsetzungssperre als Untersuchungsgegenstand herauszuarbeiten (III). Sodann folgt eine nähere Betrachtung der Umsetzung der Verjährungszwecke durch den Gesetzgeber im heutigen Recht (IV). Insbesondere durch das SMG aus dem Jahr 2001 wurde eine wesentliche Reform der verjährungsrechtlichen Gesetzeslage vorgenommen. Ob und inwieweit die Durchsetzungssperre sich in das System des geltenden Verjährungsrechts einfügen lässt oder welche verjährungsrechtlichen Folgen durch Rechtsfortbildungen ableitbar sind, ist auf Grundlage hiesiger Erörterung sodann Gegenstand eines gesonderten Kapitels.[404]

---

400 Begr. Gesetzentwurf zum SMG v. 14.5.2001, BT-Drucks. 14/6040, S. 100. Im Einzelfall mag es dennoch Auswege für den Gläubiger geben, etwa durch Aufrechnung der verjährten (Gegen-)Forderungen oder die Möglichkeit, Befriedigung aus einem sicherungshalber gewährten Gegenstand zu suchen, §§ 215, 216 BGB, sodass der Gläubiger seine verjährte Forderung, wenn auch nicht im Zahlungswege, so doch in anderer Weise zumindest noch wirtschaftlich verwerten kann.

401 *Eichel*, in: Soergel, Vor §§ 194-202 Rn. 13; *Jacoby*, in: Staudinger, Vorbem. Zu §§ 194-225 Rn. 4.

402 Motive, I, S. 291 = *Mugdan*, Materialien, Band 1, Allgemeiner Theil, S. 512.

403 BGH v. 16.6.1972 – I ZR 154/70, BGHZ 59, 72 = NJW 1972, 1460; BGH v. 8.12.1992 – X ZR 123/90, NJW-RR 1993, 1059, 1060; *Armbrüster*, Verjährbarkeit der Vindikation?, S. 53, 59; *Boecken*, BGB AT, Rn. 702; *Brox/Walker*, BGB AT, § 31 Rn. 13.

404 Dazu F.

I. Zwecke der Verjährung

Die Verjährbarkeit von Ansprüchen bezieht ihre Rechtfertigung aus mehreren Gründen und Schutzrichtungen. Zu nennen sind unter anderem die Herstellung von Rechtsfrieden und Rechtssicherheit,[405] insbesondere bei längerer Nachlässigkeit des Gläubigers in der Rechtsverfolgung, der Schutz des Nichtschuldners vor unberechtigter Inanspruchnahme,[406] teilweise auch, wenngleich nicht unumstritten, die beschleunigte Abwicklung des Leistungsaustauschs im Wirtschaftsverkehr[407] sowie die Entlastung der Gerichte. Betrachtet werden können die Zwecke der Verjährung aus verschiedenen Perspektiven, namentlich aus der Perspektive

- des Gläubigers,
- des Nichtschuldners,
- des Schuldners

und auch aus derjenigen

- der Allgemeinheit.[408]

Die Sachverhalte und Anspruchsverhältnisse, auf die sich die Verjährung beziehen kann, sind dabei ebenso heterogen wie das Rechtsleben selbst. Auch bereits vor Erlass des BGB galt im deutschen Rechtskreis, dass Rechtsverluste (und auch Rechtserwerbe Dritter) durch Verschweigung der eigenen Berechtigung über einen gewissen Zeitraum hinweg eintreten konnten.[409] Verjährung und Verjährbarkeit entfalten Relevanz für alle Rechtsbereiche, gleich ob es um sachenrechtliche oder familienrechtliche Ansprüche oder aber um Ansprüche geht, die auf einen Leistungsaustausch gerichtet sind.

Was die regelungstechnische Bandbreite anbelangt, so geht es nicht allein um die Festsetzung einer bestimmten Verjährungsfrist. Die Umsetzung

---

405 BGH v. 23.11.1994 – XII ZR 150/93, BGHZ 128, 74 = NJW 1995, 252, 253; vgl. auch *Ellenberger*, in: Grüneberg, Überbl. v. § 194 Rn. 7.

406 BGH v. 20.4.1993 – X ZR 67/92, BGHZ 122, 241 = NJW 1993, 2054, 2055; vgl. auch Motive, I, S. 291 = *Mugdan*, Materialien, Band 1, Allgemeiner Theil, S. 512; *Ellenberger*, in: Grüneberg, Überbl. v. § 194 Rn. 7.

407 BGH v. 23.11.1994 – XII ZR 150/93, BGHZ 128, 74 = NJW 1995, 252, 253; vgl. auch *Ellenberger*, in: Grüneberg, Überbl. v. § 194 Rn. 11, wobei es sich hierbei nach *Ellenberger* nur um Nebenzwecke handeln soll.

408 *Armbrüster*, Verjährbarkeit der Vindikation?, S. 53, 60 ff.; *Piekenbrock*, Befristung, Verjährung, Verschweigung und Verwirkung, S. 317 ff.

409 *Piekenbrock*, Befristung, Verjährung, Verschweigung und Verwirkung, S. 119; vgl. auch *Ellenberger*, in: Grüneberg, Überbl. v. § 194 Rn. 4.

verjährungsrechtlicher Zielsetzungen kann vielmehr auf verschiedenen Regelungsebenen erfolgen, beispielsweise beim Fristenbeginn und -ende, der Fristenlänge, der Hemmung bzw. der Ablaufhemmung der Verjährung oder bei dem Neubeginn der Verjährungsfrist.

Bereits diese erste, noch holzschnittartige Vorsondierung von verjährungsrechtlichen Zwecken, Funktionen, Perspektiven, Anspruchsarten und möglichen Regelungsebenen illustriert, dass es sich bei der Verjährung nicht um eine eindimensionale Thematik handelt. Betrachtet wird eine komplexe Gemengelage verschiedenster Sachverhalte, Schutzzwecke und Interessen, die auf mehr als eine Art einem angemessenen Ausgleich und einer Regelung zugeführt werden können. Da sich die Verjährungszwecke und involvierten Interessenlagen besonders gut aus den Perspektiven der Betroffenen nachvollziehen lassen, werden sie im Folgenden aus diesen heraus betrachtet.

1. Perspektive des Gläubigers

Von der Warte des Gläubigers aus rechtfertigt sich die Verjährung durch

> *„beharrliche(n) Nichtbethätigung des Anspruchs"*.[410]

Die Verjährung gründet sich auf eine Nachlässigkeit in der Rechtsverfolgung des Gläubigers.[411] Zu einem Rechtsverlust soll es aber im Grundsatz nur kommen, wenn zuvor eine Möglichkeit zur Geltendmachung bestand.[412] So spricht auch der Gesetzentwurf des SMG von einer *„fairen Chance"* zur Geltendmachung.[413] Bereits das römische Recht kannte das Prinzip, dass lediglich solche Zeiten in den Lauf der Verjährungsfrist eingerechnet werden sollen, in denen die Möglichkeit der Rechtsverfolgung auch tatsächlich bestand (*utile tempus*) und der Gläubiger über die *potestas experiundi* verfügte.[414] Das geltende Verjährungsrecht bildet diese Chance zur Geltendmachung in § 199 Abs. 1 Nr. 2 BGB dadurch ab, dass das Anlaufen der Frist von der Kenntnis oder grobfahrlässigen Unkennt-

---

410 Motive, I, S. 291 = *Mugdan*, Materialien, Band 1, Allgemeiner Theil, S. 512.

411 So *Piekenbrock*, Befristung, Verjährung, Verschweigung und Verwirkung, S. 337 sowie dort Fn. 148.

412 Begr. Gesetzentwurf zum SMG v. 14.5.2001, BT-Drucks. 14/6040, S. 95; *Ellenberger*, in: Grüneberg, Überbl. v. § 194 Rn. 10 – Kenntnis von der Chance muss der Gläubiger gleichwohl nicht haben, dazu BGH v. 16.9.2005 – V ZR 242/04, NJW-RR 2006, 384, 385; vgl. auch *Jacoby*, in: Staudinger, Vorbem. zu §§ 194-225 Rn. 9.

413 Begr. Gesetzentwurf zum SMG v. 14.5.2001, BT-Drucks. 14/6040, S. 95.

414 *Piekenbrock*, Befristung, Verjährung, Verschweigung und Verwirkung, S.102 f. und 341.

nis des Gläubigers abhängig gemacht wird, und zwar konkret von der Person des Schuldners und von den anspruchsbegründenden Tatsachen. Bestimmte Durchsetzungserschwernisse bzw. -hindernisse, die die Chance des Gläubigers zur Rechtsverwirklichung beinträchtigen, können in der *lex lata* zur Hemmung bzw. Ablaufhemmung nach §§ 205 ff. BGB führen. Daneben hat der Gesetzgeber Wege zur Überwindung von prozessualen Durchsetzungshindernissen geschaffen, etwa die öffentliche Zustellung, die Bestellung eines Prozesspflegers oder eines Notanwalts, §§ 185 ff., § 57, § 78b ZPO.

Zusammenfassend lässt sich damit festhalten, dass sich der Verjährungseintritt aus der Perspektive des Gläubigers aus vorwerfbarer Untätigkeit bei gleichzeitig bestehenden Durchsetzungsmöglichkeiten rechtfertigt, die seine Schutzbedürftigkeit und sein Rechtserhaltungsinteresse sinken lassen.[415]

Das Erfordernis einer tatsächlichen Durchsetzungsmöglichkeit gilt allerdings nicht absolut. So kann auch der bloße Zeitablauf als solcher zum Verjährungseintritt führen, selbst dann, wenn der Gläubiger keine Kenntnis oder grobfahrlässige Unkenntnis von seinem Anspruch hat.[416] Hier bestehe eine empirische Vermutung, dass nach langer Zeit ein Anspruch nicht oder jedenfalls nicht mehr bestehe.[417] Der Gesetzgeber hat dies im geltenden Recht durch objektive zehn- bzw. dreißigjährige Höchstfristen geregelt, nach deren Ablauf der Gläubiger auch ohne subjektiv vorwerfbare Untätigkeit seinen Anspruch wirtschaftlich verlieren kann.

2. Schutz des Nichtschuldners

Die Verjährungseinrede bezweckt vor allem den Schutz des Nichtschuldners vor unberechtigter Inanspruchnahme.[418] In den Motiven zur Entstehung des BGB liest man dazu:

> „*Der Verkehr erträgt es nicht, daß lange verschwiegene, in der Vergangenheit vielleicht weit zurückliegende Thatsachen zur Quelle von Anforderungen in einem Zeitpunkte gemacht werden, in welchem der in Anspruch genommene Gegner in Folge der verdunkelnden Macht der Zeit entweder nicht mehr oder doch nur schwer noch in der Lage ist, die ihm zur Seite stehenden entlastenden Umstände mit Erfolg zu verwerthen.*“[419]

Die Motive zum BGB greifen den Fall auf, dass der Schuldner vor allem bei Geschäften des täglichen Lebens die Erfüllung häufig nicht über längere Zeit nach-

415 *Armbrüster*, Verjährbarkeit der Vindikation?, S. 53, 61.
416 *Grothe*, in: MüKoBGB, § 199 Rn. 2.
417 *Piekenbrock*, Befristung, Verjährung, Verschweigung und Verwirkung, S. 317.
418 *Ellenberger*, in: Grüneberg, Überbl. v. § 194 Rn. 7.
419 Motive, I, S. 291 = *Mugdan*, Materialien, Band 1, Allgemeiner Theil, S. 512.

weisen kann oder sich ihrer nicht mehr zu erinnern vermag.[420] Auch ein Gläubiger mag einen bereits erfüllten Anspruch nach längerer Zeit versehentlich nochmals erheben, weil er sich nicht an die bereits erfolgte Erfüllung erinnert oder dazu keine Unterlagen mehr auffindbar sind.[421] Das gilt erst recht für seine Erben. Hier geht es um die sich durch Zeitablauf verschlechternden Verteidigungs- und Beweismöglichkeiten des Nicht(mehr)schuldners, der bereits geleistet hat.[422]

Auch der Gesetzgeber des SMG bezweckte bei Schaffung des heutigen Verjährungsrechts ausdrücklich den Schutz des Nichtschuldners vor ungerechtfertigter Inanspruchnahme.[423] Der Nichtschuldner könne Belege nur für eine begrenzte Zeit aufbewahren und Zeugen zu seiner Entlastung nach längerer Zeit nicht mehr ausfindig oder namhaft machen, auch könne deren Erinnerungsvermögen nachlassen.[424] Besondere Gefahren sah der Gesetzgeber in der Beweislastumkehr im Rahmen von vertraglichen Schadenersatzansprüchen nach § 280 Abs. 1 Satz 2 BGB.[425] Die Notwendigkeit eines Schutzes des Nichtschuldners besteht sowohl mit Blick auf rechtshindernde wie auch mit Blick auf rechtsvernichtende Umstände, insbesondere aber hinsichtlich der Erfüllung nach § 362 Abs. 1 BGB und ihres Nachweises.[426] Ist die Verjährungsfrist abgelaufen, so kann der in Anspruch Genommene die Leistung ohne ein Eingehen auf die Sache verweigern.

3. Schutz des Schuldners

Die Verjährung soll auch den tatsächlichen Schuldner vor Inanspruchnahme nach einem längeren Zeitablauf schützen. Selbst der Schuldner, der noch nicht geleistet hat, kann nämlich berechtigte Interessen an einem Verjährungseintritt geltend machen. So können sich erstens seine Regressmöglichkeiten durch Zeitablauf verschlechtern.[427] Ein dem Schuldner anfangs noch möglicher Regress kann wegen Verdunkelung der Beweislage, wegen Wegfalls eines Regressschuldners oder einer Verschlechterung der Vermögenslage des Regressschuldners erschwert oder ausgeschlossen sein. Zweitens ist die Dispositionsbefugnis des Schuldners

---

420 Motive, I, S. 298 = *Mugdan*, Materialien, Band 1, Allgemeiner Theil, S. 516.

421 Motive, I, S. 298 = *Mugdan*, Materialien, Band 1, Allgemeiner Theil, S. 516.

422 *Armbrüster*, Verjährbarkeit der Vindikation?, S. 53, 60; *Jacoby*, in: Staudinger, Vorbem. zu §§ 194-225 Rn. 5.

423 Begr. Gesetzentwurf zum SMG v. 14.5.2001, BT-Drucks. 14/6040, S. 96.

424 Begr. Gesetzentwurf zum SMG v. 14.5.2001, BT-Drucks. 14/6040, S. 96.

425 Begr. Gesetzentwurf zum SMG v. 14.5.2001, BT-Drucks. 14/6040, S. 96.

426 *Armbrüster*, Verjährbarkeit der Vindikation?, S. 53, 60.

427 *Armbrüster*, Verjährbarkeit der Vindikation?, S. 53, 61; *Ellenberger*, in: Grüneberg, Überbl. v. § 194 Rn. 8; *Jacoby*, in: Staudinger, Vorbem. zu §§ 194-225 Rn. 5.

schutzwürdig, der nicht gehalten sein soll, dauerhaft Rücklagen für schon lange zurückliegende Geschäfte zu bilden.[428] Auch dieser Grund ist nachvollziehbar, zumal der Schuldner die zur Leistungserbringung erforderlichen Mittel auf seine Gefahr in seinem Vermögen bereithalten muss. Für den Schutz des Schuldners streitet drittens auch die Herstellung von dauerhaftem Rechtsfrieden und Rechtssicherheit.[429]

4. Schutz der Allgemeinheit

Schließlich hat neben dem Schuldner auch die Allgemeinheit ein Interesse an Rechtssicherheit und Rechtsfrieden, sodass der Anspruchsverfolgung eine äußere zeitliche Grenze gesetzt sein soll.[430] Die Gerichte und damit die Rechtspflege sollen davor geschützt werden, mit lange zurückliegenden Sachverhalten und mit deren dann umso schwierigeren Aufarbeitung behelligt zu werden.[431] Für den Rechtsverkehr sollen klare Verhältnisse bestehen und die Gerichte sollen über feststellbare Sachverhalte entscheiden, nicht über vermutete.[432] Auch ihrer Entlastung dient, was allerdings nicht unumstritten ist, der Verjährungseintritt.[433] Die Ungewissheit über das Bestehen eines Anspruchs soll nach einer bestimmten Zeit beendet sein.[434] Aus den Motiven zum BGB geht hervor, dass die Verjährung als Opfer des Gläubigers angesehen wird, das dieser dem Gemeinwohl zu erbringen habe.[435] Zu Recht weist *Armbrüster* allerdings darauf hin, dass ein gegenläufiges Interesse der Allgemeinheit besteht, dass berechtigte Ansprüche durchsetzbar bleiben.[436]

---

428 *Ellenberger*, in: Grüneberg, Überbl. v. § 194 Rn. 8.

429 BGH v. 16.6.1972 – I ZR 154/70, BGHZ 59, 72 = NJW 1972, 1460; krit. *Armbrüster*, Verjährbarkeit der Vindikation?, S. 53, 59; *Jacoby*, in: Staudinger, Vorbem. zu §§ 194-225 Rn. 7, erkennt nur im Hinblick auf die Sicherheit des Verkehrs eine tragende Funktion der Verjährung, hingegen nicht in Bezug auf den Rechtsfrieden, den er durch „*Verbitterung*" wegen Abweisung unstreitig begründeter Ansprüche gefährdet sieht.

430 *Piekenbrock*, Befristung, Verjährung, Verschweigung und Verwirkung, S. 317.

431 *Ellenberger*, in: Grüneberg, Überbl. v. § 194 Rn. 11; *Jacoby*, in: Staudinger, Vorbem. zu §§ 194-225 Rn. 7; vgl. *Piekenbrock*, Befristung, Verjährung, Verschweigung und Verwirkung, S. 318 f.

432 *Armbrüster*, Verjährbarkeit der Vindikation?, S. 53, 61.

433 *Piekenbrock*, Befristung, Verjährung, Verschweigung und Verwirkung, S. 318 f.; a.A. *Grothe*, in: MüKoBGB, § 194 Rn. 8; *Jacoby*, in: Staudinger, Vorbem. zu §§ 194-225 Rn. 7.

434 Begr. Gesetzentwurf zum SMG v. 14.5.2001, BT-Drucks. 14/6040, S. 100.

435 Motive, I, S. 291 = *Mugdan*, Materialien, Band 1, Allgemeiner Theil, S. 512.

436 *Armbrüster*, Verjährbarkeit der Vindikation?, S. 53, 61.

Daneben wird als Funktion der Verjährung die Beschleunigung des Wirtschaftsverkehrs und die beschleunigte Abwicklung von Rechtsverhältnissen angeführt.[437] Außenstände sollen nicht über lange Dauer hin bestehen und Kapital dadurch nicht lange gebunden gehalten werden.[438] Zudem wirkten sich kurze Verjährungsfristen positiv auf die gesamtwirtschaftliche Liquidität aus.[439]

5. Zwischenergebnis

Als wesentliche Gründe für die Verjährbarkeit und Verjährung von Ansprüchen lassen sich damit festhalten:

- Möglichkeit und faire Chance des Gläubigers zur Rechtsverfolgung;
- Nachlässigkeit des Gläubigers in der Rechtsverfolgung;
- Verschlechterung der Verteidigungs- und Beweismöglichkeiten des Schuldners;
- Verschlechterung der Regressmöglichkeiten des Schuldners;
- Schutz der Dispositionsbefugnis des Schuldners;
- Interesse an Rechtsfrieden und Rechtssicherheit;
- Entlastung der Gerichte;
- Beschleunigung des Wirtschaftsverkehrs.

Die Interessen des Gläubigers, des Schuldners und der Allgemeinheit stehen dabei in einem Spannungsverhältnis und sollen durch Interessenabwägung zu einem angemessenen Ausgleich gebracht werden.[440] Auf eine einfache Formel gebracht lässt sich sagen: Der Eintritt der Verjährung ist ab dem Zeitpunkt gerechtfertigt,

---

437 *Ellenberger*, in: Grüneberg, Überbl. v. § 194 Rn. 11, wobei es sich hierbei nach *Ellenberger* nur um Nebenzwecke handeln soll.

438 Motive, I, S. 298 = *Mugdan*, Materialien, Band 1, Allgemeiner Theil, S. 516: „*Die Folge ist, daß der Geschäftsmann nicht nur an der anderweiten gewinnbringenden Verwendung seiner Mittel, am schnellen Umsatze, der Grundbedingung alles geschäftlichen Aufblühens, sich verhindert sieht, sondern auch gezwungen wird, von denjenigen, denen er als Abnehmer gegenübersteht, längere Nachsicht für die Erfüllung seiner Verbindlichkeiten zu fordern. Der ungesunde Zustand, der anscheinend nur Einzelinteressen schädigt, wird dadurch auf die übrigen Gebiete des Verkehrslebens übertragen, und am Ende leiden Handel und Gewerbe in gleichem Maße.*“; siehe auch *Piekenbrock*, Befristung, Verjährung, Verschweigung und Verwirkung, S. 319.

439 *Piekenbrock*, Befristung, Verjährung, Verschweigung und Verwirkung, S. 319.

440 Begr. Gesetzentwurf zum SMG v. 14.5.2001, BT-Drucks. 14/6040, S. 100: „*verschiedene Gesichtspunkte und Ziele, die miteinander durchaus in Konflikt geraten können, berücksichtigt werden*“; vgl. auch *Jacoby*, in: Staudinger, Vorbem. zu §§ 194-225 Rn. 8.

zu dem das Interesse an der Undurchsetzbarkeit das Interesse an der Durchsetzbarkeit überwiegt. Das Ergebnis der Interessenabwägung des Gesetzgebers schlägt sich im geltenden Verjährungsrecht und damit in der konkreten Ausformung der einzelnen Tatbestände zur Fristenlänge, zum Fristbeginn und -ende und zu den einzelnen Hemmungs- und Neubeginnsgründen nieder. Diese sind gewissermaßen das in Gesetzesform gegossene Abbild der rechtspolitischen Abwägungsentscheidungen des Gesetzgebers.[441]

II. Zwecke der Verjährungshemmung

Nach § 209 BGB wird der Zeitraum, während dessen ein Hemmungstatbestand vorliegt, nicht in den Verjährungslauf eingerechnet.[442] Der Fristenlauf ist währenddessen gehemmt. Der Zweck der Hemmung liegt darin, den Eintritt der Verjährung und damit des Rechtsfriedens zeitweise hinauszuschieben, weil Gründe vorliegen, die schwerer wiegen als der endgültige Eintritt des Rechtsfriedens. Zumindest aber müssen sie hinreichend schwer wiegen, um dem Gläubiger die Durchsetzungsmöglichkeit noch für längere Zeit als die gesetzlich vorgesehene Verjährungsfrist zu erhalten. Diese vom BGB vorgesehenen Gründe lassen sich in vier Kategorien unterteilen:

- Verhandlungen nach § 203 BGB;
- Rechtsverfolgung nach § 204 BGB;[443]
- Durchsetzungshindernisse nach §§ 205 ff. BGB;
- Anerkenntnisse nach § 212 Abs. 1 Nr. 1 BGB, dies allerdings nicht als Hemmungsgrund, sondern als Grund für einen Neubeginn der Verjährungsfrist.

Die Verjährungshemmung wegen Verhandlungen ist dadurch geprägt, dass sich Schuldner und Gläubiger aktiv über das Bestehen und den Inhalt eines Anspruchs austauschen. Während dieser Phase entfaltet die „*verdunkelnde Macht der Zeit*"[444] keine Wirkung. Im Gegenteil, der Sachverhalt wird während der Verhandlungszeit einer Klärung zugeführt. Daher ist das Anhalten der Verjährungsfrist während der Verhandlungsphase gerechtfertigt.

---

441 Hierzu noch im Detail D.IV.

442 *Boecken*, BGB AT, Rn. 717.

443 Wobei man hierzu auch Vollstreckungshandlungen nach § 212 Abs. 1 Nr. 2 BGB rechnen kann, die allerdings nicht zu einer Hemmung, sondern zu einem Neubeginn der Verjährungsfrist führen.

444 Motive, I, S. 291 = *Mugdan*, Materialien, Band 1, Allgemeiner Theil, S. 512.

Leitet der Gläubiger ein förmliches Verfahren zur Rechtsverfolgung ein, gibt er damit unzweifelhaft zu erkennen, dass er seinen Anspruch verfolgen will. Er unternimmt damit, was in seiner Macht steht, um seine Rechtsposition zu verwirklichen, was ihn vor einem Verjährungseintritt während der Dauer des Verfahrens schützen muss.[445] Zudem macht der Gläubiger durch ein förmliches Verfahren

> *„seinen Rechtsverfolgungswillen so deutlich (...), dass der Schuldner gewarnt wird und sich auf eine Inanspruchnahme noch nach Ablauf der ursprünglichen Verjährungsfrist einstellen muss".*[446]

Wenn und solange Durchsetzungshindernisse dem Gläubiger die Möglichkeit zur Rechtsausübung nehmen, entfällt die vorwerfbare Untätigkeit als wesentlicher Rechtfertigungsgrund für einen Verjährungseintritt. *Piekenbrock* sieht in Durchsetzungshindernissen

> *„objektive[...] Gründe[...], die der Rechtsausübung entgegenstehen können und regelmäßig jedenfalls den Ablauf der Frist hindern".*[447]

Diese Verallgemeinerungsfähigkeit (*„regelmäßig"*) wird noch an späterer Stelle Bedeutung erlangen.[448]

Ein geäußertes Anerkenntnis eines Anspruchs durch den Schuldner führt dazu, dass dieser des Schutzes der Verjährung nicht bedarf.[449] Zudem wirkt es einer Verdunkelung der Sach- und Rechtslage und mithin einem Verjährungseintritt entgegen.

Zusammenfassend ist festzuhalten, dass die Verjährung dann nicht eintreten soll, wenn schützenswerte Gründe für den Fortbestand des *status quo* bestehen.[450] Die aus Sicht des Gesetzgebers maßgeblichen schützenswerten Gründe hat dieser in jene vier Gruppen untergliedert und tatbestandlich ausgeformt.

III. Durchsetzungssperre und Verjährungszwecke

Für die Durchsetzungssperre existiert weder ein gesonderter Hemmungstatbestand noch überhaupt eine spezifische gesetzgeberische Wertung zur Verjährungsfrage, nachdem die Durchsetzungssperre im Ganzen ohne gesetzliche

445 *Henrich*, in: BeckOK-BGB, § 204 Rn. 1.

446 BGH v. 25.9.2015 – V ZR 246/14, BGHZ 207, 40 = NJW 2016, 1310, Rn. 30.

447 *Piekenbrock*, Befristung, Verjährung, Verschweigung und Verwirkung, S. 338.

448 Dies bei Bildung einer Gesamtanalogie zur Übertragung eines verallgemeinerungsfähigen Rechtsgedankens, dazu F.IV.2.c.

449 *Henrich*, in: BeckOK-BGB, § 212 Rn. 1.

450 *Piekenbrock*, Befristung, Verjährung, Verschweigung und Verwirkung, S. 399.

Normierung geblieben ist. Für den verjährungsrechtlichen Umgang mit der Durchsetzungssperre ist man darum auf Ableitungen aus den allgemeinen Verjährungszwecken angewiesen. Deren Einschlägigkeit ist mit Blick auf die Durchsetzungssperre und die besonderen Umstände in der Liquidation einer Personengesellschaft und beim Ausscheiden eines Gesellschafters zu untersuchen.

Zu den vorbezeichneten allgemeinen Verjährungszwecken tritt noch die Besonderheit hinzu, dass es in der Natur des Auseinandersetzungsverfahrens liegt, sich erst mit zeitlichem Versatz mit den Einzelansprüchen aus dem Innenverhältnis zu befassen.[451] Auch diese liquidationsrechtliche Eigenart ist für die Verjährungsfrage von Bedeutung.

1. Eingeschränkte Möglichkeit des Gläubigers zur Rechtsverfolgung

Die Möglichkeit zur klageweisen Rechtsverfolgung besteht auch bei durchsetzungsgesperrten Ansprüchen, wenngleich nur eingeschränkt. Zwar ist eine Durchsetzung im Sinne der Erlangung eines Leistungstitels und dessen Vollstreckung ausgeschlossen.[452] Möglich bleiben aber Feststellungsklagen,[453] welche gem. § 204 Abs. 1 Nr. 1 Var. 2 BGB ebenfalls eine Form der Rechtsverfolgung darstellen. Das erforderliche Feststellungsinteresse nach § 256 Abs. 1 ZPO kann dabei auch allein aus einem möglichen Verjährungseintritt hergeleitet werden.[454] Es stehen folgende förmliche Rechtsverfolgungsverfahren gem. § 204 Abs. 1 BGB als Hemmungsinstrumente zur Verfügung:

- Nr. 1 Var. 2: Klage auf Feststellung eines Einzelanspruchs;
- Nr. 4: Die Veranlassung der Bekanntgabe eines Antrags, mit dem ein Einzelanspruch geltend gemacht wird bei einer a) staatlichen oder staatlich anerkannten Streitbeilegungsstelle oder b) anderen Streitbeilegungsstelle. Das Verfahren wird sich allerdings aufgrund der Durchsetzungssperre auf die Herstellung des Einvernehmens über das Bestehen des Anspruchs beschrän-

---

451 Dazu B.IV.

452 BGH v. 24.10.1994 – II ZR 231/93, NJW 1995, 188, 189; BGH v. 15.5.2000 – II ZR 6/99, NJW 2000, 2586; *Schäfer*, in: MüKoBGB, § 735 Rn. 32.

453 BGH v. 10.5.1993 – II ZR 111/92, NJW-RR 1993, 1187, 1188; BGH v. 24.10.1994 – II ZR 231/93, NJW 1995, 188, 189; BGH v. 4.11.2002 – 210/00, NZG 2003, 215; *Hillers*, Personengesellschaft und Liquidation, S. 166, dort Fn. 108; *Kilian*, in: Henssler/Strohn, GesR, § 735 BGB Rn. 18; a.A. OLG Dresden v. 16.7.2024 – 4 U 1582/23, BeckRS 2024, 19272, Rn. 25 f.

454 BGH v. 11.7.1989 – VI ZR 234/88, NJW-RR 1989, 1367; BGH v. 7.5.2003 – IV ZR 121/02, NJW-RR 2003, 1076, 1077.

ken müssen und damit einen Antrag mit bloßem Feststellungscharakter zum Gegenstand haben;

- Nr. 5: Die Geltendmachung der Aufrechnung eines durchsetzungsgesperrten Einzelanspruchs im Prozess. Nr. 5 erfasst *a priori* allein solche Aufrechnungen, die *nicht* durchgreifen, etwa aus materiell-rechtlichen Gründen.[455] Griffe die Aufrechnung durch, käme es zum Erlöschen beider Ansprüche und Verjährung könnte nicht mehr eintreten. Soweit man mit hier vertretener Auffassung die Aufrechnung eines Einzelanspruchs als Gegenforderung für *unzulässig* hält,[456] kann eine Verjährungshemmung mittels nicht durchgreifender Aufrechnung im Prozess nach Nr. 5 herbeigeführt werden. Die erklärte Aufrechnung wäre wegen materiell-rechtlicher Unzulässigkeit der Aufrechnung mit einem Einzelanspruch nicht wirksam,[457] führte also nicht zum Erlöschen des Einzelanspruchs. Stattdessen käme es zur Verjährungshemmung nach Nr. 5. Eine zufriedenstellende Lösung der Verjährungsthematik ist das aber nicht. Diese Hemmungsmöglichkeit setzt ein Verfahren voraus, in dem der Aufrechnende selbst in Anspruch genommen wird. Das wird wegen des weiten Anwendungsbereichs der Durchsetzungssperre hinsichtlich aller Einzelansprüche aus dem Gesellschaftsverhältnis nur selten der Fall sein, denn aufgrund der Durchsetzungssperre haben die Gesellschafter und die Gesellschaft keinen Anlass, Zivilprozesse gegeneinander zu führen. Die Rechtslage in der Liquidation sowohl zur Aufrechenbarkeit wie auch zur Verjährungshemmung ist zudem durch die Rechtsprechung noch weitergehend ungeklärt;
- Nr. 6: Die Vornahme einer Streitverkündung, wenn bereits ein Verfahren anhängig ist, welches eine Streitverkündung in Bezug auf einen betroffenen Einzelanspruch nach §§ 72 ff. ZPO ermöglicht;
- Nr. 7: Die Zustellung des Antrags auf Durchführung eines selbständigen Beweisverfahrens;
- Nr. 8: Den Beginn eines vereinbarten Begutachtungsverfahrens;
- Nr. 11: Ein schiedsrichterliches Verfahren, hier ebenfalls beschränkt auf eine Feststellung;
- Nr. 13: Antrag bei dem höheren Gericht auf Zuständigkeitsbestimmung;
- Nr. 14: Antrag auf Gewährung von Prozesskostenhilfe.

Gleichwohl dürfte die Einleitung solcher Verfahren in der Praxis kaum tunlich sein, weil keine Anspruchsdurchsetzung erreicht werden kann. Eine Verjährungs-

---

455 *Ellenberger*, in: Grüneberg, § 204 Rn. 20.

456 Dazu C.IV.3.

457 Dazu C.IV.3.

hemmung könnte insofern nur im Rahmen bloßer Feststellungsverfahren oder unzulässiger Aufrechnungen erreicht werden. Zudem werden die Voraussetzungen für eine Streitverkündung (Nr. 6), ein selbständiges Beweisverfahren (Nr. 7), ein vereinbartes Begutachtungsverfahren (Nr. 8) sowie auf Zuständigkeitsbestimmung (Nr. 13) nur in Einzelfällen vorliegen.

Von vornherein als Hemmungsinstrumente nicht zur Verfügung stehen dürften folgende förmliche Rechtsverfolgungsverfahren des § 204 Abs. 1 BGB:

- Nr. 1: Klage auf Leistung (Nr. 1 Var. 1), auf Erteilung einer Vollstreckungsklausel (Nr. 1 Var. 3) sowie auf Erlass eines Vollstreckungsurteils (Nr. 1 Var. 4). Der (derzeitigen) Begründetheit einer Leistungsklage sowie Vollstreckungsmaßnahmen steht die Durchsetzungssperre entgegen;[458]
- Nr. 1a: Musterfeststellungsklage;
- Nr. 2: Verfahren über den Unterhalt Minderjähriger;
- Nr. 3: Geltendmachung eines Einzelanspruchs im Mahnverfahren. Das Mahnverfahren ist nach § 688 Abs. 1 ZPO auf „*Zahlung einer bestimmten Geldsumme*", also auf Durchsetzung, gerichtet und scheidet damit aus;
- Nr. 6a: Anmeldung zu einem Musterverfahren;
- Nr. 9: Verfahren auf einstweiligen Rechtsschutz. Solche dürften hinsichtlich auf Zahlung gerichteter Einzelansprüche kaum denkbar sein;
- Nr. 10: Die Anmeldung des Anspruchs im Insolvenzverfahren. Liquidationsbefangene Ansprüche sind nicht Teil eines Insolvenzverfahrens, beispielsweise über das Vermögen eines Gesellschafters als Schuldner, sondern werden nach § 84 InsO vorrangig im Rahmen des gesellschaftsrechtlichen Auseinandersetzungsverfahrens einem Ausgleich zugeführt;[459]
- Nr. 10a: Verfahren zur Anordnung einer Vollstreckungssperre;
- Nr. 12: Antrag bei einer Behörde zur Vorabentscheidung über die Zulässigkeit einer Klage. Auch diese Rechtsverfolgungsmaßnahme dürfte bei Zahlungsansprüchen aus dem Innenverhältnis einer Gesellschaft nicht relevant sein.

Die Rechtsverfolgungsverfahren nach Nr. 1a, 2, 6a, 9, 10a, 12 werden in Bezug auf Ansprüche aus dem Innenverhältnis einer Personengesellschaft nicht verfügbar sein. Die Einzelansprüche geben zu den vorstehend bezeichneten Verfahren keinen Anlass. Zwar möglich, in der Sache aber ohne Erfolgsaussicht, sind Leistungsklagen (Nr. 1 Var. 1), auf Leistung gerichtete Schiedsklagen

---

458 Dazu C.IV.1.

459 Dazu BGH v. 14.12.2006 – IX ZR 194/05, BGHZ 170, 206 = NJW 2007, 1067, Rn. 20; vgl. auch *Sprau*, in: Grüneberg (82. Aufl.), § 730 a.F. Rn. 6.

(Nr. 11) und Mahnverfahren (Nr. 3). Die Geltendmachung von Leistungsbegehren in diesen Verfahren kann zwar die Verjährung nach § 204 Abs. 1 BGB hemmen, da auch unzulässige und derzeit unbegründete Klagen eine Hemmungswirkung zeitigen.[460] Wenn eine Leistungsklage allerdings allein die Verjährungshemmung bezweckt, ohne zugleich auch auf Durchsetzung gerichtet zu sein, wird ihr teilweise die verjährungshemmende Wirkung abgesprochen.[461] Eine rechtssichere Verjährungshemmung ist damit nicht möglich. In jedem Falle hätte der Kläger die Kosten des Rechtsstreits zu tragen, wenn er auf dem Leistungsantrag beharrt. Daher sind auf Rechtsdurchsetzung gerichtete Verfahren zu Hemmungszwecken nicht ernsthaft in Betracht zu ziehen.

Ferner stehen die übrigen Hemmungsinstrumente mit Einschränkungen zur Verfügung. Ein Gesellschafter kann etwa über einen Einzelanspruch mit der Gesellschaft oder mit einem Mitgesellschafter Verhandlungen nach § 203 BGB aufnehmen. Als Hemmungsinstrument verfügbar ist schließlich der Abschluss einer nachträglichen Stundungsvereinbarung nach § 205 BGB, die eine Hemmung bewirkt. Die Durchsetzungssperre schließt eine solche privatautonom-vertragliche Einwirkung auf die Einzelansprüche nicht aus. Auch die ausdrückliche vertragliche Regelung der Durchsetzungssperre ist möglich.[462] Auf der Hand liegt, dass dieses Hemmungsinstrument die Mitwirkung des Schuldners voraussetzt und dementsprechend nutzlos ist, wenn sich der Schuldner einer Mitwirkung verschließt.

Zusammenfassend lässt sich festhalten, dass für den Gläubiger eines liquidationsbefangenen Einzelanspruchs durchaus Möglichkeiten zur Verjährungshemmung bestehen. Von den Hemmungsinstrumenten der §§ 203 ff. BGB stehen in der Liquidation jedoch lediglich einige zur Verfügung. Soweit solche Hemmungsinstrumente verfügbar sind, sind diese in ihrer Reichweite stark eingeschränkt, beziehen sich etwa allein auf Feststellung statt auf Leistung oder auf lediglich vorgelagerte Stadien der Anspruchsdurchsetzung wie die gerichtliche Zuständigkeitsbestimmung. Die klassischen und in der Praxis besonders relevanten Rechtsverfolgungsmaßnahmen des § 204 BGB[463] laufen indessen dem Zweck der Durchsetzungssperre elementar zuwider. Möglichkeiten des Gläubigers zur Rechtsverfolgung bestehen damit nur sehr eingeschränkt. Eine

---

460 BGH v. 9.12.2010 – III ZR 56/10, NJW 2011, 2193, Rn. 13.

461 Dazu RG v. 26.10.1907 – V 58/07, RGZ 66, 412, 414 f.; vgl. auch *Grothe*, in: MüKoBGB, § 204 Rn. 3.

462 Dazu eingehend D.VII.

463 Leistungsklagen; Mahnbescheide.

Rechtsdurchsetzung im Sinne der Erlangung und Vollstreckung eines Leistungstitels ist gänzlich ausgeschlossen.

Der wesentliche Rechtfertigungsgrund für den Verjährungseintritt – die objektive Möglichkeit des Gläubigers zur Rechtsverfolgung – ist damit nur in sehr beschränkter Hinsicht anzunehmen.

2. Keine Nachlässigkeit in der Rechtsverfolgung

Neben der objektiven Möglichkeit zur Rechtsverfolgung rechtfertigt sich der Verjährungseintritt ganz wesentlich auch aus der subjektiven Nachlässigkeit des Gläubigers als vorwerfbares Verhalten. Eine „*Nichtbethätigung*“[464] des Gläubigers bei der Verfolgung liquidationsbefangener Einzelansprüche ist allerdings gerade in der Natur des Auseinandersetzungsverfahrens angelegt. Im Auflösungsstadium einer Personengesellschaft geht es zunächst um die Abwicklung der Außenrechtsverhältnisse. Die Liquidatoren ziehen die offenen Forderungen ein, begleichen Gesellschaftsschulden und beenden schwebende Geschäfte. Hierzu müssen sie gegebenenfalls, was auch das Gesetz in § 149 Satz 1 HS. 2 HGB vorsieht, neue Geschäfte eingehen. Die Liquidation des Gesellschaftsvermögens ist mitunter langwierig, zeitintensiv und kann sich ohne weiteres auch über Jahre erstrecken.[465] Erst nach Klärung, welches Restvermögen zur Verteilung an die Gesellschafter zur Verfügung steht, kann die Auseinandersetzungsrechnung finalisiert werden. Die Auseinandersetzungsrechnung beinhaltet dabei sowohl das verteilbare Restvermögen der Gesellschaft wie auch die (Salden der) Einzelansprüche der Gesellschafter und stellt das jedem Gesellschafter zu zahlende, einheitliche Auseinandersetzungsguthaben fest, respektive den einzuzahlenden Verlustanteil. Währenddessen ruhen die Einzelansprüche aus dem Innenverhältnis.[466] Sie werden bis dahin konserviert, um als Rechnungsposten in der Auseinandersetzungsrechnung aufzugehen. Vorwerfbar ist dem Gläubiger eines Einzelanspruchs seine Untätigkeit damit nicht. Im Gegenteil: Die Rechtsverfolgung ist nach dem Zweck der Durchsetzungssperre gerade unerwünscht und soll unterbleiben.

---

464 Motive, I, S. 291 = *Mugdan*, Materialien, Band 1, Allgemeiner Theil, S. 512.

465 Vgl. dazu Begr. RegE zum MoPeG v. 17.3.2021, BT-Drucks. 19/27635, S. 250.

466 § 155 Abs. 2 S. 1 HGB a.F. und § 148 Abs. 7 HGB n.F. sehen für die Personenhandelsgesellschaften die Vorabverteilung des während der Liquidation entbehrlichen Vermögens vor. Für die im Rahmen der Auseinandersetzungsrechnung zu berücksichtigenden Einzelansprüche sieht das Gesetz weder nach alter noch nach neuer Rechtslage eine Regelung vor.

Der *„Grund und Zweck der Anspruchsverjährung (...), der Behelligung mit veralteten Ansprüchen ein Ziel setzten“*,[467] ist in der Liquidation durch eine andere Zweckrichtung überlagert. In der Liquidation geht es um die allseitige und allumfassende Gesamtabrechnung der offenen Posten. Diese soll ohne Hin- und Herzahlung erfolgen. Erst nach Abwicklung des Außenverhältnisses kommt es dazu, dass die Gesellschafter unter Einbeziehung aller Einzelansprüche feststellen, wer welches Auseinandersetzungsguthaben zu fordern hat. Damit ist den Einzelansprüchen ein anderes *„Ziel“* gesetzt, das nicht im Verjährungseintritt nach Ablauf einer bestimmten Zeit besteht. Das Ziel der Einzelansprüche besteht in der Auseinandersetzungsrechnung.

Auch dieser weitere zentrale Rechtfertigungsgrund der Verjährung in Gestalt einer subjektiven Nachlässigkeit in der Rechtsverfolgung kann den Gesellschaftern damit nicht entgegengehalten werden. Die Obliegenheit zur Rechtsverfolgung wird durch den Liquidationszweck überlagert. Nach Auffassung des historischen Gesetzgebers des BGB sollte ohne eine *„beharrliche(n) Nichtbethätigung (...) die Verjährung nicht möglich“* sein.[468] Zutreffend bemerkt auch *Piekenbrock*, dass von einem die Verjährung rechtfertigenden (Ver-)Schweigen einer Rechtsposition nur dann gesprochen werden kann, wenn Anlass zum Reden bestand.[469] Ist der Anspruch indessen liquidationsbefangener Bestandteil eines Auseinandersetzungsverfahrens, liegt keine Verschweigung vor. Die aufgelöste Personengesellschaft ist damit als verjährungsrechtliche Sonderkonstellation zu betrachten, in der keine Nachlässigkeit in der Anspruchsverfolgung feststellbar ist.

3. Keine Entlastung der Gerichte bei Verjährungseintritt

Nach teilweise vertretener – zutreffender – Auffassung kommt der Verjährung ferner die Funktion zu, die Gerichte zu entlasten.[470] Die Gerichte sollen bei länger zurückliegenden Vorgängen nicht mehr in eine Sachprüfung eintreten müssen, sondern den Kläger mit seinem Anspruch allein wegen des Verjährungseintritts zurückweisen können. Ob diese Verjährungsfunktion in der Liquidation zum Tragen kommt, ist allerdings zweifelhaft. Die Gegebenheiten sind hier anders gelagert als im gewöhnlichen Rechtsverkehr, bei dem es schlicht um die Durch-

467 Motive, I, S. 291 = *Mugdan*, Materialien, Band 1, Allgemeiner Theil, S. 512.
468 Motive, I, S. 291 = *Mugdan*, Materialien, Band 1, Allgemeiner Theil, S. 512.
469 *Piekenbrock*, Befristung, Verjährung, Verschweigung und Verwirkung, S. 119.
470 *Piekenbrock*, Befristung, Verjährung, Verschweigung und Verwirkung, S. 318 f.; a.A. *Grothe*, in: MüKoBGB, § 194 Rn. 8; *Jacoby*, in: Staudinger, Vorbem. zu §§ 194-225 Rn. 7.

setzung eines Anspruchs gegen den Schuldner geht. Die Auseinandersetzung ist auf eine gebündelte Klärung aller Einzelforderungen am Ende der Auseinandersetzungsphase gerichtet.

Das Auseinandersetzungsverfahren kann dabei eine Konzentration der notwendigen Prozesstätigkeit am Ende der Liquidationsphase bewirken, wenn die Gesellschafter in die Erörterung der Einzelansprüche eintreten. Bleiben danach einzelne Positionen streitig, können diese in demselben Gerichtsverfahren durch eine Häufung von Feststellungsanträgen nach § 260 ZPO einer Klärung zugeführt werden oder aber durch Feststellungswiderklagen geltend gemacht werden. Der nach § 33 Abs. 1 ZPO erforderliche Zusammenhang dürfte dabei durch das gemeinsame Wurzeln der Einzelansprüche im Gesellschaftsverhältnis und durch die Liquidationsbefangenheit, die alle Einzelansprüche überlagert, begründet sein. Der Begriff des Zusammenhangs im Sinne des § 33 ZPO ist weit gefasst.[471] Nach § 147 ZPO ist auch eine Verbindung mehrerer Verfahren zur gemeinsamen Verhandlung und Entscheidung möglich, insbesondere auch bei Parteiverschiedenheit. Drohte hingegen während der Liquidation der Verjährungseintritt, müssten verteilt über die gesamte Liquidationsphase fortlaufend individuelle Feststellungsklagen erhoben werden, um den Verjährungseintritt hinsichtlich jener Einzelansprüche zu verhindern, deren Verjährungsfristen sich nach und nach dem Ende zuneigt.

Zudem ist in manchen Liquidationen auch eine inzidente Klärung aller streitigen Einzelforderungen im Rahmen einer Klage möglich, die direkt auf das Auseinandersetzungsguthaben gerichtet ist. Wenn die Verhältnisse überschaubar sind und kein wesentliches Gesellschaftsvermögen vorhanden ist, soll nach der Rechtsprechung des BGH sogleich auf das Auseinandersetzungsguthaben geklagt werden können,[472] vor allem in zweigliedrigen Gesellschaften.[473]

Eine zeitlich gebündelte und am Ende der Auseinandersetzungsphase erfolgende gerichtliche Aufarbeitung der Einzelansprüche wirkt dabei entlastend auf die Gerichte. Sie ist auch prozessökonomisch sinnvoller als eine Vielzahl von Prozessen um streitige Einzelforderungen, die zu verschiedenen Zeitpunkten verstreut über die gesamte Liquidationsphase geführt werden. Zulässig sind Einzelklagen freilich auch schon zu Beginn der Liquidationsphase. Bei drohendem Verjährungseintritt während der Liquidationsphase wären sie sogar unausweichlich. Jeder Gläubiger wäre dann gezwungen, seinen Anspruch rechtzeitig zu Gericht zu

471 *Heinrich*, in: Musielak/Voit, § 33 Rn. 2.

472 Dazu C.III.3.

473 BGH v. 13.10.2015 – II ZR 214/13, NZG 2016, 218, Rn. 15.

bringen. Ein Verjährungseintritt während der Liquidationsphase würde deshalb zu einer zusätzlichen Belastung der Gerichte führen.

Festhalten lassen sich damit zwei Erkenntnisse. Erstens wird die Funktion, die Gerichte zu entlasten, nicht durch die Verjährung der Einzelansprüche während der Liquidation erreicht. Drohte Verjährungseintritt, käme es zu einer Vielzahl einzelner Feststellungsklagen, um den individuellen Verjährungseintritt der Einzelforderungen zu verhindern. Vielmehr bewirkt der Nichteintritt der Verjährung während der Liquidationsphase eine Entlastung der Gerichte, indem das Bedürfnis für Feststellungsklagen zur bloßen Verjährungshemmung entfällt.[474] Zweitens verträgt es sich nicht mit dem Zweck der Durchsetzungssperre, die Einzelansprüche allein wegen Zeitablaufs in der Liquidationsphase ohne ein Eingehen auf die Sache zurückzuweisen. Die Einzelansprüche sollen im Rahmen der Auseinandersetzungsrechnung mit zeitlichem Aufschub noch einer Klärung zugeführt werden.

4. Keine Regressverschlechterung

Die Gefahr der Regressverschlechterung droht in der Liquidation nur in geringem Umfang. Aufwendungsersatz- und Regressansprüche aus dem Gesellschaftsverhältnis können gegenüber der Gesellschaft und gegenüber den Mitgesellschaftern bestehen. Wenn es insoweit zu einer Saldierung wechselseitiger Ansprüche kommt, besteht kein Regressrisiko. Die Saldierungsmöglichkeit bei wechselseitigen oder in einem Zirkel bestehenden Ansprüchen wird seit jeher als ein Mittel zur Minimierung des Ausfallrisikos für die Beteiligten angesehen.[475]

Auch wenn Regressansprüche nicht saldierbar sind, kann ein Ausgleich unter Berücksichtigung des verteilbaren Restvermögens der Gesellschaft erfolgen, soweit solches vorliegt. Verbleibt z.B. nach Saldierung aller Einzelforderung noch eine Forderung von Gesellschafter A gegen Gesellschafter B, kann diese von dem an Gesellschafter B zu zahlenden Auseinandersetzungsguthaben abgezogen und dem an Gesellschafter A zu zahlenden Auseinandersetzungsguthaben hinzugerechnet werden.

Allenfalls droht eine Verschlechterung der Regressmöglichkeit, wenn ein Gesellschafter einen Verlustanteil ins Gesellschaftsvermögen einzuzahlen hat.

474 Dies unter Verwendung des allgemeinen zivilprozessualen Instrumentariums.

475 So etwa beim sog. Netting, etwa im Rahmen von OTC-Derivatgeschäften; vgl. zur Reduktion von Ausfallrisiken beim Netting *Lehmann*, in: Langenbucher/Bliesener/Spindler, Kap. 24 Rn. 9.

5. Verdunkelung der Beweislage

Die Gefahr der sich durch Zeitablauf verdunkelnden Beweislage dürfte hingegen bestehen. In Bezug auf die Einzelansprüche wirkt sich der Zeitablauf als solcher zunächst ebenso verdunkelnd aus wie bei sonstigen Anspruchsverhältnissen. Zu berücksichtigen ist allerdings, dass die treupflichtgebundenen Gesellschafter zur aktiven Mitwirkung an der gemeinsamen Abwicklung und Aufarbeitung der Verhältnisse der Gesellschaft verpflichtet sind. Eine Verdunkelung der Beweislage sollte deshalb weniger stark zu befürchten sein als in bilateralen Anspruchsverhältnissen, in denen sich Schuldner und Gläubiger ohne Mitwirkungs- und Treuepflicht gegenüberstehen.

6. Rechtsfriede und Rechtssicherheit

Ob durch einen Verjährungseintritt im Liquidationsstadium Rechtsfriede und Rechtssicherheit herbeigeführt werden können, ist ambivalent zu bewerten.

Ließe die Durchsetzungssperre den Lauf der Verjährungsfristen unberührt, könnten Einzelansprüche während der Liquidationsphase verjähren und insoweit Rechtsfriede und Rechtssicherheit eintreten. Vor oder – *arguendi causa* – während der Liquidationsphase verjährte Ansprüche sind in der Auseinandersetzungsrechnung nicht zu berücksichtigen.[476] Insoweit träte endgültiger Rechtsfriede ein.

Dies gilt aber nicht absolut. Richtigerweise bleiben verjährte Ansprüche, dem Rechtsgedanken des § 215 BGB folgend, in der Auseinandersetzungsrechnung berücksichtigungsfähig, soweit bereits in unverjährter Zeit eine Aufrechnungslage bestand.[477] Durch den Übergang ins Auflösungsstadium kann ein Gläubiger eines verjährten Einzelanspruchs, wenn er zur Aufrechnung berechtigt war, diese Möglichkeit zur wirtschaftlichen Verwertung nicht verlieren. Es handelt sich dabei um das wahrscheinliche Szenario wechselseitiger Einzelansprüche, welches überhaupt erst den Anlass zur Entwicklung der Durchsetzungssperre gegeben hat. Rechtsfriede und Rechtssicherheit könnten bei Annahme der Verjährbarkeit während des Liquidationsverfahrens damit nur in Teilen – soweit keine Aufrechnungslagen bestehen – erreicht werden.

Unterstellt man das Weiterlaufen der Verjährungsfristen während der Liquidationsphase, wäre gesondert für jede Einzelforderung für den gesamten Zeitraum der Liquidation der Ablauf der individuellen Verjährungsfrist und das Eingreifen

---

476 Vgl. zur Nichtberücksichtigung verjährter Forderungen *Schubert*, in: BeckBilanzK, § 247 HGB Rn. 182.

477 Vgl. dazu bereits Fn. 37.

etwaiger individueller Hemmungsgründe im Einzelnen zu prüfen. Die dann erforderliche Einzelfallprüfung und die Unwägbarkeiten, die mit der Berechnung und Feststellung eines Verjährungseintritts verbunden sind, führen ebenfalls nicht zu größerer Rechtssicherheit. Im Gegenteil ist die Feststellung einfacher und sicherer zu treffen, dass der Großteil der Einzelforderungen im Zeitpunkt der Auflösung noch unverjährt war. Eine generelle Verjährungshemmung während der Liquidationsphase führte damit zu größerer Rechtssicherheit, zumindest hinsichtlich der Verjährungsfrage.

Hemmte die Durchsetzungssperre den Verjährungslauf, würde es allerdings nicht zum Eintritt des Rechtsfriedens in Bezug auf die Einzelansprüche kommen. Insbesondere bei unübersichtlichen und streitigen Gesellschaftsverhältnissen, bei denen mangels Einigung der Gesellschafter die Beschlussfassung über die Auseinandersetzungsrechnung längere Zeit nicht erfolgt, würde kein Rechtsfriede eintreten. Im Extremfall würde es nie zum Verjährungseintritt kommen, wenn die Gesellschafter die Auseinandersetzung dauerhaft nicht betreiben und keinen Beschluss über eine Auseinandersetzungsrechnung fassen.[478] Andererseits stellt die Abwicklung der Gesellschaft ohnehin einen offenen und bestimmungsgemäß noch unbefriedeten Gesamtvorgang dar, dessen Bestandteile die Einzelforderungen sind. Mit Blick auf diesen Gesamtvorgang kann ohnehin kein Rechtfriede eintreten, selbst wenn einzelne Bestandteile des Gesamtvorgangs verjährten.

Im Ganzen bleibt damit festzuhalten, dass eine Verjährbarkeit der Einzelansprüche während der Liquidationsphase allenfalls in gewissem, eingeschränktem Maße Rechtsfrieden und Rechtssicherheit begründen könnte. Teils hätte die Verjährbarkeit auch den gegenteiligen Effekt. Schließlich widerspricht der Auseinandersetzungszweck dem Eintritt von endgültigem Rechtsfrieden, da eine umfassende Aufarbeitung aller Einzelansprüche stattfinden soll und es vorübergehend noch zu keiner Befriedung der Einzelrechtsverhältnisse kommen soll.

7. Beschleunigung der Abwicklung

Drohte den Gesellschaftern der verjährungsbedingte Verlust ihrer Einzelansprüche gegen die Gesellschaft, dürften sie die Liquidation und Auseinandersetzung der Gesellschaft beschleunigt betreiben. Womöglich könnten sich damit Maßnahmen zur Verjährungshemmung wie Feststellungsklagen vermeiden lassen.

---

478 Dazu G.V. Rechtsfriede würde aber durch die Verjährung des – nicht von der Durchsetzungssperre erfassten – Anspruchs auf Mitwirkung an der Auseinandersetzung herbeigeführt, welche den Zugriff auf die liquidationsbefangenen Einzelansprüche dauerhaft verschließt.

Ein gewisser Anreiz zur beschleunigten Auseinandersetzung kann deshalb von einem drohenden Verjährungseintritt ausgehen.

Allerdings – und dies ist eine häufige Beobachtung in der Praxis – können Gesellschafter, die keine Ansprüche oder gar Verbindlichkeiten gegenüber der Gesellschaft haben, mitunter auch bremsend auf die Liquidation einwirken, statt diese aktiv voranzutreiben. Die Möglichkeiten der übrigen Gesellschafter, die Auseinandersetzung beschleunigt zu betreiben, sind beschränkt. Ihnen wird häufig nichts anderes übrig bleiben, als die Abwicklung mühsam alleine zu betreiben.[479] Ob also tatsächlich die Auseinandersetzung durch drohende Verjährung beschleunigt würde, ist zu bezweifeln. Es geht eben nicht um die Abwicklung eines einzelnen Anspruchsverhältnisses, sondern um eine Gesamtabwicklung aller offenen und ggf. ungleich verteilten Anspruchsverhältnisse, sowie ferner um die Abwicklung der offenen Posten und die Ermittlung des verteilbaren Restvermögens der Gesellschaft. Diese komplexere Lage unterscheidet die Auseinandersetzung von eindimensionalen Anspruchsverhältnissen im gewöhnlichen Rechtsverkehr, bei denen kurze Verjährungsfristen Druck zur schnellen Abwicklung auf den Gläubiger begründen können. Die gesellschaftsrechtliche Auseinandersetzung setzt die Mitwirkung aller Gesellschafter voraus. Der hier unter Umständen ungleich stark wirkende Auseinandersetzungsdruck führt deshalb nicht unbedingt zu einer schnelleren Abwicklung.

8. Zwischenergebnis

Manche der Voraussetzungen für die rechtspolitische Rechtfertigung eines Verjährungseintritts liegen nur eingeschränkt vor[480] oder sind gar nicht gegeben.[481] Ferner können Zwecksetzungen und Funktionen der Verjährung durch einen Verjährungseintritt während der Liquidationsphase zumindest teilweise nicht erreicht werden[482] oder würden sogar ins Gegenteil verkehrt.[483] Insbesondere die Erreichbarkeit von Rechtsfrieden und Rechtssicherheit ist ambivalent zu bewerten und kann durch Verjährungseintritt in der Liquidation jedenfalls nicht ebenso weitgehend verwirklicht werden, wie dies bei Anspruchsverhältnissen

---

479 Gesellschafter, die kein Interesse an einer schnellen Auseinandersetzung haben, können diese gezielt stören oder blockieren, vgl. dazu *Freund*, MDR 2011, 577, 579.

480 Objektive Möglichkeit zur Rechtsverfolgung.

481 Möglichkeit zur Rechtsdurchsetzung; subjektiv vorwerfbare Untätigkeit des Gläubigers.

482 Rechtsfriede und Rechtssicherheit; Schutz vor Regressverschlechterung sowie vor einer Verdunkelung der Beweislage.

483 Entlastung der Gerichte.

im gewöhnlichen Rechtsverkehr der Fall ist. Es verbleibt in jedem Falle ein offener Gesamtvorgang zur Abwicklung der Innenrechtsverhältnisse, der durch Verjährungseintritt allenfalls in Bezug auf einzelne Bestandteile befriedet werden könnte.

Schließlich dient das Auseinandersetzungsverfahren auch einer spezifischen Zwecksetzung, die die allgemeinen verjährungsrechtlichen Zwecksetzungen überlagert. Die Einzelansprüche sollen in einem einheitlichen Verfahren am Ende der Liquidationsphase in der Auseinandersetzungsrechnung aufgehen. Mit diesem Zweck verbunden sind

- die Undurchsetzbarkeit, d.h. die „*Lähmung*“[484] und Konservierung der Einzelansprüche,
- der zeitliche Aufschub der Aufarbeitung der Innenrechtverhältnisse sowie
- die Verrechnung erst am Ende der Auseinandersetzung.

Die Durchsetzbarkeit wird dem Einzelanspruch genommen und dem wichtigeren Zweck eines einheitlichen Auseinandersetzungsverfahrens und der Vermeidung von Hin- und Herzahlungen untergeordnet. Die Durchsetzungssperre führt zum Verlust der wesentlichen Funktion eines Anspruchs als dem Recht, von dem Schuldner eine Leistung fordern zu können, § 241 Abs. 1 Satz 1 BGB. Das Innehaben eines nunmehr paralysierten[485] Anspruchs ist ein deutliches rechtsqualitatives Minus mit erheblicher Eingriffsschwere. Der Zweck der Durchsetzungssperre und das Opfer, das sie dem Gläubiger abverlangt, besteht nicht darin, den Gläubiger noch zusätzlich einem Forderungsverlust durch den Verjährungseintritt auszusetzen. Entsprechende verjährungsrechtliche Folgerungen mit dem Ziel der Rechtserhaltung während der Liquidation sind deshalb durch den Zweck der Durchsetzungssperre geradezu geboten und überlagern die allgemeinen Verjährungszwecke.

Die verjährungsrechtliche Interessenlage ist durch die bestimmungsgemäß erst zeitlich versetzt eintretende Rechtsverwirklichung zudem auch wesentlich verschieden von der sonst vorgefundenen Interessenlage im gewöhnlichen Rechtsverkehr. Durch das Auseinandersetzungsverfahren existiert ein bestimmter Zeitpunkt – das Ende der Auseinandersetzungsphase –, zu dem die Rechtsverwirklichung der Einzelansprüche zu erfolgen hat. Der Schuldner eines

---

484 *Stüber*, Der Grundsatz der Durchsetzungssperre bei Liquidation von Personengesellschaften, S. 214.

485 *Stüber*, Der Grundsatz der Durchsetzungssperre bei Liquidation von Personengesellschaften, S. 214.

Einzelanspruchs kann aufgrund des bereits gesetzlich angelegten[486] Aufschubs der Auseinandersetzung sowie aufgrund der überlagernden Zwecksetzung des Auseinandersetzungsverfahrens für sich kaum etwas aus dem Zeitablauf herleiten, der während der Liquidationsphase ins Land geht. Nicht ohne weiteres und nicht ohne Rücksicht auf die Spezifika der gesellschaftsrechtlichen Liquidation kann deshalb eine Anwendung der allgemeinen verjährungsrechtlichen Zwecksetzungen auf die liquidationsbefangenen Einzelansprüche erfolgen. Aus den Besonderheiten der gesellschaftsrechtlichen Liquidation folgt, dass eine Verjährung der Einzelansprüche nicht gerechtfertigt ist. Dem OLG München ist deshalb darin zu widersprechen, dass es keine Notwendigkeit für eine Verjährungshemmung der Durchsetzungssperre gebe.[487]

In der Gesamtschau ergibt die Analyse der verjährungsrechtlichen Funktionen und Interessenlagen, dass Verjährung während der Liquidationsphase nicht eintreten soll.

IV. Verjährung und Verjährungshemmung in der *lex lata*

Das Verjährungsrecht wurde mit dem SMG aus dem Jahr 2001 umfassend reformiert und neugefasst. Der Gesetzgeber hat sich bei dieser Reform des Verjährungsrechts auf die Fahnen geschrieben, „*Einheitlichkeit und Klarheit bei der Dauer der Verjährungsfrist*“ zu schaffen.[488] Wesentliche Eckpfeiler der Reform des SMG waren die Herabsetzung der an subjektive Voraussetzungen anknüpfenden Regelverjährungsfrist auf drei Jahre, die Anordnung von objektiven Verjährungshöchstfristen, die Neuregelung von Hemmungs- und Neubeginnstatbeständen unter Aufgabe der früheren Unterbrechung der Verjährung sowie eine Neugestaltung des Zulässigkeitsrahmens für vertragliche Vereinbarungen über die Verjährung.[489] Durch das Gesetz zur Änderung des Erb- und Verjährungsrechts (ErbVerjRÄndG)[490] aus dem Jahr 2009 erfolgte die letzte größere Anpassung verjährungsrechtlicher Normen, die sich insbesondere auf erb- und familienrechtliche sowie sachenrechtliche Anspruchsverhältnisse bezog.

Wesentliche Regelungsebenen des Verjährungsrechts sind die Anordnung der Verjährbarkeit als solche, Beginn und Ende der Verjährungsfristen, die

486 Dazu B.I und B.II.

487 OLG München v. 27.5.2020 – 7 U 3086/19, BeckRS 2020, 11573, Rn. 96.

488 Begr. Gesetzentwurf zum SMG v. 14.5.2001, BT-Drucks. 14/6040, S. 100.

489 *Leenen*, DStR 2002, 34; *Mansel*, NJW 2002, 89.

490 Gesetz zur Änderung des Erb- und Verjährungsrechts (ErbVerjRÄndG) vom v. 24.9.2009, BGBl. I, S. 3142.

Fristenlänge sowie Hemmungs- und Neubeginnsgründe. Diese sowie die Grundsätze zu ihrer Anwendung werden nachfolgend im Überblick dargestellt.

1. Verjährbarkeit von Ansprüchen

Ein Grundsatz des deutschen Privatrechts ist die Verjährbarkeit von Ansprüchen nach § 194 Abs. 1 BGB.[491] Dieser Grundsatz gilt im Allgemeinen für alle privatrechtlichen Anspruchsverhältnisse, was aus dem systematischen Standort des § 194 Abs. 1 BGB im Allgemeinen Teil des BGB folgt.

Vereinzelt existieren allerdings auch unverjährbare Ansprüche, namentlich

- zivilrechtliche Ansprüche, die aus einem nicht verjährbaren Verbrechen[492] erwachsen gem. § 194 Abs. 2 Nr. 1 BGB[493] und
- bestimmte familienrechtliche Ansprüche, die auf die Herstellung eines familienrechtlichen Verhältnisses für die Zukunft gerichtet sind gem. § 194 Abs. 2 Nr. 2 BGB[494]

sowie Ansprüche nach

- § 758 BGB – Anspruch auf Aufhebung einer Gemeinschaft,
- §§ 894, 896 i.V.m. § 898 BGB, teils auch i.V.m. § 1138 BGB – grundbuchrechtliche Ansprüche,
- § 902 BGB – im Grundbuch eingetragene Rechte,
- §§ 907 bis 909, 915, 917 Abs. 1, 918 Abs. 2, 919, 920 und 923 Abs. 2 BGB, jeweils i.V.m. § 924 BGB – nachbarrechtliche Ansprüche, sowie
- § 2042 Abs. 2 BGB – Anspruch auf Aufhebung einer Erbengemeinschaft.

Der Kreis der unverjährbaren Ansprüche ist damit sehr begrenzt. Ihnen liegen jeweils eigentümliche Sonderkonstellationen zugrunde, die eine Verjährung aus Sicht des Gesetzgebers ausnahmsweise und in Abweichung vom allgemeinen Grundsatz der Verjährbarkeit nicht gestatten.

Bei zivilrechtlichen Ansprüchen, die nach § 194 Abs. 2 Nr. 1 BGB aus einem unverjährbaren Verbrechen erwachsen, soll der Ausnahmecharakter in „*dem*

---

491 Motive, I, S. 292 = *Mugdan*, Materialien, Band 1, Allgemeiner Theil, S. 513; Begr. RegE BT- Drucks. 15/3653, S. 11; vgl. auch *Henrich,* in: BeckOK-BGB, § 194 Rn. 4.

492 Z.B. Mord nach § 211 StGB.

493 § 194 Abs. 2 Nr. 1 BGB wurde eingefügt durch das Gesetz zur Herstellung materieller Gerechtigkeit v. 21.12.2021, BGBl. I, S. 5252; vgl. zu dem neuen Tatbestand *Ellenberger*, in: Grüneberg, § 194 Rn. 7a.

494 Siehe dazu im Einzelnen *Ellenberger*, in: Grüneberg, § 194 Rn. 8.

exzeptionellen Unrecht"[495] liegen, das mit unverjährbaren Verbrechen verbunden ist und einer Verjährung der Schadenersatzansprüche entgegensteht. Hinsichtlich familienrechtlicher Ansprüche nach § 194 Abs. 2 Nr. 2 BGB, die auf die Herstellung familienrechtlicher Verhältnisse für die Zukunft gerichtet sind, soll die Unverjährbarkeit aus der sittlichen Pflicht zur Herstellung des familienrechtlichen Verhältnisses folgen, wobei die Unverjährbarkeit nicht zugunsten des Anspruchsgläubigers angeordnet ist, sondern aus sittlichen Gründen zugunsten der Allgemeinheit besteht.[496] Der Anspruch auf Aufhebung einer (Erben-)Gemeinschaft nach §§ 758, 2042 BGB unterliegt nicht der Verjährung, weil er auf einem Dauerzustand beruht, welcher sich fortgesetzt erneuert.[497] Ebenso liegt es bei den von § 924 BGB in Bezug genommenen nachbarrechtlichen Ansprüchen.[498] Bei den von § 898 BGB erfassten immobiliarsachenrechtlichen und grundbuchbezogenen Ansprüchen rechtfertigt sich die ausnahmsweise Unverjährbarkeit daraus, dass sich bei Verjährung etwa von Grundbuchberichtigungsansprüchen die Divergenz zwischen Grundbuchinhalt und der wahren Rechtslage verewigen würde.[499] Nach § 902 BGB sollen im Grundbuch eingetragene Rechte nicht verjähren, weil wegen der Eintragung eine durch Zeitablauf sich verdunkelnde Lage nicht eintreten kann, die Rechtssicherheit also nicht durch Zeitablauf beeinträchtigt wird. Zudem bezweckt die grundbuchliche Eintragung den dauerhaften Bestand eines Rechts.[500]

---

495 Bericht des Ausschusses für Recht und Verbraucherschutz, BT-Drucks. 19/31110, S. 5.

496 Motive, I, S. 294 = *Mugdan*, Materialien, Band 1, Allgemeiner Theil, S. 514.

497 Protokolle, II, S. 3088 = *Mugdan*, Materialien, Band 2, Recht der Schuldverhältnisse, S. 1210 f.: „*jederzeit von Neuem ein Anspruch auf Aufhebung entspringe*"; vgl. auch *Retzlaff*, in: Grüneberg, § 758 Rn. 1; *K. Schmidt*, in: MüKoBGB, § 758 Rn. 1.

498 A.A. *Herrler*, in: Grüneberg, § 924 Rn. 1, der nunmehr den Grund für die Unverjährbarkeit in der „*Stabiliesierg [sic!] des nachbarl Interessenkonflikts dch dauerh Lösg*" sieht – abweichend noch vertreten in der Voraufl. (82. Aufl., Rn. 1).

499 *Schäfer*, in: MüKoBGB, § 898 Rn. 1.

500 Motive, III, S. 251 = *Mugdan*, Materialien, Band 3, Sachenrecht, S. 139: „*Die Bucheinrichtung bezweckt ebenso wie die Verjährung den Schutz und die Sicherheit des gegebenen Rechtszustandes. Nur die Mittel, deren sich beide Institute bedienen, sind verschieden. Die Verjährung legt den von ihr betroffenen Rechten Schweigen auf, weil der Fortbestand derselben durch die Länge der Zeit mehr als zweifelhaft geworden ist; die Bucheinrichtung sichert den eingetragenen Rechten durch die Eintragung zweifellosen Bestand. Beide schließen somit in der Anwendung auf dasselbe Rechtsverhältniß einander aus. Die Frage ist deshalb die, wie dieser Widerstreit zu lösen, ob für die eingetragenen Rechte, der Verjährung gegenüber, die vollen Konsequenzen aus der*

Unverjährbare Ansprüche sind damit Ausnahmeerscheinungen im deutschen Privatrecht, die für bestimmte Sonderkonstellationen gelten.

2. Verjährungsfristen

Das heutige Regelungssystem der Verjährung sieht eine kurze dreijährige Regelverjährungsfrist nach § 195 BGB vor, die mit dem Schluss des Jahres beginnt, in dem der Anspruch entstanden ist und der Gläubiger von den den Anspruch begründenden Umständen und der Person des Schuldners Kenntnis erlangt hat (sog. Ultimo-Verjährung).[501] Anspruchsentstehung im verjährungsrechtlichen Sinne des § 199 Abs. 1 Nr. 1 BGB meint dabei nicht die materiell-rechtliche Begründung eines Anspruchs, sondern dessen Fälligkeit.[502] Flankiert wird diese kurze Frist durch eine längere, objektive Frist von zumeist zehn Jahren, in manchen Fällen auch von 30 Jahren, §§ 197 Abs. 1, 199 Abs. 2 - 4 BGB.[503] Hierdurch löst das Gesetz nach der Reform des SMG das Spannungsverhältnis und den Interessenkonflikt zwischen Gläubiger und Schuldner dahingehend auf, dass es einen gemischt subjektiv-objektiven Ansatz mit kurzer dreijähriger kenntnisabhängiger Verjährungsfrist und einer längeren, kenntnisunabhängigen Verjährungshöchstfrist verfolgt. Die kurze dreijährige Regelverjährungsfrist wird dadurch relativiert.[504]

Neben der für den Großteil zivilrechtlicher Ansprüche geltenden Regelverjährungsfrist bestehen durchaus auch nicht wenige Anspruchsverhältnisse, für die gesonderte kürzere oder längere Verjährungsfristen gelten, vor allem für kauf- oder werkvertragliche, familien- und erbrechtliche sowie auch für immobiliarsachenrechtliche Ansprüche.[505]

Bucheinrichtung zu ziehen sind, oder ob die Verjährung unter Abschwächung dieser Konsequenzen zuzulassen ist. Die Entscheidung aber kann nur im Sinne der ersteren Alternative ausfallen".

501 *Grothe*, in: MüKoBGB, § 199 Rn. 47.

502 BGH v. 12.2.1970 - VII ZR 168/67, BGHZ 53, 225 = NJW 1970, 938, 939; BGH v. 17.2.1971 - VIII ZR 4/70, BGHZ 55, 341 = NJW 1971, 979; *Dörner*, in: Schulze, § 199 Rn. 3; *Mansel*, in: Jauernig, § 199 Rn. 2.

503 *Ellenberger*, in: Grüneberg, Überbl. v. § 194 Rn. 2.

504 *Leenen*, DStR 2002, 34; *Witt*, JuS 2002, 105 f.

505 *Leenen*, DStR 2002, 34, 36.

3. Hemmung, Ablaufhemmung und Neubeginn

Die Tatbestände zur Hemmung und zum Neubeginn gelten im Grundsatz für alle verjährbaren Ansprüche gleichermaßen, egal ob diese der Regelverjährung oder einer Sonderverjährung unterliegen. Die Hemmung bewirkt, dass der Zeitraum, während dessen der Hemmungstatbestand vorliegt, gem. § 209 BGB nicht in die Verjährungsfrist eingerechnet wird.[506] Anders ausgedrückt führt die Hemmung zum Stillstand der Verjährungsfrist, welche erst nach Wegfall des Hemmungsgrundes weiterläuft. Als besondere Kategorie der Hemmung hat der Gesetzgeber die Ablaufhemmung vorgesehen.[507] Sie führt dazu, dass die Verjährung für den Zeitraum der Ablaufhemmung fristunabhängig nicht eintritt.[508] Der Neubeginn der Verjährung nach § 212 BGB lässt die Verjährungsfrist von Anfang an neu laufen. Im Bereich der Regelverjährungsfrist nach § 195 BGB gilt dies taggenau und nicht unter Anwendung des Ultimo-Prinzips.[509]

Das Gesetz sieht vier Gruppen von Tatbeständen zur Hemmung und zum Neubeginn der Verjährung vor:

- Verhandlungen;
- Rechtsverfolgung;
- Durchsetzungshindernisse;
- Anerkenntnis.

a. Verhandlungen nach § 203 BGB

Solange zwischen dem Schuldner und dem Gläubiger Verhandlungen über einen streitigen Anspruch schweben, soll der Gläubiger von dem zeitlichen Druck einer ablaufenden Verjährung befreit sein. Dem Schuldner soll es verwehrt sein, sich auf eine während der Verhandlungen ablaufende Verjährungsfrist zu berufen.[510] Die Hemmung endet mit der Verweigerung der Fortsetzung der Verhandlungen bzw. mit deren Einschlafen. Nach § 203 Satz 2 BGB greift zusätzlich eine recht kurze Ablaufhemmung von drei Monaten, um dem Gläubiger nach Ende der Verhandlungen noch die Gelegenheit zur Rechtsverfolgung zu geben.[511]

---

506 *Henrich*, in: BeckOK-BGB, § 209 Rn. 1.

507 *Leenen*, DStR 2002, 34, 41.

508 *Grothe*, in: MüKoBGB, § 209 Rn. 1.

509 *Dörner*, in: Schulze, § 212 Rn. 1.

510 Begr. Gesetzentwurf zum SMG v. 14.5.2001, BT-Drucks. 14/6040, S. 111; siehe auch *Grothe*, in: MüKoBGB, § 203 Rn. 3.

511 *Dörner*, in: Schulze, § 203 Rn. 4.

Die Hemmungszeit beginnt und endet nach § 209 BGB mit einschließlich dem Tag, in den das hemmende Ereignis, hier der Verhandlungsbeginn, fällt bzw. an dem die Verhandlungen enden.[512] Dabei bildet die Hemmungszeit keine Frist im Sinne der insoweit unanwendbaren §§ 186 ff. BGB.[513]

b. Rechtsverfolgung nach § 204 BGB

§ 204 Abs. 1 BGB sieht eine Reihe von Hemmungstatbeständen für die Anspruchsgeltendmachung in einem förmlichen Verfahren zur Rechtsverfolgung vor.[514] Durch diese Verfahren verfolgt der Gläubiger seinen Anspruch ernsthaft. Dies gewährt ihm Schutz vor der Verjährung.[515] Die Hemmung endet nach § 204 Abs. 2 BGB sechs Monate nach Ende des Verfahrens oder Verfahrensstillstand. Die verjährungshemmenden Rechtsverfolgungstatbestände sind enumerativ aufgeführt und im Grundsatz abschließend.[516]

c. Durchsetzungshindernisse nach §§ 205 ff. sowie § 771 BGB

Für Durchsetzungshindernisse kannte bereits das römische Recht das Prinzip, dass lediglich solche Zeiten in den Lauf der Verjährungsfrist eingerechnet werden sollten, in denen die Möglichkeit der Rechtsverfolgung auch tatsächlich bestand (*utile tempus*).[517] Die §§ 205 ff. BGB enthalten eine Reihe von Tatbeständen, die bei Vorliegen von Durchsetzungshindernissen eine Hemmung bzw. Ablaufhemmung begründen. Hier gewährt das Gesetz Gläubigern, denen die Durchsetzung ihres Anspruchs wegen eines Hindernisses verwehrt oder aber erheblich erschwert ist, einen Hemmungstatbestand:

> *„Es gibt Ereignisse, die den Ablauf einer Verjährungsfrist beeinflussen müssen. (…) Die Verjährung darf auch dann nicht weiterlaufen, wenn der Gläubiger aus anerkennenswerten Gründen gehindert ist, den Anspruch geltend zu machen.“*[518]

Als Hemmungsgründe normiert sind das vereinbarte Leistungsverweigerungsrecht des Schuldners nach § 205 BGB, höhere Gewalt nach § 206 BGB, Durchsetzungshindernisse in familiären Beziehungen nach § 207 BGB, Durchsetzungshindernisse, die auf dem jugendlichen Alter des Gläubigers beruhen nach

---

512 *Dörner*, in: Schulze, § 209 Rn. 1; *Ellenberger*, in: Grüneberg, § 209 Rn. 1.
513 *Grothe*, in: MüKoBGB, § 209 Rn. 4.
514 *Grothe*, in: MüKoBGB, § 204 Rn. 2.
515 Begr. Gesetzentwurf zum SMG v. 14.5.2001, BT-Drucks. 14/6040, S. 112.
516 *Piekenbrock*, Befristung, Verjährung, Verschweigung und Verwirkung, S. 427.
517 *Piekenbrock*, Befristung, Verjährung, Verschweigung und Verwirkung, S.102 f.
518 Begr. Gesetzentwurf zum SMG v. 14.5.2001, BT-Drucks. 14/6040, S. 111.

§ 208 BGB, die Erhebung der Einrede der Vorausklage durch den Bürgen nach § 771 Satz 2 BGB sowie, als Tatbestände der Ablaufhemmung, Durchsetzungshindernisse aufgrund mangelnder Vertretung eines nicht voll Geschäftsfähigen nach § 210 BGB und Durchsetzungshindernisse bei Ansprüchen aus einem Nachlass nach § 211 BGB. In diesen Fällen hat der Gesetzgeber anerkennenswerte Gründe für eine Hinauszögerung des Verjährungseintritts angenommen.[519] Ihnen ist gemeinsam, dass sie den Gläubiger entweder rechtlich[520] oder tatsächlich[521] an einer Anspruchsdurchsetzung hindern oder ihm diese erheblich erschweren. Näher eingegangen wird an dieser Stelle auf die Hemmung bei vereinbarten Leistungsverweigerungsrechten nach § 205 BGB, auf die Erhebung der Einrede der Vorausklage durch den Bürgen nach § 771 Satz 2 BGB sowie auf Durchsetzungshindernisse in familiären Beziehungen nach § 207 BGB.

§ 205 BGB begründet bei vertraglich vereinbarten Leistungsverweigerungsrechten eine Verjährungshemmung. Diese Wirkung tritt zum eigentlichen Zweck eines vereinbarten Leistungsverweigerungsrechts, dem gewährten Aufschub für die Erbringung der Leistung, hinzu. In der Regel ist mit der vertraglichen Vereinbarung eines Leistungsverweigerungsrechts, z.B. durch Stundung, auch ein Anerkenntnis des Anspruchs verbunden. Es ist dabei durchaus Teil der gesetzgeberischen Konzeption, dass die Vereinbarung eines Leistungsverweigerungsrechts zugleich sowohl Hemmungs- als auch Neubeginnstatbestände auslösen kann.[522] Die Vereinbarung mag, je nach den Umständen und dem Inhalt der Vereinbarung, auch zu einer erst später eintretenden Anspruchsfälligkeit und damit zu einer von Anfang an zeitlich verzögerten Anspruchsentstehung im verjährungsrechtlichen Sinne des § 199 Abs. 1 Nr. 1 BGB führen.[523] Die mögliche Überlappung von aufgeschobener Anspruchsentstehung, Hemmung und Neubeginn vor Augen verfolgte der Gesetzgeber mit Schaffung des § 205 BGB von vornherein nur einen Auffangtatbestand mit einer „*geringen Bedeutung*".[524] § 205 BGB soll dort eine Hemmung herbeiführen, wo dem nach Anspruchsentstehung vertraglich vereinbarten Leistungsverweigerungsrecht ausnahmsweise kein Anerkenntnis innewohnt, mithin kein Neubeginn der Verjährung nach § 212 Abs. 1 Nr. 1 BGB greift.

---

519 Begr. Gesetzentwurf zum SMG v. 14.5.2001, BT-Drucks. 14/6040, S. 111.
520 §§ 205, 207 Abs. 1 Satz 2 Nr. 2 – 4, § 210 BGB.
521 §§ 206, 207, 208, 211 BGB.
522 Begr. Gesetzentwurf zum SMG v. 14.5.2001, BT-Drucks. 14/6040, S. 118.
523 Begr. Gesetzentwurf zum SMG v. 14.5.2001, BT-Drucks. 14/6040, S. 118.
524 Begr. Gesetzentwurf zum SMG v. 14.5.2001, BT-Drucks. 14/6040, S. 118.

Ein Anwendungsbereich ergibt sich ferner dort, wo die vertraglich gewährte Stundungsdauer länger ist als die Verjährungsfrist. Hier würde ein mit der Stundungsabrede verbundenes Anerkenntnis unter Umständen nicht helfen, da selbst die neu in Gang gesetzte Verjährungsfrist vor dem Ende der Stundung ausliefe.[525]

Die Vorgängerversion des § 205 BGB, § 202 BGB a.F., sah noch zwei Alternativen vor, bei denen es zur Verjährungshemmung kommen konnte, (i) die vertragliche Stundung und (ii) das Leistungsverweigerungsrecht *„aus einem anderen Grunde"*. Heute beschränkt sich die Vorschrift des § 205 BGB bewusst allein auf vertragliche Leistungsverweigerungsrechte. Für nicht vertragliche Leistungsverweigerungsrechte ist nach der gesetzlichen Konzeption kein Hemmungstatbestand mehr vorgesehen.[526] Das bedeutet konkret, dass einredebehaftete Ansprüche ohne weiteres der Verjährung preisgegeben sind. Dies war auch bereits nach alter, vor dem SMG bestehender Rechtslage bei bestimmten Einreden aufgrund ausdrücklicher Regelung des § 202 Abs. 2 BGB a.F. so.[527] § 202 BGB a.F. lautete:

> *„(1) Die Verjährung ist gehemmt, solange die Leistung gestundet oder der Verpflichtete aus einem anderen Grunde vorübergehend zur Verweigerung der Leistung berechtigt ist.*
>
> *(2) Diese Vorschrift findet keine Anwendung auf die Einrede des Zurückbehaltungsrechts, des nicht erfüllten Vertrags, der mangelnden Sicherheitsleistung, der Vorausklage sowie auf die nach § 770 dem Bürgen und nach den §§ 2014, 2015 dem Erben zustehenden Einreden."*

Zu bemerken ist allerdings, dass diese Einredetatbestände zumeist keinen Ausschluss der Durchsetzbarkeit bewirken. So ist ein Anspruch, dem etwa die Einrede aus § 273, § 320 BGB oder § 369 HGB entgegensteht, gleichwohl durch Leistungsklage einklagbar. Die Verurteilung zur Leistung erfolgt dann jedoch lediglich Zug um Zug, §§ 274 Abs. 1, 322 Abs. 1 BGB,[528] wobei es der Gläubiger in der Hand hat, durch Angebot bzw. Erbringung der eigenen Gegenleistung die Durchsetzung in der Zwangsvollstreckung zu ermöglichen.

Anders verhält es sich bei Einreden, bei denen dem Gläubiger die Durchsetzung nicht ohne weiteres möglich ist. So erfordert etwa die Einrede der Vorausklage des Bürgen nach § 771 Satz 1 BGB vom Gläubiger, zunächst einen vollstreckbaren Titel gegen den Hauptschuldner zu erwirken und sodann einen

525 *Ellenberger*, in: Grüneberg, § 205 Rn. 2.

526 *Emmerich*, in: MüKoBGB, § 320 Rn. 53; *Fries*, in: Schulze, § 320 Rn. 11; *Schmidt*, in: BeckOK-BGB, § 320 Rn. 25; *Schulze*, in: Schulze, § 273 Rn. 18.

527 Siehe § 202 Abs. 2 BGB a.F.

528 *Emmerich*, in: MüKoBGB, § 322 Rn. 1, 16 ff.; *Schmidt*, in: BeckOK-BGB, § 322 Rn. 2, 8; *Schulze*, in: Schulze, § 274 Rn. 1; *Stadler*, in: Jauernig, § 274 Rn. 1.

fruchtlosen Vollstreckungsversuch gegen diesen zu unternehmen.[529] Hier liegt auf der Hand, dass dieses Unterfangen unter Umständen die zur Verfügung stehende kurze Regelverjährungsfrist bereits vollständig ausschöpfen kann, da der Bürgschaftsanspruch bereits gleichzeitig mit der Hauptforderung zur Entstehung gelangen und damit den Verjährungslauf in Gang setzen kann.[530] Die Einrede der Vorausklage des Bürgen entfiele dann erst nach Eintritt der Verjährung.[531] § 771 Satz 2 BGB sieht deshalb einen Sondertatbestand zur Verjährungshemmung während dieser Zeit vor. Geknüpft an die Erhebung der Einrede der Vorausklage durch den Bürgen tritt die Hemmung der Verjährung ein, bis der Gläubiger eine Zwangsvollstreckung gegen den Hauptschuldner versucht hat.[532] *Habersack* vertritt hingegen zu § 771 Satz 2 BGB die Auffassung, dass es der Vorschrift nicht bedurft hätte, weil anfängliche Leistungsverweigerungsrechte bereits die verjährungsrechtliche Anspruchsentstehung hinderten und damit den Verjährungslauf nicht in Gang setzten.[533]

§ 207 BGB regelt u.a., dass die Verjährung von Ansprüchen zwischen Ehegatten sowie zwischen Eltern und ihrem Kind gehemmt ist, solange die Ehe besteht bzw. solange ein Kind noch nicht das 21. Lebensjahr vollendet hat und klassischerweise gemeinsam mit den Eltern einen Hausstand bildet. Bezweckt ist die Erhaltung des Familienfriedens und die Vermeidung von Störungen, solange eine Ehe besteht bzw. ein Kind dem elterlichen Hausstand angehört.[534]

---

529 *Habersack*, in: MüKoBGB, § 771 Rn. 3; *Staudinger*, in: Schulze, § 771 Rn. 1.

530 BGH v. 29.1.2008 – XI ZR 160/07, BGHZ 175, 161 = NJW 2008, 1729, Rn. 22 ff.; BGH v. 23.9.2008 – XI ZR 395/07, NJW 2009, 587, Rn. 10 – beide BGH-Entscheidungen sind für den Fall selbstschuldnerischer Bürgschaft ergangen; vgl. auch Beschlussempfehlung und Bericht des Rechtsausschusses zum SMG, BT-Drucks. 14/7052, S. 206 sowie *Habersack*, in: MüKoBGB, § 771 Rn. 7.

531 Beschlussempfehlung und Bericht des Rechtsausschusses zum SMG, BT-Drucks. 14/7052, S. 206; *Staudinger*, in: Schulze, § 771 Rn. 1.

532 *Grüneberg*, in: Grüneberg, § 771 Rn. 3; *Habersack*, in: MüKoBGB, § 771 Rn. 8; *Schlößer*, NJW 2006, 645 f. Hier hat es der Gläubiger in der Hand, die Hemmungszeit dadurch hinauszuschieben, indem er von ggf. vornherein aussichtslosen Vollstreckungsversuchen absieht.

533 *Habersack*, in: MüKoBGB, § 771 Rn. 7.

534 *Grothe*, in: MüKoBGB, § 207 Rn. 1.

d. *Neubeginn nach § 212 BGB*

Zu einem Neubeginn der Verjährung führen allein Anerkenntnisse oder Vollstreckungshandlungen nach § 212 Abs. 1 BGB. Der Neubeginn ersetzt gewissermaßen die früher geltende Unterbrechung der Verjährung.[535]

4. Zwischenergebnis

Der Gesetzgeber hat mit dem heutigen Verjährungsrecht ein recht klar strukturiertes Gesamtkonzept geschaffen. Ansprüche sind im Grundsatz verjährbar, es gilt eine kurze dreijährige kenntnisabhängige Regelverjährungsfrist, flankiert von zehn- bzw. dreißigjährigen Verjährungshöchstfristen. Eine Verjährungshemmung bzw. ein Neubeginn der Frist ist in vier Fallgruppen anzunehmen.

Für die Bewertung der heutigen Verjährungsregelung im Hinblick auf die Lösung des Interessenwiderstreits zwischen Schuldner, Gläubiger und der Allgemeinheit ist eine Gesamtschau von Fristbeginn bzw. -ende, Fristenlänge sowie Hemmungs- und Neubeginnsgründen vorzunehmen.[536] Das Zusammenspiel dieser Regelungen reflektiert den rechtspolitischen Willen des Gesetzgebers.[537] Festzustellen ist in der Gesamtbetrachtung des heutigen Verjährungsrechts, dass sich der Gesetzgeber für einen schnellen Eintritt der Verjährung und damit des Rechtsfriedens entschieden hat. Dieser Befund beruht insbesondere auf

- dem in der Regel sofortigen Beginn der Verjährungsfrist mit Anspruchsentstehung,[538]
- einer eng umgrenzten Hemmungszeit, die im Wesentlichen nur während des Vorliegens der Tatbestandsvoraussetzungen der Hemmungstatbestände gilt,[539] und
- dem nur in engen Grenzen vorgesehenen Neubeginn des Verjährungslaufs.

Das gegenläufige Interesse, berechtigte Ansprüche auch nach einigen Jahren noch durchsetzen zu können, wird dementsprechend zurückgestellt bzw. erheblich ein-

535 *Leenen*, DStR 2002, 34, 40.

536 Vgl. dazu Begr. Gesetzentwurf zum SMG v. 14.5.2001, BT-Drucks. 14/6040, S. 95.

537 *Mansel*, NJW 2002, 89, 95.

538 Nach § 271 Abs. 1 BGB tritt die Fälligkeit eines Anspruchs sofort ein, die auch zur verjährungsrechtlichen Anspruchsentstehung im Sinne des § 199 Abs. 1 Nr. 1 BGB führt.

539 Teils mit sich anschließenden kurzen Hemmungszeiträumen etwa nach § 204 Abs. 2 BGB bzw. einer kurzen Ablaufhemmung von nur wenigen Monaten nach § 203 Satz 2 BGB; eine Generalklausel zur Verjährungshemmung existiert nicht.

schränkt.[540] Damit hat der Gesetzgeber eine klare rechtspolitische Positionierung vorgenommen.

Zutreffend ist allerdings, dass die kurze Regelverjährungsfrist von drei Jahren erstens durch die Subjektivierung des Fristbeginns nach § 199 Abs. 1 Nr. 2 BGB sowie zweitens durch die um ein Vielfaches länger laufenden objektiven Verjährungshöchstfristen relativiert wird, worauf manche Literaturstimmen besonders hinweisen.[541] Zumeist hilft diese Relativierung dem Gläubiger jedoch nicht, da er sofort von der Anspruchsentstehung und seinem Schuldner Kenntnis hat. Insbesondere ist dies auch in der hier betrachteten Auseinandersetzung zwischen den Gesellschaftern und der Gesellschaft der Fall.[542] Die Einzelansprüche sind daher zumeist der kurzen Regelverjährungsfrist ausgesetzt. In der Liquidation sind die Gesellschafter und die Gesellschaft deshalb auf Grundlage der *lex lata* mit dem Problem eines schnellen Eintritts der Verjährung ihrer Einzelansprüche konfrontiert. Zugleich sind die Einzelansprüche der Durchsetzungssperre ausgesetzt.

V. Auslegung und Analogiefähigkeit von Verjährungsnormen

Nach Ansicht des BGH sollen bei der Auslegung und auch bei einer rechtsfortbildenden Anwendung verjährungsrechtlicher Normen strenge Maßstäbe anzulegen sein:

> *„Da der Rechtsverkehr klare Verhältnisse erfordert und die Vorschriften über die Verjährung dementsprechend eine formale Regelung enthalten, ist es grundsätzlich geboten, sich bei der Anwendung solcher Vorschriften eng an deren Wortlaut zu halten (…). Das schließt nach der Rechtsprechung des BGH die analoge Anwendung von Vorschriften des Verjährungsrechts zwar nicht von vorneherein aus (…). Im Bereich des Verjährungsrechts sind aber mit Rücksicht auf dessen formalen Charakter an die Rechtfertigung einer über den Wortlaut der Vorschriften hinausgehenden Anwendung besonders strenge Anforderungen zu stellen. Das gilt im Hinblick auf die dem Rechtsfrieden und der Rechtssicherheit dienende Funktion des Verjährungsrechts insbesondere dann, wenn sich die Frage stellt, ob eine Sondervorschrift über die Verjährung bestimmter Ansprüche auf Fallgestaltungen entsprechend angewandt werden kann, die in ihr nicht ausdrücklich genannt sind.“*[543]

---

540 Siehe dazu *Armbrüster*, Verjährbarkeit der Vindikation?, S. 53, 61.

541 *Grothe*, in: MüKoBGB, § 199 Rn. 2; *Witt*, JuS 2002, 105, 106.

542 Die Ansprüche aus dem Innenverhältnis der Gesellschaft unterfallen in Ermangelung von insoweit bestehenden Sonderverjährungsvorschriften ganz überwiegend der Regelverjährung und die Gesellschafter bzw. die Geschäftsführung der Gesellschaft werden im Regelfall auch Kenntnis von den Ansprüchen haben.

543 BGH v. 30.9.2003 – XI ZR 426/01, BGHZ 156, 232 = VIZ 2004, 86, 89; siehe auch BGH v. 8.12.1992 – X ZR 123/90, NJW-RR 1993, 1059, 1060 sowie BGH v. 17.12.2020 – VI ZR 739/20, NJW 2021, 918, Rn. 10.

1. Auslegung

Bei der Auslegung von Hemmungstatbeständen sollen damit, wie bereits auch schon das Reichsgericht befand,[544] im Grundsatz enge Grenzen gelten, um die von der Verjährung verfolgten Zwecke des Rechtsfriedens und der Rechtssicherheit zu verwirklichen.[545] Im Zweifel soll jedoch auch bei der Auslegung von Verjährungsnormen dem Gesetzeszweck Vorrang vor dem Wortlaut einzuräumen sein.[546]

2. Analogien zu Hemmungstatbeständen

Analogien zu Hemmungstatbeständen werden in der Literatur teils ohne Einschränkungen für zulässig erachtet, teils werden sie nur in engen Grenzen befürwortet.[547] Die vor dem SMG ergangene Rechtsprechung hielt Analogien im Grundsatz für zulässig.[548]

Der Fragestellung nähert man sich vorzugsweise durch Betrachtung der Beweggründe des historischen Gesetzgebers. Nach der Begründung des Gesetzentwurfs zum SMG wurde das Ziel verfolgt, die Regelungen zu den Hemmungstatbeständen *„zu verallgemeinern.“*[549] Der Reform der Hemmungstatbestände lag damit das Konzept zugrunde, allgemeingültige Prinzipien zum Eingreifen der Hemmungswirkung aufzustellen und diese in Einzelregelungen umzusetzen. So können

> *„manche Hemmungsgründe (...) auf Rechtsgedanken zurückgeführt werden, die nicht nur für den jeweils geregelten Fall, sondern allgemeine Geltung erlangen sollten.“*[550]

---

544 RG v. 8.6.1928 - III 426/27, RGZ 120, 355, 359.

545 *Grothe*, in: MüKoBGB, § 203 Rn. 1 - wobei für § 203 BGB eine Ausnahme von der grundsätzlich engen Auslegung der Hemmungstatbestände zu machen sein soll, siehe dazu auch *Boecken*, BGB AT, Rn. 717.

546 So *Ellenberger*, in: Grüneberg, Überbl. v. § 194 Rn. 12 unter Bezugnahme auf BGH v. 14.7.1970 - VIII ZR 1/69, BGHZ 54, 268 = NJW 1970, 1736, 1737.

547 *Ellenberger*, in: Grüneberg, Überbl. v. § 194 Rn. 12: *„nicht ausgeschl“*; *Grothe*, in: MüKoBGB, § 194 Rn. 8: *„schließt Analogiebildungen zwar nicht schlechthin aus, doch sind an sie besonders strenge Anforderungen zu stellen“*; a.A. *Jacoby*, in: Staudinger, Vorbem. zu §§ 194-225 Rn. 48: *„ohne Einschränkungen möglich“*.

548 BGH v. 8.12.1992 - X ZR 123/90, NJW-RR 1993, 1059, 1060 - diese Entscheidung dürfte in Anbetracht der grundlegenden Reform des Verjährungsrechts durch das SMG im Jahre 2001 jedoch nur noch von beschränkter Aussagekraft sein.

549 Begr. Gesetzentwurf zum SMG v. 14.5.2001, BT-Drucks. 14/6040, S. 91.

550 Begr. Gesetzentwurf zum SMG v. 14.5.2001, BT-Drucks. 14/6040, S. 91.

Diesem Umstand kommt für die Zulässigkeit von Rechtsfortbildungen im Bereich der Hemmungsnormen besondere Bedeutung zu. Liegt einem Normenkomplex ein allgemeiner Rechtsgedanke zugrunde, ist dessen grundsätzliche Übertragbarkeit auch für ähnlich gelagerte Konstellationen naheliegend, die vom Wortlaut der Hemmungsnormen nicht erfasst werden.[551] Allerdings ergibt sich aus der Gesetzesbegründung auch, dass „*die bisher lückenhafte Regelung zu ergänzen*“[552] war, was die Kodifizierung eines in sich geschlossenen Regelungssystems der Hemmungstatbestände andeuten könnte.

Die Gesetzesbegründung zum SMG hebt in den Vorbemerkungen zur Neuregelung der Hemmungstatbestände zudem hervor, dass keine Verjährung eintreten dürfte, wenn der Gläubiger „*aus anerkennenswerten Gründen*“ an einer Geltendmachung gehindert sei.[553] Damit ist zum einen gesagt, dass die Umstände, die eine Hemmung rechtfertigen, durch Bewertung zu identifizieren sind. Zum anderen sollen Gründe, wenn sie „*anerkennenswert*“ sind, zur Hemmung führen. Es lässt sich daraus die Schlussfolgerung ziehen, dass nicht allein die ausdrücklich im Gesetz genannten Durchsetzungshindernisse nach §§ 205 ff. BGB eine Hemmung rechtfertigen. Vielmehr bleibt Raum für Analogiebildungen.

Hinsichtlich der Durchsetzungshindernisse der §§ 205 ff. BGB ist zudem der Wortlaut der Tatbestände offen gestaltet: § 205 BGB spezifiziert den Gegenstand eines die Verjährung hemmenden, vereinbarten Leistungsverweigerungsrechts nicht näher. Unter „*höhere Gewalt*“ als Hemmungsgrund nach § 206 BGB lassen sich recht verschiedenartige Ereignisse fassen.[554] Auch dies legt eine Übertragbarkeit der Rechtsgedanken der §§ 205 ff. BGB auf ähnlich gelagerte – aber ungeregelte – Sachverhalte nahe.

3. Zwischenergebnis

Die Hemmungsnormen des BGB sind mit Blick auf den formalen Charakter des Verjährungsrechts im Grundsatz eng auszulegen.[555] Gleichwohl sind sie analogiefähig, wobei an die Analogievoraussetzungen besonders strenge Anforderungen zu stellen sind.

---

551 Vgl. dazu auch *Möllers*, Juristische Methodenlehre, § 6 Rn. 100, 115 – die Annahme eines geschlossenen Regelungssystems von Einzelfallregelungen bzw. -ausnahmen ist dann zu verneinen.

552 Begr. Gesetzentwurf zum SMG v. 14.5.2001, BT-Drucks. 14/6040, S. 91.

553 Begr. Gesetzentwurf zum SMG v. 14.5.2001, BT-Drucks. 14/6040, S. 111.

554 *Dörner*, in: Schulze, § 206 Rn. 1.

555 Dies gilt allerdings nicht für § 203 BGB, *Grothe*, in: MüKoBGB, § 203 Rn. 1.

VI. Einwand unzulässiger Rechtsausübung gegen die Verjährungseinrede

Jenseits der Normen zur Hemmung und zum Neubeginn spielt auch der Grundsatz von Treu und Glauben nach § 242 BGB eine nicht unerhebliche Rolle im Verjährungsrecht. Dem Schuldner kann eine Berufung auf die Verjährungseinrede als unzulässige Rechtsausübung versagt sein. Als Ansatzpunkte für eine unzulässige Rechtsausübung kommen dabei

- ein Vorverhalten, insbesondere sofern zur Rechtsausübung in Widerspruch stehend,
- ein unredlicher Erwerb der Rechtsstellung,
- die Art und Weise der Geltendmachung einer Rechtsposition sowie
- das Fehlen eines schutzwürdigen Eigeninteresses an einer Rechtsausübung

in Betracht.[556]

1. Vorverhalten/Vertrauenstatbestand

Verjährungsrechtlich besonders stark thematisiert ist die Fallgruppe des Vorverhaltens. Dem Schuldner ist es nach Treu und Glauben verwehrt, sich auf die Einrede der Verjährung zu berufen, wenn dies im Widerspruch zu seinem vorangegangenen Verhalten steht (*venire contra factum proprium*).[557] Zum Tragen kam diese Fallgruppe der unzulässigen Rechtsausübung in der Vergangenheit häufig dann, wenn sich der Schuldner auf Verhandlungen über den Anspruch eingelassen hatte, während derer der Anspruch – nach früherer Rechtslage – verjährte.[558] Eine Verjährungshemmung durch Verhandlungen war nach alter Rechtslage vor dem SMG durch § 852 Abs. 2 BGB a.F. zunächst nur für den deliktischen Bereich vorgesehen, aber noch nicht allgemeiner Hemmungsgrund für alle Arten von Ansprüchen. Der BGH sah sich darum veranlasst, diesen Grundsatz über § 242 BGB bei Vorliegen entsprechender Voraussetzungen auch im außerdeliktischen Bereich zur Anwendung zu bringen.[559] Bei Verjährungseintritt während schwe-

---

556 *Schubert*, in: MüKoBGB, § 242 Rn. 262 ff.; *Sutschet*, in: BeckOK-BGB, § 242 Rn. 57 ff.

557 *Schulze*, in: Schulze, § 242 Rn. 36.

558 *Grothe*, in: MüKoBGB, § 194 Rn. 18; *Mansel*, NJW 2002, 89, 98; *Schubert*, in: MüKoBGB, § 242 Rn. 331.

559 BGH v. 1.2.1977 – VI ZR 43/75, VersR 1977, 617, Rn. 18 ff. – wobei allerdings nicht jede Aufnahme von Verhandlungen zur Begründung des Treuwidrigkeitseinwandes ausreichen sollte, sondern vielmehr erhöhte Anforderungen an das Verhalten des

bender Verhandlungen konnte die Berufung auf die Verjährungseinrede dann als treuwidrig zurückgewiesen werden.[560] Durch das SMG wurde die Verjährungshemmung durch Verhandlungen gem. § 203 BGB zum allgemeinen Hemmungstatbestand erhoben, sodass diese Fallgruppe der unzulässigen Rechtsausübung – und damit zugleich ihr wesentlicher Anwendungsfall – mittlerweile obsolet geworden ist.[561] Anwendungsfälle verjährungsrechtlich unzulässiger Rechtsausübung werden heute etwa dann noch befürwortet, wenn die Parteien verabredet haben, die Klärung eines Musterprozesses abzuwarten oder aber die Erhebung der Verjährungseinrede standeswidrig wäre.[562]

Für eine unzulässige Rechtsausübung im Rahmen des Verjährungsrechts ist ein positives Tun oder Unterlassen erforderlich, das es als treuwidrig erscheinen ließe, wenn der Schuldner sich nun doch auf Verjährung beriefe.[563] So entschied der BGH:

> „*Nach ständiger Rechtsprechung ist die Erhebung der Verjährungseinrede dann gem. § 242 BGB treuwidrig und unwirksam, wenn der Gläubiger aus dem gesamten Verhalten des Schuldners für diesen erkennbar das Vertrauen schöpfte und auch schöpfen durfte, daß der Schuldner die Verjährungseinrede nicht erheben, sondern sich auf sachliche Einwände beschränken werde.*“[564]

> „*Widersprüchliches Verhalten ist rechtsmissbräuchlich, wenn für den anderen Teil ein Vertrauenstatbestand geschaffen worden ist oder wenn andere besondere Umstände die Rechtsausübung als treuwidrig erscheinen lassen.*“[565]

Festzuhalten ist damit, dass die Rechtsprechung des BGH bislang ein Vorverhalten des Schuldners fordert, welches die Berufung auf die Verjährungseinrede als treuwidrig erscheinen lässt.

Schuldners gestellt wurden, der „*ausreichenden Anlaß*“ dazu gegeben haben musste, von einer Klageerhebung Abstand zu nehmen.

560 BGH v. 1.2.1977 – VI ZR 43/75, VersR 1977, 617, Rn. 18 ff.; vgl. dazu auch Begr. Gesetzentwurf zum SMG v. 14.5.2001, BT-Drucks. 14/6040, S. 111; *Ellenberger*, in: Grüneberg, Überbl. v. § 194 Rn. 16.

561 *Ellenberger*, in: Grüneberg, Überbl. v. § 194 Rn. 16.

562 Dazu *Grothe*, MüKoBGB, § 194 Rn. 18, 22.

563 BGH v. 27.1.1999 – XII ZR 113/97, NJW 1999, 1101, 1103 f.; BGH v. 14.9.2004 – XI ZR 248/03, NJW-RR 2005, 415, 416; OLG Köln v. 14.9.1982 – 4 WF 173/82, BeckRS 2010, 15278, Rn. 10; vgl. auch *Grothe*, in: MüKoBGB, § 194 Rn. 18: „*wirklich groben Verstoß gegen Treu und Glauben*“.

564 BGH v. 27.1.1999 – XII ZR 113/97, NJW 1999, 1101, 1103 f.

565 BGH v. 14.9.2004 – XI ZR 248/03, NJW-RR 2005, 415, 416.

Eine Einzelentscheidung des OLG Düsseldorf reicht über die Grenzen der vorgenannten BGH-Rechtsprechung noch hinaus.[566] Dieses entschied, dass allein kraft einer besonderen Rechtsbeziehung mit gesteigerter Treuepflicht eine Berufung auf die Verjährungseinrede treuwidrig sein könne.[567] Die Belastbarkeit dieser Entscheidung und ihre Anwendbarkeit auf die Durchsetzungssperre werden noch gesondert zu erörtern sein.[568]

2. Übrige Fallgruppen

Die übrigen Fallgruppen unzulässiger Rechtsausübung dürften im Kontext der Durchsetzungssperre nicht einschlägig sein. So ist schwer vorstellbar, wie die Art und Weise der Geltendmachung der Verjährungseinrede treuwidrig sein könnte oder dass ein schutzwürdiges Eigeninteresse an der Erhebung der Einrede fehlen könnte.[569] Auch ein unredlicher Erwerb der Rechtsstellung, hier der Verjährungseinrede, ist fernliegend.

3. Zwischenergebnis

Bei der unzulässigen Rechtsausübung im Verjährungsrecht liegt der Fokus nach wie vor auf der Fallgruppe des Vorverhaltens. Eine eingehende Diskussion der Frage, ob die Erhebung der Verjährungseinrede in der Liquidation tatsächlich treuwidrig ist, erfolgt in einem gesonderten Abschnitt.[570]

VII. Privatautonomie und Verjährungsrecht

Die aus Art. 2 Abs. 1 GG abgeleitete Vertragsfreiheit verleiht das Recht, die privaten Rechtsverhältnisse eigenverantwortlich zu gestalten.[571] Hierzu rechnet ins-

---

566 OLG Düsseldorf v. 5.12.2008 – 3 Wx 158/08, NJW-RR 2009, 660.

567 OLG Düsseldorf v. 5.12.2008 – 3 Wx 158/08, NJW-RR 2009, 660 – für die Verhältnisse innerhalb einer Wohnungseigentümergemeinschaft; vgl. dazu auch *Dörner*, in: Schulze, § 214 Rn. 3; *Henrich*, in: BeckOK-BGB, § 214 Rn. 10.

568 Dazu F.VIII.

569 Selbst ein noch unverjährter Regressanspruch gegen einen Dritten ändert zunächst nichts an der Belastung des Schuldners durch die Inanspruchnahme, welcher darum ein schützenswertes Interesse an der Berufung auf die Verjährung haben kann, zumal eine Regressdurchsetzung mit Risiken behaftet sein kann.

570 Dazu F.VIII.

571 BVerfG v. 19.10.1993 – 1 BvR 567/89, BVerfGE 89, 214 = NJW 1994, 36, 38: „*Gestaltung der Rechtsverhältnisse durch den Einzelnen nach seinem Willen*“; *Reul*, DnotZ 2007, 184, 186, 192.

besondere die inhaltliche Gestaltungsfreiheit nach § 311 Abs. 1 BGB, die den Rechtssubjekten die inhaltliche Aus- und Umgestaltung ihrer Rechtsverhältnisse gestattet, wenn und soweit nicht eine zwingende gesetzliche Vorschrift (*lex cogens*) entgegensteht.[572]

Bis zur Reform des SMG regelte § 225 Satz 1 BGB a.F., dass die Verjährung durch Rechtsgeschäft weder ausgeschlossen noch erschwert werden konnte.[573] Erleichterungen der Verjährung hingegen waren nach § 225 Satz 2 BGB a.F. zulässig. Bis zur Reform des SMG dürfte es damit auch durchgreifende Bedenken begründet haben, durch Rechtsgeschäft bestehende Hemmungstatbestände zu erweitern oder zusätzliche Hemmungstatbestände zu schaffen. Denn solche hätten die Verjährung erschwert.

Nach Aufhebung des § 225 BGB a.F. zieht § 202 BGB die äußere Grenze für verjährungsrechtliche Vereinbarungen. § 202 BGB ist allerdings von einem deutlich liberaleren Geist beseelt. Nach § 202 Abs. 1 BGB sind

- Erleichterungen für die Verjährung von Ansprüchen aus Vorsatzhaftung ausgeschlossen und
- die Verjährung kann durch Rechtsgeschäft nicht über eine Dauer von 30 Jahren ab dem gesetzlichen Verjährungsbeginn hinaus erschwert werden.[574]

Weitere Beschränkungen privatautonomer Verjährungsregelungen können ferner aus dem AGB-Recht folgen.[575]

Für Vereinbarungen über die Verjährungshemmung enthält das BGB keine expliziten Vorgaben oder Schranken. Auf dieser Basis ist die grundsätzliche Zulässigkeit privatautonomer Regelungen zur Verjährung anzunehmen.[576] Das gilt insbesondere auch für deren Erschwerung.[577] Dies umfasst nach in der Literatur vertretener Auffassung das Recht, die Hemmung von privatrechtlichen Anspruchsverhältnissen einer Regelung zuzuführen[578] sowie auch das Recht zur

---

572 *Emmerich*, in: MüKoBGB, § 311 Rn. 1.

573 § 225 BGB a.F. lautete wie folgt: „*Die Verjährung kann durch Rechtsgeschäft weder ausgeschlossen noch erschwert werden. Erleichterung der Verjährung, insbesondere Abkürzung der Verjährungsfrist, ist zulässig.*“; vgl. dazu auch *Mansel*, NJW 2002, 89, 96.

574 *Mansel*, NJW 2002, 89, 96; *Witt*, JuS 2002, 105, 110.

575 *Boecken*, BGB AT, Rn. 726; *Henrich*, in: BeckOK-BGB, § 202 Rn. 1; *Leenen*, DStR 2002, 34, 41.

576 *Grothe*, in: MüKoBGB, § 203 Rn. 2.

577 *Boecken*, BGB AT, Rn. 725.

578 *Ellenberger*, in: Grüneberg, § 202 Rn. 4; *Windorfer*, NJW 2015, 3329, 3333.

vertraglichen Schaffung weiterer, über die gesetzlich vorgesehenen Hemmungstatbestände hinausreichender Hemmungstatbestände.[579] Diese Lesart ist zutreffend. In Ermangelung weiterer gesetzlicher Beschränkungen jenseits des § 202 BGB besteht kein Grund für eine Einengung der verfassungsmäßig garantierten Vertragsfreiheit, die auch im Bereich des Verjährungsrechts gilt. Im Ergebnis ist damit kein *numerus clausus* der gesetzlichen Hemmungstatbestände anzunehmen und solche können durch vertragliche Vereinbarung in den Grenzen des § 202 BGB sowie ggf. des AGB-Rechts frei gestaltet werden.

VIII. Zwischenergebnis

Die Anwendung von Vorschriften aus einem Normenkomplex – sowohl im Wege der direkten Gesetzesanwendung als auch im Wege der Rechtsfortbildung – stellt dann eine besondere Herausforderung dar, wenn dem Normenkomplex kein einheitlicher Zweck zugrunde liegt, sondern ein inhomogenes Motivbündel.[580] Das gilt in besonderem Maße für das Verjährungsrecht. Ihm sind recht verschiedenartige und zueinander in Spannungsverhältnissen stehende Zielsetzungen zu eigen. So bezweckt das Verjährungsrecht eine Begrenzung der Geltendmachung von Ansprüchen, gleichzeitig soll aber jedem Gläubiger eine faire Chance zur Rechtsverwirklichung eingeräumt bleiben. Allerdings kann es durch objektive Verjährungshöchstfristen auch zur Verjährung kommen, ohne dass der Gläubiger von seinem Anspruch überhaupt Kenntnis hatte oder haben konnte. Einerseits dient die Verjährung dem Schutz vor sich eintrübenden Verteidigungs- und Beweismöglichkeiten sowie dem Schutz vor einer Verschlechterung der Regressaussichten. Andererseits können Durchsetzungshindernisse nach §§ 205 ff. BGB auch eine sehr langfristige Hemmung der Verjährung begründen,[581] die diese Zwecke ins Leere laufen lässt.

Schon in ihrer grundsätzlichen Ausrichtung stehen sich der Verjährungslauf und die Hemmung kontradiktorisch gegenüber. Der kurze Verjährungslauf, für den sich der Gesetzgeber mit dem SMG rechtspolitisch entschieden hat, bezweckt die schnelle Herstellung von Rechtsfrieden und Rechtssicherheit. Die Hemmungsnormen dienen einer gegenläufigen Offenhaltung einer späteren Rechtsverfolgung aus bestimmten Beweggründen und unter bestimmten Voraussetzungen. An diesem Spannungsverhältnis hat sich auch durch die Reform des SMG nichts geändert. Vielmehr ist zu konstatieren, dass es dem Gesetzgeber mit dem SMG

579 *Grothe*, in: MüKoBGB, § 202 Rn. 2.

580 *Piekenbrock*, Befristung, Verjährung, Verschweigung und Verwirkung, Vorwort.

581 Etwa die Dauer eine Ehe nach § 207 Abs. 1 Satz 1 BGB.

gelungen ist, die widerstreitenden Interessen und Gesichtspunkte in ein recht klar strukturiertes Schema zu bringen: Die Verjährungsfristen beginnen grundsätzlich sofort zu laufen, es gilt eine dreijährige allgemeine Regelverjährungsfrist und mögliche Hemmungsgründe sind in vier Gruppen untergliedert.[582]

Die Gemengelage an verjährungsrechtlichen Zielsetzungen und Interessen stellt an die Auslegung und Rechtsfortbildung verjährungsrechtlicher Normen besondere Anforderung. Die für die betroffene Norm maßgeblichen – mehrdimensionalen – Schutzzwecke und Interessenlagen sind herauszuarbeiten. Sie und die in ihnen angelegten Spannungsverhältnisse sind im Sinne der gesetzgeberischen Grundwertungen bei der Rechtsfindung zu berücksichtigen. Auslegung und Rechtsfortbildung im Verjährungsbereich sind damit in besonderem Maße durch Wertungen geprägt. Vom Gesetz vorgesehene Eingriffe in den Verjährungslauf durch Hemmungstatbestände sind insbesondere wegen des formalen Charakters des Verjährungsrechts restriktiv und nur mit Zurückhaltung anzuwenden. Hinzu tritt, dass das Verjährungsrecht einer vertraglichen Regelung durch die Parteien heute in weiten Teilen zugänglich gemacht wurde und privatautonomer Gestaltungsspielraum besteht, sodass sich die Parteien auch selbst behelfen können, sofern sie die vorgefundene verjährungsrechtliche Lage nicht billigen.

Schließlich kann die Erhebung des Verjährungseinwands auch eine unzulässige Rechtsausübung darstellen, sofern die dazu aus der Generalklausel des § 242 BGB entwickelten Fallgruppen vorliegen.

582 Dazu D.IV.4.

E. Vergleich zu anderen Durchsetzungssperren

In diesem Kapitel wird die liquidationsrechtliche Durchsetzungssperre mit anderen Durchsetzungs- und Auszahlungssperren vergleichen. Auch bei diesen stellt sich die Verjährungsthematik in ähnlicher Weise. Zu untersuchen ist, welche Ähnlichkeiten und Unterschiede sowie Interessenlagen, Wertungen und Lösungen dort bestehen und ob sie auf die liquidationsrechtliche Durchsetzungssperre übertragbar sind. Vergleichsgesichtspunkte dieser Analyse sind die Rechtsnatur der Durchsetzungssperren, ihre Wirkungsweise sowie ihre jeweilige Funktion und Zweckrichtung. Betrachtet wird zunächst das Kontokorrent, welches häufig vergleichend zur liquidationsrechtlichen Durchsetzungssperre herangezogen wird (I),[583] verschiedene Auszahlungs- und Durchsetzungssperren in der Krise der Gesellschaft und in deren Vorfeld (II) sowie die Durchsetzungssperre im Insolvenzverfahren (III).

I. Durchsetzungssperre beim Kontokorrent, § 355 HGB

Häufig werden bei Betrachtung der liquidationsrechtlichen Durchsetzungssperre Parallelen zum Kontokorrent nach § 355 HGB gezogen.[584] Nach der Legaldefinition des § 355 Abs. 1 HGB soll das Kontokorrentverhältnis bewirken, dass

> *„die aus der Verbindung entspringenden beiderseitigen Ansprüche und Leistungen nebst Zinsen in Rechnung gestellt und in regelmäßigen Zeitabschnitten durch Verrechnung und Feststellung des für den einen oder anderen Teil sich ergebenden Überschusses ausgeglichen werden (laufende Rechnung, Kontokorrent)".*

Regelungsort des Kontokorrents ist das vierte Buch des HGB (die Handelsgeschäfte). Es handelt sich um einen Vertragstypus aus dem Sonderprivatrecht der Kaufleute,[585] sodass im gesetzlichen Regelfall des sog. eigentlichen Kontokorrentverhältnisses zumindest eine Partei Kaufmann ist.[586] Das Kontokorrent dient der Bündelung von mehreren zwischen zwei Parteien bestehenden Anspruchsver-

---

583 *Hadding/Häuser*, WM 1988, 1585, 1591; *Hillers*, Personengesellschaft und Liquidation, S. 167 ff.; *Stüber*, Der Grundsatz der Durchsetzungssperre bei Liquidation von Personengesellschaften, S. 106 ff.

584 OLG Hamm v. 13.1.2016 – 8 U 115/15, BeckRS 2016, 3478, Rn. 63; *Hillers*, Personengesellschaft und Liquidation, S. 167 ff.; *Stüber*, Der Grundsatz der Durchsetzungssperre bei Liquidation von Personengesellschaften, S. 106 ff., 205.

585 *Oetker*, in: Oetker, Einleitung IV.1. Rn. 18 f.

586 *Langenbucher*, in: MüKoHGB, § 355 Rn. 11 f.

hältnissen. Klassische Anwendungsbereiche sind bankrechtliche Rechtsverhältnisse, insbesondere der Girovertrag,[587] das Cash-Pooling, insbesondere zwischen verbundenen Unternehmen nach § 15 AktG, und die zwischen Geschäftspartnern und Unternehmen bestehenden Geschäftsverbindungen.[588]

Für das Kontokorrent wird angenommen, dass die von der Kontokorrentabrede erfassten Ansprüche von der individuellen Geltendmachung ausgeschlossen sind (Kontokorrentgebundenheit; Durchsetzungssperre), d.h. es sollen keine Verfügungen mehr über die Forderungen möglich sein, auch nicht ihre Erfüllung[589] oder Aufrechnung.[590] Der Lauf der Verjährungsfristen der in das Kontokorrent eingestellten Einzelansprüche sei bis zum Ende einer Abrechnungsperiode gehemmt, was sich aus einer (analogen) Anwendung des § 205 BGB ergebe.[591]

1. Gemeinsamkeiten

Der liquidationsrechtlichen Durchsetzungssperre wie auch dem Kontokorrent ist gemeinsam, dass die Einzelforderungen ihre Selbständigkeit verlieren und undurchsetzbar werden.[592] Die Kontokorrentabrede begründet ebenfalls eine Einrede gegen die kontokorrentgebundenen Einzelansprüche, die vom Schuldner erhoben werden muss.[593] Wie in der Liquidation findet auch im Kontokorrentverhältnis eine Saldierung wechselseitiger Forderungen zwischen den Parteien statt. Die in das Kontokorrent eingestellten Einzelforderungen sollen mit Feststellung des Saldos erlöschen. Nach herrschender Meinung hat die Verrechnung Erfüllungs-

---

587 *Langenbucher,* in: MüKoHGB, § 355 Rn. 3; *Schmieder*, in: Bankrechts-Handbuch, § 26 Rn. 37 ff.

588 *Langenbucher,* in: MüKoHGB, § 355 Rn. 1 ff.

589 BGH v. 2.2.2017 – IX ZR 245/14, NJW-RR 2017, 366, Rn. 15; *Leyens*, in: Hopt, § 355 Rn. 7.

590 BGH v. 19.12.1969 – I ZR 33/68, NJW 1970, 560; vgl. auch *Langenbucher,* in: MüKoHGB, § 355 Rn. 57.

591 BGH v. 2.11.1967 – II ZR 46/65, BGHZ 49, 24 = NJW 1968, 33, 34; BGH v. 17.2.1969 – II ZR 30/65, BGHZ 51, 346 = NJW 1969, 879; BGH v. 5.10.1993 – XI ZR 180/92, NJW 1993, 3318, 3320 – die Urteile sind noch ergangen zu § 202 BGB a.F.; *Kindler*, Grundkurs Handels- und Gesellschaftsrecht, § 7 Rn. 50; *Langenbucher,* in: MüKoHGB, § 355 Rn. 58; *Leyens*, in: Hopt, § 355 Rn. 12; *Menges*, in: Ebenroth/Boujong, § 355 Rn. 45.

592 *Langenbucher,* in: MüKoHGB, § 355 Rn. 56, *Moussa*, in: BeckOK-HGB, § 355 Rn. 1a.

593 BGH v. 19.12.1969 – I ZR 33/68, NJW 1970, 560; *Kindler*, Grundkurs Handels- und Gesellschaftsrecht, § 7 Rn. 49.

wirkung.[594] An die Stelle der kontokorrentgebundenen Einzelforderungen, soweit sie sich nicht gegenüberstehen und durch Verrechnung erlöschen, tritt durch Saldoanerkenntnis eine abstrakte Saldoforderung.[595] Das liquidationsrechtliche Pendant zum Saldoanerkenntnis des Kontokorrents ist die durch Gesellschafterbeschluss erfolgende Feststellung der Auseinandersetzungsrechnung.[596] In der Behandlung der Einzelforderungen sind damit große Ähnlichkeiten festzustellen.

2. Unterschiede

Neben den recht großen Gemeinsamkeiten bestehen aber auch erhebliche Unterschiede.

a. Rechtsnatur und Herleitung

Zunächst unterscheiden sich Rechtsnatur und Herleitung. Das Kontokorrent beruht auf vertraglicher Vereinbarung und gesetzlicher Regelung in § 355 HGB. Das ist zwar auch beim Gesellschaftsverhältnis der Fall. Der Grundsatz der Durchsetzungssperre im Besonderen leitet sich jedoch nicht aus der gesellschaftsvertraglichen Abrede oder gesellschaftsrechtlichen Vorschriften her, er ist vielmehr das Produkt richterlicher Rechtsfortbildung.[597]

b. Mehrzahl von Verrechnungsvorgängen

Zweitens geht das Kontokorrentverhältnis von einer Reihe aufeinanderfolgender, „*regelmäßiger*" Zeitabschnitte aus, ist also auf eine Mehrzahl von hintereinander geschalteten Verrechnungsvorgängen angelegt und nicht auf eine einmalige Verrechnung. Im Kontokorrentverhältnis kommt es damit zu mehreren zumeist zeitlich eng zusammenliegenden Saldofeststellungen.[598] Die Dauer der Abrechnungsperiode ist durch § 355 Abs. 2 HGB oder vertragliche Regelung bestimmt. Diese Bestimmtheit und zumeist überschaubare Dauer ist ein Charakteristikum der Stundung und des *pactum de non petendo* als den klassischen Leistungsverweigerungsrechten im Sinne des § 205 BGB.[599] Hingegen sehen sich in der Liquidation die Parteien einem ungewissen, häufig jahrelangen Zeitraum bis zur

594 *Langenbucher*, in: MüKoHGB, § 355 Rn. 70, 73.

595 *Moussa*, in: BeckOK-HGB, § 355 Rn. 63.

596 Dazu C.IV.7.

597 Dazu C.I.

598 In der Praxis wird abweichend vom gesetzlichen Regelfall des § 355 Abs. 2 HGB einer einmal jährlichen Saldofeststellung zumeist ein kürzerer Zeitraum bestimmt.

599 *Grothe*, in: MüKoBGB, § 205 Rn. 3 ff.

endgültigen Feststellung der Auseinandersetzungsrechnung ausgesetzt. Eine Bestimmung des Zeitabschnitts bzw. der Abrechnungsperiode wie beim Kontokorrent ist bei der Abwicklung von Gesellschaften naturgemäß nicht möglich. Hier gibt der von den Umständen des Einzelfalls abhängende Fortschritt der Liquidation den in aller Regel weitaus längeren zeitlichen Rahmen vor. Insofern passt die Anwendung der zeitweisen und zeitlich bestimmten Stundungshemmung des § 205 BGB auf das Kontokorrent, nicht aber auf die liquidationsrechtliche Durchsetzungssperre.

Im Zuge der Liquidation wird nur eine umfassende Abrechnung aller Positionen vorgenommen. Die Auseinandersetzung ist damit im Unterschied zum Kontokorrent nicht auf eine Dauerbeziehung angelegt, sondern dient im Gegenteil der Beendigung der gesellschaftsrechtlichen Dauerbeziehung. Die Zweckrichtungen sind damit wesentlich verschieden.

c. *Näheverhältnis*

Drittens besteht kein dem Gesellschaftsverhältnis vergleichbares Näheverhältnis zwischen den Kontokorrentparteien. Die Kontokorrentparteien stehen in einer auf gewisse Dauer, Intensität und Wiederholung angelegten Beziehung, die auf eine Mehrzahl von Geschäftsvorfällen gerichtet. Eine Bindung, die der gesellschaftsrechtlichen Treuepflicht vergleichbar ist, existiert dabei aber nicht.

d. *Mehrseitigkeit*

Viertens besteht ein weiterer maßgeblicher Unterschied von Kontokorrent und personengesellschaftsrechtlicher Auseinandersetzung darin, dass das Kontokorrent auf eine bilaterale Beziehung (§ 355 Abs. 1 HGB: „*jemand mit einem Kaufmanne*") ausgerichtet ist, die Liquidation jedoch auf eine mehrseitige (zumindest dreiseitige) Auseinandersetzung. So sind selbst im denkbar einfachsten Fall einer Auseinandersetzung einer zweigliedrigen Personengesellschaft die Gesellschaft sowie die beiden Gesellschafter beteiligt. Es bestehen damit drei Verhältnisse: Gesellschafter 1) zur Gesellschaft, Gesellschafter 2) zur Gesellschaft und Gesellschafter 1) zu Gesellschafter 2).[600] Auch bei Ausscheiden eines Gesellschafters besteht ein mehrseitiges Abwicklungsverhältnis, nämlich dasjenige des ausscheidenden Gesellschafters zur Gesellschaft sowie zu den übrigen Gesellschaftern. Bei mehr

---

600 Der BGH hat ausnahmsweise Erleichterungen hinsichtlich der Auseinandersetzungsrechnung anerkannt, wenn kein zu liquidierendes Gesellschaftsvermögen mehr vorhanden ist, BGH v. 13.10.2015 – II ZR 214/13, NZG 2016, 218, Rn. 15; vgl. ferner *Kilian*, in: Henssler/Strohn, GesR, § 735 BGB Rn. 17.

als zwei Gesellschaftern potenzieren sich die zu betrachtenden und abzuwickelnden Verhältnisse entsprechend. Die gesellschaftsrechtliche Auseinandersetzung ist damit ungleich viel komplexer als die Abwicklung der Forderungen im bilateralen Kontokorrentverhältnis.

e. *Forderungen und offene Posten*

Fünftens betrifft die gesellschaftsrechtliche Auseinandersetzung nicht allein Forderungen, wie es beim Kontokorrent der Fall ist, sondern darüber hinaus auch sog. offene Posten, also etwa auf Kapitalkonten (z.B. Rücklagenkonten) gebuchte Beträge, die nicht auch zugleich eine Forderung darstellen. Auch deren Berücksichtigung bedarf es. Die Auseinandersetzung reicht damit über die bloße Verrechnung von Forderungen hinaus. Dieser Gesichtspunkt lässt sich für das Kontokorrent und die dortige verjährungsrechtliche Interessenlage hingegen nicht anführen.

Bereits erörtert wurde, dass eine Verjährung der Einzelansprüche nicht sachgerecht erscheint, wenn zugleich die offenen Posten als rechtsqualitativ schwächere Positionen während der Liquidationsphase unverjährbar bestehen bleiben.[601]

f. *Zeitpunkt der Kontokorrent-/Liquidationsgebundenheit*

Sechstens besteht ein Unterschied darin, dass beim Kontokorrent die betroffenen Forderungen in der Regel bereits mit ihrem Entstehen in die laufende Rechnung eingestellt werden und damit gleichsam zu Beginn ihres Verjährungslaufs bereits Verjährungshemmung eintritt.[602] Im Ergebnis bewirkt das Kontokorrent damit, dass die Verjährungsfristen bereits nicht anlaufen. Das ist bei liquidationsbefangenen Ansprüchen anders. Bei Auflösung sind zunächst nur Ansprüche betroffen, deren Verjährungsfristen bereits angelaufen sind.[603] Das Kontokorrent bewirkt damit, dass die Verjährungsfristen gar nicht erst in Gang gesetzt werden, während sich in der Liquidation die Diskussion um ein Anhalten der Fristen dreht.

3. Stellungnahme und Bewertung

Das Kontokorrent und die Auseinandersetzung in der Liquidation weisen im Umgang mit den Einzelansprüchen und in den Rechtsfolgen (Unselbständigkeit,

---

601 Dazu C.II.3.d.

602 BGH v. 17.2.1969 – II ZR 30/65, BGHZ 51, 346 = NJW 1969, 879.

603 Abgesehen von betagten Ansprüchen, bei denen die Verjährungsfristen noch nicht angelaufen sind.

Undurchsetzbarkeit und Verrechnungswirkung) erhebliche Ähnlichkeiten auf. Diese sind jedoch eher zufälliger Natur und beruhen auf verschiedenen Grundlagen und Rahmenbedingungen. Wie die Analyse zeigt, ergeben sich sowohl in Herleitung, Rechtsnatur, Zielrichtungen und Interessenlagen wesentliche Unterschiede. Bei näherer Betrachtung sind beide Durchsetzungssperren nicht vergleichbar. Insbesondere die unterschiedliche Rechtsnatur versperrt den Weg zur Gleichbehandlung. In Ermangelung einer vertraglichen Grundlage der Durchsetzungssperre scheidet ihre Qualifikation als vertragliches Leistungsverweigerungsrecht aus. Anders als beim Kontokorrent, bei dem der Schuldner *„aufgrund einer Vereinbarung“*, nämlich der Kontokorrentabrede, zur Verweigerung der Leistung berechtigt ist, ist deshalb eine Lösung der Verjährungsthematik in der Liquidation über § 205 BGB fernliegend.[604] Die *prima vista* augenscheinliche Ähnlichkeit zum Kontokorrent entpuppt sich bei genauerer Betrachtung als Fata Morgana.

Die Folgerung hieraus ist, dass die zum Kontokorrent entwickelten Rechtsfolgenüberlegungen nicht auf die liquidationsrechtliche Durchsetzungssperre übertragbar sind, wie es von einigen Literaturstimmen unzutreffend vertreten wird.[605] Die Verjährungshemmung der liquidationsrechtlichen Durchsetzungssperre kann daher nicht überzeugend mit einem Verweis auf die Lage beim Kontokorrent begründet werden. Sie ist anderweitig zu begründen.[606]

II. Durchsetzungssperren in der Krise der Gesellschaft

In der Krise, also einer Situation, in der der Gesellschaft die Zahlungsunfähigkeit oder Überschuldung droht und in der zu marktüblichen Konditionen sich keine Kreditgeber mehr finden lassen,[607] können Ansprüche gegen die Gesellschaft unter verschiedenen Vorzeichen mit Auszahlungs- und Durchsetzungssperren

---

604 Dazu im Einzelnen noch F.III.7; a.A. und gerade anknüpfend an kontokorrentrechtliche Wertungen *Hillers*, Personengesellschaft und Liquidation, S. 167 ff.; *Stüber*, Der Grundsatz der Durchsetzungssperre bei Liquidation von Personengesellschaften, S. 219 ff.

605 *Hillers*, Personengesellschaft und Liquidation, S. 167 ff.; *Stüber*, Der Grundsatz der Durchsetzungssperre bei Liquidation von Personengesellschaften, S. 106 ff., 219 f.

606 Dazu F.

607 Nach § 32a GmbHG a.F. war die Krise legaldefiniert als *„Zeitpunkt, in dem ihr [Anm.: der Gesellschaft] die Gesellschafter als ordentliche Kaufleute Eigenkapital zugeführt hätten (Krise der Gesellschaft)“*; vgl. zu dem Begriff der Krise auch *Pentz*, in: Rowedder/Pentz, § 30 Rn. 78: *„verstanden als der Zeitpunkt, in dem die Gesellschaft von dritter Seite aus zu marktüblichen Bedingungen aus eigener Kraft keine Kredite beziehungsweise die konkret in Rede stehende Gesellschafterleistung mehr erhalten*

belegt sein. Schon im Vorfeld der Krise einer Kapitalgesellschaft setzt der Grundsatz der Kapitalerhaltung einer Auszahlung von Gesellschaftsvermögen an die Gesellschafter Grenzen. Nach § 30 Abs. 1 GmbHG darf Vermögen der Gesellschaft nicht an Gesellschafter ausgezahlt werden, das zum Erhalt des Stammkapitals erforderlich ist (dazu Ziffer 1).

Zudem fand bis zur Reform des MoMiG im Jahr 2008 eine Umqualifizierung von Fremd- in Eigenkapital statt, wenn durch einen Gesellschafter in der Krise der Gesellschaft Fremdkapital zugeführt wurde. Führte ein Gesellschafter zu einem Zeitpunkt Fremdkapital zu, in dem ein ordentlicher Kaufmann Eigenkapital zugeführt hätte, so wurde dieses Fremdkapital wie Eigenkapital behandelt und unterlag auch bereits vor Insolvenzeröffnung einem Auszahlungsverbot analog § 30 Abs. 1 GmbHG. Durch die Reform des MoMiG ist diese, ebenfalls durch die Rechtsprechung geschaffene,[608] vorinsolvenzliche Durchsetzungssperre entfallen. Gleichwohl ist die Herleitung und Wirkweise der früheren eigenkapitalersatzrechtlichen Durchsetzungssperre auch für die hiesige Fragestellung noch von Interesse (dazu Ziffer 2).

Heute bedarf es zur Insolvenzvermeidung in der Krise qualifizierter Rangrücktrittsvereinbarungen, die insbesondere auch eine vorinsolvenzliche Durchsetzungssperre enthalten. Solche Rangrücktrittsvereinbarungen schließen die Durchsetzbarkeit der nachrangigen Forderungen gegen die Gesellschaft und damit deren Passivierung im Überschuldungsstatus aus (dazu Ziffer 3).[609] Schließlich kann unter dem Gesichtspunkt der Treuepflicht die Durchsetzung von Ansprüchen gegen die Gesellschaft beschränkt sein, wenn sich diese in einer akuten Krise befindet (dazu Ziffer 4).

1. Auszahlungssperre des § 30 Abs. 1 GmbHG

Das zur Erhaltung des Stammkapitals erforderliche Vermögen darf den Gesellschaftern nach § 30 Abs. 1 GmbHG nicht ausgezahlt werden. Dem Schutzkonzept liegt eine bilanzielle Betrachtungsweise zugrunde. Danach ist nicht die Durchsetzung bestimmter Ansprüche gesperrt. Stattdessen ist losgelöst von einzelnen

---

konnte"; *Salm-Hoogstraeten*, in: Braun, § 18 Rn. 2 f.; *Steffan*, in: Praxishandbuch der GmbH-Geschäftsführung, § 37 Rn. 1 ff.

608 BGH v. 8.11.2004 – II ZR 300/02, NZG 2005, 137 f.: „*Rechtsprechungsgrundsätze zum Eigenkapitalersatz*"; vgl. dazu auch *Altmeppen*, GmbHG (6. Aufl.), § 32a Rn. 1.

609 BGH v. 5.3.2015 – IX ZR 133/14, BGHZ 204, 231 = NJW 2015, 1672, Rn. 19; zur schließlich Gesetz gewordenen Beschlussempfehlung und dem Bericht des Rechtsausschusses BT-Drucks. 16/9737, S. 58.

Ansprüchen oder Vermögensgegenständen abstrakt eine Auszahlung an die Gesellschafter unzulässig, wenn und soweit durch sie eine Unterbilanz entstünde (bilanzielle Auszahlungssperre).[610] Die Auszahlungssperre richtet sich dabei nicht allein gegen Ansprüche wie beispielsweise gegen eine Abfindungsforderung eines nach Einziehung seines Geschäftsanteils ausgeschiedenen Gesellschafters.[611] Sie gilt auch darüber hinaus für Entnahmen aus und Schmälerungen des Gesellschaftsvermögens insgesamt, so etwa für Nutzungsüberlassungen oder Verringerungen des Gesellschaftsvermögens ohne angemessene Gegenleistung, auch soweit kein Anspruch auf eine konkrete Leistung der Gesellschaft begründet wurde.[612] Solche Entnahmen und Schmälerungen sind unzulässig und müssen unterbleiben. Der Auszahlungsbegriff des § 30 Abs. 1 GmbHG ist weit gefasst.

§ 57 Abs. 1 AktG sieht für den Schutz des Grundkapitals einer AG eine ähnliche Regelung vor, wobei § 57 Abs. 3 AktG den Schutz auf eine umfassende Vermögensbindung erweitert.[613]

a. Gemeinsamkeiten

Im Anwendungsbereich des § 30 Abs. 1 GmbHG besteht zugunsten der Gesellschaft eine Auszahlungssperre bzw. ein Leistungsverweigerungsrecht.[614] Untersagt sind Zahlungen, die ihre Grundlage im Gesellschaftsverhältnis haben, also gerade *causa societatis* erfolgen.[615] Insoweit ist der Anwendungsbereich zu demjenigen der liquidationsrechtlichen Durchsetzungssperre ähnlich. Darüberhinausgehende spezifische Gemeinsamkeiten sind allerdings nicht feststellbar.

b. Unterschiede

Anders als bei der Durchsetzungssperre, die lediglich eine Einrede begründet, soll die Auszahlungssperre auch ein Auszahlungsverbot für die Gesellschaft als

---

610 *Pentz*, in: Rowedder/Pentz, § 30 Rn. 30; *Schmolke*, in: BeckOK-GmbHG, § 30 Rn. 5; *Wicke*, GmbHG, § 30 Rn. 2.

611 *Schmolke*, in: BeckOK-GmbHG, § 30 Rn. 202a. Vor Inkrafttreten des MoMiG waren auch Gesellschafterdarlehen, unabhängig von der Vollwertigkeit, betroffen, dazu *Perwein*, GmbHR 2006, 1149.

612 *Habersack*, in: Habersack/Casper/Löbbe, § 30 Rn. 47, 51; *Fleischer*, in: Henssler/Strohn, GesR, § 30 GmbHG Rn. 4.

613 *Habersack*, in: Habersack/Casper/Löbbe, § 30 Rn. 18; *Koch*, AktG, § 57 Rn. 1.

614 *Ekkenga*, in: MüKoGmbHG, § 30 Rn. 283; *Pentz*, in: Rowedder/Pentz, § 30 Rn. 48; *Schmolke*, in: BeckOK-GmbHG, § 30 Rn. 202; *Servatius*, in: Noack/Servatius/Haas, § 30 Rn. 1, 13 ff.; *Wicke*, GmbHG, § 30 Rn. 2.

615 *Pentz*, in: Rowedder/Pentz, § 30 Rn. 31.

Schuldner begründen.[616] Die Auszahlungssperre wirkt nur in der Sozialsphäre und nur gegenüber den Gesellschaftern. Ihr Anwendungsbereich ist damit von vornherein deutlich enger. Zudem gilt die Auszahlungssperre für Kapitalgesellschaften, nicht hingegen für Personengesellschaften, bei denen nicht der Grundsatz der Kapitalerhaltung, sondern das Prinzip unbeschränkter Gesellschafterhaftung nach § 128 HGB a.F. (analog) bzw. nach § 721 BGB n.F., § 126 HGB n.F. gilt. Schutzzweck der Kapitalerhaltungsnorm des § 30 Abs. 1 GmbHG ist der Gläubigerschutz,[617] bei der liquidationsrechtlichen Durchsetzungssperre hingegen die Sicherung des Abwicklungsverfahrens zur einheitlichen und gebündelten Behandlung aller liquidationsbefangenen Einzelansprüche. Die Schutzzwecke sind somit gänzlich verschieden.

c. *Verjährungsrechtliche Behandlung*

Zur verjährungsrechtlichen Behandlung der mit der Auszahlungssperre des § 30 Abs. 1 GmbHG belegten Ansprüche liegt belastbare Judikatur bislang nicht vor. Das dürfte sich vor allem daraus erklären, dass §§ 29, 30 GmbHG häufig bereits die Entstehung von stammkapitalverletzenden Auszahlungsansprüchen hindern. In der Literatur ist die Verjährungsthematik eher beiläufig und noch mit wenig Tiefgang beleuchtet worden. Nach *Habersack* soll die Auszahlungssperre des § 30 Abs. 1 GmbHG bewirken, dass Ansprüche, denen § 30 Abs. 1 GmbHG schon bei Begründung entgegensteht, verjährungsrechtlich nicht zur Entstehung gelangen und deshalb die Verjährungsfrist nach § 199 Abs. 1 BGB nicht zu laufen beginne.[618] Erfasst die Auszahlungssperre hingegen bereits bestehende Ansprüche auf Auszahlung, soll § 205 BGB analog anzuwenden sein und die Verjährung hemmen.[619] Ebenso sehen es *Verse* und *Ekkenga* unter Verweis auf eine für die Anspruchsentstehung rechtshindernde Einwendung der Unterbilanz.[620] Eine analoge Anwendung des § 205 BGB verneint indessen *Grothe*.[621] *Perwein* vertritt, auf Grundlage einer knappen Auseinandersetzung mit Rechtsnatur und Rechtsfolgen, die Auffassung, dass die Auszahlungssperre des § 30 Abs. 1 GmbHG nicht zu einer Verjährungshemmung führe. Insbesondere sei § 205 BGB nicht, auch nicht

---

616 *Ekkenga*, in: MüKoGmbHG, § 30 Rn. 283, 290; *Pentz*, in: Rowedder/Pentz, § 30 Rn. 48: „*Einwendung*"; *Schmolke*, in: BeckOK-GmbHG, § 30 Rn. 202.

617 *Fleischer*, in: Henssler/Strohn, GesR, § 30 GmbHG Rn. 1; *Heidinger*, in: Michalski, § 30 Rn. 7.

618 *Habersack*, in: Habersack/Casper/Löbbe, § 30 Rn. 115.

619 *Habersack*, in: Habersack/Casper/Löbbe, § 30 Rn. 115.

620 *Ekkenga*, in: MüKoGmbHG, § 30 Rn. 291; *Verse*, in: Scholz, § 30 Rn. 117.

621 *Grothe*, in: MüKoBGB, § 205 Rn. 2 – ganz eindeutig tritt dies allerdings nicht hervor.

analog, anwendbar.[622] Dem Gläubiger bleibe daher keine andere Option, als die Verjährung durch Feststellungsklage zu hemmen,[623] was auch *Verse* und *Ekkenga* unter Verweis auf die ungeklärte Rechtslage vorsichtshalber empfehlen.[624]

d. Stellungnahme und Bewertung

Der verjährungsrechtliche Umgang mit der Auszahlungssperre des § 30 Abs. 1 GmbHG ist bislang wenig geklärt. Auch hier dreht sich die Diskussion zunächst um *„Rechtsnatur und Rechtsfolgen des „Leistungsverweigerungsrechts" aus § 30 Abs. 1 GmbHG"*[625] als Vorfragen. Der überwiegende Teil der Literatur bejaht eine analoge Anwendung des § 205 BGB, dies allerdings durchgehend ohne vertiefte Auseinandersetzung mit den Analogievoraussetzungen und insbesondere dem (entgegenstehenden) Regelungswillen des historischen Gesetzgebers des § 205 BGB.[626] Die zur Lösung der Verjährungsfrage teils befürwortete Analogie zu § 205 BGB stößt auch auf durchgreifende Bedenken. Bei § 30 Abs. 1 GmbHG handelt es sich um ein gesetzlich vorgesehenes Durchsetzungshindernis, nicht um ein vertragliches oder durch Rechtsfortbildung *praeter legem* geschaffenes Durchsetzungshindernis. Jedenfalls bei gesetzlichen Leistungsverweigerungsrechten wollte der Gesetzgeber keine Hemmung der Verjährung.[627] Der analogen Anwendung des § 205 BGB auf gesetzliche Leistungsverweigerungsrechte steht deshalb bereits auch eine überzeugende Entscheidung des BGH entgegen:

> *„Eine entsprechende Anwendung des § 205 BGB auf Fallgestaltungen, in denen diese Wertungsgrundlage nicht gegeben ist, scheidet aus. Dies gilt insbesondere für gesetzliche Leistungsverweigerungsrechte"*.[628]

Auch im Übrigen lässt sich aus dem Vergleich des Auszahlungsverbots des § 30 Abs. 1 GmbHG für die liquidationsrechtliche Durchsetzungssperre nichts frucht-

---

622 *Perwein*, GmbHR 2006, 1149, 1151.

623 *Perwein*, GmbHR 2006, 1149 f.

624 *Ekkenga*, in: MüKoGmbHG, § 30 Rn. 291.

625 *Perwein*, GmbHR 2006, 1149 f. – konkret geht es um die Frage der Qualifikation als Einrede oder Einwendung, um die verjährungsrechtliche Anspruchsentstehung sowie um die Erfüllungswirkung bei Leistungserbringung; dazu auch *Habersack*, in: Habersack/Casper/Löbbe, § 30 Rn. 115.

626 Dazu eingehend C.IV.6 und F.III.7.

627 Siehe dazu Begr. Gesetzentwurf zum SMG v. 14.5.2001, BT-Drucks. 14/6040, S. 118.

628 BGH v. 14.12.2017 – IX ZR 118/17, NZI 2018, 154, Rn. 15.

bar machen. Anwendungsbereich,[629] Wirkungsweise,[630] Zweckrichtung und Funktion[631] weichen wesentlich von der liquidationsrechtlichen Durchsetzungssperre ab. Die rechtlichen Rahmenbedingungen sind nicht vergleichbar. Eine Übertragung der bei der Auszahlungssperre des § 30 Abs. 1 GmbHG vorgefundenen Wertungen ist deshalb fernliegend.

Die Auszahlungssperre des § 30 Abs. 1 GmbHG ist zudem nicht anspruchsbezogen, sondern abstrakt-bilanziell, anders als die liquidationsrechtliche Durchsetzungssperre. § 30 Abs. 1 GmbHG richtet sich allein auf die bilanzielle Stammkapitalziffer, sodass die Auszahlungssperre einzelne Ansprüche nicht zielgerichtet betrifft. Die Auszahlungssperre des § 30 Abs. 1 GmbHG begründet damit kein auf den einzelnen Anspruch als solchen gerichtetes Leistungsverweigerungsrecht. Deshalb sind auch anspruchsbezogene verjährungsrechtliche Schlussfolgerung nicht möglich.

Zur Veranschaulichung dieses Unterschieds und der verjährungsrechtlichen Relevanz dient folgendes stark vereinfachte Beispiel. Eine Gesellschaft verfügt über ein Stammkapital von EUR 35.000 und über Aktiva von EUR 40.000. Verbindlichkeiten gegenüber Dritten bestehen nicht. Geschäftsanteile von zwei Gesellschaftern sind gegen Abfindungen in Höhe von jeweils EUR 5.000 eingezogen worden.[632] Jeder dieser Ansprüche ist mit Blick auf § 30 Abs. 1 GmbHG für sich genommen durchsetzbar, da bei Auszahlung das Stammkapital nicht verletzt würde. Erst die Erfüllung von mehr als einem dieser Ansprüche wäre nach § 30 Abs. 1 GmbHG unzulässig. Ähnlich liegt es, wenn nur Geschäftsanteile eines Gesellschafters eingezogen werden und ihm eine Abfindung in Höhe von EUR 10.000 zukommt. Hier wäre der Anspruch teilweise, im Umfang von EUR 5.000, nicht durchsetzbar, da stammkapitalverletzend. Mit der Veränderung der Aktiva und Passiva kann sich das auszahlbare Vermögen zudem ständig verändern. Ob, wann und inwieweit hier eine Verjährungshemmung einzelner Auszahlungsansprüche ganz oder teilweise geboten ist, ist damit anders zu beurteilen als bei der liquidationsrechtlichen Durchsetzungssperre, die während der Liquidationsphase pauschal alle Einzelansprüche aus dem Gesellschaftsverhältnis erfasst.

Aus der Betrachtung der Auszahlungssperre des § 30 Abs. 1 GmbHG ergeben sich daher keine Wertungen oder Lösungsansätze, die für die Verjährungsthematik

---

629 Beschränkung allein auf Auszahlungsansprüche der Gesellschafter.

630 Abstrakt-bilanzieller Stammkapitalschutz; teils Qualifikation als Zahlungsverbot bzw. Einwendung.

631 Gläubigerschutz.

632 Zur Fassung eines Einziehungsbeschlusses bei fehlendem freiem Vermögen der Gesellschaft zur Leistung der Abfindung siehe *Wicke*, GmbHG, § 34 Rn. 7.

bei der liquidationsrechtlichen Durchsetzungssperre fruchtbar gemacht werden könnten. Insgesamt lässt sich aus dem Vergleich zur kapitalerhaltenden Auszahlungssperre des § 30 Abs. 1 GmbHG für die liquidationsrechtliche Durchsetzungssperre nichts ableiten.

2. Eigenkapitalersetzende Darlehen

Bis zum Erlass des MoMiG im Jahr 2008 unterlagen Gesellschafterdarlehen an eine GmbH dem sog. Eigenkapitalersatzrecht nach § 32a Abs. 1 GmbHG a.F. Als eigenkapitalersetzend waren Darlehen dann zu qualifizieren, wenn die Leistung des Gesellschafters in der Krise der Gesellschaft erfolgte, d.h. zu einem Zeitpunkt, zu dem die Gesellschafter der Gesellschaft als ordentliche Kaufleute Eigenkapital zugeführt hätten.[633] Der Anspruch auf Rückgewähr eines solchen Darlehens konnte nach § 32a Abs. 1 GmbHG a.F. im Insolvenzverfahren über das Vermögen der Gesellschaft von dem Gesellschafter nur als nachrangiger Insolvenzgläubiger geltend gemacht werden.[634] Auch außerhalb des Insolvenzverfahrens bestand nach der Rechtsprechung eine vorinsolvenzliche Rückzahlungssperre analog § 30 Abs. 1 GmbHG.[635] Durch die Reform des MoMiG ist die Thematik entfallen.[636] Nach § 30 Abs. 1 Satz 3 GmbHG und § 57 Abs. 1 Satz 4 AktG besteht außerhalb der Insolvenz kein Rückzahlungsverbot mehr. Der Rückzahlungsanspruch auf das heute nicht mehr in Eigenkapital umqualifizierte Fremdkapital ist damit außerhalb des Insolvenzverfahrens nicht mehr durchsetzungsgesperrt.[637] Erst im Insolvenzverfahren ordnet § 39 Abs. 1 Satz 1 Nr. 5 InsO einen Nachrang für Rückzahlungsansprüche aus Gesellschafterdarlehen an.[638] Davor erfolgende

---

633 *Stöber*, BB 2014, 2642.

634 Das ist auch heute noch der Fall, ergibt sich nunmehr aber aus § 39 Abs. 1 Satz 1 Nr. 5 InsO.

635 BGH v. 26.3.1984 – II ZR 14/84, BGHZ 90, 370, 376; BGH v. 8.11.2004 – II ZR 300/02, NZG 2005, 137, 138; *Stöber*, BB 2014, 2642.

636 BT-Drucks. 16/6140, S. 42.

637 *Hirte*, in: Uhlenbruck, § 39 Rn. 34; *Servatius*, in: Noack/Servatius/Haas, § 30 Rn. 9; *Stöber*, BB 2014, 2642; BT-Drucks. 16/6140, S. 42.

638 Der Nachrang nach § 39 Abs. 1 Satz 1 Nr. 5 InsO erfasst Gesellschaften, bei denen keine (natürliche) Person persönlich für die Verbindlichkeiten der Gesellschaft haftet, dazu *Prosteder/Dachner*, in: BeckOK-InsO, § 39 Rn. 49. Erfasst sind neben Kapitalgesellschaften insbesondere die GmbH & Co. KG. Die typischen Personengesellschaften hingegen mit zumindest einem Vollhafter sind von dem Anwendungsbereich nicht erfasst.

Rückzahlungen sind nach der InsO und dem AnfG lediglich anfechtbar.[639] Die frühere vorinsolvenzliche Durchsetzungssperre ist damit zugunsten eines Anfechtungsregimes entfallen.

a. Gemeinsamkeiten

Die Auseinandersetzung mit dem früheren Eigenkapitalersatzrecht lohnt dennoch, denn die durch sie begründete Durchsetzungssperre weist einige spezifische Parallelen zur liquidationsrechtlichen Durchsetzungssperre auf.

Erstens sind beide Durchsetzungssperren ein Produkt der Rechtsprechung und nicht gesetzlich vorgesehen. Die Durchsetzungssperre des Eigenkapitalersatzrechts beruhte ebenso auf einer Rechtsfortbildung, namentlich auf einem Analogieschluss zu § 30 Abs. 1 GmbHG. Zweitens erfasste sie gezielt konkrete Forderungen, nämlich Gesellschafterdarlehen bzw. Ansprüche aus anderen Rechtshandlungen eines Gesellschafters, die der Darlehensgewährung wirtschaftlich entsprachen, § 32a Abs. 3 Satz 1 GmbHG a.F. Insofern unterscheidet sie sich auch von der Auszahlungssperre des § 30 Abs. 1 GmbHG (in direkter Normanwendung), die sich abstrakt-bilanziell auf die Stammkapitalziffer bezieht. Mit der liquidationsrechtlichen Durchsetzungssperre hat sie damit einen konkret anspruchsbezogenen Anwendungsbereich gemeinsam. Drittens ist beiden gemeinsam, dass sie ein Durchsetzungshindernis begründen, welches später wieder entfallen kann, bei eigenkapitalersetzenden Darlehen durch Erholung der wirtschaftlichen Lage der Gesellschaft, bei der liquidationsrechtlichen Durchsetzungssperre etwa durch Fortsetzung der Gesellschaft etc.[640] Viertens begründen beide Erscheinungsformen lediglich Einreden gegen die Durchsetzbarkeit und lassen die Existenz der betroffenen Forderungen unberührt.[641]

b. Unterschiede

Trotz der Gemeinsamkeit, dass die Rechtsprechung beide Durchsetzungssperren im Wege der Rechtsfortbildung geschaffen hat, unterscheiden sie sich wesentlich in ihrer Herleitungsgrundlage. Während die liquidationsrechtliche Durchsetzungssperre in der gesellschaftsrechtlichen Treuepflicht und der *Dolo-agit*-Einrede zu verwurzeln ist, soll die Durchsetzungssperre bei eigenkapitalersetzenden Darlehen aus § 32a GmbHG a.F. bzw. aus einer Analogie zu § 30 Abs. 1 GmbHG

---

639 *Hirte*, in: Uhlenbruck, § 135 Rn. 5; *Servatius*, in: Noack/Servatius/Haas, § 30 Rn. 9.

640 Dazu G.

641 So für die Durchsetzungssperre des Eigenkapitalersatzrechts *Stöber*, BB 2014, 2642.

herzuleiten sein. Bei diesen Normen handelt es sich letztlich um Gläubigerschutzvorschriften.[642]

Die eigenkapitalersatzrechtliche Durchsetzungssperre existierte damit auch zu einem anderen Zweck, der Sicherung des vorrangigen Zugriffs der (Dritt-) Gläubiger auf das Gesellschaftsvermögen.[643] Gesellschafter, die eigenkapitalersetzende Darlehen gewährt hatten, sollten zugunsten der übrigen Gläubiger einen wirtschaftlichen Verlust ihrer Forderungen hinnehmen müssen, wenn das Vermögen der Gesellschaft zur Befriedigung aller nicht ausreichte. Die eigenkapitalersatzrechtliche Durchsetzungssperre verlagerte diesen Gläubigerschutz bereits in das Vorfeld der Insolvenz.

Die eigenkapitalersatzrechtliche Durchsetzungssperre ist zudem nicht auf die Rechtserhaltung gerichtet. Sie dient allein dazu, das Vermögen der Gesellschaft für die (Dritt)Gläubiger zu erhalten, und ist damit gegen die Verwirklichung der Rückgewähransprüche der Gesellschafter gerichtet. Die Ansprüche der Gesellschafter auf Rückgewähr sollen in der Krise und Insolvenz nicht bzw. nur nachrangig erfüllt werden. Sie fallen damit in der Regel aus. Anders verhält es sich bei der liquidationsrechtlichen Durchsetzungssperre. Diese bezweckt die Konservierung der Einzelansprüche für die Auseinandersetzungsrechnung, ein Rechtsverlust soll hier gerade nicht stattfinden.[644] Aus dieser Funktion ist die Wertung zu entnehmen, dass keine Verjährung eintreten soll.[645] Diese Wertung ist der eigenkapitalersatzrechtlichen Durchsetzungssperre hingegen nicht zu entnehmen. Ihr kommt nicht die Funktion zu, die Ansprüche der Gesellschafter zu schützen.

Schließlich betraf die Durchsetzungssperre bei eigenkapitalersetzenden Darlehen nur einige wenige Rückgewähransprüche der Gesellschafter aus solchen Darlehen, die in der Krise der Gesellschaft gewährt worden waren. Die liquidationsrechtliche Durchsetzungssperre erfasst hingegen sämtliche wechselseitigen

---

642 *Heckschen/Kreusslein*, RNotZ 2016, 351, 353.

643 *Altmeppen*, GmbHG (6. Aufl.), § 32a Rn. 84.

644 Nach – unzutreffender – Ansicht von *Hillers*, Personengesellschaft und Liquidation, S. 163, diene auch die liquidationsrechtliche Durchsetzungssperre der Sicherung der Gesellschaftsgläubiger. Diese Funktionszuschreibung scheint allerdings fraglich, da die Gesellschafter frei sind, die Durchsetzungssperre abzubedingen und die Durchsetzung von Einzelansprüchen zuzulassen. Überdies wird der Gläubigerschutz durch die unbegrenzte Mithaftung aller Gesellschafter ausreichend gesichert, dies auch nach der Auflösung der Personengesellschaft nach § 159 HGB a.F. (analog) bzw. § 739 BGB n.F., § 151 HGB n.F.

645 Dazu bereits D.III.

Einzelansprüche aus dem Gesellschaftsverhältnis und damit eine ganze Fülle von Ansprüchen.

c. *Verjährungsrechtliche Behandlung*

Anknüpfend an den Einredecharakter der eigenkapitalersatzrechtlichen Durchsetzungssperre vertrat das OLG München die Auffassung, dass § 30 GmbHG a.F. ein bloßes Durchsetzungshindernis begründe und die Verjährung lediglich nach dem früher geltenden § 202 BGB a.F. gehemmt gewesen sei, ab dem 1. Januar 2002 jedoch keine Hemmung mehr auf Grundlage der Nachfolgevorschrift des § 205 BGB n.F. in Betracht komme:

> *„Die Entstehung und Fälligkeit der klägerischen Forderung ist – entgegen der Auffassung der Klägerin – vorliegend nicht durch §§ 30 Abs. 1, 32 a Abs. 1, Abs. 3 GmbHG a.F. gehindert. (…) Dem Auszahlungsverbot nach § 30 Abs. 1 GmbHG a. F. kommt keine anspruchshindernde oder -vernichtende, sondern eine bloße rechts(durchsetzungs)hemmende Wirkung zu.*
>
> *(…)*
>
> *Unstreitig hatte die Klägerin als Gläubigerin zwar nach Eröffnung des Konkursverfahrens nicht mehr die Möglichkeit, den Anspruch im Wege einer Leistungsklage durchzusetzen. (…) Spätestens ab Geltung des neuen Verjährungsrechts (01.01.2002) und Entfallen der Verjährungshemmung nach § 202 Abs. 1 BGB a. F. und mit Neuregelung des § 205 BGB konnte und musste die Klägerin jedoch, um eine Verjährung zu verhindern, tätig werden und Feststellungsklage gegen den Insolvenzverwalter erheben.“*[646]

Das OLG München vertrat damit die Rechtsauffassung, dass nach Reform des SMG die eigenkapitalersatzrechtliche Durchsetzungssperre keine Verjährungshemmung mehr begründe und zur Verjährungshemmung Feststellungsklagen erforderlich seien.

d. *Stellungnahme und Bewertung*

Die bestehenden wesentlichen Unterschiede zwischen beiden Durchsetzungssperren sprechen gegen eine verjährungsrechtliche Gleichbehandlung.

Insbesondere folgt aus dem Vergleich nicht, dass die Erhebung von individuellen Feststellungsklagen die sachgerechte Lösung für die liquidationsrechtliche Durchsetzungssperre ist. Für die liquidationsrechtliche Durchsetzungssperre ist

646 OLG München v. 25.6.2014 – 7 U 961/1, BeckRS 2014, 18230, Rn. 33 f., 41 f. – dies ebenfalls befürwortend für den Bereich des Eigenkapitalersatzrechts *Stöber*, BB 2014, 2642.

diese Lösung schon deshalb nicht sachgerecht, weil in der Liquidation eine Fülle kurzfristig verjährender Einzelansprüche besteht. Alle Einzelansprüche können schon aus praktischen Gründen nicht durch Feststellungsklagen geltend gemacht werden. Dies liefe auch elementar dem Zweck zuwider, eine Anspruchsgeltendmachung in der Liquidation zu vermeiden.

Auch im Rahmen des Herleitungsansatzes der liquidationsrechtlichen Durchsetzungssperre ist kaum vertretbar, dass individuelle Feststellungsklagen geboten sind. Die liquidationsrechtliche Durchsetzungssperre ist aus der Treuepflicht herzuleiten. Sie verpflichtet die Gesellschafter zur Rücksichtnahme auf den Gesellschaftszweck, der in der Liquidation auf eine ordnungsgemäße Abwicklung gerichtet ist. Mit dieser Rücksichtnahmepflicht verträgt es sich nicht, die Gesellschaft und die Mitgesellschafter mit Feststellungsklagen zu überziehen. Vielmehr sollen die Gesellschafter gemeinsam an der Aufarbeitung der Einzelansprüche mitwirken und eine Auseinandersetzungsrechnung erstellen.

Die liquidationsrechtliche Durchsetzungssperre ist auf Rechtserhaltung gerichtet. Ihr ist die Wertung zu entnehmen, dass durch das Durchsetzungsverbot kein Verlust der Einzelansprüche eintreten soll. Auch insoweit ist keine Vergleichbarkeit der eigenkapitalersatzrechtlichen Durchsetzungssperre gegeben und eine andere Behandlung geboten.

Aus dem Vergleich zur eigenkapitalersatzrechtlichen Durchsetzungssperre lässt sich damit für die Verjährungsthematik nichts ableiten. Die Gesamtumstände sind wesentlich verschieden. Der Entscheidung des OLG München kommt deshalb für die liquidationsrechtliche Durchsetzungssperre keine Bedeutung zu.

3. Rangrücktritt

Finanzieren Gesellschafter ihre Kapitalgesellschaft[647] durch Fremdkapital, so ist dieses heute nicht mehr in Eigenkapital umzuqualifizieren.[648] Rückzahlungsansprüche, die auf solchen Gesellschafterdarlehen beruhen, sind nach § 19 Abs. 2 Satz 2 InsO als Verbindlichkeiten zu passivieren und auch im Überschuldungsstatus zu berücksichtigen.[649] Um eine Überschuldung und eine sich an sie knüpfende Insolvenzantragspflicht nach § 15a Abs. 1 Satz 1 InsO zu vermeiden, kann insbesondere für Gesellschafterdarlehen, aber auch für Forderungen anderer Gläubi-

---

647 Bzw. ihre den Kapitalgesellschaften nach § 19 Abs. 3 Satz 1 InsO gleichgestellte, ebenfalls haftungsbeschränkte Personengesellschaft.

648 Dazu soeben unter E.II.2.

649 *Arnold*, in: Henssler/Strohn, GesR, § 19 InsO Rn. 1; *Salm-Hoogstraeten*, in: Braun, § 19 Rn. 23.

ger, vertraglich ein sog. qualifizierter Nachrang vereinbart werden (qualifizierter Rangrücktritt).[650]

Der BGH hat mit der Grundsatzentscheidung vom 5. März 2015 klargestellt, welche qualifizierten Voraussetzungen der Rangrücktritt zu erfüllen hat, um die Passivierungspflicht in der Krise der Gesellschaft wirksam auszuschließen.[651] Hinsichtlich der Rangtiefe ist ein Rücktritt hinter die Ansprüche nach § 39 Abs. 1 Satz 1 InsO erforderlich, aber auch ausreichend.[652] Zudem muss der Nachrang nicht allein nach § 39 Abs. 2 InsO im Insolvenzverfahren gelten, sondern bereits im Zeitraum vor Eröffnung des Insolvenzverfahrens eine Durchsetzungssperre (sog. vorinsolvenzliche Durchsetzungssperre) begründen.[653] Eine im Rang zurückgetretene Forderung kann damit bei Insolvenzreife nicht durchgesetzt werden.[654] Rückzahlungsansprüche dürfen dann nur noch aus freiem, nicht zur Schuldendeckung benötigten Vermögen der Gesellschaft bedient werden.[655] In ihren Wirkungen soll diese vorinsolvenzliche Durchsetzungssperre der Bindung eines Gesellschafters wie bei dem früheren Rechtsinstitut der eigenkapitalersetzenden Darlehen entsprechen.[656]

Nach Verfahrenseröffnung erfassen die gesetzlichen Durchsetzungshindernisse der §§ 87, 89 InsO die im Rang zurückgetretenen Forderungen ebenso wie alle übrigen, nicht nachrangigen Forderungen.[657]

---

650 *Bäuerle*, in: Braun, § 39 Rn. 38.

651 BGH v. 5.3.2015 – IX ZR 133/14, BGHZ 204, 231 = NJW 2015, 1672, Rn. 17. Die Voraussetzungen des Eingreifens der Durchsetzungssperre, die Reichweite der Sperrwirkung, die Rangtiefe sowie die weiteren Rechtswirkungen des Rangrücktritts können durch vertragliche Vereinbarung geregelt werden, dazu BGH v. 6.12.2018 - IX ZR 143/17, BGHZ 220, 280 = NZI 2019, 509, Rn. 24.

652 BGH v. 5.3.2015 – IX ZR 133/14, BGHZ 204, 231 = NJW 2015, 1672, Rn. 18; vgl. *Prosteder/Dachner*, in: BeckOK-InsO, § 39 Rn. 114 – eine Gleichstellung mit oder Subordination unter die Einlagerückgewähransprüche der Gesellschafter ist damit nicht notwendig.

653 BGH v. 5.3.2015 – IX ZR 133/14, BGHZ 204, 231 = NJW 2015, 1672, Rn. 16 ff.; vgl. auch *Prosteder/Dachner*, in: BeckOK-InsO, § 39 Rn. 115.

654 *Bäuerle*, in: Braun, § 39 Rn. 38.

655 BGH v. 5.3.2015 – IX ZR 133/14, BGHZ 204, 231 = NJW 2015, 1672, Rn. 32; vgl. *Prosteder/Dachner*, in: BeckOK-InsO, § 39 Rn. 115 – durch die Rückzahlung darf weder Zahlungsunfähigkeit noch Überschuldung drohen.

656 BGH v. 5.3.2015 – IX ZR 133/14, BGHZ 204, 231 = NJW 2015, 1672, Rn. 34.

657 Dazu E.III.

a. Gemeinsamkeiten

Viele Gemeinsamkeiten zwischen vorinsolvenzlicher Durchsetzungssperre und liquidationsrechtlicher Durchsetzungssperre sind nicht auszumachen. Die Herleitung und Rechtsnatur des Rangrücktritts war lange Zeit höchst umstritten. Mit der Grundsatzentscheidung vom 5. März 2015 positionierte sich der BGH dahingehend, dass der qualifizierte Rangrücktritt als verfügender Schuldänderungsvertrag im Sinne des § 311 Abs. 1 BGB anzusehen sei.[658] Es handele sich um einen Vertrag zugunsten Dritter, nämlich der Gläubigergesamtheit, der durch eine Abrede des Schuldners mit dem Gläubiger auch nicht zu Lasten der Gläubigergesamtheit aufgehoben werden dürfe, solange sich die Gesellschaft in der Krise befinde.[659] Nach Auffassung des BGH soll es durch die Nachrangvereinbarung nicht lediglich an dem Recht fehlen, eine Zahlung verlangen zu können, sondern bereits *„kein Zahlungsanspruch"* bestehen und es sich um einen Fall der *„Nichtschuld"* handeln.[660] Im Jahr 2018 hingegen schwächte der BGH diese Einschätzung dahingehend ab, dass der Gläubiger *„diese Leistung jedenfalls nicht zu der Zeit beanspruchen [kann], soweit die Voraussetzungen der vereinbarten Durchsetzungssperre vorliegen"*.[661] Dennoch geleistete Rückzahlungen sollen nach § 812 BGB von der Gesellschaft kondizierbar sein.[662]

In der Literatur wurde die Nachrangvereinbarung teils als bedingter Forderungserlass[663] oder Verzicht[664] angesehen, also ein Untergang der Anspruchsqualität angenommen. Nach anderer Ansicht sei die Nachrangvereinbarung lediglich als *pactum de non petendo* bzw. als Stundungsvereinbarung einzuordnen und begründe ein Leistungsverweigerungsrecht.[665] Dieses Verständnis der vorinsolvenzlichen Durchsetzungssperre – also tatsächlich eine bloße Sperre der Durchsetzbarkeit – dürfte näher liegend sein und überdies auch der Vorstellung der Parteien von dem Nachrang eher entsprechen, die den Rückzahlungsanspruch in aller Regel nicht im Interesse des Schuldners zur *„Nichtschuld"* werden lassen wollen. Insbesondere *K. Schmidt* qualifiziert die Nachrangvereinbarung daher

---

658 BGH v. 5.3.2015 – IX ZR 133/14, BGHZ 204, 231 = NJW 2015, 1672, Rn. 27.

659 BGH v. 5.3.2015 – IX ZR 133/14, BGHZ 204, 231 = NJW 2015, 1672, Rn. 35.

660 BGH v. 5.3.2015 – IX ZR 133/14, BGHZ 204, 231 = NJW 2015, 1672, Rn. 26, 29, 34 – so zumindest auf der Grundlage des im entschiedenen Fall erklärten Rangrücktritts.

661 BGH v. 6.12.2018 – IX ZR 143/17, BGHZ 220, 280 = NZI 2019, 509, Rn. 24.

662 BGH v. 5.3.2015 – IX ZR 133/14, BGHZ 204, 231 = NJW 2015, 1672, Rn. 27, 33 f.

663 So etwa *Serick*, ZIP 1980, 9, 14.

664 So noch die Gesetzesbegründung zur InsO, BT-Drucks. 12/2443, 115.

665 *K. Schmidt/Herchen*, in: K. Schmidt, § 39 Rn. 22; *K. Schmidt*, ZIP 2015, 901, 907 f.

überzeugend als bloßes Leistungsverweigerungsrecht[666] und will auch eine wirksame Erfüllung der Forderung durch die Gesellschaft zulassen.[667] Vorinsolvenzliche Durchsetzungssperre und liquidationsrechtliche Durchsetzungssperre haben damit gemeinsam, dass beide lediglich ein Leistungsverweigerungsrecht begründen.

Als Gemeinsamkeit festzustellen ist ferner, dass durch das Ende der Krise und eine Erholung der wirtschaftlichen Lage der Gesellschaft es wieder zum Entfallen der vorinsolvenzlichen Durchsetzungssperre kommen kann. In der Liquidation ist Entsprechendes etwa durch Fortsetzungsbeschluss möglich (§ 734 BGB n.F.).

b. Unterschiede

Die Rangrücktrittsvereinbarung wurzelt in einer vertraglichen Vereinbarung (Rangrücktrittsvereinbarung). Die vorinsolvenzliche Durchsetzungssperre wird dabei häufig ausdrücklich angeordnet, kann sich aber auch im Wege der Auslegung aus sonstigen Regelungen ergeben.

Eine Abtretung der im Rang zurückgetretenen Forderung ist unter Fortbestand des Rangrücktritts möglich, § 404 BGB.[668] Bei der liquidationsrechtlichen Durchsetzungssperre ist eine Abtretung an Dritte wegen der Einbindung der Einzelansprüche in das Auseinandersetzungsverfahren ausgeschlossen.[669] Dieser Beschränkung unterliegen nachrangige Forderungen nicht.

c. Verjährungsrechtliche Behandlung

Die Verjährung im Rang zurückgetretener Forderungen ist nach § 205 BGB gehemmt. Die aus der vertraglichen Rangrücktrittsabrede entspringende vorinsolvenzliche Durchsetzungssperre lässt sich ohne weiteres unter den Wortlaut des § 205 BGB subsumieren.

Für nachträglich vereinbarte qualifizierte Rangrücktritte mit vorinsolvenzlicher Durchsetzungssperre ist dies unzweifelhaft. Wie sich aus der Gesetzesbegründung ergibt, soll § 205 BGB gerade nachträglich vereinbarte Leistungsverweigerungsrechte erfassen.[670] Dies betrifft etwa die Konstellation eines Darlehensvertra-

---

666 *K. Schmidt*, ZIP 2015, 901, 908 – bei der liquidationsrechtlichen Durchsetzungssperre hingegen tritt *K. Schmidt* für einen Untergang der Einzelansprüche ein, dazu C.IV.1.a sowie Fn. 323.

667 *K. Schmidt*, ZIP 2015, 901, 910: „*Zahlung als befreiende Erfüllung einer betagten Verbindlichkeit*".

668 *Prosteder/Dachner*, in: BeckOK-InsO, § 39 Rn. 121a.

669 Dazu C.IV.4.

670 Dazu Begr. Gesetzentwurf zum SMG v. 14.5.2001, BT-Drucks. 14/6040, S. 118.

ges, bei dem mit Zusteuern der Gesellschaft auf eine Krise erst nachträglich ein qualifizierter Rangrücktritt mit vorinsolvenzlicher Durchsetzungssperre vereinbart wird.

Soweit man es mit anfänglich (also bereits mit Abschluss des Darlehensvertrages bzw. Begründung der Forderung) vereinbarten qualifizierten Rangrücktritten zu tun hat, bedarf die Subsumtion unter § 205 BGB weiterer Begründung. Denn die historische Auslegung des § 205 BGB ergibt nicht zweifelsfrei, dass Forderungen, die von ihrer Begründung an mit einem Leistungsverweigerungsrecht belegt sind, dem § 205 BGB unterfallen sollen. Das wirft die Frage auf, ob § 205 BGB als ungeschriebenes Tatbestandsmerkmal die nachträgliche Vereinbarung eines Leistungsverweigerungsrechts voraussetzt. Die Frage ist zu verneinen. Man gelangt unter Zuhilfenahme der teleologischen Auslegung dazu, dass auch die bereits anfängliche Vereinbarung eines Leistungsverweigerungsrechts für den Fall der Krise ausreichend ist, um über § 205 BGB die Verjährungshemmung zu begründen. § 205 BGB bezweckt eine Verjährungshemmung, wenn der Schuldner durch vertragliche Vereinbarung zur Leistungsverweigerung berechtigt ist. Die Verjährungshemmung greift, sobald die Krise tatsächlich eingetreten ist. Es ist kein Grund ersichtlich, warum der Zeitpunkt der Vereinbarung für das Eingreifen des Hemmungstatbestandes von Bedeutung sein sollte.[671] Der Wortlaut der Norm setzt das nicht voraus. Bei Bestehen eines Durchsetzungshindernisses ist eine Verjährungshemmung sinnvoll und der Verjährungseintritt auch nicht geboten.[672]

d. Stellungnahme und Bewertung

Wegen der geringen Übereinstimmungen beider Durchsetzungssperren kommt eine Übertragung von verjährungsrechtlichen Wertungen oder eine verjährungsrechtliche Gleichbehandlung nicht in Betracht. Der für die vorinsolvenzliche Durchsetzungssperre bereits durch schlichte Gesetzesanwendung der Hem-

---

671 Befand sich die Gesellschaft bereits bei Begründung der Forderung und anfänglicher Nachrangabrede in der Krise, könnte man die Verjährungsthematik auch über einen hinausgeschobenen Verjährungsbeginn nach § 199 Abs. 1 Nr. 1 BGB lösen und annehmen, dass die Forderung verjährungsrechtlich noch nicht entstanden ist, so etwa *Habersack* (in: Habersack/Casper/Löbbe, § 30 Rn. 115) für die Auszahlungssperre des § 30 Abs. 1 GmbHG. Überzeugend ist das aber nicht. Verjährungsrechtliche Anspruchsentstehung und Hemmung sind zu unterscheiden. Erstere setzt die materiell-rechtliche Anspruchsentstehung sowie die Fälligkeit voraus. Letztere setzt den Tatbestand einer Hemmungsnorm voraus, hier ein Leistungsverweigerungsrecht im Sinne des § 205 BGB.

672 Dazu D.I und D.II.

mungsnorm des § 205 BGB bestehende Lösungsweg ist für die liquidationsrechtliche Durchsetzungssperre wegen deren nicht-vertraglicher Rechtsnatur versperrt.

Dennoch bleibt die Analyse nicht ohne Erkenntnisgewinn für die Verjährungsfrage bei der liquidationsrechtlichen Durchsetzungssperre. Die Ausführungen des BGH lassen erkennen, dass dieser einer Einwirkung auf den Anspruchsinhalt zugeneigt ist, also gerade durch die vorinsolvenzliche Durchsetzungssperre eine Veränderung der Anspruchsqualität selbst annimmt. Hier soll diese durch „*Schuldänderungsvertrag*“[673] erfolgen. Bei der liquidationsrechtlichen Durchsetzungssperre wäre dementsprechend an eine inhaltliche Schuldänderung nicht durch Vertrag, sondern durch Rechtsfortbildung zu denken.

Bei der vorinsolvenzlichen Durchsetzungssperre besteht nun kein Anlass zu vertiefter Auseinandersetzung mit der Frage, ob unter dieser Prämisse einer Inhaltsveränderung auch die Verjährbarkeit des Anspruchs selbst betroffen (ausgeschlossen) sein könnte, da § 205 BGB eingreift und die Verjährung bereits nach dieser Norm gehemmt ist. Das ist bei der liquidationsrechtlichen Durchsetzungssperre wie auch bei anderen, nicht-vertraglichen Durchsetzungssperren anders.

Wichtige Erkenntnis ist somit, dass der BGH nicht allein von der Begründung eines Leistungsverweigerungsrechts ausgeht und der betroffene Anspruch im Übrigen völlig unberührt bliebe. Die dogmatische Bewertung des BGH ist deutlich invasiver: Im Zusammenhang mit der vorinsolvenzlichen Durchsetzungssperre soll es zu einer Veränderung des Anspruchsinhalts kommen. Sie stößt die Tür auf zu möglichen Lösungsansätzen der Verjährungsfrage, die in einer Veränderung des Anspruchsinhalts selbst wurzeln.[674]

4. Durchsetzungssperre aus der Treuepflicht

Als Ausprägung der Treuepflicht ist anerkannt, dass Ansprüche eines Gesellschafters gegen die Gesellschaft nicht geltend gemacht werden können, wenn dies zur Zahlungsunfähigkeit führt oder aber der Gesellschaft „*ein schwerer, nicht wieder gutzumachender Schaden*“ droht.[675] Diese für Entnahmerechte begründete Recht-

---

673 BGH v. 5.3.2015 – IX ZR 133/14, BGHZ 204, 231 = NJW 2015, 1672, Rn. 27.

674 Dazu eingehend F.VI und F.VII.

675 OLG Bamberg v. 17.6.2005 – 6 U 56/04, NZG 2005, 808, 809; andeutungsweise und bezogen auf Entnahmerechte auch BGH v. 29.3.1996 – II ZR 263/94, BGHZ 132, 263 = NJW 1996, 1678, 1681; *Staake*, in: BeckOGK-HGB (Stand: 1.12.2022), § 169 a.F. Rn. 30; vgl. auch zu nur bedingt durchsetzbaren Ansprüchen BaFin Merkblatt – Hinweise zum Tatbestand des Einlagengeschäfts nach § 1 Abs. 1 Satz 2 Nr. 1 KWG, Stand: August 2021, Ziffer I.5.b); gegen eine Durchsetzungssperre aus Treuepflicht allerdings wohl LG Berlin v. 16.6.2014 – 95 O 52/13, NZG 2014, 1303, 1306.

sprechung soll nur vorübergehend die Anspruchsgeltendmachung beschränken, sie aber nicht auf Dauer ausschließen.[676]

a. Dogmatische Einordnung

Die dogmatische Einordnung ist auch hier streitig und nicht abschließend geklärt. Fraglich ist bereits, ob tatsächlich eine unmittelbare Durchsetzungssperre gegen fällige Auszahlungsansprüche anzunehmen ist oder aber die Treuepflicht zur Ausübung bzw. Beschränkung der Verwaltungsrechte der Gesellschafter dergestalt verpflichtet, dass fällige Zahlungsansprüche gegen die Gesellschaft bei finanziell angespannter Lage nicht begründet werden dürfen.

Grunewald spricht von *„einer Verpflichtung zur Stundung, Ratenzahlungsvereinbarung oder zum Verzicht“*[677], nimmt also nicht unmittelbar eine Durchsetzungssperre aus der Treuepflicht an, sondern eine vorgelagerte schuldrechtliche Pflicht des Gesellschafters zum Abschluss entsprechender Vereinbarungen. In diese Richtung deutet auch die Entscheidung des BGH vom 19. November 1984 in Bezug auf die Ausübung des Stimmrechts zur Vermeidung einer Fälligstellung von Auszahlungsansprüchen zulasten der Gesellschaft.[678] Ebenso hat das LG Frankfurt a. M. aus der Treuepflicht eine Pflicht des Gesellschafters begründet gesehen, es zu unterlassen, *„auf einem Rang der Forderungen nach § 38 InsO zu beharren und [seine] Gewinnforderungen vor dem 31.12.2014 fällig zu stellen“*.[679] Andere Stimmen zielen in ähnlicher Weise auf die Ausübung des Entnahmerechts eines Gesellschafters, in der Regel eines Kommanditisten, das unter dem Gesichtspunkt der Treuepflicht beschränkt sei,[680] knüpfen also nicht direkt an die Durchsetzbarkeit von bestehenden Ansprüchen an. Klarstellende BGH-Rechtsprechung steht noch aus.

In verjährungsrechtlicher Hinsicht ist die Betrachtung der Durchsetzungssperre aus Treuepflicht nicht sonderlich erhellend. Im eingangs zitierten Fall des OLG Bamberg standen verjährungsrechtliche Fragestellungen nicht im Raum.[681]

---

676 OLG Bamberg v. 17.6.2005 – 6 U 56/04, NZG 2005, 808, 809.

677 *Grunewald*, in: MüKoHGB, § 169 a.F. Rn. 7.

678 BGH v. 19.11.1984 – II ZR 102/84, NJW 1985, 972, 973: *„Daß im vorliegenden Falle das die Gesellschafter treffende Treuegebot die Pflicht begründet, dem Beschluß des Verwaltungsrats zuzustimmen, folgt aus den überzeugenden Darlegungen des BerGer., daß die Treuepflicht vom Kl. verlange, die Bekl. nicht in die Zahlungsunfähigkeit zu treiben“*.

679 LG Frankfurt a. M. v. 13.8.2013 – 3-09 O 78/13, NZG 2013, 1064, Rn. 32 – Suhrkamp.

680 *Oetker*, in: Oetker, § 169 Rn. 13.

681 OLG Bamberg v. 17.6.2005 – 6 U 56/04, NZG 2005, 808.

Soweit im Übrigen vertreten wird, dass eine Fälligstellung oder Entnahme wegen der Treuepflicht gehindert sei, geht es schon nicht um ein Durchsetzungshindernis gegen einen fälligen Zahlungsanspruch. Zur verjährungsrechtlichen Anspruchsentstehung und einem Anlaufen der Frist nach § 199 Abs. 1 BGB kommt es dann bereits nicht. Entsprechend erübrigt sich hier eine weitere Thematisierung der Verjährungsfrage.

Nach der in rechtsdogmatischer Hinsicht nicht ganz eindeutigen Entscheidung des OLG Bamberg soll die Treuepflicht eine Pflicht zur Unterlassung der Geltendmachung begründen. Danach steht

> *„die gesellschaftsvertragliche Treuepflicht, d.h. die Pflicht zur Erhaltung der Gesellschaft, der Geltendmachung der Ansprüche auf Gewinnanteilsauszahlung aus dem Jahr 2002 jedenfalls derzeit entgegen."*[682]

Anders als bei der liquidationsrechtlichen Durchsetzungssperre soll dem Gesellschafter damit wohl eine Pflicht zur Unterlassung auferlegt sein und nicht der Gesellschaft die Befugnis zur Leistungsverweigerung (Einrede) gewährt werden.

Im Ergebnis spielt die dogmatische Einkleidung zunächst keine Rolle. Nach Auffassung des OLG Bamberg sei die Leistungsklage als derzeit unbegründet abzuweisen.[683] Erst für die Verjährungsfrage kommt der konkreten rechtlichen Einordnung Bedeutung zu. Sieht man kein Leistungsverweigerungsrecht begründet und leitet man aus der Treuepflicht lediglich eine Pflicht zur Unterlassung der Geltendmachung ab, so scheiden verjährungsrechtliche Lösungsansätze zur Begründung einer Hemmungswirkung aus, die gerade an ein Leistungsverweigerungsrecht anknüpfen.

b. *Stellungnahme und Bewertung*

Richtigerweise bewirkt die Treuepflicht in Übereinstimmung mit der verbreitet vertretenen Auffassung, dass Entnahmerechte bzw. die Fälligstellung von Ansprüchen Beschränkungen unterliegen, wenn die Zahlungsunfähigkeit droht oder der Gesellschaft ein schwerer Schaden zugefügt würde.[684] Insoweit wird es bereits nicht zu einem fälligen Zahlungsanspruch kommen.

Soweit allerdings ein fälliger Zahlungsanspruch schon besteht und nicht mehr von einem vorgelagerten Verhalten der Gesellschafter abhängt, ist jedenfalls – jenseits einer Verpflichtung des Gesellschafters zur Unterlassung der

---

682 OLG Bamberg v. 17.6.2005 – 6 U 56/04, NZG 2005, 808, 809.

683 OLG Bamberg v. 17.6.2005 – 6 U 56/04, NZG 2005, 808, 809.

684 Dazu Fn. 675 bis 680.

Geltendmachung – auch von dem Bestehen eines Leistungsverweigerungsrechts der Gesellschaft auszugehen. Dieses Leistungsverweigerungsrecht ist auf das Treueverhältnis zwischen Gesellschafter und Gesellschaft zu stützen. Andernfalls müsste die Gesellschaft zunächst den Anspruch auf Unterlassung der Geltendmachung gegen den Gesellschafter durchsetzen. Es wäre auch nicht ohne weiteres erklärbar, warum eine Klage auf Leistung als derzeit unbegründet abgewiesen werden müsste. Das Leistungsverweigerungsrecht kann sodann auch für die verjährungsrechtliche Behandlung fruchtbar gemacht werden.

Eine ähnliche Konstellation ergibt sich für den Rückgriffanspruch eines Gesellschafters gegen seine Mitgesellschafter nach § 426 BGB, nachdem der Gesellschafter auf eine Gesellschaftsschuld geleistet hat.[685] Auch für diesen Rückgriffanspruch wird vertreten, dass er aus Treuepflicht zunächst nicht bzw. nur subsidiär gegen die Mitgesellschafter geltend gemacht werden kann, da primär die Gesellschaft auf Rückgriff haften sollen.[686] Auch insoweit ist ein Leistungsverweigerungsrecht aus horizontaler Treuepflicht anzunehmen, für das vorstehende Grundsätze gelten.

5. Zwischenergebnis

Die Durchsetzungssperren in der Krise der Gesellschaft unterscheiden sich untereinander erheblich. Ihre Rechtsgrundlagen reichen von

- gesetzlich vorgesehenen Durchsetzungssperren[687]
- über vertraglich begründete Durchsetzungssperren[688]
- über durch Analogiebildung begründete Durchsetzungssperren[689]
- bis hin zu solchen Durchsetzungssperren, die durch Präzisierung von Generalklauseln geschaffen wurden.[690]

Auch bei den Zweckrichtungen der Durchsetzungssperren gibt es erhebliche Unterschiede.[691]

685 Dazu bereits C.II.3.b.
686 *Klimke*, in: BeckOK-HGB, § 126 Rn. 56.
687 § 30 Abs. 1 GmbHG.
688 Vorinsolvenzliche Durchsetzungssperre beim qualifizierten Rangrücktritt.
689 Eigenkapitalersatzrecht – Analogie zu § 30 Abs. 1 GmbHG.
690 Treu und Glauben bzw. gesellschaftsrechtliche Treuepflicht.
691 Schutz des bilanziellen Stammkapitals als Gläubigerschutz; Verhinderung der bilanziellen Überschuldung zur Vermeidung einer Insolvenzantragspflicht; Schutz der Gesellschaft vor schweren Schäden. Die liquidationsrechtliche Durchsetzungssperre dient hingegen der geordneten Durchführung der Auseinandersetzung.

Für jede Durchsetzungssperre muss zunächst eine Klärung der relevanten Vorfragen erfolgen (Herleitung und Rechtsnatur; Zweckrichtung und Funktion; Wirkungsweise; vorhandene gesetzliche Sonderregelungen). Auf dieser Grundlage können sodann verjährungsrechtliche Schlussfolgerung gezogen werden. Teils ergibt sich die verjährungsrechtliche Behandlung zwanglos aus der Rechtsnatur einer Durchsetzungssperre. Das ist der Fall bei der vorinsolvenzlichen Durchsetzungssperre beim qualifizierten Rangrücktritt, die ohne weiteres unter § 205 BGB subsumiert werden kann. Gleiches gilt für das Kontokorrent. Einer Analogiebildung bedarf es hier nicht. Umgekehrt ergibt sich bereits aus der gesetzlichen Natur der Auszahlungssperre nach § 30 Abs. 1 GmbHG, dass eine Anwendung des § 205 BGB, der sich nur auf vertragliche Leistungsverweigerungsrechte bezieht, ausscheidet.[692] Eine einheitliche verjährungsrechtliche Behandlung der betrachteten Durchsetzungssperren kommt daher nicht in Betracht.

Im Ganzen unterscheiden sich alle betrachteten Durchsetzungssperren in der Krise der Gesellschaft deutlich von der liquidationsrechtlichen Durchsetzungssperre. Eine ähnliche verjährungsrechtliche Behandlung liegt allenfalls noch für die Durchsetzungssperre aus Treuepflicht nahe. Sie ähneln sich in ihrer Rechtsnatur, da beide auf Rechtsfortbildungen der Rechtsprechung in Anknüpfung an die Treuepflicht beruhen. Allerdings existiert für die Durchsetzungssperre aus Treuepflicht bislang noch keine belastbare verjährungsrechtliche Lösung, die auf die liquidationsrechtliche Durchsetzungssperre übertragbar wäre. Für die liquidationsrechtliche Durchsetzungssperre bedarf es daher der Entwicklung einer eigenständigen Lösung.[693]

III. Durchsetzungssperre im Insolvenzverfahren

Ähnlichkeiten der liquidationsrechtlichen Durchsetzungssperre bestehen schließlich auch zur Situation in der Insolvenz. Sowohl das Insolvenzverfahren[694] wie auch die gesellschaftsrechtliche Liquidation dienen der Abwicklung eines Vermögens.[695] Im Insolvenzverfahren hat der Insolvenzgläubiger nicht mehr die Möglichkeit, seinen Anspruch im Wege der Leistungsklage oder anderer Verfahren durchzusetzen.[696]

---

692 BGH v. 14.12.2017 – IX ZR 118/17, NZI 2018, 154, Rn. 15.

693 Dazu F.

694 Dazu § 1 InsO.

695 Bei reinen Innengesellschaft sind die Rechtsbeziehungen der Gesellschafter untereinander abzuwickeln.

696 OLG München v. 25.6.2014 – 7 U 961/1, BeckRS 2014, 18230, Rn. 41.

1. Gemeinsamkeiten

Die wesentliche, augenfällige Gemeinsamkeit besteht darin, dass die Insolvenzforderungen ihre isolierte Durchsetzbarkeit verlieren. Leistungsklagen von Insolvenzgläubigern[697] sind nach § 87 InsO unzulässig. Zulässig bleiben, wie bei der liquidationsrechtlichen Durchsetzungssperre, Feststellungsklagen, etwa im Falle des Widerspruchs gegen eine angemeldete Forderung, §§ 179 ff. InsO.[698] Ebenso erfolgt im Insolvenzverfahren eine gemeinsame Befriedigung der Gläubiger in einem einheitlichen Verfahren (sog. Gesamtvollstreckung).[699] Die Verteilung des Schuldnervermögens erfolgt quotal. Ähnlich erhalten die Gesellschafter einen ihrer quotalen Beteiligung entsprechenden Anteil am Liquidationsguthaben. Auch ist hinsichtlich des sachlichen Anwendungsbereichs der Durchsetzungssperre sowohl in der Liquidation wie auch in der Insolvenz zu differenzieren. Masseverbindlichkeiten[700] und höchstpersönliche Ansprüche[701] gegen den Insolvenzschuldner unterfallen, anders als Forderungen von Insolvenzgläubigern, nicht der Durchsetzungssperre des § 87 InsO. Ganz ähnlich ist in der Liquidation zwischen liquidationsbefangenen Ansprüchen und Drittansprüchen zu unterscheiden.[702] In vollstreckungsrechtlicher Hinsicht entfällt die Vollstreckbarkeit von bestehenden Titeln gegen den Insolvenzschuldner. Diese unterliegen dem Vollstreckungsverbot nach § 89 InsO.[703] Auch in der Liquidation ist eine Vollstreckung bestehender Leistungstitel unzulässig.[704] Und schließlich können die aufgrund der Eröffnung des Insolvenzverfahrens undurchsetzbaren Forderungen bei Aufhebung des Insolvenzverfahrens nach §§ 200 f. InsO wieder durchsetzbar werden, § 201 InsO.

2. Unterschiede

Das Insolvenzverfahren unterscheidet sich aber auch wesentlich von der gesellschaftsrechtlichen Durchsetzungssperre.

---

697 Nicht hingegen solche von Massegläubigern, vgl. *Breuer/Flöther*, in: MüKoInsO, § 87 Rn. 6.

698 *Breuer/Flöther*, in: MüKoInsO, § 87 Rn. 3.

699 *Madaus*, in: BeckOK-InsO, § 4 Rn. 7; *Pape*, in: Pape/Reichelt/Schultz/Voigt-Salus, InsolvenzR, § 10 Rn. 4.

700 *Krothin*, in: Braun, § 87 Rn. 4.

701 Etwa Auskunftsansprüche und Unterlassungsansprüche, vgl. dazu *Breuer/Flöther*, in: MüKoInsO, § 87 Rn. 16.

702 *Hirte/Praß*, in: Uhlenbruck, § 35 Rn. 5.

703 *Kruth*, in: Römermann, § 89 Rn. 22.

704 Dazu C.IV.1.b.

a. *Näheverhältnis*

Die Insolvenzgläubiger stehen dem Insolvenzschuldner als Dritte gegenüber. Ihre Beziehung beruht auf keiner besonderen Bindung. Anders verhält es sich bei dem Gesellschaftsverhältnis und den durch dieses hervorgebrachten Treuebindungen. In der Insolvenz geht es nicht um die Auseinandersetzung eines Innenverhältnisses, das gesonderten Treuebindungen unterliegt, sondern um die Abwicklung von Verhältnissen, bei denen sich die Parteien regelmäßig als fremde Dritte gegenüberstehen.

b. *Quotale Teilerfüllung statt Saldierung*

Die gleichmäßige Befriedigung aller Insolvenzgläubiger (Grundsatz der *par conditio creditorum*) soll im Insolvenzverfahren durch die quotale und teilweise Erfüllung der Insolvenzforderungen erreicht werden.[705] Insoweit unterscheidet sich die Situation in der Insolvenz von derjenigen in der Liquidation, die eine Saldierung wechselseitiger Ansprüche bezweckt und bei der die nach Saldierung noch verbleibenden Einzelansprüche in einem einheitlichen Anspruch auf das Auseinandersetzungsguthaben aufgehen. Es kommt deshalb in der Liquidation bestimmungsgemäß nicht lediglich zu einer nur teilweisen Rechtsverwirklichung der Einzelansprüche.

c. *Einseitige Durchsetzungssperre*

Im Unterschied zur Liquidation einer Personengesellschaft sind allein die Forderungen der Insolvenzgläubiger undurchsetzbar. Forderungen des Insolvenzschuldners hingegen können vom Insolvenzverwalter verfolgt und durchgesetzt werden,[706] ein maßgeblicher struktureller Unterschied zur wechselseitigen Durchsetzungssperre.[707]

Hervorzuheben ist schließlich noch, dass auch in der Insolvenz die Aufrechnung zulässig bleibt, § 94 InsO. Auch hierin manifestiert sich der eben angesprochene Wesensunterschied zur Liquidation. Das Insolvenzverfahren dient der Befriedigung der Insolvenzgläubiger, ist insofern eindimensional, während die

---

705 *Mock*, in: Uhlenbruck, § 87 Rn. 1.

706 *Sternal*, in: K. Schmidt, § 80 Rn. 27.

707 Die Abwicklung im Insolvenzverfahren erfolgt, grob untergliedert, in zwei Schritten: Zunächst werden die Ansprüche des Insolvenzschuldners vom Insolvenzverwalter eingezogen. In einem zweiten Schritt wird die so erlangte Masse an die Insolvenzgläubiger verteilt, dies unter vorheriger Befriedigung der Massegläubiger bzw. Kosten.

gesellschaftsrechtliche Auseinandersetzung einer mehrdimensionalen Bewältigung wechselseitiger Anspruchsverhältnisse dient. Um die Einzelansprüche sämtlich in die Auseinandersetzungsrechnung einfließen zu lassen, kann mit diesen nicht aufgerechnet werden.[708] Die Durchsetzungssperre in der Liquidation ist deshalb weiterreichender als in der Insolvenz.

d. *Förmliche Anmeldung*

Für die Einbeziehung einer Insolvenzforderung in das Insolvenzverfahren ist ihre Anmeldung nach §§ 174 ff. InsO erforderlich.[709] Ihrer bedarf es in der gesellschaftsrechtlichen Liquidation nicht. Erst die Anmeldung zur Insolvenztabelle hemmt den Verjährungslauf nach § 204 Abs. 1 Nr. 10 BGB. Die Hemmung tritt damit erst durch aktives Tätigwerden des Insolvenzgläubigers ein.[710] Die Wirkung der Undurchsetzbarkeit tritt hingegen ohne weiteres durch Insolvenzeröffnung ein. Sie bewirkt jedoch im recht klaren Umkehrschluss zur Normierung des § 204 Abs. 1 Nr. 10 BGB noch nicht die Verjährungshemmung.[711]

3. Verjährungsrechtliche Behandlung

Für die Verjährung der Insolvenzforderungen hat der Gesetzgeber einen besonderen Hemmungstatbestand nach § 204 Abs. 1 Nr. 10 BGB geschaffen, der an die Forderungsanmeldung anknüpft.[712] § 204 Abs. 1 Nr. 10 BGB soll dabei auch für nachrangige Insolvenzforderungen greifen.[713] Mit Vornahme der Anmeldung durch den Insolvenzgläubiger wird die Verjährung gehemmt.[714] Es handelt sich um eine Rechtsverfolgungsmaßnahme, wie sich aus der systematischen Stellung des Hemmungstatbestandes in § 204 Abs. 1 Nr. 10 BGB ergibt.[715] Nach Rechtsprechung des BGH sollen andere Möglichkeiten der Rechtsverfolgung im Insolvenzverfahren ausscheiden.[716]

---

708 Dazu C.IV.3.

709 *Riedel*, in: MüKoInsO, § 174 Rn. 1.

710 So auch OLG Stuttgart v.14.3.2007 – 14 U 25/06, BeckRS 2007, 5998.

711 *Lakkis*, in: jurisPK-BGB, § 204 Rn. 114.

712 *Wenner/Schuster*, BB 2006, 2649.

713 *Zenker*, in: BeckOK-InsO, § 174 Rn. 32.

714 OLG Stuttgart v.14.3.2007 – 14 U 25/06, BeckRS 2007, 5998; vgl. auch *Grothe*, in: MüKoBGB, § 204 Rn. 56 ff.

715 Vgl. dazu BGH v. 3.7.2014 – IX ZR 261/12, NZI 2014, 749, Rn. 9.

716 BGH v. 21.2.2013 – IX ZR 92/12, NJW-RR 2013, 992, Rn. 20; vgl. auch *Peters/Jacoby*, in: Staudinger, § 204 Rn. 98.

4. Stellungnahme und Bewertung

a. Insolvenzrechtliche Lösung

Da eine Hemmung der Verjährung ausdrücklich erst mit Forderungsanmeldung nach § 204 Abs. 1 Nr. 10 BGB eintritt, scheidet die Anknüpfung einer Verjährungshemmung an die Insolvenzbefangenheit einer Forderung, an die Verfahrenseröffnung[717] oder an die insolvenzrechtliche Durchsetzungssperre nach §§ 87, 89 InsO aus. Der Gesetzgeber hat die Verjährungshemmung explizit an die Forderungsanmeldung als Akt der Rechtsverfolgung gekoppelt. Festzustellen ist damit, dass nach dem gesetzgeberischen Konzept nicht schon der Bestand der insolvenzrechtlichen Durchsetzungssperre als solcher zur Verjährungshemmung führen soll. Andernfalls wäre die Normierung des Sondertatbestandes zur Hemmung durch Forderungsanmeldung nach § 204 Abs. 1 Nr. 10 BGB überflüssig und die Norm liefe leer. Es besteht im Insolvenzverfahren somit kein Raum für Rechtsfortbildungen, da bereits keine Regelungslücke vorhanden ist. Eine gleichsam „automatische" Verjährungshemmung der insolvenzrechtlichen Durchsetzungssperre der §§ 87, 89 InsO hat der Gesetzgeber nicht angeordnet, was ihm zu regeln aber offen gestanden hätte.[718]

Für das Insolvenzverfahren ist damit festzuhalten, dass erstens eine spezialgesetzliche Lösung vorliegt und zweitens, dass sich durch diese die Suche nach anderweitigen Lösungswegen erübrigt. Dementsprechend finden sich im Bereich der insolvenzrechtlichen Durchsetzungssperre auch keine anderen verjährungsrechtlichen Lösungskonzepte, die zur Übertragung auf die liquidationsrechtliche Durchsetzungssperre in Betracht gezogen werden können.

b. Keine Übertragbarkeit der insolvenzrechtlichen Lösung

Auch eine Übertragung der im Insolvenzverfahren vorgefundenen spezialgesetzlichen Lösung auf die liquidationsrechtliche Durchsetzungssperre dürfte Schwierigkeiten bereiten. Es bestehen wesentliche Strukturunterschiede. Allen voran unterscheidet sich das Insolvenzverfahren durch die gesetzlich vorgesehene

---

717 Dazu LG Göttingen v. 2.5.2005 – 10 T 55/05, NZI 2005, 395, 396.

718 Bereits seit Inkrafttreten des BGB zum 1. Januar 1900 ist gesetzlich unverändert vorgesehen, dass erst die Anmeldung der Forderung im Insolvenz- bzw. vormals im Konkursverfahren zur Verjährungshemmung (bzw. vormals zur Verjährungsunterbrechung) führt, vgl. dazu Motive, I, S. 328 sowie S. 334 = *Mugdan*, Materialien, Band 1, Allgemeiner Theil, S. 533 sowie S. 536.

förmliche Anmeldeobliegenheit nach §§ 174 ff. InsO. Eine solche Anmeldung von Ansprüchen ist für die gesellschaftsrechtliche Liquidation weder durch das Gesetz noch durch die Rechtsprechung vorgesehen. Eine Forderungsanmeldung findet auch in der Praxis nicht statt. Zudem fehlt es an einem dem Insolvenzverwalter vergleichbaren Adressaten, der eine Anmeldung überhaupt entgegennehmen könnte.[719] Die Liquidation ist vielmehr Sache der Gesellschafter selbst, die grundsätzlich als Liquidatoren geschäftsführungsbefugt sind, § 736 Abs. 1 BGB n.F., § 144 Abs. 1 HGB n.F.[720]

Schließlich ist die Interessenlage wegen der bestehenden Unterschiede beider Verfahren auch nicht vergleichbar.[721] Das Insolvenzrecht widmet sich der teilweisen und quotalen Befriedigung der Forderungen der Insolvenzgläubiger. Es geht dabei um eine einseitige Rechtsverfolgung der Insolvenzgläubiger gegen den Schuldner. Das Insolvenzverfahren ist in dieser Hinsicht nicht mit dem mehrdimensionalen Ausgleich und der Verrechnung wechselseitiger Forderungen aus dem Innenverhältnis einer Gesellschaft vergleichbar. Es weist eine andere Struktur und Funktion auf.

Eine Übertragbarkeit der insolvenzrechtlichen Lösung scheidet deshalb aus.

c. Verjährungsrechtliche Folgerungen

Mit der Regelung eines gesonderten Hemmungstatbestandes in § 204 Abs. 1 Nr. 10 BGB hat der Gesetzgeber zum Ausdruck gebracht, dass er die Insolvenzforderungen während der Verfahrensdauer nicht der Verjährung preisgeben will. Zwar lässt sich der Hemmungstatbestand als solcher wegen vorstehend bezeichneter Strukturunterschiede nicht auf die liquidationsrechtliche Durchsetzungssperre übertragen. Wohl aber ist eine darin enthaltene gesetzgeberische Wertung übertragbar. Trotz bestehender Unterschiede und fehlender Vergleichbarkeit der Interessenlagen im Ganzen haben Insolvenz- und Auseinandersetzungsverfahren gemeinsam, dass einem Gläubiger die Anspruchsdurchsetzung während des laufenden Verfahrens verwehrt ist. In dem maßgeblichen Umstand, dass dem Gläubiger im Gegenzug für die Verstrickung seiner Forderung in ein besonderes Verfahren zur Behandlung seines Anspruchs zumindest nicht die Verjährung

719 Nach der sog. Amtstheorie nimmt der Insolvenzverwalter diese Tätigkeit als Organ der Rechtspflege wahr, dazu *Ries*, in: K. Schmidt, § 56 Rn. 58.

720 *Kamanabrou*, in: Oetker, § 144 Rn. 5: „*Geborene Liquidatoren*"; *Schäfer*, in: MüKoBGB, § 736 Rn. 3. Auch Dritte können die Stellung als Liquidator einnehmen, § 736 Abs. 4 Satz 1 BGB n.F., § 144 Abs. 4 HGB n.F.

721 Dazu vertiefend noch F.III.6.

drohen darf, sind beide Verfahren vergleichbar. Es ist kein Grund dafür ersichtlich, dass die Interessenlage bei der liquidationsrechtlichen Durchsetzungssperre anders gelagert wäre.

Zudem kann aus § 204 Abs. 1 Nr. 10 BGB nicht der Umkehrschluss gezogen werden, dass bei sonstigen Durchsetzungssperren jenseits des Insolvenzverfahrens keine Verjährungshemmung greifen soll. Die Hemmungsnorm des heutigen § 204 Abs. 1 Nr. 10 BGB bzw. ihr Vorläufer wurde bereits mit Schaffung des BGB zum 1. Januar 1900 ins Gesetz aufgenommen,[722] also zu einer Zeit, als die übrigen Durchsetzungssperren zumindest großenteils noch nicht entwickelt waren.

Die Wertung des § 204 Abs. 1 Nr. 10 BGB ist deshalb als Fingerzeig für eine Lösung der Verjährungsthematik unter Vermeidung des Verjährungseintritts auch bei anderen Durchsetzungssperren einzuordnen. Allerdings kommt die Übertragung des insolvenzrechtlichen Lösungswegs einer an die Forderungsanmeldung anknüpfenden Hemmung nicht in Betracht, sodass andere Lösungswege in Betracht zu ziehen sind.

IV. Zwischenergebnis

1. Rechtliche Rahmenbedingungen

Bei der Einordnung nahezu aller[723] Durchsetzungssperren tun sich Rechtsprechung und Literatur schwer. Die Verortung im Koordinatensystem bekannter rechtlicher Kategorien erfolgt mitunter *„nicht ohne rechtsdogmatische Anstrengungen“*[724] und bleibt häufig im Ungewissen. Von dementsprechend unklarem Rechtsboden gehen die in der Rechtsprechung und Literatur vorgefundenen verjährungsrechtlichen Folgerungen aus.

Als Vorfragen der Verjährungsfrage sind zunächst die Herleitung, Rechtsnatur, Zweckrichtung, Funktion sowie die konkrete Wirkungsweise der jeweiligen Durchsetzungssperre einer eingehenden Untersuchung zu unterziehen, soweit

722 Motive, I, S. 328 sowie S. 334 = *Mugdan*, Materialien, Band 1, Allgemeiner Theil, S. 533 sowie S. 536.

723 Dies gilt nicht für die insolvenzrechtliche Durchsetzungssperre, deren Wirkungen umfassend spezialgesetzlich geregelt sind (Undurchsetzbarkeit in §§ 87, 89 InsO; Aufrechenbarkeit in §§ 94 ff. InsO; Verjährungshemmung in § 204 Abs. 1 Nr. 10 BGB).

724 *K. Schmidt*, ZIP 2015, 901, 907 – bezogen auf die vorinsolvenzliche Durchsetzungssperre beim qualifizierten Rangrücktritt.

nicht eine gesetzliche Spezialregelung der Verjährungsfrage vorliegt.[725] Die Klärung der Vorfragen entscheidet darüber, auf welchem rechtsmethodischen Weg eine Lösung der Verjährungsthematik zu bewerkstelligen sein kann und inwieweit Rechtsfortbildungen möglich sind.[726]

2. Verjährungsthematik bei den verglichenen Durchsetzungssperren

Die Verjährungsthematik stellt sich bei allen verglichenen Durchsetzungssperren. Bei manchen ist sie allerdings weniger relevant als bei der liquidationsrechtlichen Durchsetzungssperre. Beim Kontokorrent wird die Verjährungsfrage selten relevant, da die kontokorrentbefangenen Ansprüche zumeist schon mit ihrer Entstehung ins Kontokorrent eingestellt werden und die Abrechnungsperioden kürzer sind als gesetzlich nach § 355 Abs. 2 HGB vorgesehen. So kommt es bereits lange vor dem Ablauf der Verjährungsfristen zur Verrechnung der Ansprüche.[727] Die Durchsetzungssperre des § 30 Abs. 1 GmbHG hindert häufig von vornherein schon die Entstehung von Auszahlungsansprüchen, sodass sich Verjährungsfragen nicht stellen.[728] Im Rahmen der Durchsetzungssperre aus Treuepflicht in der Krise der Gesellschaft sind die Gesellschafter gehalten, bestehende Ansprüche nicht fällig zu stellen, sodass die Verjährungsfristen mangels verjährungsrechtlicher Anspruchsentstehung nicht anlaufen.[729]

3. Lösungskonzepte

Für die insolvenzrechtliche Durchsetzungssperre existiert eine gesonderte gesetzliche Regelung der Verjährungsthematik in § 204 Abs. 1 Nr. 10 BGB. Im Übrigen werden verschiedene Lösungswege vorgeschlagen, teils eine direkte oder analoge Anwendung des § 205 BGB,[730] teils auch ein Ansetzen bei der verjährungsrechtlichen Anspruchsentstehung dergestalt, dass Ansprüche verjährungsrechtlich nicht zur Entstehung gelangen und die Verjährungsfrist nach § 199 Abs. 1 BGB

725 Das ist der Fall bei der Durchsetzungssperre im Insolvenzverfahren nach §§ 87, 89 InsO. Hier regelt § 204 Abs. 1 Nr. 10 BGB die Verjährungshemmung explizit, dazu E.III.

726 Insbesondere Analogiebildungen, dazu Ziffer E.II.5.

727 Dazu E.I.

728 Dazu E.II.1.

729 Dazu E.II.4.

730 So beim Kontokorrent und bei der vorinsolvenzlichen Durchsetzungssperre beim Rangrücktritt, dazu E.I bzw. E.II.3.

nicht anläuft.[731] Teilweise wird angenommen, der Verjährungslauf sei nur durch Feststellungsklage zu stoppen.[732]

4. Keine Übertragbarkeit vorhandener Lösungen

Die bei anderen Durchsetzungssperren vorgefundenen Lösungen der Verjährungsthematik sind nicht auf die liquidationsrechtliche Durchsetzungssperre übertragbar.

Für Insolvenzforderungen, die von der insolvenzrechtlichen Durchsetzungssperre betroffen sind, greift ein besonderer Hemmungstatbestand nach § 204 Abs. 1 Nr. 10 BGB. Dieser ist an die Verfahrenshandlung der Forderungsanmeldung gekoppelt, die im Rahmen der liquidationsrechtlichen Durchsetzungssperre ebenso wenig vorzufinden ist wie bei den übrigen Durchsetzungssperren. Die für die insolvenzrechtliche Durchsetzungssperre geschaffene Lösung ist daher nicht übertragbar.

Beim Kontokorrent und bei der vorinsolvenzlichen Durchsetzungssperre des Rangrücktritts lässt sich die jeweilige Durchsetzungssperre wegen ihrer Qualität als vertraglich vereinbartes Leistungsverweigerungsrecht zwanglos unter die allgemeine Hemmungsnorm des § 205 BGB subsumieren. Dieser Weg ist für die liquidationsrechtliche Durchsetzungssperre wegen ihrer Eigenschaft als nichtvertragliche[733] Durchsetzungssperre verschlossen.

Auch lässt sich im Rahmen der liquidationsrechtlichen Durchsetzungssperre nicht damit behelfen, die verjährungsrechtliche Anspruchsentstehung und damit das Anlaufen der Frist zu verneinen, indem man eine Fälligstellung von Forderungen untersagt oder annimmt, die Fälligkeit trete wegen der Durchsetzungssperre nicht ein. Die liquidationsrechtliche Durchsetzungssperre erfasst mit der Auflösung die bereits bestehenden und nach § 271 Abs. 1 BGB schon fälligen Einzelansprüche, bei denen die Verjährungsfristen bereits angelaufen sind.

Verfehlt wäre es darum, wegen der auf den ersten Blick bestehenden Ähnlichkeiten der verglichenen Durchsetzungssperren vorschnell auch deren verjährungsrechtliche Lösungswege zu beschreiten. Diese erweisen sich bei näherer Betrachtung für die liquidationsrechtliche Durchsetzungssperre nicht als gangbar. Überdies sind die Lösungskonzepte bei den verglichenen Durchsetzungssperren teils nicht überzeugend, geschweige denn in gefestigter BGH-Rechtsprechung anerkannt.

---

731 So bei § 30 Abs. 1 GmbHG, dazu E.II.1.

732 So beim früheren Eigenkapitalersatzrecht, dazu E.II.2.

733 Dazu C.I.9.

Allenfalls besteht eine Vergleichbarkeit der liquidationsrechtlichen Durchsetzungssperre mit der Durchsetzungssperre aus der Treuepflicht in der Krise der Gesellschaft. Mit Blick auf die Durchsetzungssperre aus der Treuepflicht fehlt es jedoch an einem belastbaren Lösungskonzept. Auch insoweit scheidet damit die Übertragbarkeit einer Lösung aus.

5. Wertungen zur Verjährungsthematik

Aus dem besonderen Hemmungstatbestand des § 204 Abs. 1 Nr. 10 BGB ergibt sich, dass der Gesetzgeber den Eintritt der Verjährung nicht für geboten hält, solange das Insolvenzverfahren andauert. Die dort vorgefundene Wertung indiziert, dass auch bei der Abwicklung im Rahmen eines Liquidationsverfahrens die betroffenen Einzelansprüche nicht verjähren sollen. Beide Verfahren dienen gleichermaßen einer Verwirklichung der verfahrensverstrickten Ansprüche, im Insolvenzverfahren durch Befriedigung nach § 187 Abs. 1 InsO, in der Liquidation durch Verrechnung bzw. Eingang in den Anspruch auf das Auseinandersetzungsguthaben. Die gesetzliche Wertung zur Verjährungshemmung aus § 204 Abs. 1 Nr. 10 BGB ist auf die Liquidation übertragbar.

Im Übrigen hat die vergleichende Analyse der Durchsetzungssperren untermauert, dass bei der liquidationsrechtlichen Durchsetzungssperre ein Verjährungseintritt erst recht nicht angezeigt ist. Gegen einen Verjährungseintritt spricht insbesondere die Herleitung der liquidationsrechtlichen Durchsetzungssperre aus der Treuepflicht, die besondere Rücksichtnahme auf die Interessen der Gesellschaft und der Mitgesellschafter gebietet. Ist dem Gesellschafter eine Durchsetzung seines Anspruchs aus Rücksichtnahmegründen verwehrt, kann ihm umgekehrt schwerlich ein Verjährungseintritt während der Liquidationsphase entgegengehalten werden. Auch der Zweck der liquidationsrechtlichen Durchsetzungssperre, die Einzelansprüche lediglich zu konservieren und schließlich deren Rechtsverwirklichung[734] herbeizuführen, spricht gegen einen Verjährungseintritt. Dieser Zweck tritt im Vergleich zu den übrigen Durchsetzungssperren besonders hervor.

---

734 Durch Verrechnung mit gegenläufigen Forderungen oder durch Aufgehen im Auseinandersetzungsguthaben.

F. Verjährungshemmung der Durchsetzungssperre

In den vorangehenden Kapiteln wurde erörtert, dass die Verjährung während der Liquidationsphase nicht durch die Zwecke der Verjährung geboten ist,[735] ein Verjährungseintritt im Gegenteil der Zwecksetzung des Auseinandersetzungsverfahrens zuwiderliefe,[736] eine Unterscheidung zwischen verjährbaren Einzelansprüchen und unverjährbaren offenen Posten zufällig und ungerechtfertigt wäre[737] und ferner dem Gesetz die Wertung zu entnehmen ist, dass während eines Verfahrens zur Abwicklung von Ansprüchen deren Verjährung gehemmt sein soll.[738] Der Befund, dass während der Liquidationsphase die Verjährung nicht eintreten soll, zeitigt für sich genommen allerdings noch keine Rechtsfolgen. Erforderlich ist eine rechtsmethodisch belastbare Begründung.[739] Nachdem eine Übertragung von Lösungsansätzen, die zu ähnlichen Durchsetzungssperren entwickelt wurden, nicht möglich ist,[740] dient dieses Kapitel der systematischen Aufarbeitung der rechtsmethodisch möglichen Begründungsansätze.

Zu Beginn werden Lösungswege auf Grundlage des Gesellschaftsvertrages beleuchtet (I), danach Lösungen durch Anwendung gesetzlicher Hemmungstatbestände, zunächst in direkter Normanwendung (II), sodann in analoger Gesetzesanwendung (Rechtsfortbildung; III bis V). Schließlich werden Lösungskonzepte erörtert, die ohne Anknüpfung an oder Fortbildung von verjährungsrechtlichen Vorschriften auskommen und der Durchsetzungssperre selbst bestimmte verjährungsrelevante Wirkungen zuschreiben (VI bis IX). Dieses Kapitel dient neben der Analyse und Diskussion der möglichen Lösungskonzepte zugleich auch deren Verortung im Koordinatensystem juristischer Methodik.

---

735 Dazu D.I.

736 Dazu D.III.

737 Dazu C.II.4.c.

738 Dazu E.IV.5.

739 Vgl. auch *Messer*, Gesellschaftsbezogene Forderungen in der Auseinandersetzung, S. 205, 210, der für die Rechtsfigur der Durchsetzungssperre insgesamt eine „*hinreichende theoretische Begründung des wünschenswerten Ergebnisses*“ fordert.

740 Dazu E.IV.4.

I. Hemmung kraft vertraglicher Vereinbarung

Die Durchsetzungssperre könnte als separater gesellschaftsvertraglicher Hemmungstatbestand angesehen werden. Die privatautonome Schaffung von zusätzlichen Hemmungstatbeständen, die über die gesetzlich vorgesehenen Hemmungstatbestände hinausreichen, wird heute[741] richtigerweise als zulässig erachtet. Dies gilt jedenfalls, solange die Hemmungsvereinbarung sich nicht außerhalb der recht weit gezogenen Grenzen des § 202 BGB bewegt, also im Bereich der Vorsatzhaftung die Verjährung im Voraus erleichtert (Abs. 1) oder den Verjährungseintritt über eine Dauer von mehr als 30 Jahren hinausschiebt (Abs. 2).[742] Bei der Schaffung eines gesonderten vertraglichen Hemmungstatbestandes der Durchsetzungssperre handelt es sich um eine Erschwerung der Verjährung. Ein Verstoß gegen § 202 Abs. 1 BGB scheidet damit aus, da die Norm lediglich Grenzen für eine Erleichterung der Verjährung betrifft. Bedenklich werden könnte ein vertraglich geschaffener Hemmungstatbestand allenfalls dann, wenn durch ihn die Verjährung auch 30 Jahre nach gesetzlichem Fristbeginn noch nicht eintreten soll, was aber in der Praxis kein Problem darstellen dürfte.

Nachdem die Privatautonomie Vereinbarungen über die Verjährung zulässt und auch die gesetzlichen Hemmungstatbestände keinem *numerus clausus* unterliegen,[743] ist der Weg bereitet für einen vertraglich vereinbarten, eigenen Hemmungstatbestand der Durchsetzungssperre bzw. eine Hemmungsvereinbarung in Bezug auf die durchsetzungsgesperrten Einzelansprüche. Neben der heute grundsätzlich anzunehmenden Zulässigkeit rechtsgeschäftlicher Vereinbarungen von Verjährungserschwernissen bedarf es freilich noch ihrer tatsächlichen Vereinbarung.

1. Vertraglicher Hemmungstatbestand der Durchsetzungssperre

An einer tatsächlichen Vereinbarung der Durchsetzungssperre als Hemmungstatbestand dürfte es bei nahezu allen Gesellschaften fehlen. Zumeist enthalten Gesellschaftsverträge bereits keine oder jedenfalls keine auf das Abwicklungsver-

741 § 225 Satz 1 BGB a.F. bestimmte vor Reform des SMG, dass die Verjährung durch Rechtsgeschäft weder ausgeschlossen noch erschwert werden konnte, vgl. dazu *Mansel*, NJW 2002, 89, 96.

742 Dazu D.VII; *Mansel*, NJW 2002, 89, 96; *Witt*, JuS 2002, 105, 110. Erschwerungen der Verjährung sind im Grundsatz zulässig, *Boecken*, BGB AT, Rn. 725.

743 Dazu D.VII.

fahren bezogene Regelungen.[744] Abreden zur Verjährungsfrage hinsichtlich der Einzelansprüche in der Liquidation begegnen einem in der Rechtspraxis nicht. Die Annahme solcher Vereinbarungen im Wege der Auslegung des Gesellschaftsvertrages liefe auf eine reine Fiktion von Willenserklärungen hinaus.[745] Sie ist daher abzulehnen.[746]

2. Hemmungstatbestand aus ergänzender Vertragsauslegung

Teilweise wird die Durchsetzungssperre aus ergänzender Vertragsauslegung des Gesellschaftsvertrages hergeleitet.[747] Aus der ergänzenden Vertragsauslegung könnte sich auch ein Hemmungstatbestand bzw. eine Hemmungsregelung ergeben. Da Gesellschaftsverträge im relevanten Regelungsbereich des Abwicklungsverfahrens und zum Umgang mit den Einzelansprüchen aber zumeist gar keine Regelungen enthalten, scheidet eine ergänzende Vertragsauslegung des Gesellschaftsvertrages richtigerweise aus.[748] Sie scheitert bereits am Vorliegen der erforderlichen Voraussetzung eines Regelungsplans, an den angeknüpft werden könnte. Das mag in seltenen Fallgestaltungen ausnahmsweise einmal anders sein. Für die breite Masse an Gesellschaften ist aus ergänzender Vertragsauslegung hingegen weder die Durchsetzungssperre noch ein Hemmungstatbestand abzuleiten.

3. Zwischenergebnis

Festzuhalten ist somit, dass ein Hemmungstatbestand der Durchsetzungssperre durch gesellschaftsvertragliche Vereinbarung zwar zulässigerweise begründet werden kann. Allerdings werden die Gesellschafter in den seltensten Fällen eine Vereinbarung hierzu getroffen haben. Regelmäßig fehlt es auch an einem liquidationsrechtlichen Regelungsplan im Gesellschaftsvertrag als Ansatzpunkt für eine ergänzende Vertragsauslegung. Kurzum: Der Weg ist rechtsmethodisch gangbar, aber in der Praxis unbeschritten.

---

744 Dazu C.I.3; vgl. exemplarisch etwa das Muster für einen KG-Vertrag bei *Blaum/Scholz*, in: Beck'sches FB Bürgerliches, Handels- und Wirtschaftsrecht, VIII.D.2. oder das Muster eines GbR-Vertrags bei *Giehl*, in: BeckOF-Vertrag, Ziffer 7.1.3.1.

745 Dazu C.I.2.

746 A.A. *Hadding/Häuser*, WM 1988, 1585, 1591, die die Grundlage der Durchsetzungssperre im „*Gesellschaftsverhältnis*" sehen.

747 *Hadding/Kießling*, in: Soergel, § 730 a.F. Rn. 9.

748 Dazu C.I.3.

II. Gesetzliche Hemmungstatbestände

Auch in der Liquidationsphase kommt eine Anwendung der allgemeinen Hemmungstatbestände in Betracht, soweit deren Voraussetzungen vorliegen.

1. Hemmung nach § 203 BGB

Die Gesellschafter sind zur Mitwirkung an der Auseinandersetzung verpflichtet.[749] Kommen sie dieser Pflicht nach und setzen sie sich mit ihren Mitgesellschaftern zur Aufarbeitung der einzelnen Anspruchsverhältnisse zusammen, dann ist dies geeignet, Verhandlungen über die offenen Einzelansprüche zu begründen. Die Anforderungen des BGH an das Vorliegen von Verhandlungen im Sinne des § 203 BGB sind gering. Es genügt bereits „*jeder ernsthafte Meinungsaustausch über den Anspruch oder seine tatsächlichen Grundlagen*".[750] Eine Verjährungshemmung kann also über § 203 BGB herbeigeführt werden. Allerdings lohnt ein näherer Blick auf den Anwendungsbereich und die Reichweite dieses Hemmungstatbestandes.

Die durch Verhandlungen begründete Verjährungshemmung ist in mehrfacher Hinsicht begrenzt.

a. Grenzen der Hemmung in zeitlicher Hinsicht

In zeitlicher Hinsicht greift die Hemmungswirkung des § 203 BGB erst mit Aufnahme konkreter Verhandlungen.[751] Das bedeutet, dass nicht bereits mit dem auflösenden Ereignis und dem Eingreifen der Durchsetzungssperre, sondern erst mit dem tatsächlichen Beginn von Verhandlungen die Hemmung einsetzt. Häufig beginnt die Auseinandersetzung im Innenverhältnis erst mit deutlichem zeitlichen Versatz nach der Auflösung. Nach der Auflösung liegt der Fokus zunächst auf der Abwicklung der Außenrechtsverhältnisse und auf der Verflüssigung des Gesellschaftsvermögens. Die Auseinandersetzung folgt regelmäßig zeitlich nach bzw. setzt erst phasenverschoben ein.[752] Auch kann es zu Unterbrechungen von einmal begonnenen Verhandlungen kommen. Da die Beendigung der

---

749 BGH v. 17.2.1969 – II ZR 137/67, WM 1969, 591, 592; *Hadding/Kießling*, in: Soergel, § 730 a.F. Rn. 6; *Trost*, in: jurisPK-BGB, § 730 a.F. Rn. 20.

750 BGH v. 15.8.2012 – XII ZR 86/11, NJW 2012, 3633, Rn. 36; siehe auch BGH v. 26.10.2006 – VII ZR 194/05, NJW 2007, 587; *Dörner*, in: Schulze, § 203 Rn. 2.

751 BGH v. 19.12.2013 – IX ZR 120/11, VersR 2014, 597; *Grothe*, in: MüKoBGB, § 203 Rn. 12.

752 Dazu B.IV; *Hillers*, Personengesellschaft und Liquidation, S. 129.

Abwicklung im Außenverhältnis für die Finalisierung der Auseinandersetzungsrechnung vorgreiflich ist,[753] wird es insbesondere bei komplexeren Liquidationen bis zur vollständigen Abwicklung der Außenrechtsverhältnisse zu Zwangspausen in den Verhandlungen über die Einzelansprüche kommen. Die Verhandlungen dauern daher nicht stets ununterbrochen fort und münden nicht unmittelbar in der Auseinandersetzungsrechnung. Unterbrechungen der Verhandlungen oder deren Einschlafen führen dann zum Entfallen der Hemmungswirkung nach § 203 BGB.[754] Eine spätere Wiederaufnahme der Verhandlungen bewirkt lediglich eine erneute Hemmung, die wiederum erst mit dem Beginn der neuen Verhandlungen einsetzt. Zu einer Rückwirkung der Hemmung auf den Zeitpunkt früherer Verhandlungen kommt es dabei nicht.[755] An einer durchgehenden Verjährungshemmung wird es damit häufig fehlen.

b. Grenzen der Hemmung in sachlicher Hinsicht

In sachlicher Hinsicht erfasst die Hemmung nach § 203 BGB überhaupt nur jene in die Verhandlungen einbezogenen Einzelansprüche. Der konkrete Gegenstand der Verhandlungen und damit der Hemmung ist Tatsachenfrage und macht in Zweifelsfällen eine Bewertung erforderlich.[756] Manche Einzelansprüche werden erst zu einem späten Zeitpunkt in die Auseinandersetzungs(ver)handlungen einbezogen oder bleiben gänzlich außen vor, etwa weil sie zunächst übersehen wurden oder von dem Gläubiger nicht zum Erörterungsgegenstand gemacht wurden. Zu bemerken ist, dass in der Liquidation kein dem Insolvenzverfahren vergleichbares, formalisiertes Verfahren zur Anmeldung von Forderungen existiert.

Ebenfalls in sachlicher Hinsicht von der Hemmungswirkung des § 203 BGB nicht erfasst sind unstreitige Ansprüche. Über diese ist nicht zu verhandeln, denn Verhandlungen im Sinne des § 203 BGB bezeichnen einen Meinungsaustausch über das Bestehen oder Nichtbestehen eines Anspruchs oder über seine

---

753 *K. Schmidt*, in: MüKoHGB, § 155 a.F. Rn. 1.

754 BGH v. 5.11.2002 – VI ZR 416/01, BGHZ 152, 298 = NJW 2003, 895, 897: „*Einschlafenlassen der Verhandlungen*“; OLG Koblenz v. 16.3.2016 – 10 U 557/15, BeckRS 2016, 6797, Rn. 72 ff.; *Brox/Walker*, BGB AT, § 31 Rn. 20; *Spindler/Gerdemann*, in: BeckOK-BGB, § 203 Rn. 7.

755 OLG Koblenz v. 16.3.2016 – 10 U 557/15, BeckRS 2016, 6797, Rn. 79.

756 OLG Karlsruhe v. 31.7.2014 – 16 UF 129/13, BeckRS 2014, 19181, Rn. 65; OLG Stuttgart v. 26.3.2013 – 10 U 146/12, 203; *Ellenberger*, in: Grüneberg, § 203 Rn. 3; *Grothe*, in: MüKoBGB, § 203 Rn. 10.

Grundlagen.[757] Hierzu kommt es hinsichtlich unstreitiger Einzelansprüche nicht, da es bei diesen keines Meinungsaustauschs und auch keiner Erörterung über den Anspruch bedarf. Eine Hemmung nach § 203 BGB scheidet somit aus. Fehlt es dann an einer ausdrücklichen oder zumindest konkludenten Anerkennung eines unstreitigen Einzelanspruchs durch den jeweiligen Schuldner,[758] kommt es auch nicht zum rettenden Neubeginn der Verjährung nach § 212 BGB.

Bisweilen verweigern Gesellschafter die Mitwirkung an Auseinandersetzungs(ver)handlungen gänzlich. Nicht selten nutzen Gesellschafter ihre durch die Selbstorganschaft vermittelten Zugriffsmöglichkeiten dazu, sich ihren (vermeintlichen) Anteil am Gesellschaftsvermögen bzw. ihr Liquidationsguthaben vorab zu sichern. An der nachfolgenden und oftmals mühevollen Aufarbeitung der Verhältnisse wirken sie dann nicht mehr mit oder verhalten sich gar obstruktiv.[759] Dies kann vor allem in zweigliedrigen Gesellschaften dazu führen, dass Verhandlungen zu Einzelansprüchen im Sinne des § 203 BGB ganz unterbleiben.

Ferner ist die Beendigung von Verhandlungen denkbar, wenn ein Gesellschafter die Fortsetzung der Auseinandersetzung verweigert. Hier ist zu bemerken, dass die Hemmungswirkung des § 203 Satz 1 BGB sofort mit Beendigung der Verhandlungen entfällt und die Verjährungsfristen weiterlaufen.[760] Eine sechsmonatige Hemmungsfortdauer wie bei § 204 Abs. 2 Satz 1 BGB schließt sich nicht an. Es kommt ggf. lediglich zu einer kurzen Ablaufhemmung nach § 203 Satz 2 BGB.[761]

c. *Zwischenergebnis*

Verhandlungen über Einzelansprüche führen auch in der Liquidationsphase zur Verjährungshemmung. Diese Verjährungshemmung ist keine spezifische Folge der Durchsetzungssperre, sondern beruht auf dem allgemeinen Hemmungstatbestand des § 203 BGB. Sie tritt daher auch nicht zeitgleich mit der Durchset-

---

757 BGH v. 15.8.2012 – XII ZR 86/11, NJW 2012, 3633, Rn. 36; vgl. auch BGH v. 26.10.2006 – VII ZR 194/05, NJW 2007, 587; *Dörner*, in: Schulze, § 203 Rn. 2.

758 Etwa durch Aufnahme des Anspruchs in eine vorläufige Auseinandersetzungsrechnung. Dies wäre wohl notwendig nach der insoweit recht klaren Haltung des Gesetzgebers des SMG, BT-Drucks. 14/6040, S. 111: „*Dies ist dann der Fall, wenn der Schuldner durch sein eigenes Verhalten zu erkennen gibt, dass er den Anspruch als bestehend ansieht und nicht bestreiten will*".

759 Dazu bereits C.III.4; *Freund*, MDR 2011, 577, 579.

760 *Spindler/Gardemann*, in: BeckOK-BGB, § 203 Rn. 11.

761 *Ellenberger*, in: Grüneberg, § 203 Rn. 5.

zungssperre ein, sondern greift vielmehr losgelöst von dieser bei Vorliegen der Tatbestandsvoraussetzungen des § 203 BGB. Deshalb ist in der Liquidation eine Verjährungshemmung der Einzelansprüche durch Verhandlungen nur mit folgenden – erheblichen – Einschränkungen zu bewerkstelligen:

- Die Verjährungshemmung greift erst mit zumeist deutlichem zeitlichen Versatz zur Auflösung der Gesellschaft. Verhandlungen sind in der Frühphase der Liquidation häufig untunlich.
- Insbesondere in komplexen und länger andauernden Liquidationen kann es zur Unterbrechung der Verhandlungen über bestimmte Einzelansprüche kommen.
- Die Verhandlungen erfassen lediglich diejenigen Einzelansprüche, die tatsächlich Teil der Verhandlungen waren.
- Von den Verhandlungen nicht erfasst sind ferner unstreitige Einzelansprüche, bei denen es nichts zu verhandeln gibt.
- Die Hemmungswirkung kann durch ganz oder teilweise Verweigerung der Fortsetzung der Verhandlungen enden, obwohl die Auseinandersetzung noch nicht abgeschlossen ist.

Zudem kann eine Verjährungshemmung durch Verhandlungen mit der Unklarheit belastet sein, welche Einzelansprüche eines Gesellschafters von den Verhandlungen erfasst waren und zum Verhandlungsgegenstand gemacht wurden und welche nicht. Weiterhin muss zwischen den einzelnen Anspruchsverhältnissen differenziert werden. Es kann zu einem Auseinanderfallen der Hemmungszeitpunkte für die zu unterschiedlichen Zeitpunkten in die Verhandlungen einbezogenen Einzelansprüche kommen. Zu einer einheitlichen Hemmungswirkung für sämtliche liquidationsbefangenen Einzelansprüche kommt es damit nicht.

Die Verjährungshemmung des § 203 BGB in der Liquidation bleibt daher fragmentarisch. Sie erfordert eine mühsame Prüfung der Anspruchsverhältnisse im Einzelnen und der jeweils für diese individuell geltenden Hemmungszeiträume. Zudem dürfte das Führen von Verhandlungen weniger aussichtsreich sein, wenn dem Gläubiger keine Möglichkeiten zur gerichtlichen Durchsetzung offenstehen, er also kein empfindliches Druckmittel gegenüber dem Schuldner hat.[762] Zu einer zufriedenstellenden Lösung der Verjährungsproblematik in der Liquidation über § 203 BGB dürfte es daher allenfalls in Einzelfällen kommen. Dennoch

762 *Piekenbrock*, Befristung, Verjährung, Verschweigung und Verwirkung, S. 467.

wird teilweise vertreten, dem Gläubiger sei auch in einer solchen Situation die außergerichtliche Geltendmachung zuzumuten.[763]

In der Gesamtschau bietet § 203 BGB keinen zuverlässigen Schutz vor Verjährung in der Liquidationsphase. Von einer Entschärfung der Verjährungsthematik in der Liquidation kann nach alledem auch nicht gesprochen werden.[764]

2. Hemmung nach § 204 Abs. 1 Nr. 1 Var. 2 BGB

Nach allgemeiner Ansicht ist eine Verjährungshemmung in der Liquidation durch Feststellungsklage nach § 204 Abs. 1 Nr. 1 Var. 2 BGB möglich.[765] Diese Lösung mag für andere Durchsetzungssperren in Betracht zu ziehen sein, bei denen die Anzahl der betroffenen Ansprüche überschaubar ist.[766] Für die liquidationsrechtliche Durchsetzungssperre ist diese Lösung wegen der dort klassischerweise bestehenden Vielzahl wechselseitiger und kurzfristig verjährender Einzelansprüche allerdings ungeeignet. Es müsste eine Vielzahl an Feststellungsklagen erhoben werden, um eine umfassende Hemmungswirkung zu erreichen, was zu schwer haltbaren Ergebnissen führte und auch der Funktion der Verjährung, die Gerichte zu entlasten, zuwiderliefe.[767] Eine flächendeckende Verhinderung des Verjährungseintritts kann durch Feststellungsklagen in komplexeren Auseinandersetzungen nicht bewerkstelligt werden.

Ferner ist zweifelhaft, ob auch unstreitig bestehende Einzelansprüche durch Feststellungsklage geltend gemacht werden können und ob sich aus dem möglicherweise drohenden Verjährungseintritt in der Liquidationsphase überhaupt ein ausreichendes Feststellungsinteresse ergibt.[768]

---

763 *Piekenbrock*, Befristung, Verjährung, Verschweigung und Verwirkung, S. 469 und 503.

764 So *Hellmann*, Die Auseinandersetzung des Gesellschaftsvermögens nach Auflösung und Ausscheiden, S. 108, dort Fn. 341.

765 BGH v. 10.5.1993 – II ZR 111/92, NJW-RR 1993, 1187, 1188; BGH v. 24.10.1994 – II ZR 231/93, NJW 1995, 188, 189; BGH v. 4.11.2002 – 210/00, NZG 2003, 215; *Hillers*, Personengesellschaft und Liquidation, S. 166, dort Fn. 108; *Kilian*, in: Henssler/Strohn, GesR, § 735 BGB Rn. 18.

766 Etwa für Rückgewähransprüche, die von der Durchsetzungssperre des früheren Eigenkapitalersatzrechts erfasst waren oder sofern aus der Treuepflicht im Einzelfall eine Durchsetzungssperre folgt.

767 Dazu D.III.3.

768 Das Feststellungsinteresse verneinend OLG Frankfurt a. M. v. 15.2.2018 – 3 U 176/15, NZG 2018, 1141, 1143; vgl. ferner OLG Brandenburg v. 30.3.2007 – 7 U 177/05, BeckRS 2009, 5904; dazu bereits eingehend D.III.1.

3. Hemmung nach § 205 BGB

§ 205 BGB begründet einen Hemmungstatbestand, wenn der Schuldner *„auf Grund einer Vereinbarung mit dem Gläubiger vorübergehend zur Verweigerung der Leistung berechtigt ist"*. Die Norm erfasst vertraglich vereinbarte Leistungsverweigerungsrechte, also etwa die Stundung, die nach Anspruchsentstehung im Sinne des § 199 Abs. 1 Nr. 1 BGB gewährt wird, oder ein Stillhalteabkommen bzw. ein *pactum de non petendo*.[769] Gesetzliche Leistungsverweigerungsrechte erfasst dieser Hemmungstatbestand – im Unterschied zur früheren Rechtslage –[770] nicht mehr.[771] Insbesondere begründen auch die Leistungsverweigerungsrechte der §§ 273, 320 BGB den Hemmungstatbestand nicht.[772]

a. Abgrenzung und Einordnung

Der Unterschied zu dem unter Abschnitt F.I erörterten Konzept besteht darin, dass dort ein privatautonom geschaffener, eigener vertraglicher Hemmungstatbestand der Durchsetzungssperre betrachtet wurde. Bei § 205 BGB hingegen geht es um ein vertragliches Leistungsverweigerungsrecht, das lediglich Tatbestandsmerkmal des gesetzlichen Hemmungstatbestandes nach § 205 BGB ist. Hier ergibt sich die Rechtsfolge der Verjährungshemmung aus dem Gesetz.

b. Keine Subsumtion der Durchsetzungssperre unter § 205 BGB

Die Anwendung der Norm setzt, wie bereits vorstehend verschiedentlich erörtert, voraus, dass die Durchsetzungssperre als Leistungsverweigerungsrecht durch die Gesellschafter entweder vertraglich vereinbart worden ist oder zumindest im Gesellschaftsvertrag wurzelt. Eine vertragliche Verwurzelung genügt, nachdem der Wortlaut es ausreichen lässt, dass der Schuldner *„auf Grund einer Vereinbarung"* zur Leistungsverweigerung berechtigt ist. Das Leistungsverweigerungsrecht muss also nicht unmittelbar Regelungsgegenstand der Vereinbarung sein. Der Wortlaut der Norm lässt eine gewisse Mittelbarkeit ausreichen. Ausreichend wäre daher auch ein Leistungsverweigerungsrecht, das sich erst aus ergänzender Vertragsauslegung ergibt. Zudem muss es sich nach der Vorstellung des Gesetzgebers um

---

769 *Dörner*, in: Schulze, § 205 Rn. 2; *Grothe*, in: MüKoBGB, § 205 Rn. 3, 5.

770 Hierzu *Grothe*, in: MüKoBGB, § 205 Rn. 2.

771 BGH v. 7.11.2014 – V ZR 309/12, NJW 2015, 1007, Rn. 22.

772 *Grothe*, in: MüKoBGB, § 205 Rn. 2.

ein nachträglich, also nach Anspruchsbegründung, vereinbartes Leistungsverweigerungsrecht handeln.[773]

Zu bejahen ist nach hiesigem Standpunkt zunächst die Qualität der Durchsetzungssperre als Leistungsverweigerungsrecht.[774]

Zu verneinen hingegen ist das Tatbestandsmerkmal der Vereinbarung. Ausdrücklich ist die Durchsetzungssperre allenfalls in seltenen Einzelfällen vereinbart. Auch eine Verwurzelung der Durchsetzungssperre im Gesellschaftsvertrag ist nicht überzeugend begründbar. Sie liefe auf eine Fiktion und Scheinbegründung hinaus, wenn die Gesellschafter bei Abschluss des Gesellschaftsvertrages den Aspekt der Durchsetzungssperre völlig ungeregelt gelassen und auch keinen diesbezüglichen Willen gebildet haben.[775] Eine Herleitung der Durchsetzungssperre aus ergänzender Vertragsauslegung scheidet dann ebenfalls aus,[776] sodass das Leistungsverweigerungsrecht der Durchsetzungssperre auch nicht mittelbar *„auf Grund einer Vereinbarung"* besteht. Die Durchsetzungssperre ist eine Kreation der Rechtsprechung und kommt ohne jede Willensentschließung der Gesellschafter zur Anwendung. Das Tatbestandsmerkmal einer Vereinbarung liegt deshalb regelmäßig nicht vor. Das OLG München verneinte somit im Ergebnis zutreffend eine Subsumtion der Durchsetzungssperre unter § 205 BGB.[777]

Im Übrigen besteht in der Sozialsphäre, also zwischen den Gesellschaftern und der Gesellschaft, keine Vereinbarung. Parteien des Gesellschaftsvertrages sind allein die Gesellschafter, nicht auch die Gesellschaft.[778] Hinsichtlich der besonders maßgeblichen Sozialsphäre, in der der Großteil der offenen Anspruchsverhältnisse besteht, kann deshalb keine Rede davon sein, dass *„der Schuldner auf Grund einer Vereinbarung mit dem Gläubiger"* zur Leistungsverweigerung berechtigt sei, selbst wenn man die Durchsetzungssperre im Gesellschaftsvertrag verwurzelte. Der gesetzlich bewusst[779] besonders eng gefasste Hemmungstatbestand des § 205 BGB fordert explizit eine Vereinbarung gerade zwischen Schuldner und Gläubiger.

---

773 Begr. Gesetzentwurf zum SMG, BT-Drucks. 14/6040, S. 118.

774 Dazu C.IV.1.a.

775 Dazu C.I.2; *Stüber*, Der Grundsatz der Durchsetzungssperre bei Liquidation von Personengesellschaften, S. 220.

776 Dazu C.I.3.

777 OLG München v. 27.5.2020 – 7 U 3086/19, BeckRS 2020, 11573, Rn. 96.

778 *Servatius*, in: Henssler/Strohn, GesR (4. Aufl.), § 705 BGB a.F. Rn. 18.

779 Dazu D.IV.3.c.

Überdies fehlt es an der für § 205 BGB nach dem Willen des Gesetzgebers erforderlichen Nachträglichkeit einer Vereinbarung.[780] Denn selbst wenn die Durchsetzungssperre im Gesellschaftsvertrag angelegt wäre, begründete dies lediglich ein anfängliches und bei Abschluss des Gesellschaftsvertrages bereits bestehendes Leistungsverweigerungsrecht, das sich mit der Auflösung aktualisierte. Eine nachträgliche, nach Abschluss des Gesellschaftsvertrages und etwa erst mit der Auflösung getroffene Vereinbarung über die Durchsetzungssperre liegt regelmäßig nicht vor. Nach hier vertretener Auffassung wäre die fehlende Nachträglichkeit allerdings kein zwingendes Ausschlusskriterium. Auf der Normanwendungsebene des § 205 BGB setzt sich der Sinn und Zweck der Norm, bei vertraglich vereinbarten Leistungsverweigerungsrechten eine Verjährungshemmung zu begründen, auch wenn diese schon anfänglich vereinbart wurden, gegen den Willen des historischen Gesetzgebers durch.[781] Anders mag das auf der Ebene der Rechtsfortbildung bei analoger Anwendung des § 205 BGB zu bewerten sein.[782]

Eine Subsumtion der Durchsetzungssperre unter § 205 BGB scheidet aus.

c. *Vertragliche Nachbildung der Durchsetzungssperre zulässig?*

Den Gesellschaftern könnte deshalb als Lösung zu empfehlen sein, z.B. mit Fassung des Auflösungsbeschlusses die Durchsetzungssperre explizit vertraglich in den Gesellschaftsvertrag aufzunehmen. Als vertraglich vereinbartes Leistungsverweigerungsrecht könnte dann eine Subsumtion unter § 205 BGB erfolgen.

Nach teilweise in der Literatur vertretener Auffassung soll eine Verjährungshemmung durch § 205 BGB auch dann nicht zur Anwendung kommen, wenn ein gesetzliches Leistungsverweigerungsrecht lediglich vertraglich nachvollzogen wird.[783] Richtigerweise gibt es aber für diese von *Ellenberger* und *Grothe* vertretene Auffassung[784] keine Rechtfertigung. Insbesondere lässt sich dem Wortlaut des § 205 BGB und seinem Zweck eine solche Beschränkung nicht entnehmen. Vielmehr lässt die Privatautonomie das vertragliche Nachvollziehen eines Leistungsverweigerungsrechts, das schon auf anderer als vertraglicher Grundlage besteht, etwa auf gesetzlicher oder rechtsfortbildender Grundlage, zu.

---

780 Begr. Gesetzentwurf zum SMG v. 14.5.2001, BT-Drucks. 14/6040, S. 118.

781 Dazu bereits E.II.3.c.

782 Dazu F.III.7.b.

783 *Ellenberger*, in: Grüneberg, § 205 Rn. 1; *Grothe*, in: MüKoBGB, § 205 Rn. 2.

784 *Ellenberger*, in: Grüneberg, § 205 Rn. 1; *Grothe*, in: MüKoBGB, § 205 Rn. 2.

Der Lösungsweg einer ausdrücklichen Regelung der Durchsetzungssperre ist damit gangbar. Der Auflösungsbeschluss nach § 729 Abs. 1 Nr. 4 BGB n.F. kann mit einer Beschlussfassung über die Änderung des Gesellschaftsvertrages zur Aufnahme der Durchsetzungssperre verbunden werden. Zu beachten ist aber, dass dadurch eine Hemmung nach § 205 BGB nur zwischen den Parteien der Vereinbarung, also nur zwischen den Gesellschaftern, möglich ist. Nachdem die Gesellschaft selbst nicht Partei des Gesellschaftsvertrages ist, scheidet damit selbst bei Aufnahme der Durchsetzungssperre in den Gesellschaftsvertrag eine Hemmung der Verjährung in der Sozialsphäre aus.

Eine allseitige Hemmungswirkung auch im Verhältnis zur Gesellschaft kann indessen dadurch bewerkstelligt werden, dass durch allseitige vertragliche Vereinbarung, an auch die Gesellschaft selbst als Partei beteiligt ist, entweder die Durchsetzungssperre als solche geregelt wird – dann ergibt sich die Hemmung aus § 205 BGB –, oder die Durchsetzungssperre als gesonderter vertraglicher Hemmungstatbestand explizit vorgesehen wird (Hemmungsvereinbarung).[785] In letzterem Falle ergibt sich die Hemmung aus einem eigenen vertraglichen Hemmungstatbestand. Die Privatautonomie lässt dieses Vorgehen zu.

d. *Zwischenergebnis*

Eine Subsumtion der richterrechtlich geschaffenen Durchsetzungssperre unter den Hemmungstatbestand des § 205 BGB ist nicht möglich. Richtigerweise kommt mit dem BGH auch keine extensive Auslegung des § 205 BGB in Betracht, da verjährungsrechtliche Normen nah am Wortlaut auszulegen sind.[786]

Möglich ist, die Durchsetzungssperre vertraglich zu regeln, was eine Verjährungshemmung nach § 205 BGB begründet. Durch Aufnahme der Durchsetzungssperre in den Gesellschaftsvertrag kann zwischen den Gesellschaftern der Hemmungstatbestand des § 205 BGB zur Anwendung gebracht werden. Eine umfassende Hemmung auch im Verhältnis zur Gesellschaft (Sozialsphäre) kann dadurch jedoch nicht bewirkt werden, weil die gesellschaftsvertragliche Regelung der Durchsetzungssperre keine Vereinbarung ist, an der die Gesellschaft selbst beteiligt ist, was § 205 BGB aber erfordert.

Nur durch Vereinbarung der Durchsetzungssperre oder eine gesonderte vertragliche Hemmungsvereinbarung, jeweils unter Beteiligung der Gesellschaft als Partei der Vereinbarung, kann eine umfassende und allseitige Hemmung erreicht werden.

---

785 Dazu F.I.1.

786 BGH v. 30.9.2003 – XI ZR 426/01, BGHZ 156, 232 = VIZ 2004, 86, 89.

4. Zwischenergebnis

Ein Schutz vor Verjährungseintritt in der Liquidationsphase durch die allgemeinen gesetzlichen Hemmungstatbestände ist möglich, bleibt aber fragmentarisch. Eine flächendeckende Verjährungshemmung ist durch die Anwendung der bestehenden und eng auszulegenden gesetzlichen Hemmungsnormen nicht zu begründen. Dies wird der Interessenlage in der Liquidation, in der eine Vielzahl an wechselseitigen Einzelansprüchen besteht, nicht gerecht. Insbesondere die Erörterung der Verjährungszwecke im Zusammenhang mit der Durchsetzungssperre hat ergeben, dass in der Liquidation keine Verjährung eintreten soll.[787]

III. Gesetzesanalogien (Einzelanalogien)

Nachdem vertragliche Hemmungsvereinbarungen in aller Regel nicht geschlossen wurden und auch eine Subsumtion unter bestehende gesetzliche Hemmungstatbestände lediglich zu einem fragmentarischen Schutz vor Verjährung in der Liquidationsphase führt, sind nunmehr Lösungskonzepte im Bereich der Rechtsfortbildung zu erörtern. Von der Auslegung und Anwendung der Hemmungsnormen unterscheidet sich die Rechtsfortbildung dadurch, dass sie über die gesetzliche Regelung und dabei insbesondere über den Gesetzeswortlaut hinausgeht.[788] Eine verjährungshemmende Wirkung der Durchsetzungssperre wird teils auf Grund von Gesetzesanalogien in Betracht gezogen.[789] Die Analogiebildung bei gesetzlichen Vorschriften stellt gewissermaßen das Pendant zur ergänzenden Vertragsauslegung im vertraglichen Bereich dar.

Nach Einordnung der Analogie im Rahmen der Rechtsmethodik und Abgrenzung von Einzelanalogien zu Gesamtanalogien (1) erfolgt zunächst eine Klärung der Voraussetzungen für Analogieschlüsse (Maßstab im Verjährungsbereich (2); Regelungslücke (3 und 4); Vergleichbarkeit der Interessenlagen (5)). Sodann folgt im Einzelnen eine Auseinandersetzung mit den Hemmungsnormen, deren analoge Anwendung auf die Durchsetzungssperre in Betracht gezogen werden kann. Zu betrachten ist dabei zunächst eine Analogie zu § 204 Abs. 1 Nr. 10 BGB (Hemmung durch Anmeldung von Ansprüchen im Insolvenzverfahren), die aufgrund struktureller Ähnlichkeiten beider Abwicklungsverfahren – insolvenzrechtliche

787 Dazu D.III.

788 Zum Wortlaut des Gesetzes als Grenze der Auslegung BVerfG v. 3.4.1990 – 1 BvR 1186/89, BVerfGE 82, 6 = NJW 1990, 1593, 1594; *Meier/Jocham*, JuS 2016, 392, 394.

789 *Hillers*, Personengesellschaft und Liquidation, S. 167; *Stüber*, Der Grundsatz der Durchsetzungssperre bei Liquidation von Personengesellschaften, S. 219 ff.

Abwicklung und gesellschaftsrechtliche Liquidation – nicht fernliegend erscheint (6). Sodann wird eine Gesetzesanalogie zu § 205 BGB erörtert, dessen analoge Anwendung auf die liquidationsrechtliche Durchsetzungssperre auch heute noch von einigen Stimmen in der Literatur vertreten wird.[790] Der Tatbestand weist wegen seiner Anknüpfung an ein Leistungsverweigerungsrecht eine große sachliche Nähe zur Durchsetzungssperre auf (7). Auch eine Hemmung der Verjährung analog § 207 BGB in besonderen Näheverhältnissen, etwa familiärer und ähnlicher Art, ist in Betracht zu ziehen, da das Gesellschaftsverhältnis eine enge Sonderbeziehung zwischen den Gesellschaftern und der Gesellschaft begründet (8). Schließlich wird eine analoge Anwendung des § 771 Satz 2 BGB untersucht, der zur Hemmung der Verjährung des Bürgschaftsanspruchs führt, wenn der Bürgschaftsanspruch mit der Einrede der Vorausklage behaftet ist (9).

Die übrigen gesetzlichen Hemmungstatbestände weisen hingegen bereits keine größeren Ähnlichkeiten der von ihnen erfassten Sachverhalte, Anknüpfungspunkte und Interessenlagen zur Durchsetzungssperre auf. Ihre analoge Anwendung ist deshalb recht eindeutig zu verneinen und wird daher nicht gesondert erörtert.

1. Rechtsmethodische Einordnung, Abgrenzung und Zulässigkeit

Unterschieden wird zwischen Gesetzesanalogie und Rechts- bzw. Gesamtanalogie.[791] Unter einer hier zu betrachtenden Gesetzesanalogie versteht man die Anwendung einer Vorschrift auf einen nicht gesetzlich geregelten Sachverhalt, der dem von der Vorschrift geregelten Sachverhalt ähnlich ist, der aber die Tatbestandsvoraussetzungen der Vorschrift nicht erfüllt.[792] Der Zweck der Vorschrift muss dabei auch den ungeregelten Sachverhalt treffen.[793] Hingegen knüpft die Rechts- bzw. Gesamtanalogie nicht an eine konkrete Einzelnorm an, sondern präpariert aus einer Mehrzahl von Vorschriften einen allgemeinen bzw. verallgemeinerungsfähigen Rechtsgedanken heraus, welcher sodann auf einen ungeregelten Sachverhalt angewendet wird.[794] In Abgrenzung dazu soll die teleologische Extension die Erweiterung einer Norm auf Rechtsfolgenseite begründen.[795]

---

790 *Hillers*, Personengesellschaft und Liquidation, S. 167; *Stüber*, Der Grundsatz der Durchsetzungssperre bei Liquidation von Personengesellschaften, S. 219 ff.

791 *Röhl/Röhl*, Allgemeine Rechtslehre, § 80 Ziffer I.; *Rüthers/Fischer/Birk*, Rechtstheorie, Rn. 892.

792 *Rüthers/Fischer/Birk*, Rechtstheorie, Rn. 889 und 891.

793 *Möllers*, Juristische Methodenlehre, § 6 Rn. 100.

794 *Larenz*, Methodenlehre der Rechtswissenschaft, S. 386; *Rüthers/Fischer/Birk*, Rechtstheorie, Rn. 892.

795 Was allerdings nicht unumstritten ist, *Meier/Jocham*, JuS 2016, 392, 394.

Bei der Analogiebildung handelt es sich nicht mehr um schlichte Gesetzesanwendung und Subsumtion (Rechtsanwendung), sondern um eine Fortbildung (Weiterentwicklung) des bestehenden Rechts. Die Zulässigkeit von Rechtsfortbildungen ist heute allgemein anerkannt und auch im Gesetz selbst verankert, § 132 Abs. 4 GVG („*Fortbildung des Rechts*"; zuvor geregelt in § 137 GVG a.F.), §§ 511 Abs. 4 Satz 1 Nr. 1, 543 Abs. 1 Nr. 2, 574 Abs. 2 Nr. 1 ZPO. Im Grundgesetz wurzelt sie in Art. 20 Abs. 3 GG („*Gesetz und Recht*"[796]). Die Analogiebildung bedient sich der Ableitung von Wertungen aus bisherigem Gesetzesrecht und wird deshalb auch als „*gebundenes Richterrecht*" bezeichnet.[797] Zu freier Rechtsschöpfung sind die Gerichte dabei – im Unterschied zum Gesetzgeber – nicht befugt.[798] Das BVerfG steckte die Grenzen der Rechtsfortbildung in der Soraya-Entscheidung aus dem Jahr 1973 dahingehend ab, dass

> *„nicht das System der Rechtsordnung verlassen und kein[...] eigene[r] rechtspolitische[r] Wille[...] zur Geltung gebracht, sondern lediglich Grundgedanken der von der Verfassung geprägten Rechtsordnung mit systemimmanenten Mitteln weiterentwickelt"*

werden dürften.[799]

Für die Anwendung einer Gesetzesanalogie (Einzelanalogie) werden als Voraussetzungen gemeinhin

- eine planwidrige Regelungslücke, d.h. eine Gesetzeslücke im Sinne einer planwidrigen Unvollständigkeit des Gesetzes[800] (dazu 3 und 4) sowie
- eine vergleichbare Interesselage[801] (dazu 5)

gefordert.[802]

Die Rechtsprechung ist vor allem dann einer Rechtsfortbildung zugeneigt, wenn die Anwendung des Gesetzes ohne Ergänzung um den Analogieschluss zu einer

---

796 Hervorhebung hinzugefügt.

797 *Kramer/Arnet*, Juristische Methodenlehre, S. 207.

798 *Rüthers/Fischer/Birk*, Rechtstheorie, Rn. 883, 912.

799 BVerfG v. 14.2.1973 – 1 BvR 112/65, BVerfGE 34, 269 = NJW 1973, 1221, 1226.

800 BGH v. 13.11.2001 – X ZR 134/00, BGHZ 149, 165 = GRUR 2002, 238, 241; BGH v. 13.3.2003 – ZR 290/00, NJW 2003, 1932, 1933; vgl. auch *Canaris*, Die Feststellung von Lücken im Gesetz, S. 24 f., 30.

801 BGH v. 31.1.1990 – VIII ZR 280/88, NJW 1990, 2546, 2548; BGH v. 20.11.1992 – V ZR 82/91, NJW 1993, 925, 928; BGH v. 13.3.2003 – I ZR 290/00, NJW 2003, 1932, 1933.

802 *Boecken*, BGB AT, Rn. 79; *Rüthers/Fischer/Birk*, Rechtstheorie, Rn. 832 und 889.

unbilligen Härte führen würde.[803] Insoweit wird auch eine Rechtsfolgenbetrachtung in die Bewertung der Lücke mit einbezogen. Ferner soll auch die Untätigkeit des Gesetzgebers mit Blick auf einen bestimmten Regelungsbereich die Tür zur Rechtsfortbildung aufstoßen.[804] Andererseits soll das Vorhandensein anderweitiger Rechtsschutzmöglichkeiten, also die Möglichkeit des betroffenen Personenkreises, sich einer nachteiligen und rechtspolitisch unerwünschten Rechtsfolge entziehen zu können, zu berücksichtigen sein und unter Umständen zu einer Begrenzung der Rechtsfortbildungsbefugnis führen.[805] Schließlich soll eine allgemeine Überzeugung von der Richtigkeit einer bestimmten Rechtsfolge ein Fingerzeig für die Vornahme einer dahingehenden Rechtsfortbildung sein, so z.B. in der Soraya-Entscheidung hinsichtlich des allgemeinen Persönlichkeitsrechts.[806] Details sind umstritten.

2. Verjährungsrechtliche Maßstabsstrenge

Bei der analogen Anwendung von verjährungsrechtlichen Vorschriften legt der BGH einen besonders strengen Maßstab an und verweist auf den formalen Charakter des Verjährungsrechts.[807] Im Sinne der Rechtsklarheit und des Rechtsfriedens sollen nur mit großer Zurückhaltung wortlautüberschreitende Auslegungen und Rechtsfortbildungen zulässig sein.[808] Diese Sichtweise ist zutreffend. Eine Rechtsfortbildung im Bereich des Verjährungsrechts bedarf damit besonderer Abstützung und Begründungstiefe. Für die verjährungsrechtliche Norm des § 205 BGB steckt der BGH die Voraussetzungen für eine Analogiebildung wie folgt ab:

> *„Eine entsprechende Anwendung setzt zunächst voraus, dass die Interessenlage des gesetzlich geregelten Falls mit der des zu entscheidenden Falls übereinstimmt. Zusätzlich müssen auch die Wertungsgrundlage und die gesetzgeberische Interessenbewertung der Gesetzesnorm auf den zu entscheidenden Fall zutreffen. Schließlich darf die Übertragung der gesetzlichen Regelung auf den ungeregelten Fall nicht durch ge-*

---

803 *Möllers*, Juristische Methodenlehre, § 13 Rn. 50.

804 *Möllers*, Juristische Methodenlehre, § 13 Rn. 57 ff.

805 *Möllers*, Juristische Methodenlehre, § 13 Rn. 60 f.

806 BVerfG v. 14.2.1973 – 1 BvR 112/65, BVerfGE 34, 269 = NJW 1973, 1221 – Soraya; BGH v. 19.9.1989 – VI ZR 349/88, BGHZ 108, 305 = NJW 1989, 3273, 3275: *„käme eine Rechtsfortbildung (...) in Betracht, wenn sich (...) eine gefestigte Rechtsüberzeugung dahin entwickelt hätte“*.

807 BGH v. 30.9.2003 – XI ZR 426/01, BGHZ 156, 232 = VIZ 2004, 86, 89.

808 BGH v. 30.9.2003 – XI ZR 426/01, BGHZ 156, 232 = VIZ 2004, 86, 89; vgl. dazu bereits D.V.2.

setzgeberische Entscheidung ausgeschlossen sein. Eine entsprechende Anwendung des § 205 BGB kommt daher nicht schon dann in Betracht, wenn das Hindernis in seiner Wirkung einem vereinbarten Leistungsverweigerungsrecht gleichkommt (aA Palandt/Ellenberger, BGB, 77. Aufl., § 205 Rn. 3; Staudinger/Peters/Jacoby, § 205 Rn. 19ff.). Richtigerweise muss das Hindernis nicht nur in seinen Wirkungen, sondern auch in Entstehung und Entstehungsvoraussetzungen zumindest einem Stillhalteabkommen (pactum de non petendo) gleichstehen. Entscheidend ist, ob der Parteiwille die Grundlage des Leistungsverweigerungsrechts bildet (MüKoBGB/Grothe, 7. Aufl., § 205 Rn. 8). Eine entsprechende Anwendung des § 205 BGB auf Fallgestaltungen, in denen diese Wertungsgrundlage nicht gegeben ist, scheidet aus. Dies gilt insbesondere für gesetzliche Leistungsverweigerungsrechte".[809]

Die Entscheidung ist ergangen im Zusammenhang mit einer erwogenen entsprechenden Anwendung des § 205 BGB auf die Anzeige der Masseunzulänglichkeit. Dort wurde eine Analogie durch den BGH unter Anlegung ebenjener strengen Maßstäbe verneint.

3. Planwidrige Regelungslücke

Das Merkmal der Lücke ist bis heute umstritten.[810] Die ganz überwiegende Ansicht fordert die Feststellung einer solchen für einen Analogieschluss.[811] Das Vorliegen einer Lücke soll dabei nach herrschender Meinung ausgehend vom Standpunkt des Gesetzes und der ihm zu Grunde liegenden Regelungsabsicht zu beurteilen sein. Das Gesetz muss in Anbetracht der gesetzgeberischen Regelungsabsicht und des Regelungsplans unvollständig sein.[812] Nach der Begriffsbestimmung von *Canaris* besteht eine planwidrige Regelungslücke dann, wenn nach der Gesamtheit der Rechtsordnung eine Regelung erforderlich wäre, eine solche aber im Gesetz nicht enthalten ist.[813] Die Gesetzesanalogie setzt damit

---

809 BGH v. 14.12.2017 - IX ZR 118/17, NZI 2018, 154, Rn. 15.

810 *Rüthers/Fischer/Birk*, Rechtstheorie, Rn. 832: *„unsicherer Lückenbegriff"*, sowie Rn. 841.

811 Vgl. nur *Möllers*, Juristische Methodenlehre, § 6 Rn. 149.

812 BGH v. 13.11.2001 - X ZR 134/00, BGHZ 149, 165 = GRUR 2002, 238, 241; siehe auch *Canaris*, Die Feststellung von Lücken im Gesetz, S. 32.

813 *Canaris*, Die Feststellung von Lücken im Gesetz, S. 28, 39 ff. In Abgrenzung zu Regelungslücken, die sich auf einen fehlenden Baustein innerhalb eines (Regelungs-) Systems beziehen, sollen sog. Normlücken objektiv anhand des Gesetzestextes selbst feststellbar sein, etwa wenn das Gesetz eine Rechtsfolge anordnet, aber nicht festlegt, wen sie trifft, siehe dazu *Röhl/Röhl*, Allgemeine Rechtslehre, § 80 Ziffer I, sowie *Fallmann*, Sekundäre Lücken im Recht, S. 49, bezugnehmend auf das Beispiel des § 904 BGB.

zunächst die Feststellung des gesetzgeberischen Regelungs- und Wertungsplans voraus und sodann die Feststellung einer Lücke in diesem.[814] Diese Feststellungen sind durchaus streitbar, denn häufig werden Gesetz und Gesetzgeber gerade keine (explizite) Positionierung vorgenommen haben, warum bestimmte Sachverhalte geregelt wurden und bestimmte Rechtsfolgen zeitigen, ähnliche Sachverhalte hingegen ohne eine Regelungen geblieben sind. Der Regelungsplan und die Lücke sind dann durch wertende Betrachtung des vorgefundenen Normenbestandes und der vorhandenen Äußerungen des Gesetzgebers, etwa in Gesetzesmaterialien, festzustellen.[815]

Unterschieden wird zwischen Gesetzeslücke und Gebiets- bzw. Rechtslücken. Erstere sind auf Einzelsachverhalte beschränkt, während bei Letzteren ein ganzer Lebensbereich vom Gesetzgeber nicht geregelt wurde.[816] Beispiele für Gebiets- bzw. Rechtslücken sind etwa das Arbeitskampfrecht oder das Ehe- und Familienrecht in der Frühzeit der Bundesrepublik Deutschland, nachdem das bis zum 31. März 1953 geltende Ehe- und Familienrecht wegen Unvereinbarkeit mit dem Grundsatz der Gleichberechtigung von Mann und Frau gem. Art. 3 Abs. 2 GG nach Art. 117 Abs. 1 GG außer Kraft getreten war und dadurch einen größeren Rechtsbereich ohne Regelung gelassen hatte.[817]

a. Abgrenzung zum sog. beredten Schweigen des Gesetzgebers

Zu unterscheiden ist die Lücke vom beredten (qualifizierten) Schweigen des Gesetzes, also der Konstellation, in der der Gesetzgeber erkennbar bewusst auf die Regelung eines Sachverhaltes verzichtet hat, weil ebendieser gerade keine bestimmte Rechtsfolge hervorbringen soll. Das ist etwa der Fall bei der vom Gesetz nicht vorgesehenen Unterhaltspflicht unter Geschwistern[818] oder bezüglich des unter Geschwistern ebenfalls gesetzlich nicht vorgesehenen erbrechtlichen

---

814 *Fallmann*, Sekundäre Lücken im Recht, S. 41: *„des vom Gesetzgeber Gewollten oder hypothetisch Gewollten"* sowie S. 91 zur Existenz und Schwierigkeit der Feststellbarkeit des Gesetzgeberwillens; vgl. ferner *Rüthers/Fischer/Birk*, Rechtstheorie, Rn. 833.

815 *Möllers*, Juristische Methodenlehre, § 6 Rn. 151; *Rüthers/Fischer/Birk*, Rechtstheorie, Rn. 834.

816 *Rüthers/Fischer/Birk*, Rechtstheorie, Rn. 855 ff., 887.

817 *Rüthers/Fischer/Birk*, Rechtstheorie, Rn. 856.

818 *Rüthers/Fischer/Birk*, Rechtstheorie, Rn. 838.

Pflichtteilsanspruchs.[819] In derartigen in sich geschlossenen Regelungsplänen sind keine Analogiebildungen möglich.[820]

Auch aus der (stillschweigenden) Nichtnormierung von Sachverhalten, im Hinblick auf welche dem Gesetzgeber das Bestehen einer offenen Rechtsfrage bekannt war, können Schlüsse gezogen werden:

> *„Im übrigen darf auch nicht außer acht gelassen werden, daß der Gesetzgeber seit der Gewährung der aktiven Parteifähigkeit für Gewerkschaften die ZPO mehrfach geändert und es dabei offensichtlich nicht für nötig gehalten hat, allen nicht rechtsfähigen Vereinen die aktive Parteifähigkeit zuzuerkennen. Bei dieser Situation folgt aus den Grundsätzen der Rechts- und Gesetzesbindung der rechtsprechenden Gewalt (Art. 20 III GG), daß eine – im Grundsatz anerkannte – richterliche Rechtsfortbildung (…) in bezug auf die aktive Parteifähigkeit „normaler" nicht rechtsfähiger Vereine nicht in Betracht kommt."*[821]

Weiteres Beispiel ist der Grundsatz des Verschuldensprinzips,[822] von dem die wenigen Tatbestände der Gefährdungshaftung Einzelfallausnahmen darstellen. Hier hat der Gesetzgeber ein klares Grundprinzip und ein in sich geschlossenes Haftungssystem geschaffen, sodass das Nichtvorhandensein weiterer Tatbestände der Gefährdungshaftung nicht als planwidrige Lücke im Haftungssystem begriffen werden kann.[823] Eine Ausdehnung der Gefährdungshaftung durch Bildung von Analogien zu einzelnen Tatbeständen der Gefährdungshaftung verbietet sich deshalb.

b. Bewusst planwidrige Lücken

Bisweilen lässt der Gesetzgeber Lücken im Gesetz bewusst ungefüllt oder schafft Gesetze von vornherein bewusst lückenhaft. Solche Lücken werden auch als *„planvolle"* Lücken bezeichnet.[824] Den Umgang mit solchen Lücken und den mit ihnen verbundenen regelungsbedürftigen Interessenlagen überlässt der Gesetzgeber den Gerichten.[825] Liegen die Dinge derart und ergibt sich die Lücke insbesondere

---

819 *Canaris*, Die Feststellung von Lücken im Gesetz, S. 34.

820 *Möllers*, Juristische Methodenlehre, § 13 Rn. 31 ff.

821 BGH v. 6.10.1989 – V ZR 152/88, BGHZ 109, 15 = NJW 1990, 186, 187 – Siedlergemeinschaft.

822 § 276 Abs. 1 BGB – gehaftet wird im Grundsatz nur für solches Handeln, das schuldhaft ist.

823 BGH v. 25.1.1971 – III ZR 208/68, BGHZ 55, 229 = NJW 1971, 607, 608 f.; *Möllers*, Juristische Methodenlehre, § 13 Rn. 32.

824 *Rüthers/Fischer/Birk*, Rechtstheorie, Rn. 835.

825 *Rüthers/Fischer/Birk*, Rechtstheorie, Rn. 835, 851 – mit Verweis auf das Arbeitskampfrecht. Bereits im Jahre 1970 wies *Fischer* (Die Weiterbildung des Rechts durch

aus den Gesetzgebungsmaterialien unzweifelhaft, so bedarf es keiner umfassenden wertenden Feststellung der Lücke. In begrifflicher Hinsicht klärungsbedürftig ist hier noch, ob es sich dann tatsächlich um *„planvolle“* Lücken handelt.[826] Richtigerweise handelt es sich auch bei diesen um planwidrige, jedoch bewusst planwidrige Lücken, bei denen der Gesetzgeber selbst auf die Lückenhaftigkeit hinweist und die Lücke absichtlich ungefüllt lässt. Auf die Terminologie kommt es im Ergebnis nicht an.

c. Anfängliche und nachträgliche Lücken

Unterschieden wird ferner zwischen anfänglicher (oder auch primärer) Lücke und nachträglicher (oder auch sekundärer) Lücke.[827] Anfängliche Lücken sind solche, die bereits mit Erlass eines Gesetzes bestehen.[828] Nachträgliche Lücken entstehen dagegen erst nach Erlass eines Gesetzes und werden durch eine Veränderung der Lebensverhältnisse hervorgerufen, beispielsweise durch Veränderungen der technischen oder ökonomischen Verhältnisse oder durch Innovationen.[829]

d. Verzichtbarkeit der Lücke?

Nach teilweise vertretener Ansicht soll auf das Vorliegen einer Lücke vollständig verzichtet werden und allein auf die Ähnlichkeit von Sachverhalten und deren Gleichbehandlung nach Art. 3 GG abzustellen sein.[830] Dieser Auffassung ist nicht zu folgen. Sie liefe auf eine weitgehende Abkoppelung der Analogie von dem Regelungsplan des Gesetzgebers hinaus. Der Prozess zur Feststellung einer Lücke dient gerade dazu, herauszupräparieren, ob ein ungeregelter Sachverhalt eine bestimmte Rechtsfolge zeitigen soll, nämliche diejenige auf Grundlage der schlichten Gesetzesanwendung ohne Rechtsfortbildung. Ob das Ergebnis dem Regelungsplan widerspricht, ist der Zweck der Lückenfeststellung. Es ist stets der Regelungs- und Wertungsplan des Gesetzgebers leitend. Andernfalls ersetzte man diesen durch die freie rechtspolitische Wertung des jeweiligen Rechtsanwenders

---

die Rechtsprechung, S. 22) daraufhin, dass der Gesetzgeber selbst bei einem einmal erkannten Reformbedarf *„mit einer erstaunlichen Gelassenheit“* die rechtsfortbildenden Ergebnisse der Rechtsprechung abwarte.

826 *Rüthers/Fischer/Birk*, Rechtstheorie, Rn. 835, 851.

827 *Röhl/Röhl*, Allgemeine Rechtslehre, § 80 Ziffer I.; *Rüthers/Fischer/Birk*, Rechtstheorie, Rn. 859 ff.

828 *Rüthers/Fischer/Birk*, Rechtstheorie, Rn. 860.

829 *Rüthers/Fischer/Birk*, Rechtstheorie, Rn. 861; *Wiedemann*, NJW 2014, 2407, 2411 f.

830 *Röhl/Röhl*, Allgemeine Rechtslehre, § 80 Ziffer I.

zur Vergleichbarkeit auf Grundlage des Art. 3 GG.[831] Es bestünde die Gefahr, dass die bewusste Nichtregelung eines Sachverhalts durch den Gesetzgeber leichterhand beiseitegeschoben werden könnte unter Hinweis auf eine im Auge des konkreten Rechtsanwenders vorliegende Vergleichbarkeit der Sachverhalte. Der Schritt zur freien Rechtsschöpfung wäre dann nicht mehr weit. Dies ist mit der Gewaltenteilung nach Art. 20 Abs. 2 GG nicht zu vereinbaren. Die Befugnis zur freien Rechtsschöpfung kommt allein dem Gesetzgeber zu.

e. Zwischenergebnis

Eine Lücke ist stets notwendige Voraussetzung eines rechtsfortbildenden Analogieschlusses. Dabei kann die Lücke vom Gesetzgeber selbst als solche identifiziert worden sein (bewusst planwidrige Lücke) oder erst durch umfassende Wertung festzustellen sein (Wertungslücke).[832]

4. Zum Vorliegen einer Regelungslücke

a. Keine anfängliche Regelungslücke

In der ursprünglichen gesetzlichen Konzeption des Verjährungsrechts und des Rechts der Liquidation von Personengesellschaften ist keine Regelungslücke zu erkennen. Der Gesetzgeber hat bei Erlass des BGB keine Durchsetzungssperre in der Liquidationsphase kodifiziert. Er sah sich deshalb auch nicht zur Schaffung eines separaten Hemmungstatbestandes veranlasst bzw. war bereits nicht mit dieser Fragestellung konfrontiert. Die GbR war zudem bis zum Inkrafttreten des MoPeG zum 1. Januar 2024 vom gesetzlichen Regelungsplan der §§ 705 ff. BGB nicht als eigenes rechtsfähiges Rechtssubjekt ausgestaltet, sodass es hinsichtlich der GbR bereits nicht zu einer Vielzahl verjährbarer Einzelansprüche in der Sozialsphäre kommen sollte. Anspruchsverhältnisse waren bei der GbR nach der gesetzgeberischen Konzeption auf die Individualsphäre beschränkt. Zudem trat die Problematik der während der Liquidationsphase verjährenden Ansprüche wegen der sehr langen Regelverjährungsfrist vor der Reform des SMG auch kaum auf. Eine anfängliche (oder auch primäre)[833] Lücke im Regelungsplan des historischen

831 Dazu BVerfG v. 25.1.2011 – 1 BvR 918/10, BVerfGE 128, 193 = NJW 2011, 836, Rn. 52.

832 Vgl. *Möllers*, Juristische Methodenlehre, § 6 Rn. 151; *Rüthers/Fischer/Birk*, Rechtstheorie, Rn. 834.

833 *Röhl/Röhl*, Allgemeine Rechtslehre, § 80 Ziffer I.; *Rüthers/Fischer/Birk*, Rechtstheorie, Rn. 859 ff.

Gesetzgebers bestand daher nicht. Während der ersten Jahrzehnte der Entwicklung der Rechtsfigur der Durchsetzungssperre stellte das Fehlen einer Regelung zur Verjährungshemmung der Durchsetzungssperre keine Planwidrigkeit dar.

b. Veränderung rechtlicher Rahmenbedingungen

Dieser Befund hat sich mit der Verkürzung der Regelverjährungsfrist mit dem SMG zum 1. Januar 2002 gravierend verändert.[834] Die Problematik der bei schlichter Gesetzesanwendung während der Liquidationsphase ablaufenden Verjährungsfristen stellt sich seitdem durchaus recht zügig nach der Auflösung der Gesellschaft.[835] Fast zeitgleich erkannte der BGH der Außen-GbR mit der sog. Weißes-Ross-Entscheidung aus dem Jahr 2001 die Rechtsfähigkeit zu.[836] Dadurch trat bei der GbR eine Fülle von Anspruchsverhältnissen in der Sozialsphäre hinzu. Auch ist die Thematik undurchsetzbarer und potenziell verjährbarer Ansprüche während der Liquidationsphase erst durch die Entwicklung der Rechtsfigur der Durchsetzungssperre durch die Rechtsprechung entstanden. Zu bemerken ist schließlich noch, dass es sich dabei nicht um Veränderungen ökonomischer oder technischer Gegebenheiten, sondern vielmehr um Veränderungen gerade rechtlicher Gegebenheiten handelt. Diese sind teils durch den Gesetzgeber, teils durch die Judikatur herbeigeführt worden. Auch eine Veränderung rechtlicher Rahmenbedingungen kann dazu führen, dass der Regelungsplan des Gesetzgebers bei schlichter Anwendung des Gesetzes nicht mehr verwirklicht würde.

c. Regelungsplan des Gesetzgebers

Der Gesetzgeber hat im Zuge der veränderten rechtlichen Rahmenbedingungen zu erkennen gegeben, dass er die Durchsetzungssperre billigt und diese auch durch das MoPeG unverändert bestehen bleiben sowie von der Rechtsprechung fortentwickelt werden soll.[837] Im gesellschaftsrechtlichen Regelungsplan des Gesetzgebers ist die Durchsetzungssperre heute also berücksichtigt.

Ebenso finden sich im verjährungsrechtlichen Regelungsplan relevante Anhaltspunkte. Die Gesetzesbegründung des SMG hebt in den Vorbemerkungen zur Neuregelung des Normenkomplexes der Hemmungstatbestände hervor, dass keine Verjährung eintreten dürfte, wenn der Gläubiger *„aus anerkennenswerten*

834 Vgl. dazu *Witt*, JuS 2002, 105, 106.

835 *Freund*, MDR 2011, 577, 579.

836 BGH v. 29.1.2001 – II ZR 331/00, BGHZ 146, 341 = NJW 2001, 1056 – Weißes Ross.

837 Begr. RegE zum MoPeG v. 17.3.2021, BT-Drucks. 19/27635, S. 188.

Gründen" an einer Geltendmachung gehindert sei.[838] Damit ist erstens gesagt, dass die Gründe, die eine Hemmung zu rechtfertigen vermögen, durch Bewertung zu identifizieren sind. Es sollen somit also nicht nur gesetzlich anerkannte Durchsetzungshindernisse die Verjährung hemmen, sondern auch „*anerkennenswerte*". Zweitens ist die systematische Verortung dieser Aussage in den Vorbemerkungen der Gesetzesbegründung zum Normenkomplex der Hemmungstatbestände aufschlussreich. Sie erfolgte vor die Klammer gezogen vor den einzelnen Hemmungstatbeständen. Aus dieser Systematik ergibt sich, dass „*anerkennenswerte*" Gründe eine Verjährungshemmung herbeiführen sollen und es sich bei der Enumeration der Hemmungstatbestände der §§ 205 ff. BGB nicht um ein geschlossenes System von Einzelfallausnahmetatbeständen handelt. Dass es sich nicht um Einzelfallausnahmen für nur wenige abschließend aufgezählte, ganz spezifische Fälle handelt, ist auch daraus ersichtlich, dass das Gesetz selbst eine entsprechende Anwendung dieser Hemmungstatbestände und ihrer Wertungen auch auf andere Fristen anordnet.[839] Drittens sind die gesetzlichen Tatbestände zur Verjährungshemmung offen gestaltet und beschränken sich inhaltlich nicht auf bestimmte, klar umgrenzte Sachverhalte. Etwa ist der Begriff der „*höheren Gewalt*" in § 206 BGB in seiner Bestimmung offen und kann recht verschiedene, nicht abschließend identifizierbare Ereignisse erfassen.[840]

Zusammenfassend lässt sich zum Regelungsplan des Gesetzgebers festhalten, dass die Durchsetzungssperre nach Vorstellung des Gesetzgebers fortgelten soll. Zugleich soll die Verjährung gehemmt sein, wenn dies aus anerkennenswerten Gründen geboten ist. Für einige Ausschlüsse und besondere Erschwernisse der Rechtsverfolgung sind in §§ 205 ff. BGB Hemmungstatbestände vorgesehen.[841] Diese Gründe hat der Gesetzgeber bewusst nicht abschließend tatbestandlich umrissen.

d. Lücke im Regelungsplan

Gleichwohl ist eine gesetzliche Regelung der Durchsetzungssperre oder der durch sie hervorgerufenen Verjährungsthematik nicht erfolgt. Nach Erlass des SMG und des MoPeG ist die Gesetzeslage zur liquidationsrechtlichen Durchsetzungssperre deshalb als bewusst lückenhaft zu bezeichnen. Auch der gesetzgeberische Rege-

---

838 Begr. Gesetzentwurf zum SMG v. 14.5.2001, BT-Drucks. 14/6040, S. 111.

839 §§ 1944 Abs. 2 Satz 3, 2082 Abs. 2 Satz 2 BGB.

840 Kriegsereignisse, Unfälle, plötzliche Erkrankungen, dazu *Dörner*, in: Schulze, § 206 Rn. 1.

841 Dazu D.IV.3.c.

lungsplan hinsichtlich der verjährungsrechtlichen Hemmungstatbestände ist als lückenhaft anzusehen, nachdem Geltendmachungshindernisse, wenn sie anerkennenswerte Gründe darstellen, eine Verjährungshemmung begründen sollen, dies aber für die Durchsetzungssperre nicht gesetzlich vorgesehen ist.

Ein beredtes Schweigen des Gesetzgebers gegen eine Verjährungshemmung der Durchsetzungssperre ist nicht festzustellen. Ein solches kann insbesondere nicht aus dem Umstand gefolgert werden, dass das Gesetz keinen gesonderten Hemmungstatbestand für die Durchsetzungssperre kennt. Zum einen hat der Gesetzgeber die Durchsetzungssperre und ihre Rechtswirkungen ausdrücklich gebilligt, ohne sie zu kodifizieren. Er hat ihre weitere Ausformung der Rechtsprechung überantwortet. Auf inhaltliche Maßgaben hat er dabei verzichtet.[842] Von einer (stillschweigenden) bewussten Nichtnormierung eines Hemmungstatbestandes der Durchsetzungssperre kann deshalb nicht gesprochen werden. Zum anderen erweisen sich die Hemmungsnormen der §§ 203 ff. BGB auch nicht als Einzelfallausnahmen eines in sich geschlossenen Systems. Vielmehr bringen Gesetz und Gesetzgeber zum Ausdruck, dass die Hemmungsnormen der §§ 205 ff. BGB keine spezifischen Einzelfallausnahmen darstellen, sondern verallgemeinerungsfähige Erwägungen enthalten.

e. Zwischenergebnis

Im anfänglichen Regelungsplan des Gesetzgebers zur verjährungsrechtlichen Behandlung der Einzelansprüche in der Liquidation von Personengesellschaft bestand keine Lücke. Erst durch Veränderungen rechtlicher Rahmenbedingungen, die teils durch Rechtsfortbildung der Judikatur, teils durch den Gesetzgeber selbst erfolgten, entstand eine nachträgliche Lücke im Regelungsplan. Der Regelungsplan des Gesetzgebers hat zudem im Laufe der Zeit Änderungen erfahren, die teils auch durch Anpassungen des Gesetzes umgesetzt wurden.[843] Die Behandlung der Durchsetzungssperre hat der Gesetzgeber dabei insgesamt bewusst offengelassen (bewusst planwidrige Lücke). Sowohl der Regelungsplan zur gesellschaftsrechtlichen Liquidation als auch der Regelungsplan zur Verjährungshemmung ist lückenhaft. Es handelt sich dabei um eine Gesetzeslücke, nicht um eine Gebiets- bzw. Rechtslücke. Denn trotz der Mehrzahl an Fragestellungen, die durch die Nichtregelung der Durchsetzungssperre aufgeworfen werden, geht

---

842 Begr. RegE zum MoPeG v. 17.3.2021, BT-Drucks. 19/27635, S. 188.

843 Etwa die nun positivierte Rechtsfähigkeit der GbR nach § 705 Abs. 2 BGB n.F. oder die Neufassung der Verjährungshemmung durch das SMG mit Normierung einiger anerkennenswerter Gründe als Tatbestände für eine Verjährungshemmung.

es bei der Behandlung der Einzelansprüche in der Liquidation nicht um einen eigenständigen Lebens- oder Rechtsbereich.[844]

Eine planwidrige Regelungslücke ist damit anzunehmen.

5. Vergleichbare Interessenlage

Eine Vergleichbarkeit der Interessenlage liegt vor, wenn die Interessenlage des betrachteten Sachverhalts zu derjenigen eines gesetzlich geregelten Sachverhalts so ähnlich ist, dass der Gesetzgeber die Regelung auch für den ungeregelten Sachverhalt vorsehen würde.[845] Die Vergleichbarkeit des durch die analog anzuwendende Norm geregelten mit dem ungeregelten Sachverhalt muss dabei so stark ausgeprägt sein, dass angenommen werden kann, dass der Gesetzgeber bei Regelung des ungeregelten Sachverhalts sich von den gleichen Grundsätzen hätte leiten lassen wie bei dem Erlass der analog anzuwendenden Gesetzesvorschrift – der Gesetzgeber müsste also aufgrund der vergleichbaren Interessenlage zu demselben Abwägungsergebnis gekommen sein, sodass er dieselbe Rechtsfolge vorgesehen hätte.[846] Dem liegt der Gleichbehandlungsgrundsatz nach Art. 3 GG zu Grunde, wonach wesentlich Gleiches auch gleiche Behandlung erfahren muss.[847]

Die Feststellung der Vergleichbarkeit ist in besonderer Weise wertungsgeprägt.[848] Sie fordert eine Auseinandersetzung mit den Details beider Sachverhalte, des Geregelten und des Ungeregelten, sowie die Feststellung und Gewichtung der für und wider eine Vergleichbarkeit streitenden Umstände (*argumentum a simile*).[849] Die Vergleichbarkeit muss gerade unter den für die rechtliche Bewertung maßgeblichen Gesichtspunkten bestehen. Gängige Argumentationsmittel hierbei sind der Erst-Recht-Schluss (*argumentum a fortiori*) und sein Gegenstück, der Umkehrschluss.[850] Ergibt sich, dass

- aufgrund der vorgefundenen Ähnlichkeiten die Wertung der analog anzuwendenden Norm auch (*argumentum a simile*) oder sogar erst Recht (*argumentum a fortiori*) auf den ungeregelten Sachverhalt passt und

---

844 *Rüthers/Fischer/Birk*, Rechtstheorie, Rn. 887.

845 *Rüthers/Fischer/Birk*, Rechtstheorie, Rn. 889.

846 BGH v. 13.3.2003 – I ZR 290/00, NJW 2003, 1932, 1933.

847 *Canaris*, Die Feststellung von Lücken im Gesetz, S. 25; *Wiedemann*, NJW 2014, 2407, 2411.

848 *Larenz/Canaris*, Methodenlehre der Rechtswissenschaft, S. 202.

849 *Möllers*, Juristische Methodenlehre, § 6 Rn. 96 sowie § 6 Rn. 100.

850 *Möllers*, Juristische Methodenlehre, § 6 Rn. 96 sowie § 6 Rn. 100.

- dass etwa bestehende Unterschiede nicht von solcher Art und nicht von solchem Gewicht sind, dass sie eine Übertragbarkeit ausschließen, z.B. weil bestehende Unterschiede für den Normzweck ohne Bedeutung bleiben,

so ist die erforderliche Vergleichbarkeit zu bejahen.[851]

Maßgeblich ist richtigerweise die Vergleichbarkeit aus Sicht des Gesetzgebers, nicht aus Sicht des einzelnen Rechtsanwenders. Leitend sind deshalb stets die vom Gesetzgeber vor allem im Gesetz selbst zum Ausdruck gebrachten Wertungen. Dabei liegt auf der Hand, dass es nicht ein objektiv richtiges Ergebnis gibt, sondern dass das Ergebnis der vorzunehmenden Wertung verschieden ausfallen kann. Je nachdem, ob der Rechtsanwender von den gegebenen Umständen eher die ähnlichen und verbindenden Aspekte oder aber eher die trennenden Aspekte als wesentlich hervorhebt, wird die Vergleichbarkeit zu bejahen oder zu verneinen sein. Die Bestimmung des *tertium comparationis* als Vergleichsmoment ist von entscheidender Bedeutung.[852] *Kaufmann* bringt es wie folgt auf den Punkt:

> „*Ob die Frau dem Mann, der Bär dem Hund, das Flugzeug dem Schiff ähnlich ist, lässt sich logisch nicht ausmachen; es kommt auf den Aspekt an, unter dem sie verglichen werden sollen.*“[853]

Die Vergleichbarkeit der Interessenlage ist – anders als die Lückenfeststellung – für jede Norm, deren analoge Anwendung in Betracht gezogen wird, gesondert zu bestimmen.

6. Gesetzesanalogie zu § 204 Abs. 1 Nr. 10 BGB

Aufgrund gewisser Ähnlichkeiten des gesellschaftsrechtlichen Abwicklungsverfahrens und des Abwicklungsverfahrens in der Insolvenz könnte eine analoge Anwendung des Hemmungstatbestandes des § 204 Abs. 1 Nr. 10 BGB (Anmeldung von Ansprüchen im Insolvenzverfahren) in Erwägung gezogen werden. Für eine analoge Anwendung müsste die Interessenlage vergleichbar sein. Die Gegebenheiten im Insolvenzverfahren im Vergleich zu denjenigen in der Liquidation wurden bereits erörtert mit der Schlussfolgerung, dass, trotz zahlreicher Ähnlichkeiten, wesentliche Strukturunterschiede und abweichende Interessenlagen bestehen.[854]

Erstens ist das Insolvenzrecht für eine Interessenlage geschaffen, in der der Insolvenzgläubiger dem Schuldner als fremder Dritter gegenübersteht.

851 *Möllers*, Juristische Methodenlehre, § 6 Rn. 97.
852 *Möllers*, Juristische Methodenlehre, § 6 Rn. 157.
853 *Kaufmann*, Analogie und „Natur der Sache“, S. 36.
854 Dazu E.III.4.b.

Insolvenzgläubiger und Schuldner unterliegen keiner gesellschaftsrechtlichen Sonderverbindung, aus der Rücksichtnahmepflichten entspringen. In der gesellschaftsrechtlichen Auseinandersetzung stellt sich das Durchsetzungshindernis demgegenüber gerade als Ausfluss dieser Sonderverbindung (Treuepflicht) dar.

Zweitens erschöpft sich in der Insolvenz die Tätigkeit des Gläubigers in der Anmeldung seiner Forderung zur Insolvenztabelle. In der gesellschaftsrechtlichen Auseinandersetzung haben alle Beteiligten gemeinsam das Auseinandersetzungsverfahren aktiv zu betreiben. Die Gesellschafter bleiben auch nach Auflösung der Gesellschaft der gemeinsamen Zweckverfolgung verpflichtet, die nun auf die Liquidation und Auseinandersetzung gerichtet ist.[855]

Drittens sind von der insolvenzrechtlichen Durchsetzungssperre nach §§ 87 ff. InsO allein die Forderungen der Insolvenzgläubiger erfasst, nicht auch gegenläufige Ansprüche des Schuldners. Insofern bezieht sich die von § 204 Abs. 1 Nr. 10 BGB geregelte Interessenlage von vornherein auf eine eindimensionale Anspruchsrichtung.

Viertens geht es im Insolvenzverfahren um die Befriedigung der Insolvenzforderungen, im Kern also um Rechtsverfolgung der Insolvenzgläubiger gegen den Schuldner, § 1 InsO. Die gesellschaftsrechtliche Auseinandersetzung stellt demgegenüber bereits kein förmliches Verfahren zur Rechtverfolgung unter Zuhilfenahme staatlicher Institutionen dar. Sie ist Privatsache der Gesellschafter. In Ermangelung eines förmlichen Rechtsverfolgungsverfahrens fehlt es in der Liquidation an der damit verbundenen besonderen Warnung des Schuldners vor späterer Inanspruchnahme. Insbesondere in dieser Warnung des Schuldners, die einem förmlichen Rechtsverfolgungsverfahren innewohnt, sieht der BGH die Rechtfertigung der Verjährungshemmung nach § 204 BGB.[856]

Fünftens existiert in der gesellschaftsrechtlichen Auseinandersetzung kein Verfahren und keine Stelle zur Entgegennahme von Forderungsanmeldungen, wie dies in der Insolvenz der Fall ist. Schließlich wäre auch in der konkreten Umsetzung nicht erklärbar, wie die Anmeldung der Einzelforderungen in Ermangelung eines Insolvenzverwalters als Erklärungsgegner nach § 174 Abs. 1 Satz 1 InsO erfolgen sollte.[857] Als Liquidatoren sind im gesetzlichen Regelfall alle Gesellschafter berufen, § 730 Abs. 2 Satz 2 HS. 2 BGB a.F., § 146 Abs. 1 HGB a.F., § 736 Abs. 1 BGB n.F., § 144 Abs. 1 HGB n.F. Unklar ist deshalb, wem gegenüber die Forderungsanmeldung erfolgen sollte. Was den Zeitpunkt der Einbeziehung

855 Die Auflösung bewirkt eine Zweckänderung der Gesellschaft, *Schäfer*, in: MüKoBGB, § 729 Rn. 5.

856 BGH v. 25.9.2015 – V ZR 246/14, BGHZ 207, 40 = NJW 2016, 1310, Rn. 30.

857 Vgl. *Specovius*, in: Braun, § 174 Rn. 15.

der Forderungen in das Insolvenzverfahren angeht, so erfolgt diese erst mit der Forderungsanmeldung.[858] Demgegenüber sind in der gesellschaftsrechtlichen Auseinandersetzung *ipso jure* alle Ansprüche aus der Gesellschaftssphäre liquidationsbefangen und werden Teil des Auseinandersetzungsverfahrens.[859] Auch mit Blick auf den Vorgang der Forderungsanmeldung unterscheiden sich die beiden Verfahren deutlich.

Sechstens besteht der Zweck der Durchsetzungssperre im Insolvenzverfahren im Unterschied zu demjenigen in der Liquidation darin, einen Gläubigerwettlauf um die verbliebenen Vermögenswerte des Schuldners zu unterbinden und deren gleichmäßige Verteilung zu sichern. Diese Folge mag als wünschenswerter Nebeneffekt auch in der Liquidation festzustellen sein. Da jedoch alle Gesellschafter in der Auseinandersetzungsrechnung Ausgleich zu leisten haben, soweit sie überquotal, ggf. auch erst in der Liquidation, Vermögenswerte erlangt haben, verfolgt die liquidationsrechtliche Durchsetzungssperre diese Zwecksetzung nicht. Hier dient die Durchsetzungssperre einem geordneten Abwicklungsverfahren und nicht der Sicherung der *par conditio creditorum*.[860]

Festhalten lässt sich nach alledem, dass durchgreifende Bedenken gegen eine Vergleichbarkeit der Interessenlagen bestehen. In Bezug auf den Hemmungstatbestand des § 204 Abs. 1 Nr. 10 BGB ist deshalb die Vergleichbarkeit zu verneinen. Eine Analogie ist mithin abzulehnen.

7. Gesetzesanalogie zu § 205 BGB

Teilweise wird auch heute noch eine analoge Anwendung des § 205 BGB befürwortet.[861] Das scheint auch *prima vista* naheliegend, da § 205 BGB die Verjährungshemmung anordnet, soweit ein Leistungsverweigerungsrecht besteht. Dieser erste Eindruck hat jedoch bei näherer Betrachtung keinen Bestand.

a. Vertragliche Vereinbarung

In der Bestandsaufnahme der Interessenlage bei § 205 BGB ist festzustellen, dass die Norm in ihrer heutigen Fassung ganz gezielt nur auf vertraglich geschaffene Leistungsverweigerungsrechte bezogen ist. Dies war bei der Vorläufernorm des § 202 BGB a.F. noch anders, nach welcher die Verjährung gehemmt war,

---

858 *Zenker*, in: BeckOK-InsO, § 174 Rn. 45.

859 *Kilian*, in: Henssler/Strohn, GesR, § 735 BGB Rn. 15.

860 *Mock*, in: Uhlenbruck, § 87 Rn. 1.

861 *K. Schmidt*, in: MüKoHGB, § 155 a.F. Rn. 20; *Stüber*, Der Grundsatz der Durchsetzungssperre bei Liquidation von Personengesellschaften, S. 219 ff.

„solange die Leistung gestundet oder der Verpflichtete aus einem anderen Grunde vorübergehend zur Verweigerung der Leistung berechtigt ist."[862]

Der vormals weite Anwendungsbereich der Norm wurde mit dem SMG vom Gesetzgeber begrenzt. Außervertragliche, also nicht *„auf Grund einer Vereinbarung"* bestehende, Leistungsverweigerungsrechte wurden vom Anwendungsbereich ausgeschlossen. Dies geschah auch durch die bewusste Entscheidung des Gesetzgebers, den Tatbestand enger zu fassen und ihm eine *„geringe[...] Bedeutung"* nur für die Fälle zu geben, in denen zweifelhaft scheint, ob *„nachträgliche[...] Vereinbarungen, die dem Schuldner einen Aufschub gewähren, als Anerkenntnis gewertet werden können"*.[863] Wie bereits eingehend erörtert,[864] lässt sich die richterrechtlich geschaffene Durchsetzungssperre nicht auf eine vertragliche Vereinbarung stützen.

b. Nachträgliche Vereinbarung

Überdies soll § 205 BGB nach dem – allerdings nicht ganz eindeutigen – Willen des historischen Gesetzgebers nur für nachträgliche Vereinbarungen gelten, die auf bereits bestehende Ansprüche einwirken, wie z.B. eine Stundung.[865] § 205 BGB regelt nach Vorstellung des Gesetzgebers damit gerade die verjährungsrechtliche Interessenlage eines durch nachträgliche Vereinbarung geschaffenen Leistungsverweigerungsrechts. Selbst wenn man die Durchsetzungssperre in den Gesellschaftsvertrag hineinlesen wollte, läge regelmäßig keine nachträgliche, erst nach Begründung der Einzelansprüche geschlossene Vereinbarung vor, sondern vielmehr ein bereits anfänglich im Gesellschaftsvertrag angelegtes Leistungsverweigerungsrecht, das sich lediglich mit der Auflösung aktualisierte.[866] Die Interessenlage in der Liquidation ist damit auch unter diesem Gesichtspunkt nicht mit derjenigen des § 205 BGB vergleichbar.

Zwar hat sich im Rahmen der Auslegung und auf Normanwendungsebene des § 205 BGB ergeben, dass § 205 BGB als ungeschriebenes Tatbestandsmerkmal nicht ein erst nachträglich vereinbartes Leistungsverweigerungsrecht voraussetzt.[867] Die Wortlautauslegung und die teleologische Auslegung setzen sich

---

862 So die Fassung der Vorläufernorm in § 202 BGB a.F. vor dem SMG.

863 Begr. Gesetzentwurf zum SMG v. 14.5.2001, BT-Drucks. 14/6040, S. 118.

864 Unter C.I.2 und C.I.3 sowie unter F.I und F.II.3.

865 Begr. Gesetzentwurf zum SMG v. 14.5.2001, BT-Drucks. 14/6040, S. 118.

866 Dazu bereits unter F.II.3.b.

867 Dies im Rahmen des Vergleichs zur vorinsolvenzlichen Durchsetzungssperre bei qualifizierten Rangrücktritten unter E.II.3.c sowie im Rahmen der Erörterung

nach hier vertretener Auffassung gegen den wohl anderslautenden Willen des historischen Gesetzgebers durch.[868] Deshalb lassen sich auch bereits anfänglich vereinbarte Leistungsverweigerungsrechte entgegen dem mutmaßlichen Willen des Gesetzgebers unter § 205 BGB subsumieren.

Im Bereich der hier betrachteten Rechtsfortbildung gelten jedoch abweichende Grundsätze als bei der Gesetzesanwendung. Lässt sich ein Sachverhalt nach erschöpfender Anwendung aller Auslegungsmethoden nicht unter die Norm fassen, dann bleibt nur noch die Rechtsfortbildung, die sich allerdings in den oben skizzierten Grenzen halten muss, insbesondere was die Vergleichbarkeit der Interessenlagen aus Sicht des Gesetzgebers angeht.[869] Bei der Rechtsfortbildung kommt den Regelungsvorstellungen des Gesetzgebers entscheidende Bedeutung zu. Der Gesetzgeber müsste wegen der aus seiner Sicht vergleichbaren Interessenlage zu demselben Abwägungsergebnis kommen und die Regelung ebenso auch für den ungeregelten Sachverhalt vorsehen.[870] Und ebendies scheint mit Blick auf die Gesetzesbegründung[871] nicht der Fall zu sein. Hier sah der Gesetzgeber ein Differenzierungskriterium und wollte die Verjährungshemmung nach § 205 BGB auf nachträglich vereinbarte Leistungsverweigerungsrechte beschränkt sehen. Eine Rechtsfortbildung gegen den Willen des Gesetzgebers ist nicht vorzunehmen.

c. *Vorübergehendes Leistungsverweigerungsrecht*

Schließlich ist § 205 BGB auf die Sach- und Interessenlage bei nur vorübergehenden Leistungsverweigerungsrechten zugeschnitten, wie sich bereits aus dem Wortlaut der Vorschrift ergibt. Auch die Gesetzesbegründung lässt keine Zweifel aufkommen:

> *„§ 205 RE sieht daher eine Regelung vor, die sich auf vereinbarte vorübergehende Leistungsverweigerungsrechte beschränkt.“*[872]

Die Durchsetzungssperre stellt jedoch nach ihrer Zielrichtung kein bestimmungsgemäß nur vorrübergehendes und durch bloßen Zeitablauf wieder entfallendes

---

der direkten Normanwendung des § 205 BGB auf die Durchsetzungssperre unter F.II.3.b.

868 Dazu E.II.3.c.

869 Dazu F.III.5.

870 BGH v. 13.3.2003 – I ZR 290/00, NJW 2003, 1932, 1933; *Rüthers/Fischer/Birk*, Rechtstheorie, Rn. 889.

871 Begr. Gesetzentwurf zum SMG v. 14.5.2001, BT-Drucks. 14/6040, S. 118.

872 Begr. Gesetzentwurf zum SMG v. 14.5.2001, BT-Drucks. 14/6040, S. 118.

Durchsetzungshindernis dar.[873] Die durchsetzungsgesperrten Einzelansprüche sollen regelmäßig durch Verrechnung erlöschen bzw. im Auseinandersetzungsguthaben aufgehen und damit nicht mehr die individuelle Durchsetzbarkeit zurückerlangen. Die Interessenlage bei den Leistungsverweigerungsrechten des § 205 BGB[874] bezieht sich hingegen darauf, dass es später, in der Regel nach einem gewissen Zeitablauf, wie bei der Stundung, wieder zur Durchsetzbarkeit der Forderung kommt.

d. Zwischenergebnis

Aus diesen Gründen ist keine Vergleichbarkeit der Interessenlagen anzunehmen. Es ergibt sich vielmehr, dass Gesetz und Gesetzesbegründung den Umkehrschluss nahelegen, dass die Durchsetzungssperre gerade nicht von der Regelung des § 205 BGB erfasst sein soll. Dafür spricht auch die bewusste Einengung des vormals weiteren Anwendungsbereichs der Norm durch den Gesetzgeber. Eine Analogie zu § 205 BGB scheidet aus, was das OLG München im Ergebnis ebenso sieht.[875]

8. Gesetzesanalogie zu § 207 BGB

In Erwägung gezogen werden kann auch eine Analogie zu § 207 BGB. Die Norm hemmt die Verjährung von Ansprüchen, die zwischen Ehepartnern (Abs. 1 Satz 1) oder in ähnlich engen familienrechtlichen Verhältnissen (Abs. 1 Satz 2: Eltern und Kind; Vormund und Mündel; Betreuter und Betreuer; Pflegling und Pfleger) bestehen. § 207 BGB könnte deshalb auf die gesellschaftsrechtliche Sonderbeziehung übertragbar sein. Bei näherer Betrachtung zeigt sich jedoch, dass die jeweiligen Schutzzwecke und Interessenlagen wesentlich anders gelagert sind.

Erstens ist bereits der Zweck der gesellschaftsrechtlichen Auseinandersetzung mit dem Schutzzweck des § 207 BGB nicht vergleichbar. § 207 BGB bezweckt den Schutz bestehender familiärer Binnengemeinschaften vor Störungen.[876] Die Regierungsbegründung des Gesetzes zur Änderung des Erb- und Verjährungsrechts (ErbVerjÄndG) führt dazu aus:

> *„Dabei ist zu berücksichtigen, dass die Hemmungstatbestände des § 207 BGB die familiäre oder eine dieser gleichgestellten Binnengemeinschaft (z. B. Vormundschaft) vor einer*

---

873 Wenngleich ihr Entfallen möglich bleibt, dazu G.

874 Etwa Stundung, Kontokorrent, Einrede aus § 1100 Satz 2 BGB, *pactum de non petendo*, vgl. dazu Begr. Gesetzentwurf zum SMG v. 14.5.2001, BT-Drucks. 14/6040, S. 118.

875 OLG München v. 27.5.2020 – 7 U 3086/19, BeckRS 2020, 11573, Rn. 96.

876 *Dörner*, in: Schulze, § 207 Rn. 1.

Störung durch den Zwang zur gerichtlichen Geltendmachung vermeintlicher oder bestehender Ansprüche bewahren."[877]

Bezweckt wird die Erhaltung von Ansprüchen, auf deren Geltendmachung aus Rücksichtnahme auf die fortbestehende Binnengemeinschaften verzichtet wurde. Die gesellschaftsrechtliche Auseinandersetzung ist hingegen gerade auf die Austragung des Streits um die offen gebliebenen Verhältnisse gerichtet und nicht auf deren Verschweigung zum Schutz des höherwertigen Gutes eines ungestörten Fortbestandes der Binnengemeinschaft. Die Binnengemeinschaft der Gesellschafter soll nicht in ihrem Fortbestand geschützt werden, sondern auseinandergesetzt werden.

Zweitens kann von einer Gleichartigkeit des Gesellschaftsverhältnisses mit der Ehe oder anderen in § 207 BGB aufgeführten Verhältnissen (etwa dem Eltern-Kind-Verhältnis) nicht gesprochen werden. Das Gesellschaftsverhältnis ist nicht familienrechtlicher Natur und diesen Rechtsverhältnissen auch nicht ähnlich. Die Bindung der Gesellschafter zueinander und zur Gesellschaft ist deutlich loser als in häuslicher oder familiärer Gemeinschaft, jedenfalls aber von anderer Qualität und durch den Zweck der Gesellschaft nach § 705 BGB bestimmt. Auch zu dem Verhältnis zwischen Vormund und Mündel, Betreutem und Betreuer sowie Pflegling und Pfleger besteht keine Ähnlichkeit, da das Gesellschaftsverhältnis nicht durch die Sorge für eine andere Person bestimmt wird. Schließlich betrifft das Gesellschaftsverhältnis nicht den Kern des persönlichen Lebensbereichs der Gesellschafter, sondern deren wirtschaftliche oder sonstige Betätigung. Ein besonderes Interesse an der Freihaltung von Störungen durch die Anspruchsgeltendmachung besteht hier nicht.

Drittens unterscheidet sich die Interessenlage darin, dass in familienrechtlichen Verhältnissen die Ansprüche durchsetzbar sind und nur aus Rücksichtnahmegründen von dem Gläubiger nicht durchgesetzt werden. Anders ist in der Liquidation die Durchsetzbarkeit *per se* ausgeschlossen, unabhängig vom Willen des Gläubigers.

Die Vergleichbarkeit ist damit abzulehnen. Eine Analogie zu § 207 BGB scheidet aus.

9. Gesetzesanalogie zu § 771 Satz 2 BGB

Schließlich noch zu erwägen ist eine Gesetzesanalogie zu § 771 Satz 2 BGB. Die Norm begründet einen Sondertatbestand zur Verjährungshemmung für den Gläubiger eines Bürgschaftsanspruchs, sofern und sobald der in Anspruch

877 Begr. RegE zum ErbVerjÄndG, BT-Drucks. 16/8954, S. 11.

genommene Bürge die Einrede der Vorausklage tatsächlich erhoben hat. Die Hemmungszeit endet mit Vornahme eines Zwangsvollstreckungsversuchs gegen den Hauptschuldner, wobei der Vollstreckungsversuch zugleich die Einrede der Vorausklage des Bürgen entfallen lässt.[878] Der Zweck der Norm besteht darin, dem Gläubiger eine Verjährungshemmung zu gewähren, solange er aufgrund der Einrede der Vorausklage an der Durchsetzung seines Anspruchs gegen den Bürgen gehindert ist.[879] Eine Ähnlichkeit der Interessenlage zur Durchsetzungssperre besteht insoweit, als dass bei dieser die Rechtsdurchsetzung ebenfalls durch eine Einrede gehindert ist. Die Interessenlage weicht jedoch in erheblichen Teilen ab.

Erstens sichert § 771 Satz 2 BGB den vorrangigen Zugriff auf den Hauptschuldner, soll also die Rechtsverwirklichung gerade nicht ausschließen, sondern lediglich personell zunächst auf den Hauptschuldner begrenzen.

Zweitens passen Beginn und Ende der Hemmung nach § 771 Satz 2 BGB nicht auf die Interessenlage bei der Durchsetzungssperre. Die Inanspruchnahme des Bürgen und die Erhebung der Einrede der Vorausklage durch den Bürgen ist gesetzlich geradezu angelegt. Wenn der Hauptschuldner die Leistung nicht freiwillig erbringt, wird sich der Gläubiger an den Bürgen halten. Erst mit der Erhebung der Einrede, die naturgemäß eine Inanspruchnahme voraussetzt, beginnt die Hemmung nach § 771 Satz 2 BGB. In der Liquidation entspricht eine Inanspruchnahme des Schuldners nebst Erhebung der Einrede der Durchsetzungssperre nicht den Gepflogenheiten. Die Gesellschafter werden Einzelansprüche während der Liquidation wegen der umfassend wirkenden Durchsetzungssperre von vornherein nicht geltend machen. Sie sollen dies auch gar nicht. Eine Anspruchserhebung widerspräche dem Zweck und dem gemeinsamen Interesse aller Gesellschafter einer erst späteren und einheitlichen Gesamtverwirklichung (Verrechnung) aller Einzelansprüche durch die Auseinandersetzungsrechnung. Die Anknüpfung eines Hemmungsbeginns an die Erhebung der Einrede der Durchsetzungssperre scheint deshalb in der Liquidation unpassend.

Erhebliche Unterschiede ergeben sich auch hinsichtlich des Endes der Hemmungszeit nach § 771 Satz 2 BGB. Hier liegt der Norm zugrunde, dass nach Vornahme von Vorausklage und Vollstreckungsversuch die Hemmung endet, weil hierdurch die Einrede der Vorausklage (das Durchsetzungshindernis) entfällt. In Liquidation ist ein solches Entfallen der Durchsetzungssperre indessen nicht vorgesehen. Sie greift während des gesamten Liquidationsverfahrens.

878 *Grüneberg*, in: Grüneberg, § 771 Rn. 3; *Habersack*, in: MüKoBGB, § 771 Rn. 8; *Schlößer*, NJW 2006, 645 f.

879 *Habersack*, in: MüKoBGB, § 771 Rn. 6 ff.

Drittens verfolgt § 771 BGB den Zweck, eine (aufgeschobene) Einzelrechtsdurchsetzung gegen einen nur sekundär haftenden Bürgschaftsschuldner abzusichern.[880] Die Norm sichert die Möglichkeit der Rechtsdurchsetzung auf zweiter Stufe und verhindert einen Verjährungseintritt insoweit. Anders liegen die Dinge bei der Durchsetzungssperre, die keiner Einzelrechtsdurchsetzung, sondern einer einheitlichen Gesamtverwirklichung aller Einzelansprüche dient und der auch kein gestuftes Haftungsverhältnis mehrerer Gläubiger zugrunde liegt. Daher befinden sich die Gesellschafter im Unterschied zur Bürgschaftskonstellation auch nicht in einem auf Einzelrechtsdurchsetzung gerichteten Verfahren.

Viertens hat es der Gläubiger eines liquidationsbefangenen Anspruchs nicht in der Hand, die Durchsetzbarkeit durch Erhebung einer Vorausklage und einen Vollstreckungsversuch herbeizuführen. Er muss das Ende der Auseinandersetzung abwarten. Der durch die Hemmungsnorm des § 771 Satz 2 BGB verfolgte spezifische Hemmungszweck der bloßen Überbrückung eines Vorausklageverfahrens nebst Vollstreckungsversuch passt damit nicht auf die Durchsetzungssperre.

Fünftens spricht gegen eine analoge Anwendung, dass es sich bei § 771 Satz 2 BGB um einen Sondertatbestand für eine ganz bestimmte Ausnahmekonstellation handelt. Analoge Anwendungen von Sondervorschriften über die Verjährung sind nach Auffassung des BGH nur äußerst restriktiv vorzunehmen.[881] Eine Übertragbarkeit der Rechtsfolge ist auch deshalb nicht naheliegend.

In der Gesamtschau scheidet eine Vergleichbarkeit und analoge Anwendung des § 771 Satz 2 BGB auf die Durchsetzungssperre aus.

10. Zwischenergebnis

Kein gesetzlicher Hemmungstatbestand weist eine ausreichend große Vergleichbarkeit zur liquidationsrechtlichen Durchsetzungssperre und der Lage in der Liquidation auf. Eine Lösung der Verjährungsthematik durch Bildung einer Einzelanalogie kommt deshalb nicht in Betracht.

IV. Gesamtanalogie zu §§ 205 – 208 BGB

Die juristische Methodenlehre kennt neben der Gesetzes- bzw. Einzelanalogie ferner das Instrument der Gesamtanalogie bzw. Rechtsanalogie.[882] Bei dieser

---

880 *Habersack*, in: MüKoBGB, § 771 Rn. 1 – Subsidiarität der Haftung des Bürgen.

881 BGH v. 8.12.1992 – X ZR 123/90, NJW-RR 1993, 1059, 1060; BGH v. 30.9.2003 – XI ZR 426/01, BGHZ 156, 232 = VIZ 2004, 86, 89.

882 *Röhl/Röhl*, Allgemeine Rechtslehre, § 80 Ziffer I.; *Rüthers/Fischer/Birk*, Rechtstheorie, Rn. 892.

wird ein in mehreren Normen enthaltener allgemeiner Rechtsgedanke auf einen ungeregelten Sachverhalt angewendet. Zur Lösung von gesellschaftsrechtlichen Problemstellungen sind Gesamtanalogien nicht selten anzutreffen.[883]

Eine Gesamtanalogie zur Lösung der mit der Durchsetzungssperre verbundenen Verjährungsthematik setzt voraus, dass dem Verjährungsrecht der allgemeine Grundgedanke innewohnt, dass Durchsetzungshindernisse der Verjährung entgegenstehen. Dieser Grundgedanke müsste sodann auch wertungsmäßig auf die Durchsetzungssperre übertragbar sein. Durchsetzungshindernisse, die die Verjährung hemmen, normieren die Tatbestände der §§ 205 - 208 BGB.

1. Abgrenzung und Einordnung

Im Unterschied zur Gesetzesanalogie (Einzelanalogie) geht es bei einer Gesamtanalogie nicht um die Anwendung einer bestimmten Norm auf einen ungeregelten Sachverhalt. Vielmehr ist es das ungleich viel komplexere[884] Wesen der Gesamtanalogie, zunächst aus einem Normenbestand oder einem Konglomerat von Normen einen allgemeinen bzw. verallgemeinerungsfähigen Rechtsgedanken herauszukristallisieren.[885] Dies erfolgt im Wege eines Induktionsschlusses, also einer Schlussfolgerung vom Besonderen zum Allgemeinen.[886] Ist einem Normenkomplex ein allgemeiner Rechtsgedanke zu entnehmen, so erfolgt in einem weiteren Schritt dessen Übertragung auf den ungeregelten Sachverhalt, soweit der Rechtsgedanke auf den ungeregelten Sachverhalt wertungsmäßig ebenso zutrifft.[887] Für die Übertragbarkeit ist das Wesen des ungeregelten Sachverhalts - hier der Durchsetzungssperre - von besonderer Bedeutung. Auch die Gesamtanalogie setzt zunächst das Bestehen einer planwidrigen Regelungslücke voraus.[888]

Der Vorgang zur Bildung einer Gesamtanalogie lässt sich damit in folgende Einzelschritte untergliedern:

- Bestehen einer Regelungslücke;
- Feststellung eines gemeinsamen Rechtsgedankens in einem bestimmten Normenbestand;

883 *Wiedemann*, NJW 2014, 2407, 2409.

884 *Möllers*, Juristische Methodenlehre, § 6 Rn. 93 sowie § 6 Rn. 155.

885 *Larenz*, Methodenlehre der Rechtswissenschaft, S. 386; *Rüthers/Fischer/Birk*, Rechtstheorie, Rn. 892.

886 *Möllers*, Juristische Methodenlehre, § 6 Rn. 155.

887 *Möllers*, Juristische Methodenlehre, § 6 Rn. 155; *Röhl/Röhl*, Allgemeine Rechtslehre, § 80 Ziffer I.

888 *Möllers*, Juristische Methodenlehre, § 6 Rn. 157.

- Bewertung dieses Rechtsgedankens als allgemeingültig und übertragbar (Verallgemeinerungsfähigkeit);
- Wertungsmäßige Übertragbarkeit des allgemeinen Rechtsgedankens auf den ungeregelten Sachverhalt.[889]

2. Voraussetzungen einer Gesamtanalogie

a. Planwidrige Regelungslücke

Das Bestehen einer planwidrigen Lücke wurde bereits erörtert und für die verjährungsrechtliche Behandlung der Durchsetzungssperre bejaht.[890]

b. Gemeinsamer Rechtsgedanke: Durchsetzungshindernisse als Hemmungsgründe

Innerhalb des Normenkomplexes der §§ 205 – 208 BGB lassen sich zwei Arten von Durchsetzungshindernissen differenzieren, rechtliche Durchsetzungshindernisse und faktische Durchsetzungshindernisse. Zu den rechtlichen Durchsetzungshindernissen gehört das vertragliche Leistungsverweigerungsrecht nach § 205 BGB. Zu den faktischen Durchsetzungshindernissen gehört die höhere Gewalt nach § 206 BGB (Kriegsereignisse, Unfall, plötzliche Erkrankung),[891] die familiäre Verbundenheit nach § 207 BGB und die noch fehlende Reife einer jungen Person zur Durchsetzung bestimmter Ansprüche nach § 208 BGB.[892] Alle Tatbestände der §§ 205 – 208 BGB enthalten damit den Rechtsgedanken, dass der Anspruch dem Gläubiger unverjährt erhalten bleiben soll, wenn diesem eine Durchsetzung faktisch oder rechtlich nicht möglich oder zumindest wesentlich erschwert ist.

Dabei muss das Geltendmachungshindernis durchaus schwerwiegend sein, also

- die Durchsetzung rechtlich ganz verunmöglichen (§ 205 BGB),

---

889 *Möllers*, Juristische Methodenlehre, § 6 Rn. 155; *Röhl/Röhl*, Allgemeine Rechtslehre, § 80 Ziffer I.

890 Dazu F.III.4.

891 *Dörner*, in: Schulze, § 206 Rn. 1.

892 *Henrich*, in: BeckOK-BGB, § 208 Rn. 2.

- außerhalb der Einflusssphäre des Gläubigers liegen und sich nicht etwa durch Bemühungen des Gläubigers, beispielsweise durch Beschaffung von Beweismitteln[893] oder Klärung der Rechtslage,[894] ausräumen lassen (§ 206 BGB),
- in engen persönlichen Verhältnissen begründet sein, in denen die Durchsetzung deshalb faktisch auf Schwierigkeiten stößt (§ 207 BGB) oder
- Ansprüche betreffen, deren Geltendmachung große Überwindung abverlangt (§ 208 BGB).

Nach der Gesamtbetrachtung der gesetzlich normierten Hemmungstatbestände soll deshalb nicht jede Schwierigkeit in der Anspruchsverfolgung die Verjährungshemmung begründen. Wohl aber sollen erhebliche Durchsetzungshindernisse und -ausschlüsse dem Verjährungseintritt entgegenstehen.

c. *Verallgemeinerungsfähigkeit*

Dieser gemeinsame Rechtsgedanke muss zudem auch verallgemeinerungsfähig sein, also ein allgemeingültiges Prinzip darstellen. Es darf sich bei den herangezogenen Normen nicht lediglich um eine Reihe von Einzelfallregelungen handeln, die unverbunden nebeneinanderstehen. Vielmehr müssen die Tatbestände Ausformungen eines allgemeinen, übergreifenden Rechtsprinzips sein.

Schon aus der Gesetzesbegründung zum SMG wird ersichtlich, dass die Hemmungsgründe nach der Reform des Verjährungsrechts Ausdruck allgemeiner Grundsätze sein sollen:

> *„Die geltenden Unterbrechungsgründe mit Ausnahme des Anerkenntnisses und der Vollstreckungshandlung können als Hemmungstatbestände ausgestaltet werden. Dabei bietet sich die Gelegenheit, die bisher lückenhafte Regelung zu ergänzen und zu verallgemeinern.*
>
> *(…)*
>
> *Manche Hemmungsgründe können auf Rechtsgedanken zurückgeführt werden, die nicht nur für den jeweils geregelten Fall, sondern allgemeine Geltung erlangen sollten.“*[895]

Auch in der Literatur wird vertreten, dass Durchsetzungshindernisse einem Anspruchsverlust durch Fristablauf im Allgemeinen entgegenstehen. So vertritt etwa *Piekenbrock* die Auffassung, dass

---

893 BGH v. 7.5.1975 IV ZR 60/74, NJW 1975, 1465.

894 BAG v. 6.12.1961 – 4 AZR 297/60, BAGE 12, 97 = NJW 1962, 1077, 1078.

895 Begr. Gesetzentwurf zum SMG v. 14.5.2001, BT-Drucks. 14/6040, S. 91.

> *„objektive Gründe[...], die der Rechtsausübung entgegenstehen können (...), regelmäßig den Ablauf der Frist hindern“*[896]

und nimmt damit Durchsetzungshindernisse als *„regelmäßig“* einem Fristablauf entgegenstehende Gründe an.

Schließlich ergibt sich aus der Analyse der gesetzlich geregelten Hindernisse nach §§ 205 – 208 BGB, dass diese recht verschiedengestaltig sind und nicht nur spezifische Einzelsachverhalte betreffen. So ist der Begriff der höheren Gewalt nach § 206 BGB schon für sich genommen ohne feste Umgrenzung und soll auch ausdrücklich eine große Bandbreite an Sachverhalten erfassen.[897] Nach § 208 BGB soll eine Verjährungshemmung für Verletzungen der sexuellen Selbstbestimmung Minderjähriger greifen, wobei eine Anspruchsgeltendmachung aus vielfältigen Gründen unterbleiben kann.[898]

In der Gesamtschau der Hemmungsnormen ergibt sich, dass schwerwiegende Durchsetzungshindernisse *per se* geeignet sein sollen, den Lauf der Verjährungsfrist zu hemmen. Auf diesen allgemeinen Rechtsgedanken lassen sich die §§ 205 – 208 BGB zurückführen.

d. Übertragbarkeit

Der allgemeine Rechtsgedanke muss auch wertungsmäßig auf die Durchsetzungssperre übertragbar sein. Die liquidationsrechtliche Durchsetzungssperre begründet ein umfassendes Leistungsverweigerungsrecht.[899] Eine Anspruchsdurchsetzung ist aus rechtlichen Gründen vollumfänglich ausgeschlossen. Selbst eine Rechtsverwirklichung durch Aufrechnung mit durchsetzungsgesperrten Einzelansprüchen ist unzulässig.[900] Zudem ist die Durchsetzungssperre in ihrem Schweregrad mit den Hindernissen der §§ 205 – 208 BGB vergleichbar und diesen auch teilweise ähnlich.[901] Die Analyse der Zwecke der Verjährung[902] und der Besonderheiten im Zusammenhang mit der Durchsetzungssperre[903] hat ergeben, dass nach den Leitgedanken des Gesetzgebers zur verjährungsrechtlichen Interessenlage keine Verjährung eintreten soll, solange die Durchsetzungssperre

---

896 *Piekenbrock*, Befristung, Verjährung, Verschweigung und Verwirkung, S. 338.
897 Begr. Gesetzentwurf zum SMG v. 14.5.2001, BT-Drucks. 14/6040, S. 119.
898 Begr. Gesetzentwurf zum SMG v. 14.5.2001, BT-Drucks. 14/6040, S. 119.
899 Dazu C.IV.1.
900 Dazu C.IV.3.
901 Dazu F.III.7 sowie F.III.8.
902 Dazu D.I sowie D.II.
903 Dazu D.III.

besteht. Der allgemeine Rechtsgedanke, der den §§ 205 – 208 BGB innewohnt, ist damit auch wertungsmäßig auf die Durchsetzungssperre übertragbar und auf sie anwendbar.

3. Zwischenergebnis

Die Voraussetzungen für eine Gesamtanalogie liegen vor. Die Durchsetzungssperre begründet damit aufgrund ihrer Eigenschaft als Hindernis zur Rechtsverwirklichung eine Verjährungshemmung in Gesamtanalogie zu den §§ 205 – 208 BGB.

Anknüpfungspunkt dieser Lösung ist das Leistungsverweigerungsrecht, das die Durchsetzungssperre darstellt. Deshalb reicht die Verjährungshemmung nur so weit, wie auch die Durchsetzungssperre tatsächlich ein Leistungsverweigerungsrecht begründet. Das bedeutet, dass Ansprüche, die von der Durchsetzungssperre ausgenommen sind,[904] nicht in Gesamtanalogie zu §§ 205 – 208 BGB in ihrem Verjährungslauf gehemmt sind, dies, obwohl auch solche Einzelansprüche liquidationsbefangen sind und bleiben.[905]

Die Hemmungszeit beginnt nach § 209 BGB mit einschließlich dem Tag, in den das auflösende Ereignis fällt.[906] Die Hemmung beginnt damit sogleich mit der Auflösung der Gesellschaft bzw. mit dem Ausscheiden eines Gesellschafters. Das Ende der Hemmung wird gesondert erörtert.[907]

V. Gesamtanalogie zu unverjährbaren Ansprüchen

Ansprüche unterliegen der Verjährung, § 194 Abs. 1 BGB. Diese Grundentscheidung des Gesetzgebers ist ebenso knapp wie klar.[908] Sie dient dem Rechtsfrieden und der Rechtssicherheit. Für einige wenige Ansprüche bestimmt das Gesetz gleichwohl, dass sie ausnahmsweise keiner Verjährung unterliegen. Zu nennen sind Ansprüche gem. § 194 Abs. 2 Nr. 1 BGB, die aus einem nicht verjährbaren Verbrechen erwachsen (z.B. Mord nach § 211 StGB), bestimmte familienrechtliche Ansprüche gem. § 194 Abs. 2 Nr. 2 BGB, soweit diese auf die Herstellung eines

---

904 Nach hier vertretener Auffassung sind Ausnahmen von der Durchsetzungssperre nur für Ansprüche mit einem besonderen Selbständigkeitscharakter (C.III.1) anzuerkennen sowie für Ansprüche, deren Erfüllung die Gesellschaft zur Durchführung der Liquidation zwingend bedarf (C.III.2).

905 Dazu C.III.11.b.

906 Vgl. auch *Dörner*, in: Schulze, § 209 Rn. 1; *Ellenberger*, in: Grüneberg, § 209 Rn. 1.

907 Unter G.

908 Motive, I, S. 328 sowie S. 334 = *Mugdan*, Materialien, Band 1, Allgemeiner Theil, S. 533 sowie S. 536; Begr. RegE BT-Drucks. 15/3653, S. 11.

familienrechtlichen Verhältnisses für die Zukunft gerichtet sind, der Anspruch auf Aufhebung einer Gemeinschaft nach § 758 BGB, grundbuchrechtliche Ansprüche nach §§ 894, 896 BGB (i.V.m. § 898 BGB) sowie im Grundbuch eingetragene Rechte gem. § 902 BGB, ferner nachbarrechtliche Ansprüche und der Anspruch auf Aufhebung einer Erbengemeinschaft nach § 2042 Abs. 2 BGB.[909]

Ob eine Lösung der Verjährungsthematik durch Gesamtanalogie zu diesen Normen möglich ist, wird nunmehr betrachtet. Voraussetzung für eine Gesamtanalogie ist die Feststellung eines gemeinsamen und verallgemeinerungsfähigen Rechtsgedankens hinsichtlich der Unverjährbarkeit. Dieser Rechtsgedanke müsste ferner auch auf die durchsetzungsgesperrten Einzelansprüche wertungsmäßig übertragbar sein.

1. Gemeinsamer Rechtsgedanke

Ein gemeinsamer Rechtsgedanke, der die ausnahmsweise unverjährbaren Ansprüche verbindet, ist indessen nicht erkennbar.

Rechtsgedanke bei der Unverjährbarkeit zivilrechtlicher Ansprüche aus einem unverjährbaren Verbrechen ist die Herstellung materieller Gerechtigkeit[910] bei besonders schwerwiegenden Verbrechen mit *„exzeptionelle[m] Unrecht“*.[911] Hingegen sollen Ansprüche aus im Grundbuch eingetragenen Rechten nicht verjähren, weil durch die Eintragung der Zeitablauf keine Verdunkelung der Rechtslage bewirken könne.[912] Beim Grundbuchberichtigungsanspruch wiederum dient die Unverjährbarkeit dem Zweck, keine dauerhafte Divergenz zwischen dem

909 Zum Ganzen bereits D.IV.1.

910 Gesetz zur Herstellung materieller Gerechtigkeit v. 21.12.2021, BGBl. I, S. 5252.

911 Bericht des Ausschusses für Recht und Verbraucherschutz, BT-Drucks. 19/31110, S. 5.

912 Motive, III, S. 251 = *Mugdan*, Materialien, Band 3, Sachenrecht, S. 139: *„Die Bucheinrichtung bezweckt ebenso wie die Verjährung den Schutz und die Sicherheit des gegebenen Rechtszustandes. Nur die Mittel, deren sich beide Institute bedienen, sind verschieden. Die Verjährung legt den von ihr betroffenen Rechten Schweigen auf, weil der Fortbestand derselben durch die Länge der Zeit mehr als zweifelhaft geworden ist; die Bucheinrichtung sichert den eingetragenen Rechten durch die Eintragung zweifellosen Bestand. Beide schließen somit in der Anwendung auf dasselbe Rechtsverhältniß einander aus. Die Frage ist deshalb die, wie dieser Widerstreit zu lösen, ob für die eingetragenen Rechte, der Verjährung gegenüber, die vollen Konsequenzen aus der Bucheinrichtung zu ziehen sind, oder ob die Verjährung unter Abschwächung dieser Konsequenzen zuzulassen ist. Die Entscheidung aber kann nur im Sinne der ersteren Alternative ausfallen“*.

Grundbuchinhalt und der wahren Rechtslage zu verewigen.[913] Diese Beispiele zeigen, dass ein gemeinsamer Rechtsgedanke, der alle Kategorien unverjährbarer Ansprüche überspannt, nicht besteht.

Allenfalls innerhalb mancher Kategorien unverjährbarer Ansprüche mag ein gemeinsamer Rechtsgedanke feststellbar sein. So begründet etwa die Registerkundigkeit grundbuchlich ersichtlicher Ansprüche deren Unverjährbarkeit. Ferner ist die Unverjährbarkeit angeordnet für Ansprüche, die dem Nachbarschaftsverhältnis als Dauerbeziehung entspringen und sich fortlaufend erneuern, beispielweise der Anspruch auf Unterlassung der stützgefährdenden Vertiefung eines Nachbargrundstücks nach § 909 i.V.m. § 924 BGB. Unverjährbaren familienrechtlichen Ansprüchen nach § 194 Abs. 2 Nr. 2 BGB ist gemeinsam, dass sie auf die Herstellung eines familienrechtlichen Verhältnisses für die Zukunft gerichtet sind.[914]

2. Kein allgemeiner Rechtsgrundsatz

Ob insoweit vorliegende gemeinsame Rechtsgedanken, die innerhalb einer Kategorie unverjährbarer Ansprüche vorfindbar sind, aber einen allgemeinen Rechtsgrundsatz ausdrücken, ist äußerst zweifelhaft. Der Gesetzgeber nahm solche Ansprüche jeweils aus Erwägungen von der Verjährung aus, die spezifisch für die jeweiligen Anspruchsverhältnisse gelten. Soweit vereinzelt ausnahmsweise unverjährbare Ansprüche existieren, liegen diesen jeweils eigentümliche Sonderkonstellationen zugrunde. Zur Kategorie unverjährbarer familienrechtlicher Ansprüche führen die Motive zur Schaffung des BGB beispielsweise aus:

> „*Die eigenthümliche Natur dieser Ansprüche gestattet nicht, daß dieselben durch Nichtausübung verloren gehen.*“[915]

Die Ableitung eines allgemeinen Rechtsgedankens ist insoweit ausgeschlossen.

Allenfalls für eine sich fortlaufend erneuernde Berechtigung eines Gläubigers aus einem Dauerschuldverhältnis als Grund der Unverjährbarkeit mag ein allgemeiner Rechtsgedanke ansatzweise festzustellen sein. Diesen aus dem Nachbarschaftsverhältnis entspringenden Rechtsgedanken wendete der BGH auch auf den Anspruch des Wohnungseigentümers auf die ordnungsmäßige Verwaltung an:

> „*Der Anspruch des Wohnungseigentümers auf ordnungsmäßige Verwaltung ist grundsätzlich unverjährbar. Ist eine Maßnahme im Interesse einer ordnungsmäßigen Verwaltung notwendig, erfordert diese ständig ihre Durchführung. (...) Dies folgt auch aus Sinn und*

913 *Schäfer*, in: MüKoBGB, § 898 Rn. 1.
914 Vgl. dazu im Einzelnen *Ellenberger*, in: Grüneberg, § 194 Rn. 8.
915 Motive, I, S. 294 = *Mugdan*, Materialien, Band 1, Allgemeiner Theil, S. 514.

Zweck der Verjährungsvorschriften. Die Verjährung soll den Schuldner davor schützen, wegen länger zurückliegender Vorgänge in Anspruch genommen zu werden, die er nicht mehr aufklären kann, weil ihm Beweismittel für etwa begründete Einwendungen abhandengekommen oder Zeugen nicht mehr auffindbar sind (...) auf den Anspruch des Wohnungseigentümers auf ordnungsmäßige Verwaltung nicht zu."[916]

Ob es sich dabei um einen allgemeinen Rechtsgedanken handelt, ist diskutabel. Eine dahingehende Begründung lieferte der BGH nicht.

3. Keine Übertragbarkeit

Jedenfalls ist die wertungsmäßige Vergleichbarkeit und Übertragbarkeit etwaiger als verallgemeinerungsfähig zu qualifizierender Rechtsgedanken auf die durchsetzungsgesperrten Einzelansprüche zu verneinen. Die Einzelansprüche sind weder in einem Register wie dem Grundbuch erfasst, noch handelt es sich um sich fortlaufend erneuernde Ansprüche aus einer Dauerbeziehung wie dem nachbarschaftlichen Gemeinschaftsverhältnis. Daher ist auch die eben bezeichnete BGH-Entscheidung[917] zur Unverjährbarkeit des Anspruchs des Wohnungseigentümers auf ordnungsmäßige Verwaltung nicht auf die Einzelansprüche aus dem Gesellschaftsverhältnis übertragbar. Die Einzelansprüche dienen auch nicht der Erreichung eines bestimmten Zustands wie der Herstellung eines familienrechtlichen Verhältnisses. Den Einzelansprüchen kommt in der Auseinandersetzung lediglich die Bedeutung von Abrechnungsposten zu. Die Wertungen, aus denen der Gesetzgeber im Einzelfall eine Unverjährbarkeit von Ansprüchen angeordnet hat, treffen auf die durchsetzungsgesperrten Einzelansprüche nicht zu.

4. Zwischenergebnis

Es fehlt jedenfalls an der Übertragbarkeit der Rechtsgedanken, die im Einzelfall ausnahmsweise zur gesetzlichen Anordnung der Unverjährbarkeit geführt haben. Richtigerweise enthalten die Normen, die die Unverjährbarkeit einzelner Ansprüche anordnen, bereits keine allgemeinen Rechtsgedanken. Sie betreffen ausschließlich Sonderkonstellationen. Durchsetzungshindernisse sind von dem Gesetzgeber auch nicht als Gründe für eine Unverjährbarkeit herangezogen worden, was eine Gesamtanalogie fernliegend macht. Vielmehr sah der Gesetzgeber insoweit Hemmungstatbestände vor. Eine Gesamtanalogie zu unverjährbaren Ansprüchen scheidet damit aus.

---

916 BGH v. 27.4.2012 – V ZR 177/11, NJW-RR 2012, 910, Rn. 10.

917 BGH v. 27.4.2012 – V ZR 177/11, NJW-RR 2012, 910, Rn. 10.

VI. Unverjährbarkeit als Inhaltsänderung der Einzelansprüche

Auch jenseits der Rechtsfortbildung sind Konzepte denkbar, mit denen der Verjährungsthematik in der Liquidationsphase begegnet werden kann. Ins Blickfeld rückt das Konzept einer Inhaltsänderung der von der Durchsetzungssperre erfassten Ansprüche im Sinne des § 311 Abs. 1 BGB („*Änderung des Inhalts eines Schuldverhältnisses*"). Eine rechtsdogmatisch belastbare Begründung der Unverjährbarkeit als Inhaltsänderung bereitet allerdings Schwierigkeiten. Bereits erörtert wurde, dass eine Gesamtanalogie zu den gesetzlich unverjährbaren Ansprüchen rechtsmethodisch ausscheidet.[918] Ob jenseits der zu verneinenden Gesamtanalogie eine Inhaltsänderung begründbar ist, ist nunmehr zu untersuchen.

Erforderlich dafür wäre eine Inhaltsänderung der Einzelansprüche dahingehend, dass sie die Eigenschaft der Verjährbarkeit im Sinne des § 194 Abs. 1 BGB verlieren. Ausgangspunkt der Überlegungen ist auch hier der Herleitungsansatz der Durchsetzungssperre. Nach hier vertretener Auffassung ist die Wirkung der Undurchsetzbarkeit auf eine Beschränkung der Rechtsausübungsmacht durch die *Dolo-agit*-Einrede sowie durch die gesellschaftsrechtliche Treuepflicht gegründet. Die Durchsetzungssperre ist als weiterer Schritt in der Ausformung dieser beiden Rechtsprinzipien zu begreifen.

Für eine Unverjährbarkeit lässt sich aus der *Dolo-agit*-Einrede nichts herleiten. Die *Dolo-agit*-Einrede macht die Rechtsausübung wegen einer alsbaldigen Rückgewährpflicht unzulässig. Mit Treu und Glauben ist es nicht vereinbar, eine Leistung zu fordern, die alsbald wieder zurückzugewähren ist.[919] Verjährungsrechtliche Aussagen oder Ableitungen sind damit nicht verbunden.

Auch aus der gesellschaftsrechtlichen Treuepflicht lässt sich für eine Unverjährbarkeit nichts ableiten. Die Treuepflicht begründet Handlungs- und Unterlassungspflichten bei der Rechtsausübung.[920] Deshalb kann zwar die Undurchsetzbarkeit als Beschränkung der Rechtsausübungsbefugnis aus der Treuepflicht abgeleitet werden. Die Unverjährbarkeit bezieht sich hingegen nicht auf Handlungen oder Unterlassungen der Gesellschafter, sondern wäre eine reine Inhaltsänderung der betroffenen Einzelansprüche. Eine solche, nicht handlungsbezogene Ableitung ist vom Funktionskreis der Treuepflicht nicht umfasst. Im Rahmen des hier

918 Unter F.V.

919 BGH v. 21.5.1953 – IV ZR 192/52, BGHZ 10, 69 = NJW 1953, 1099, 1100; BGH v. 21.12.1989 – X ZR 30/89, BGHZ 110, 30 = GRUR 1990, 515, 516; BGH v. 29.9.2020 – II ZR 112/19, NJW-RR 2021, 294, Rn. 18; *Schulze*, in: Schulze, § 242 Rn. 21, 32.

920 BGH v. 11.1.1971 – II ZR 143/68, NJW 1971, 802; vgl. auch *Schäfer*, in: MüKoBGB, § 705 Rn. 275.

vertretenen Herleitungsansatzes der Durchsetzungssperre ist eine Inhaltsänderung der Einzelansprüche, die die Verjährbarkeit in der Liquidationsphase ausschließt, nicht anzunehmen.

Nach § 311 Abs. 1 BGB ist überdies zur Änderung eines Schuldverhältnisses ein Vertrag der Beteiligten erforderlich, soweit nicht das Gesetz ein anderes vorschreibt. Nachdem in der Regel weder eine vertragliche Abrede der Gesellschafter zur Durchsetzungssperre vorliegt,[921] noch das Gesetz selbst die Durchsetzungssperre vorsieht und auch eine Analogiebildung zu unverjährbaren Ansprüchen zur Änderung der Schuldverhältnisse ausscheidet,[922] kommt eine Inhaltsänderung der Einzelansprüche nicht in Betracht, die zur Unverjährbarkeit führt.

Schließlich stellt die Unverjährbarkeit eines Anspruchs auch einen Fremdkörper im deutschen Zivilrecht dar. Ihre Annahme jenseits der eng umgrenzten gesetzlichen Ausnahmen von dem Grundsatz der Verjährbarkeit des § 194 Abs. 1 BGB begründete deshalb auch einen Systembruch.

Eine Inhaltsänderung der Einzelansprüche durch die Durchsetzungssperre, die eine Unverjährbarkeit bewirkt, ist nicht herleitbar. Davon zu trennen ist die Frage, ob, den Eintritt der Verjährung während der Liquidation *arguendi causa* unterstellt, der Schuldner aufgrund der Treuepflicht berechtigt sein würde, die Einrede der Verjährung auch tatsächlich zu erheben. Dabei geht es allerdings nicht mehr um den Verjährungslauf und die Verjährbarkeit selbst, sondern um die Rechtsausübungsbefugnis. Diese mag auf Grundlage der Schrankenfunktion der Treuepflicht und des Grundsatzes von Treu und Glauben nach § 242 BGB abweichend zu beurteilen sein.[923]

VII. Konzept des Nichtanspruchs

Noch deutlich weitergehender als die eben erörterte Inhaltsänderung der Einzelansprüche ist das Konzept des Nichtanspruchs. Zahlreiche Entscheidungen und Literaturstellen legen – teils explizit, teils auch nur andeutungsweise – nahe, dass durch die Durchsetzungssperre der Fortbestand der Einzelansprüche selbst in Abrede gestellt wird.[924] Auch die Rechtsprechung hat in der Vergangenheit in der

921 Dazu C.I.2. sowie F.I.

922 Dazu F.V.

923 Dazu F.VIII.

924 *Saenger*, in: Schulze, § 736d Rn. 5 sowie deutlicher in der Voraufl. (11. Aufl.) § 730 a.F. Rn. 4: „*Die einzelnen Ansprüche der Gesellschaft oder der Gesellschafter sind nur noch Rechnungsposten*"; *K. Schmidt*, in: MüKoHGB, § 155 a.F. Rn. 20; *Sprau*, in: Grüneberg (82. Aufl.), § 730 a.F. Rn. 6: „*sind nur noch Rechngsposten*".

Beschreibung der Durchsetzungssperre in Richtung des Konzepts eines Nichtanspruchs formuliert.[925] Aus jüngeren Entscheidungen des BGB lässt sich indessen recht klar erkennen, dass der BGH dieses Konzept nicht mehr verfolgt.[926] Heute noch prominentester Vertreter des Konzepts des Nichtanspruchs ist *K. Schmidt*, der zum Ergebnis gelangt, es handle sich

> *„bei den angeblichen Einzelforderungen unter den Gesellschaftern überhaupt nur noch um Rechnungsposten, die sich aus Forderungen der Gesellschafter gegen die Gesellschaft und der Gesellschaft gegen die Gesellschafter ergeben"*.[927]

Der Verjährung unterliegen nur Ansprüche im Sinne des § 194 Abs. 1 BGB, also solche Rechtspositionen, die dem Berechtigten (Gläubiger) nach § 194 Abs. 1 BGB das Recht vermitteln, ein *„Tun oder Unterlassen zu verlangen (Anspruch)"*.[928] Verneint man mit Eingreifen der Durchsetzungssperre die Anspruchsqualität, entfällt auch das Substrat für einen Verjährungslauf – der Anspruch als Gegenstand der Verjährung. Dieses Konzept begreift die vormaligen Einzelansprüche tatsächlich nur noch als bloße Rechnungsposten in der Auseinandersetzungsrechnung. Das Recht, eine Leistung zu fordern, wäre dann nicht lediglich in seiner Durchsetzbarkeit gehemmt, sondern ginge unter und die Anspruchsqualität mit Übertritt ins Liquidationsstadium verloren. Nach dieser Auffassung handelt es sich bei der Durchsetzungssperre um eine Einwendung.[929] Es könnte dann nicht mehr zur Verjährung kommen und Rechnungsposten müssten nicht wegen Verjährungseintritts aus der Auseinandersetzungsrechnung ausgebucht werden.[930]

Gegen dieses Konzept lassen sich mehrere durchgreifende Einwände anführen. Erstens vermögen die Vertreter des Konzepts des Nichtanspruchs nicht zu erklären, woraus sich der Anspruchsuntergang ergeben soll. Eine Nähe zu den gesetzlich normierten Erlöschensgründen wie der Erfüllung, dem Rücktritt, der Anfechtung oder der Aufrechnung ist nicht erkennbar. Auflösung und Durchsetzungssperre lassen sich auch nicht ansatzweise unter die bekannten Kategorien der Erlöschensgründe fassen. Insbesondere kommt es mit der Auflösung noch zu

925 BGH v. 30.11.1959 – II ZR 145/58, NJW 1960, 433, 434: *„überhaupt nicht mehr geschuldet werden"*.

926 BGH v. 24.10.1994 – II ZR 231/93, NJW 1995, 188, 189; BGH v. 15.5.2000 – II ZR 6/99, NJW 2000, 2586, 2587: *„der fortbestehende Anspruch auf Zahlung"*.

927 *K. Schmidt*, in: MüKoHGB, § 155 a.F. Rn. 20.

928 Ähnlich ordnet § 241 Abs. 1 Satz 1 BGB an, dass Schuldverhältnisse das Recht verleihen, *„eine Leistung zu fordern"*.

929 Dazu C.IV.1.a.

930 Dazu B.I; zur Nichtberücksichtigung verjährter Forderungen *Schubert*, in: BeckBilanzK, § 247 HGB Rn. 182.

keiner Verrechnung oder Aufrechnung der Einzelforderungen, die erst mit der Feststellung der Auseinandersetzungsrechnung anzunehmen ist.[931]

Zweitens vermag auch die Herleitung der Durchsetzungssperre die These vom Nichtanspruch nicht zu stützen. Zwar ist die Herleitung der Durchsetzungssperre umstritten und bis heute nicht eindeutig geklärt. Doch egal welchem der verschiedenen Herleitungsansätze man folgt, keiner deutet auf einen rechtsvernichtenden Anspruchsuntergang hin. Allenfalls lässt sich noch die Aussage treffen, dass manche der diskutierten Herleitungsansätze sich zur Frage des Fortbestandes oder Untergangs der Anspruchsqualität neutral verhalten. Dies gilt namentlich für die vertragliche Herleitung, die gewohnheitsrechtliche Herleitung oder die Einordnung als Rechtsinstitut *sui generis*. Die übrigen Herleitungsansätze deuten in die umgekehrte Richtung und legen im Gegenteil ein Fortbestehen der Anspruchsqualität nahe. Das gilt insbesondere für die Ableitung der Durchsetzungssperre aus dem Recht zur Stundung, aus Zurückbehaltungsrechten, aus der gesellschaftsrechtlichen Treuepflicht bzw. aus dem Grundsatz von Treu und Glauben, einschließlich der Fallgruppe der *Dolo-agit*-Einrede. Richtigerweise ist die Durchsetzungssperre auch als bloße Einrede zu qualifizieren, welcher allein rechtshemmende Wirkung zuzuschreiben ist.[932]

Drittens spricht der Vergleich zu strukturähnlichen Rechtsinstituten und Durchsetzungssperren[933] ebenfalls gegen eine Erlöschenswirkung bzw. den Verlust der Anspruchsqualität. Beispielsweise wird mit der Eröffnung des Insolvenzverfahrens oder im Rahmen eines Kontokorrentverhältnisses mit der Einstellung der Ansprüche in die laufende Rechnung kein Anspruchsuntergang angenommen.[934] Nicht anders liegen die Dinge bei den übrigen Durchsetzungssperren. Es ist nicht einsichtig, warum bei der – zumindest in dieser Hinsicht vergleichbaren – liquidationsrechtlichen Durchsetzungssperre eine andere Behandlung erfolgen müsste.

Viertens können die Vertreter dieses Konzepts nicht erklären, wie die Einzelansprüche wieder zur „Auferstehung" gelangen, wenn die Liquidation, anders als im Regelfall, einmal nicht in der Verrechnung der Einzelansprüche mündet, sondern die Gesellschaft fortgesetzt wird oder die Durchsetzungssperre aus anderem Grunde wieder entfällt.[935]

---

931 Dazu C.IV.7.

932 Dazu C.IV.1.a.

933 Dazu E.

934 Zum Insolvenzverfahren *Mock*, in: Uhlenbruck, § 87 Rn. 6; zum Kontokorrent *Langenbucher*, in: MüKoHGB, § 355 Rn. 70, 73.

935 Dazu noch eingehend G.

In der Gesamtschau überzeugt das Konzept des Nichtanspruchs nicht. Eine Unverjährbarkeit der Rechnungsposten in Ermangelung einer fortbestehenden Anspruchsqualität ist deshalb nicht anzunehmen. Das Konzept kann daher nicht zur Lösung der Verjährungsthematik herangezogen werden.

VIII. Einwand unzulässiger Rechtsausübung gegen die Verjährungseinrede

Gegen die Erhebung der Einrede der Verjährung kann in bestimmten Konstellationen der Einwand unzulässiger Rechtsausübung nach § 242 BGB geltend gemacht werden.[936]

1. Vorverhalten / Vertrauenstatbestand

Der Einwand unzulässiger Rechtsausübung im Verjährungsrecht erfordert nach Rechtsprechung des BGH, dass ein Tun oder Unterlassen vorliegt, welches einen Vertrauenstatbestand schafft und die spätere Berufung auf die Verjährungseinrede als treuwidrig erscheinen lässt (*venire contra factum proprium*).[937] Hierzu wurde bereits erörtert, dass die im Verjährungsbereich maßgebliche Fallgruppe diejenige des Vorverhaltens des Schuldners ist.[938]

Ein solches Vorverhalten ist jedoch in Liquidation und Auseinandersetzung regelmäßig nicht anzunehmen. Die Gesellschafter bleiben zumeist in Bezug auf die Einzelansprüche schlicht untätig. Zwar mag der Gläubiger die Einbeziehung seines Anspruchs in die Auseinandersetzungsrechnung aktiv fordern. Der Schuldner hingegen hat wegen der Durchsetzungssperre keine Veranlassung, sich vor Erstellung der Auseinandersetzungsrechnung, die erst in der Spätphase der Liquidation erfolgt,[939] überhaupt zu rühren. An einem Vorverhalten des Schuldners, das die besonderen Anforderungen der Rechtsprechung erfüllt, fehlt es dann. Der Einwand unzulässiger Rechtsausübung kommt dann nicht zum Tragen. Er würde auch nicht universell sämtliche wechselseitigen Ansprüche aus der Gesellschaftssphäre erfassen, sondern nur jenen Einzelanspruch, hinsichtlich dessen der Schuldner einen Vertrauenstatbestand auch tatsächlich geschaffen hat.

---

936 *Grothe,* in: MüKoBGB, § 194 Rn. 15 ff.

937 BGH v. 27.1.1999 – XII ZR 113/97, NJW 1999, 1101, 1103 f.; BGH v. 14.9.2004 – XI ZR 248/03, NJW-RR 2005, 415, 416.

938 Dazu D.VI.1.

939 Dazu B.IV.

2. Rechtliche Sonderbeziehungen

Abweichendes soll nach Auffassung des OLG Düsseldorf in rechtlichen Sonderbeziehungen gelten. Für die Verhältnisse innerhalb einer Wohnungseigentümergemeinschaft hat das OLG Düsseldorf entschieden, dass allein aufgrund dieser rechtlichen Sonderbeziehung die Berufung auf die Verjährungseinrede treuwidrig sei:

> *„Dies hat – entgegen der Auffassung der Bf. – nichts mit der Außerkraftsetzung der gesetzlichen Verjährungsregeln auf dem Gebiet des Wohnungseigentumsrechts zu tun. Es steht vielmehr im Belieben eines jeden Gläubigers [sic!], sich auf Verjährung zu berufen oder auch nicht. Auf dem Gebiet des Wohnungseigentumsrechts beurteilt sich dies nach den Grundsätzen ordnungsgemäßer Verwaltung, wobei für die Verhältnisse innerhalb der Gemeinschaft im Vergleich zu anderen Rechtsgebieten eine gesteigerte Treuepflicht gilt. Diese kann es im Rahmen ordnungsgemäßer Verwaltung gebieten, gegenüber Wohnungseigentümern den Einwand der Verjährung nicht geltend zu machen.“*[940]

Eine Anwendung dieses Rechtsgedankens auf die Einzelansprüche in der Liquidation scheint zunächst nicht fernliegend. Die Durchsetzungssperre gründet sich auf die gesellschaftsrechtliche Treuepflicht, die in ähnlicher Weise zur Rücksichtnahme verpflichtet.[941] Wie bereits erörtert wurde,[942] kann dem Gesellschafter, dem die Durchsetzung seines Anspruchs aus Rücksichtnahmegründen verwehrt ist, schwerlich der Verjährungseintritt während der Liquidationsphase entgegengehalten werden. Wegen der Treuepflicht ist auch auf den Gesellschafter Rücksicht zu nehmen, dem die Durchsetzung seines Anspruchs verwehrt ist.

Gleichwohl ist der Entscheidung des OLG Düsseldorf nicht zu folgen. Erstens setzt sie sich leichthin und ohne nähere Begründung über die Voraussetzungen einer unzulässigen Rechtsausübung hinweg. Für deren Annahme muss nach ständiger Rechtsprechung des BGH ein entsprechendes Vorverhalten vorliegen, das die Ausübung eines Rechts als treuwidrig und gegen § 242 BGB verstoßend erscheinen lässt. Ein solches lag im Fall des OLG Düsseldorf aber nicht vor. Zweitens folgt bereits aus dem Gesetz selbst, dass nur engste (Familien-)Verhältnisse Einfluss auf den Verjährungslauf haben und dies auch nur unter bestimmten Voraussetzungen, § 207 BGB. Im Umkehrschluss aus § 207 BGB ergibt sich, dass andere – ungleich viel losere – Rechtsverhältnisse nicht geeignet sind, allein aufgrund einer Treuepflicht die Berufung auf die Einrede der Verjährung zu versagen. Die Auffassung des OLG Düsseldorf begründet damit einen offenen Wertungswiderspruch zu § 207 BGB. Drittens lässt das OLG Düsseldorf im Dunkeln, unter

940 OLG Düsseldorf v. 5.12.2008 – 3 Wx 158/08, NJW-RR 2009, 660.

941 Dazu C.I.9.

942 Dazu EIV5.

welchen konkreten Voraussetzungen die Berufung auf die Verjährungseinrede unzulässig sein soll. Die Entscheidung des OLG Düsseldorf ist, soweit ersichtlich, auch eine Einzelfallentscheidung geblieben.

Die Sonderbeziehung des Gesellschaftsverhältnisses und die gesellschaftsrechtliche Treuepflicht begründen deshalb nicht den Einwand der unzulässigen Rechtsausübung gegen die Verjährungseinrede.

3. Zwischenergebnis

Allenfalls in Ausnahmefällen mag dem Schuldner in der Liquidation die Berufung auf die Verjährungseinrede als unzulässige Rechtsausübung versagt sein. Es gelten hierfür die allgemeinen und vom BGH aufgestellten Voraussetzungen. Auch aus der Treuepflicht folgt nicht, dass die Erhebung der Verjährungseinrede generell eine unzulässige Rechtsausübung darstellt. Durch den Grundsatz unzulässiger Rechtsausübung nach § 242 BGB kann deshalb die Verjährung der Einzelansprüche während der Liquidation nicht überwunden werden.

IX. Hemmungstatbestand kraft Gewohnheitsrechts

Im Zuge der Herleitung der Durchsetzungssperre wurde bereits erörtert, dass die gewohnheitsrechtliche Herleitung der Durchsetzungssperre nicht fernliegend ist und sie mit ihrer wesentlichen Funktion der Undurchsetzbarkeit heute auch gewohnheitsrechtliche Anerkennung finden kann.[943] Hier ist nun der Frage nachzugehen, ob dies auch für eine verjährungshemmende Wirkung der Durchsetzungssperre gilt.

Hinsichtlich einer verjährungshemmenden Wirkung der Durchsetzungssperre fehlt es allerdings an einer lang bestehenden Übung sowie ferner an einer allgemeinen Überzeugung von der Richtigkeit einer solchen Übung. Zwar hat selbst der Gesetzgeber die Existenz der Durchsetzungssperre anerkannt und gebilligt.[944] Es ist jedoch nicht anzunehmen, dass er eine über die Wirkung der Undurchsetzbarkeit hinausgehende Aussage treffen wollte. In der Rechtsprechung äußerte sich bislang das OLG Frankfurt a.M. recht knapp dazu, dass in der Liquidation keine Verjährung eintrete.[945] In der Literatur liegen nur vereinzelt Äußerungen zur verjährungshemmenden Wirkung der Durchsetzungssperre vor.[946] Von ei-

943 Dazu C.I.8.

944 Begr. RegE zum MoPeG v. 17.3.2021, BT-Drucks. 19/27635, S. 188.

945 OLG Frankfurt a. M. v. 15.2.2018 – 3 U 176/15, NZG 2018, 1141, 1143.

946 *Hillers*, Personengesellschaft und Liquidation, S. 167; *Stüber*, Der Grundsatz der Durchsetzungssperre bei Liquidation von Personengesellschaften, S. 219 ff.

ner Verjährbarkeit der Einzelansprüche in der Liquidation geht hingegen wohl *Freund* aus.[947]

Damit erstreckt sich die gewohnheitsrechtliche Anerkennung der Durchsetzungssperre bislang allein auf die Rechtswirkung der Undurchsetzbarkeit. Für eine darüber hinausreichende gewohnheitsrechtliche Anerkennung der Unverjährbarkeit der Einzelansprüche oder einer verjährungshemmenden Wirkung fehlt es an den Voraussetzungen für die Entstehung von Gewohnheitsrecht. Das mag sich in den kommenden Jahrzehnten ändern.

X. Zwischenergebnis

Die Durchsetzungssperre hemmt in Gesamtanalogie zu den §§ 205 – 208 BGB die Verjährung der Einzelansprüche in der Liquidation einer Personengesellschaft und bei Ausscheiden eines Gesellschafters. Hierdurch kommt es mit Übertritt in das Liquidationsstadium auch ohne Tätigwerden des einzelnen Gesellschafters flächendeckend zur Verjährungshemmung aller dem Gesellschaftsverhältnis entspringenden wechselseitigen Ansprüche. Dies gilt sowohl in der Sozial- wie auch in der Individualsphäre.

Andere Konzepte zur Begründung der Verjährungshemmung oder des Nichteintritts der Verjährung überschreiten den Rahmen des rechtsmethodisch Vertretbaren. Das gilt etwa für Einzelanalogien zu §§ 203, 205 BGB oder eine (Gesamt-) Analogie zu unverjährbaren Ansprüchen. Manche Konzepte entfernen sich weit von dem bislang erreichten Entwicklungsstand der Rechtsfigur und schießen mit ihren Rechtsfolgeableitungen über das notwendige Ziel hinaus. Dies gilt für die Annahme der Unverjährbarkeit als Inhaltsänderung der Einzelansprüche oder das Konzept eines Nichtanspruchs. Manche Konzepte haben schließlich mit dem Wesen der liquidationsrechtlichen Durchsetzungssperre nichts mehr gemein, so etwa eine (Gesamt-)Analogie zu unverjährbaren Ansprüchen. Wieder andere Begründungsansätze setzen sich leicht dem Vorwurf von reinem Billigkeitsrecht aus, etwa der Lösungsweg über eine unzulässige Rechtsausübung bei der Berufung auf die Verjährungseinrede. Sie taugen daher nicht zur belastbaren Begründung der Rechtsfolge des Nichteintritts der Verjährung. Es ist Bestrebungen entgegenzutreten, die leichterhand die gewünschte Rechtsfolge über einen bekannten Argumentationstopos ableiten, ohne aber den Nachweis seiner Voraussetzungen zu führen.

---

947 *Freund*, MDR 2011, 577 f.

G. Das Ende der Hemmung

An die Annahme einer Verjährungshemmung der Durchsetzungssperre schließt sich die Frage an, unter welchen Umständen diese Hemmungswirkung wieder entfällt. Praktisch besonders relevant wird dies, wenn eine Ausnahme von der Durchsetzungssperre greift und dem Einzelanspruch kein Durchsetzungshindernis mehr entgegensteht. Möglich ist ferner, dass die Gesellschafter die Fortsetzung der Gesellschaft beschließen und damit die Auflösungslage der Gesellschaft insgesamt beendet wird.[948] Mündet die Auflösung indessen in der Vollbeendigung der Gesellschaft, gehen die Einzelansprüche in der Auseinandersetzungsrechnung auf. Dann bleibt zu klären, inwiefern dies das rechtliche Schicksal der bislang durch die Durchsetzungssperre in der Verjährung gehemmten Einzelansprüche beeinflusst. Rechtlich zulässig ist auch, dass eine aufgelöste Gesellschaft übertragender Rechtsträger eines Umwandlungsvorgangs nach dem UmwG wird.[949] Dann gehen sämtliche Aktiva und Passiva der aufgelösten Gesellschaft auf einen anderen Rechtsträger über, darunter auch die durchsetzungsgesperrten Einzelansprüche. Schließlich kann das Auseinandersetzungsverfahren durch die Gesellschafter schlicht nicht betrieben werden oder die Auseinandersetzungsabsicht gänzlich aufgegeben werden, ohne aber die Gesellschaft fortzusetzen oder ihre Verhältnisse in sonstiger Weise abzuwickeln.[950] Auch in diesen Fällen stellt sich die Frage nach der Fortdauer der Verjährungshemmung.

I. Ausnahmen von der Durchsetzungssperre

Greift eine Ausnahme von der Durchsetzungssperre, wirft dies die Frage auf, ob es dann überhaupt zu einer Verjährungshemmung kommt bzw. diese fortbesteht. Anerkennenswerte Ausnahmen sind (i) Ansprüche mit einem besonderen Selbständigkeitscharakter sowie (ii) Sozialansprüche, soweit die Gesellschaft auf ihre Erfüllung zur Durchführung der Liquidation angewiesen ist. Die Rechtsprechung erkennt daneben noch eine Reihe anderer Ausnahmen an.[951]

Hier stellt sich die Vorfrage, ob die Verjährungshemmung Folge der Durchsetzungssperre – des Durchsetzungshindernisses – ist oder auf die

---

948 Dazu OLG Frankfurt v. 17.8.1987 – 20 W 262/87, NJW-RR 1988, 225; *Kilian*, in: Henssler/Strohn, GesR, § 734 BGB Rn. 10; *Schöne*, in: BeckOK-BGB, § 734 Rn. 7 ff.

949 *Drinhausen/Keinath*, in: BeckOGK-UmwG, § 3 Rn. 27.

950 Vgl. zum „Versandenlassen" von aufgelösten Gesellschaften bereits Fn. 14.

951 Dazu C.III.

Liquidationsbefangenheit zurückzuführen ist; die Liquidationsbefangenheit bleibt auch bei Vorliegen einer Ausnahme bestehen.[952] Die Verjährungshemmung ist nach hier vertretener Auffassung an die Durchsetzungssperre selbst als Durchsetzungshindernis anzuknüpfen, nicht hingegen an die Liquidationsbefangenheit. Dies beruht auf dem Lösungskonzept einer Gesamtanalogie zu §§ 205 – 208 BGB, bei dem das Durchsetzungshindernis als solches der Grund für die Verjährungshemmung ist. Entfällt das Durchsetzungshindernis, laufen die Verjährungsfristen weiter. Unter dieser Prämisse sind Einzelansprüche mit besonderem Selbständigkeitsgehalt von vornherein nicht von der Verjährungshemmung umfasst, da die Durchsetzungssperre für sie nicht gilt. Insoweit laufen die Verjährungsfristen trotz Auflösung weiter.[953]

Komplizierter liegen die Dinge bei der Ausnahme für Sozialansprüche, soweit die Gesellschaft auf deren Einziehung zur Durchführung der Liquidation angewiesen ist. Hier ist bei Vorliegen mehrerer Sozialansprüche, welche den Liquiditätsbedarf der Gesellschaft insgesamt übersteigen, zunächst eine Bestimmung erforderlich, welche der Einzelforderungen von der Durchsetzungssperre ausgenommen werden sollen. Nach hiesigem Standpunkt obliegt der Gesellschaft als Gläubigerin der Sozialansprüche das Bestimmungsrecht analog § 396 Abs. 1 Satz 1 BGB.[954] Durch Ausübung des Bestimmungsrechts und Einforderung[955] bestimmter Sozialansprüche entfällt für diese die Durchsetzungssperre und mit ihr auch die Hemmungswirkung. Die Verjährungsfrist läuft am Folgetag der Einforderung wieder an.

Weitere Ausnahmen von der Durchsetzungssperre sind richtigerweise nicht anzunehmen, sodass sich die Thematik im Übrigen nicht stellt. Durch nur zwei und auch ihrerseits eng auszulegende Ausnahmetatbestände wird damit nur selten eine Verjährungsfrist in der Liquidationsphase weiterlaufen und nahezu flächendeckend die Verjährungshemmung der Einzelansprüche begründet.

952 Dazu C.II.4.b.

953 Zu demselben Ergebnis gelangt man, sofern man der Liquidationsbefangenheit eine verjährungshemmende Wirkung beilegt, aber Einzelansprüche mit besonderem Selbständigkeitsgehalt von der Liquidationsbefangenheit ausnimmt.

954 Widerspricht der Schuldner der getroffenen Bestimmung, greift die gesetzliche Forderungsreihenfolge nach §§ 396 Abs. 1 Satz 2, 366 Abs. 2 BGB.

955 Es handelt sich bei der Einforderung um eine geschäftsähnliche Handlung.

II. Fortsetzung der Gesellschaft

Wird die aufgelöste Gesellschaft gem. § 734 BGB n.F., § 142 HGB n.F. fortgesetzt, führt dies zur Rückversetzung der Gesellschaft in das Stadium einer werbenden Gesellschaft.[956] Hier gelten die liquidationsrechtlichen Beschränkungen nicht mehr und es bedarf keiner Einengung der Rechte aus dem Gesellschaftsverhältnis auf den weggefallenen Liquidationszweck. Damit entfällt auch die Durchsetzungssperre.[957] Mit dem Wegfall der Durchsetzungssperre endet der Hemmungszeitraum, die Verjährungsfristen laufen taggenau mit dem Folgetag des Wegfalls des Fortsetzungsereignisses wieder an.[958] Zeiträume nach diesem werden gem. § 209 BGB wieder in die Verjährungsfrist eingerechnet. Ebenso verhält es sich beim Kontokorrent.[959] Die Situation ist insoweit vergleichbar und gebietet dieselbe Behandlung.

Zu einer Ablaufhemmung kommt es hingegen nicht. Dies folgt bereits aus der Herleitung der Hemmungswirkung aus einer Gesamtanalogie zu §§ 205 – 208 BGB, die sämtlich keine Ablaufhemmung vorsehen.

III. Feststellung der Auseinandersetzungsrechnung

Ist die Liquidation vollständig abgeschlossen und haben die Gesellschafter nach Erstellung und Beschlussfassung über die Auseinandersetzungsrechnung ihr Liquidationsguthaben ausbezahlt erhalten, tritt Vollbeendigung ein.[960] Die liquidationsbefangenen Einzelansprüche und die sonstigen offenen Posten werden mit Feststellung der Auseinandersetzungsrechnung, soweit sie sich decken, saldiert und erlöschen (Verrechnungswirkung). Soweit Einzelansprüche von der Ver-

---

956 *Eberhard*, in: Beck'sches HB PersG, § 13 Rn. 51; *Schöne*, in: BeckOK-BGB, § 734 Rn. 12.

957 *Stüber*, Der Grundsatz der Durchsetzungssperre bei Liquidation von Personengesellschaften, S. 208.

958 Vgl. bzgl. § 205 BGB Landessozialgericht Sachsen-Anhalt v. 10.11.2016 – L 8 SO 48/15, BeckRS 2016, 124560, Rn. 35. Mit dem Wegfall der Durchsetzungshindernisse der §§ 205 ff. BGB entfällt in der Folge auch die Verjährungshemmung, siehe dazu *Henrich*, in: BeckOK-BGB, § 205 Rn. 8; *Lakkis*, in: jurisPK-BGB, § 205 Rn. 24; für § 208 BGB siehe *Ellenberger*, in: Grüneberg, § 208 Rn. 5.

959 Für das Kontokorrent wird, gestützt auf § 205 BGB, vertreten, dass der Hemmungszeitraum bis zum Ende der laufenden Rechnungsperiode reiche, dazu *Menges*, in: Ebenroth/Boujong, § 355 Rn. 45.

960 *Saenger*, GesR, Rn. 250.

rechnung erfasst werden, erledigen sich damit zugleich Durchsetzungssperre und Verjährungshemmung.

Im übersteigenden Teil, also soweit es zu keiner Saldierung kommt,[961] ist umstritten, welches Schicksal die Einzelansprüche erfahren.[962] Teils wird angenommen, dass es noch auf die Einzelansprüche und die einzelnen offenen Posten sowie deren Inhalt ankomme.[963] Nach dieser Lesart wäre das Auseinandersetzungsguthaben bloßer Sammelbegriff für die Summe der nach Saldierung noch offenen Einzelansprüche. Es entfiele dann mit dem Feststellungsbeschluss über die Auseinandersetzungsrechnung die Durchsetzungssperre für die von der Saldierung verschont gebliebenen Einzelansprüche. Damit entfiele auch die Hemmungswirkung. Zweifelhaft ist nach dieser Lesart, ob dann die Verjährungsfristen der verbliebenen Einzelansprüche wieder anlaufen und diese individuell verjähren oder ob es zu einer einheitlichen Verjährungsfrist für alle unter dem Auseinandersetzungsguthaben zusammengefassten Einzelansprüche käme. So nimmt etwa *Stüber* für die im Auseinandersetzungsguthaben enthaltenen Einzelansprüche eine ab Feststellung der Auseinandersetzungsrechnung loslaufende, einheitliche Regelverjährungsfrist von drei Jahren nach § 195 BGB an.[964]

Die besseren Argumente sprechen indessen dafür, mit Feststellung der Auseinandersetzungsrechnung von einem Erlöschen aller liquidationsbefangenen Einzelansprüche auszugehen. An ihre Stelle sowie an die Stelle der nach Saldierung verbliebenen, sonstigen offenen Posten wie etwa Kapitalkontenguthaben tritt ein einheitlicher, neuer und eigenständiger Anspruch auf das Auseinandersetzungsguthaben. Er wird mit Feststellung der Auseinandersetzungsrechnung fällig. Der Anspruch auf das Auseinandersetzungsguthaben unterliegt der Regelverjährung

961 Sowie auch dann, wenn ein Gesellschafter von vornherein lediglich Ansprüche innehat und Guthaben auf seinen Gesellschaftskonten bestehen, ohne mit gegenläufigen Verbindlichkeiten belastet zu sein.

962 *Stüber*, Der Grundsatz der Durchsetzungssperre bei Liquidation von Personengesellschaften, S. 207 ff.

963 Das soll etwa die Eigenschaft eines Einzelanspruchs als Einlagerückgewähranspruch nach § 733 Abs. 2 BGB a.F., § 736d Abs. 5 BGB n.F. oder das in §§ 733 f. BGB a.F. angelegte Rangverhältnis für die Reihenfolge der Befriedigung der Einzelansprüche betreffen, siehe dazu *Richter*, in: Koch, PersG, § 735 BGB Rn. 22 sowie § 143 HGB Rn. 26; *Schäfer*, in: MüKoBGB (8. Aufl.), § 734 a.F. Rn. 10; ebenso zuvor bereits *Ulmer*, in: MüKoBGB (5. Aufl.), § 734 a.F. Rn. 10.

964 *Stüber*, Der Grundsatz der Durchsetzungssperre bei Liquidation von Personengesellschaften, S. 221.

des § 195 BGB. Gleiches gilt für den Anspruch des ausgeschiedenen Gesellschafters auf Abfindung nach § 728 Abs. 1 BGB n.F.[965]

Richtigerweise bedarf es auch keiner Abschichtung nach Rangverhältnissen einzelner, im Auseinandersetzungsguthaben aufgegangener Ansprüche, *„falls das liquide Gesellschaftsvermögen nicht zur Befriedigung aller Ansprüche ausreicht"*.[966] Vielmehr ist es gerade die Eigenheit des Auseinandersetzungsverfahrens, alle vorhandenen Einzelansprüche, offenen Posten und die nach Abschluss der Liquidation verbleibende Liquidität insgesamt zum Ausgleich zu bringen und nur noch einen Zahlungssaldo je Gesellschafter auszuwerfen.[967] Bestehen noch Ungewissheiten über die verteilbare vorhandene Liquidität etc., dann ist der Abschluss der Auseinandersetzungsrechnung verfrüht. Es kann dann lediglich zu einer vorläufigen Verteilung kommen.[968] Mit dem Erlöschen aller liquidationsbefangenen Einzelansprüche durch Feststellung der Auseinandersetzungsrechnung erledigt sich ebenfalls die Durchsetzungssperre und die Verjährungshemmung der Einzelansprüche.

Mithin enden Durchsetzungssperre und Verjährungshemmung der Einzelansprüche durch Feststellung der Auseinandersetzungsrechnung, die zum Erlöschen aller Einzelansprüche führt, auch soweit keine Verrechnung mit gegenläufigen Positionen erfolgt. In zeitlicher Hinsicht tritt diese Wirkung vor der Vollbeendigung ein, welche noch die Auszahlung der Auseinandersetzungsguthaben an die Gesellschafter voraussetzt.

Fraglich ist, was gilt, wenn die Gesellschafter einen durchsetzungsgesperrten Einzelanspruch nicht in die Auseinandersetzungsrechnung aufgenommen haben. Richtigerweise wohnt der Auseinandersetzungsrechnung bzw. dem Beschluss über diese – in Abwesenheit besonderer Anhaltspunkte hierfür – keine Generalquittung mit Verzichtswirkung im Sinne des § 397 Abs. 1 BGB inne.[969] Für einen solchen Willen der Gesellschafter ist im Regelfall nichts ersichtlich. Nicht in die Auseinandersetzungsrechnung einbezogene Ansprüche bestehen daher fort. Allerdings entfällt auch für sie die Durchsetzungssperre, da mit Abschluss

965 *Stöber*, in: Handbuch PersG, § 39 Rn. I 1327 sowie ferner Rn. I 1343 für den Anspruch gegen den ausgeschiedenen Gesellschafter auf Haftung für einen Fehlbetrag nach § 728a BGB n.F.

966 So zumindest noch zur alten Rechtslage *Schäfer*, in: MüKoBGB (8. Aufl.), § 734 a.F. Rn. 10.

967 Ähnlich *Hillers*, Personengesellschaft und Liquidation, S. 332.

968 Dazu C.III.9.

969 Zur Annahme und Auslegung von Generalquittungen BGH v. 13.1.1999 – XII ZR 208/96, NJW-RR 1999, 593.

der Auseinandersetzungsrechnung das Auseinandersetzungsverfahren endet. Für eine Beschränkung der Rechtsausübungsbefugnis durch die Treuepflicht und die *Dolo-agit*-Einrede ist dann kein Raum mehr. Damit endet auch die Verjährungshemmung für die verbliebenen Einzelansprüche.

IV. Umwandlungsmaßnahmen

Ferner können Umwandlungsmaßnahmen bei der aufgelösten Gesellschaft die Einzelansprüche beeinflussen und Auswirkungen auf die Durchsetzungssperre und deren verjährungshemmende Wirkung haben. Es kann sich dabei um Umwandlungsmaßnahmen des UmwG handeln sowie um Umwandlungsvorgänge außerhalb des UmwG.

Insbesondere Verschmelzungen nach dem UmwG können Auswirkungen auf die liquidationsbefangenen Einzelansprüche und die Hemmung ihrer Verjährung haben. Auch eine aufgelöste Personengesellschaft ist ein verschmelzungsfähiger Rechtsträger nach § 3 Abs. 3 UmwG.[970] Dies gilt freilich nur insoweit, als eine Personengesellschaft überhaupt verschmelzungsfähiger Rechtsträger sein kann, was nach altem Recht gem. § 3 Abs. 1 UmwG a.F. mangels Registerfähigkeit bei der GbR nicht der Fall war.[971] Nach dem MoPeG können künftig auch „*eingetragene Gesellschaften bürgerlichen Rechts*" nach § 3 Abs. 1 Nr. 1 UmwG n.F. verschmelzungsfähige Rechtsträger sein.[972] Die Beteiligung aufgelöster Gesellschaften ist jedoch nach § 3 Abs. 3 UmwG auf die Rolle als übertragender Rechtsträger beschränkt und setzt voraus, dass deren Fortsetzung beschlossen werden könnte.[973] Die herrschende Meinung zieht aus § 3 Abs. 3 UmwG den zutreffenden Umkehrschluss, dass eine Verschmelzung aufgelöster Gesellschaften als übernehmende Rechtsträger ausgeschlossen sei.[974]

Rechtsfolge der Verschmelzung ist für den übertragenden Rechtsträger, dass mit Eintragung der Verschmelzung in das Register des Sitzes des übernehmenden Rechtsträgers sein Vermögen, mithin alle Aktiva und Passiva, auf den übernehmenden Rechtsträger übergeht (Gesamtrechtsnachfolge) und er als Rechtssubjekt

---

970 *Drinhausen/Keinath*, in: BeckOGK-UmwG, § 3 Rn. 27.

971 *Heidinger/Knaier*, in: Henssler/Strohn, GesR, § 3 UmwG Rn. 9a f.

972 Vgl. dazu auch Begr. RegE zum MoPeG v. 17.3.2021, BT-Drucks. 19/27635, S. 264.

973 *Drinhausen/Keinath*, in: BeckOGK-UmwG, § 3 Rn. 28 ff.

974 OLG Brandenburg v. 27.1.2015 – 7 W 118/14, NZG 2015, 884, Rn. 13; *Drinhausen/Keinath*, in: BeckOGK-UmwG, § 3 Rn. 32; *Stengel*, in: Semler/Stengel/Leonard, § 3 Rn. 46.

ohne Abwicklung erlischt, § 20 Abs. 1 Nr. 1 und Nr. 2 UmwG.[975] Damit wird der übernehmende Rechtsträger Inhaber der Sozialansprüche und Schuldner der Sozialverbindlichkeiten der aufgelösten Gesellschaft. Da der im Rahmen der Verschmelzung übernehmende Rechtsträger sich nach § 3 Abs. 3 UmwG nie im Stadium der Auflösung befinden kann, entfällt für die übergehenden Ansprüche aus der Sozialsphäre die Durchsetzungssperre. Diese Ansprüche sind mit ihrem Übergang auf den übernehmenden Rechtsträger nicht mehr in ein Auseinandersetzungsverfahren verstrickt. Gleiches gilt für die Ansprüche aus der Individualsphäre. Mit dem Wegfall der Durchsetzungssperre endet auch die Hemmungswirkung analog §§ 205 ff. BGB. Die Verjährung der Einzelansprüche läuft wieder an mit dem Folgetag der Eintragung der Verschmelzung in das Register des Sitzes des übernehmenden Rechtsträgers gem. § 20 Abs. 1 Nr. 1 UmwG.

Dasselbe gilt für Spaltungsmaßnahmen nach §§ 123 ff. UmwG, bei denen nach § 124 Abs. 2 UmwG § 3 Abs. 3 UmwG entsprechend gilt, also aufgelöste Personengesellschaften ebenfalls taugliche übertragende Rechtsträger sein können,[976] sowie für den Formwechsel nach §§ 190 ff. UmwG, der nach § 191 Abs. 3 UmwG ebenfalls aufgelöste Personengesellschaften als formwechselnde Rechtsträger zulässt.[977] Eine Vermögensübertragung nach §§ 174 ff. UmwG scheidet hingegen aus, da diese nach § 175 UmwG den Personengesellschaften nicht offen steht.[978]

Ferner ist ein Übergang liquidationsbefangener Einzelansprüche im Rahmen des sog. Anwachsungsmodells[979] – einer Umwandlung außerhalb des UmwG – möglich. Bei diesem treten alle Gesellschafter bis auf einen aus der Gesellschaft aus oder übertragen ihre Anteile an der Personengesellschaft auf einen letztverbleibenden Gesellschafter. Da Ein-Personen-Personengesellschaften nicht zulässig sind,[980] geht die Personengesellschaft als Rechtsträger unter und es kommt zur Gesamtrechtsnachfolge des letztverbleibenden Gesellschafters in das Gesellschaftsvermögen, § 712a Abs. 1 BGB n.F. Zwar ist ein Ausscheiden aus der aufgelösten Gesellschaft durch einseitige Kündigungserklärung nicht möglich, da die

975 *Heidinger/Knaier*, in: Henssler/Strohn, GesR, § 20 UmwG Rn. 4, 46 ff.

976 *Schwanna*, in: Semler/Stengel/Leonard, § 124 Rn. 11.

977 *Drinhausen/Keinath*, in: Henssler/Strohn, GesR, § 191 UmwG Rn. 8. Die Beschränkung des § 214 Abs. 2 UmwG ist ergänzend zu beachten.

978 Dazu und zum Analogieverbot des UmwG *Scheel/Harzenetter*, in: BeckOGK-UmwG, § 175 Rn. 4 und 7.

979 Vgl. dazu *von Proff*, DStR 2016, 2227 ff.

980 *Schäfer*, in: MüKoBGB, § 705 Rn. 66.

Gesellschaft als Ganzes bereits auf Abwicklung gerichtet ist.[981] Im Einvernehmen der Gesellschafter kann es jedoch zu Austritten sowie zu Anteilsübertragungen kommen.[982] Möglich ist damit auch im Abwicklungsstadium eine Gesamtrechtsnachfolge eines letztverbleibenden Gesellschafters in das Gesellschaftsvermögen einschließlich der Einzelansprüche. Die Durchsetzungssperre entfällt dadurch und mit ihr die Verjährungshemmung, da die Einzelansprüche dann nicht mehr in ein Abwicklungsverfahren verstrickt sind, es sei denn, es handelt sich bei dem letztverbleibenden Gesellschafter wiederum um eine aufgelöste Personengesellschaft.

V. Aufgabe der Auseinandersetzungsabsicht

Betreiben die Gesellschafter die Auseinandersetzung der aufgelösten Gesellschaft nicht und lassen sie diese auf sich beruhen,[983] fragt sich, ob dies einen Einfluss auf die Einzelansprüche und ihre Verjährungshemmung hat. Im Grundsatz lässt schlichte Untätigkeit die bestehenden Rechtsverhältnisse unberührt und die durch die Auflösung einmal eingetretene Verjährungshemmung der Einzelansprüche dauert fort. Dies gilt im Extremfall sogar über einen Zeitraum von 30 Jahren hinaus, da die Durchsetzungssperre wie auch ihre Hemmungswirkung nicht gesellschaftsvertraglich herzuleiten ist, sodass die Beschränkung rechtsgeschäftlicher Verjährungserschwerung nach § 202 Abs. 2 BGB nicht gilt.

Denkbar ist jedoch, dass Einzelansprüche unter dem Gesichtspunkt der Verwirkung, einer Fallgruppe unzulässiger Rechtsausübung der Generalklausel des § 242 BGB, beeinflusst werden können.[984] Diese erfordert das Vorliegen der allgemeinen Verwirkungsvoraussetzungen, namentlich Zeit- und Umstandsmoment, sodass nur besondere Umstände, die nach einer Gesamtbetrachtung der Interessenlagen eine Geltendmachung als verspätet, widersprüchlich bzw. illoyal erscheinen lassen,[985] zur Verwirkung führen.

Losgelöst von der Verjährung der Einzelansprüche unterliegen auch die gegen die Mitgesellschafter gerichteten Ansprüche auf Mitwirkung an der

---

981 *Schäfer*, in: MüKoBGB, § 723 Rn. 10 sowie § 735 Rn. 17; *Schöne*, in: BeckOK-BGB, § 730 a.F. Rn. 21.

982 *Schäfer*, in: MüKoBGB, § 735 Rn. 17; *Schöne*, in: BeckOK-BGB, § 730 a.F. Rn. 21.

983 Vgl. zum „Versandenlassen" von aufgelösten Gesellschaften auch Fn. 14.

984 BGH v. 12.3.2008 – XII ZR 147/50, NJW 2008, 2254, Rn. 22; BGH v. 12.7.2016 – XI ZR 564/15, BGHZ 211, 123 = NJW 2016, 3512, Rn. 37.

985 *Schubert*, in: MüKoBGB, § 242 Rn. 475 ff.

Auseinandersetzung der dreijähren Regelverjährungsfrist des § 195 BGB.[986] Unterlässt es ein Gesellschafter, seine Mitgesellschafter rechtzeitig auf Vornahme der erforderlichen Auseinandersetzungshandlungen zu verklagen,[987] gehen seine Einzelansprüche aber faktisch mit der Verjährung des Mitwirkungsanspruchs verloren. Er kann dann die Beendigung der Auseinandersetzung nicht mehr erzwingen und auch den Auflösungszustand der Gesellschaft – und mit ihm die „*Lähmung*"[988] der Einzelforderungen – in aller Regel nicht mehr einseitig beeinflussen.[989]

VI. Zwischenergebnis

Soweit Einzelansprüche von vornherein von der Durchsetzungssperre ausgenommen sind[990] oder während der Liquidationsphase von der Durchsetzungssperre ausgenommen werden,[991] greift für sie keine Verjährungshemmung.

Wird eine aufgelöste Gesellschaft fortgesetzt, entfällt die Durchsetzungssperre und mit ihr die Hemmungswirkung. Die Verjährungsfrist läuft am Folgetag des Fortsetzungsereignisses wieder an. Zu einer Ablaufhemmung kommt es auf Grundlage der Gesamtanalogie zu §§ 205 – 208 BGB nicht.

Mündet die Liquidation in der Feststellung einer Auseinandersetzungsrechnung, so erlöschen dadurch alle Einzelansprüche.[992] Durchsetzungssperre und Hemmungswirkung erledigen sich damit. Es existiert danach nur noch der einheitliche Anspruch auf das Auseinandersetzungsguthaben (bzw. auf Zahlung in das Gesellschaftsvermögen), der innerhalb der Regelverjährung des § 195 BGB verjährt.

---

986 *Freund*, MDR 2011, 577 f.

987 Dazu BGH v. 24.11.1980 – II ZR 194/79, NJW 1981, 749; *Schöne*, in: BeckOK-BGB, § 730 a.F. Rn. 18.

988 *Brandani*, Die BGB-Gesellschaft in der Liquidation, S. 124; *Stüber*, Der Grundsatz der Durchsetzungssperre bei Liquidation von Personengesellschaften, S. 214.

989 In der Regel bedarf es dazu eines einstimmigen Beschlusses der Gesellschafter, OLG Frankfurt v. 17.8.1987 – 20 W 262/87, NJW-RR 1988, 225; *Schöne*, in: BeckOK-BGB, § 734 Rn. 9. In § 734 BGB n.F., § 142 HGB n.F. ist nunmehr die Fortsetzung der Gesellschaft gesetzlich geregelt.

990 So bei Einzelansprüchen mit besonderem Selbständigkeitsgehalt.

991 So bei Sozialansprüchen, deren Einziehung die Gesellschaft zur Durchführung der Liquidation bedarf.

992 Dies gilt nicht, soweit Einzelansprüche nicht Teil der Auseinandersetzungsrechnung waren.

Gehen die liquidationsbefangenen Einzelansprüche durch Umwandlungsmaßnahmen auf einen anderen Rechtsträger über, so kann dadurch die Durchsetzungssperre und mit ihr das verjährungshemmende Durchsetzungshindernis entfallen. Bei der Verschmelzung und Spaltung ist dies zwingend der Fall, da der übernehmende Rechtsträger sich nie im Auflösungsstadium befinden darf, §§ 3 Abs. 3, 124 Abs. 2 UmwG. Die Verjährungsfristen laufen dann am Folgetag der zur Gesamtrechtsnachfolge führenden Eintragung der jeweiligen Umwandlungsmaßnahme wieder an.

Wird die Auseinandersetzung nicht weiterbetrieben, bleibt es bei der einmal eingetretenen Hemmung der Verjährung der Einzelansprüche. Allenfalls bei Hinzutreten besonderer Umstände kann zur Anwendung der Grundsätze der Verwirkung in Bezug auf die Einzelansprüche kommen. Mit Verjährung der Ansprüche auf Mitwirkung an der Auseinandersetzung gehen die Einzelansprüche aber faktisch verloren.

Im Ganzen kommt es damit zum Gleichlauf von Verjährungshemmung und Durchsetzungssperre.

H. Zusammenfassung und Thesen

I. Der Grundsatz der Durchsetzungssperre ist gesetzlich nicht geregelt, sondern im Rahmen der Rechtsfortbildung durch die Gerichte entwickelt worden. Er leitet sich aus der gesellschaftsrechtlichen Treuepflicht sowie aus der *Dolo-agit*-Einrede als Ausprägung des Grundsatzes von Treu und Glauben nach § 242 BGB her.[993]

II. Die Durchsetzungssperre greift in der Liquidation von Personengesellschaften sowie beim Ausscheiden von Gesellschaftern aus Personengesellschaften. Auf Kapitalgesellschaften findet sie keine Anwendung.[994]

III. Ihr Anwendungsbereich erstreckt sich auf alle wechselseitigen Ansprüche aus dem Gesellschaftsverhältnis sowie auf Ansprüche, die gerade aufgrund eines konkreten, inneren Zusammenhangs zur Gesellschafterstellung (*causa societatis*) begründet wurden. Abzulehnen sind teilweise vertretene Auffassungen, die den Anwendungsbereich auf die Sozialsphäre oder – noch enger – auf Ansprüche der Gesellschafter beschränken wollen. Diese Auffassungen widersprechen dem Ziel einer einheitlichen Behandlung aller Einzelansprüche aus dem Innenverhältnis der Gesellschaft.[995]

IV. Vom Grundsatz der Durchsetzungssperre sind entgegen der Rechtsprechung nur zwei Ausnahmen anzuerkennen, namentlich Ansprüche, denen ein besonderer Selbständigkeitscharakter zukommt, sowie Ansprüche, auf deren Erfüllung die Gesellschaft zur Durchführung der Liquidation angewiesen ist. Es bleibt damit bei einem weiten Anwendungsbereich der Durchsetzungssperre, der nur in wenigen Ausnahmefällen eingeschränkt wird.[996]

V. In ihrem Anwendungsbereich sind Durchsetzungssperre und Liquidationsbefangenheit, also die Bestimmung, welche Ansprüche von dem Durchsetzungshindernis erfasst sind und welche Ansprüche in das Auseinandersetzungsverfahren einbezogen sind, grundsätzlich deckungsgleich.

---

993 Dazu C.I.
994 Dazu C.II.1.
995 Dazu C.II.3.
996 Dazu C.III.

Soweit Ausnahmen von der Durchsetzungssperre greifen, entfällt allerdings lediglich die Durchsetzungssperre, die Liquidationsbefangenheit dieser Ansprüche besteht hingegen fort. Liquidationsbefangene Ansprüche, für die eine Ausnahme von der Durchsetzungssperre gilt, nehmen daher am Auseinandersetzungsverfahren teil, sofern sie nicht während der Liquidation erfüllt werden.[997]

VI. Die Durchsetzungssperre nimmt den Einzelansprüchen die Durchsetzbarkeit. Sie begründet ein Leistungsverweigerungsrecht des Schuldners und ist damit lediglich eine Einrede. Die rechtliche Existenz der Einzelansprüche lässt sie unberührt. Die Erfüllbarkeit ist weiterhin gegeben. Eine Erfüllung ist damit – freiwillig – möglich. Zulässig ist die Aufrechnung *gegen* Einzelansprüche, nicht hingegen die Aufrechnung *mit* Einzelansprüchen. Die Abtretbarkeit der Einzelansprüche an Dritte ist nach der Auflösung ausgeschlossen. Hingegen bleibt eine Abtretung an Mitgesellschafter oder die Gesellschaft zulässig. Ein Schuldnerverzug ist aufgrund der Durchsetzungssperre ausgeschlossen.[998]

VII. Die rechtspolitischen Gründe für einen Verjährungseintritt sind während der Liquidationsphase großenteils nicht einschlägig. Zudem überlagert der Zweck der Durchsetzungssperre, die Einzelansprüche für die spätere Auseinandersetzungsrechnung zu konservieren und einheitlich in einem Gesamtverfahren zu behandeln, die allgemeinen Verjährungszwecke. Der Zweck der Durchsetzungssperre dient der Anspruchserhaltung und steht damit in Widerspruch zu einem Verjährungseintritt. Gleichwohl existiert für die liquidationsrechtliche Durchsetzungssperre kein gesonderter Tatbestand der Verjährungshemmung.[999]

VIII. In der Liquidation kann eine Verjährungshemmung durchsetzungsgesperrter Einzelansprüche durch die allgemeinen Hemmungstatbestände, etwa Verhandlungen nach § 203 BGB, nur in sehr eingeschränktem Umfang herbeigeführt werden. Insbesondere stehen die Leistungsklage sowie alle anderen auf eine Rechtsdurchsetzung gerichteten Verfahren, etwa das Mahnverfahren, als Hemmungsinstrumente nicht zur Verfügung. Auch erfasst der enge Tatbestand der Verjährungshemmung für vertragliche

997 Dazu C.II.4.b. sowie C.III.11.b.
998 Dazu C.IV.
999 Dazu D.I bis D.IV.

Leistungsverweigerungsrechte nach § 205 BGB die liquidationsrechtliche Durchsetzungssperre nicht.[1000]

IX. Bei schlichter Gesetzesanwendung droht deshalb Verjährung, obwohl die rechtspolitischen Gründe für einen Verjährungseintritt und auch der Zweck der Durchsetzungssperre dies nicht gebieten.

X. Diese Verjährungsthematik stellt sich nicht nur bei der liquidationsrechtlichen Durchsetzungssperre, sondern auch bei anderen Durchsetzungs- und Auszahlungssperren.[1001] Teilweise lassen sich solche Durchsetzungs- und Auszahlungssperren unter allgemeine Hemmungsnormen subsumieren.[1002] Teilweise stehen für diese auch spezifische gesetzliche Hemmungsinstrumente zur Verfügung.[1003]

XI. Die meisten dieser Durchsetzungs- und Auszahlungssperren unterscheiden sich in Rechtsnatur, Wirkungen, Interessenlagen, Funktionen und Zweckrichtungen zur liquidationsrechtlichen Durchsetzungssperre erheblich, sodass eine Übertragung der dort vorgefundenen Lösungen zur Verjährungsthematik ausscheidet.[1004] Soweit bei einer der verglichenen Durchsetzungssperren eine Ähnlichkeit angenommen werden kann,[1005] fehlt es dort an tauglichen Lösungsansätzen.[1006] Es bedarf daher der Entwicklung eines eigenen Lösungsansatzes für die liquidationsrechtliche Durchsetzungssperre im Rahmen der Rechtsfortbildung.

1000 Dazu F.II.

1001 Dazu E – Durchsetzungssperren beim Kontokorrent, bei der Kapitalerhaltung nach § 30 Abs. 1 GmbHG, im Rahmen des früheren Eigenkapitalersatzrechts, bei der vorinsolvenzlichen Durchsetzungssperre des qualifizierten Rangrücktritts, bei der Treuepflicht als Durchsetzungshindernis und im Insolvenzverfahren.

1002 Etwa beim Kontokorrent unter § 205 BGB.

1003 Etwa die Anspruchsanmeldung nach § 204 Abs. 1 Nr. 10 BGB im Insolvenzverfahren oder § 771 Satz 2 BGB für den Bürgschaftsanspruch.

1004 Dies gilt für die Durchsetzungssperren beim Kontokorrent, bei der vorinsolvenzlichen Durchsetzungssperre des qualifizierten Rangrücktritts und im Insolvenzverfahren.

1005 Dies gilt für die Durchsetzungssperre aus der Treuepflicht in der Krise der Gesellschaft.

1006 Dazu E.IV.

XII. Verjährungsnormen, einschließlich der Tatbestände zur Verjährungshemmung, sind eng auszulegen.[1007] Rechtsfortbildungen im Verjährungsbereich sind nur mit Zurückhaltung vorzunehmen und bedürfen besonderer Begründungstiefe. Dies erfordert der formale Charakter des Verjährungsrechts und die Rechtssicherheit.[1008]

XIII. Die Durchsetzungssperre begründet im Wege einer Gesamtanalogie zu §§ 205 bis 208 BGB die Verjährungshemmung der Einzelansprüche in der Liquidation bzw. bei Ausscheiden eines Gesellschafters. Diesen Normen liegt der verallgemeinerungsfähige Rechtsgedanke zugrunde, dass Verjährung nicht eintreten soll, wenn der Gläubiger an einer Rechtsdurchsetzung aus tatsächlichen oder rechtlichen Gründen gehindert ist. Die Verjährungshemmung beginnt mit der Auflösung der Gesellschaft bzw. mit dem Ausscheiden eines Gesellschafters.[1009]

XIV. Die Verjährungshemmung greift nicht, soweit eine Ausnahme von der Durchsetzungssperre gilt. Ausnahme von der Durchsetzungssperre bestehen jedoch entgegen der Rechtsprechung nur für zwei Fallgestaltungen, die ihrerseits restriktiv anzuwenden sind. Es kommt damit nahezu flächendeckend zur Hemmung der Verjährung der Einzelansprüche in der Liquidation.[1010]

XV. Andere Konzepte zur Begründung des Nichteintritts der Verjährung in der Liquidation überschreiten den Rahmen des rechtsmethodisch Vertretbaren und entfernen sich weit von dem bislang erreichten Entwicklungsstand der Rechtsfigur. Insbesondere ist die Verjährungsthematik nicht mit weitreichenden Rechtsumgestaltungen[1011] zu bewältigen, für die es keine Anknüpfungspunkte gibt. Manche Konzepte sind auch mit dem Wesen der liquidationsrechtlichen Durchsetzungssperre nicht zu vereinbaren.[1012]

XVI. Die Durchsetzungssperre kann wieder entfallen, wenn das Liquidationsverfahren endet oder diesem bestimmte Einzelansprüche entzogen

---

1007 Eine Ausnahme gilt für § 203 BGB, der weit auszulegen ist, *Boecken*, BGB AT, Rn. 717.

1008 Dazu D.V.

1009 Dazu F.IV.

1010 Dazu F.IV.3.

1011 Etwa durch das Konzept eines Nichtanspruchs.

1012 Dazu F.X.

werden. Dazu kann es kommen, wenn die Fortsetzung der Gesellschaft beschlossen wird, eine Ausnahme von der Durchsetzungssperre eingreift oder Umwandlungsmaßnahmen vorgenommen werden, durch die die Einzelansprüche auf einen nicht in Auflösung befindlichen Rechtsträger übergehen.[1013]

XVII. Mit dem Wegfall der Durchsetzungssperre werden die Einzelansprüche wieder durchsetzbar und auch die verjährungshemmende Wirkung entfällt. Die Verjährungsfristen der Einzelansprüche laufen am Folgetag des Wegfallereignisses wieder an. Zu einer Ablaufhemmung kommt es nicht.[1014]

1013 Dazu G.

1014 Dazu G.

Literaturverzeichnis

Altmeppen, Holger: Kommentar zum Gesetz betreffend die Gesellschaften mit beschränkter Haftung, 11. Aufl., München 2023
(zitiert als: *Altmeppen*, GmbHG)

Armbrüster, Christian: Verjährbarkeit der Vindikation?, in: Festschrift für Harm Peter Westermann zum 70. Geburtstag, Köln 2008, S. 53 ff.
(zitiert als: *Armbrüster*, Verjährbarkeit der Vindikation?)

Bayer, Walter/ Hommelhoff, Peter/ Kleindiek, Detlef: Kommentar zum Gesetz betreffend die Gesellschaften mit beschränkter Haftung, 21. Aufl., Köln 2023,
(zitiert als: *Bearbeiter*, in: Lutter/Hommelhoff)

Beck'sche Online-Formulare: Beck'sche Online-Formulare Vertrag Krauß, Hans-Frieder/ Weise, Stefan (Hrsg.), 70. Aufl., München 2024
(zitiert als: *Bearbeiter*, in: BeckOF-Vertrag)

Beck'scher Bilanz-Kommentar: Kommentar zum Bilanzrecht Grottel, Bernd/ Justenhoven, Petra/ Kliem, Bernd/ Schubert, Wolfgang/ Deubert, Michael (Hrsg.), 14. Aufl., München 2024
(zitiert als: *Bearbeiter*, in: BeckBilanzK)

Beck'scher Online Großkommentar: Großkommentar zum Handelsgesetzbuch Henssler, Martin (Hrsg.), Stand: 15.07.2024, München 2024
(zitiert als: *Bearbeiter*, in: BeckOGK-HGB)

Ders.: Großkommentar zum Umwandlungsgesetz Habersack, Mathias/ Wicke, Hartmut (Hrsg.), Stand: 01.10.2024, München 2024
(zitiert als: *Bearbeiter*, in: BeckOGK-UmwG)

Beck'scher Online-Kommentar: Kommentar zum Bürgerlichen Gesetzbuch Hau, Wolfgang/ Poseck, Roman (Hrsg.), Stand: 01.08.2024, München 2024
(zitiert als: *Bearbeiter*, in: BeckOK-BGB)

Ders.: Kommentar zum Gesetz betreffend die Gesellschaften mit beschränkter Haftung Ziemons, Hildegard/ Jaeger, Carsten/ Pöschke, Moritz (Hrsg.), Stand: 01.08.2024, München 2024
(zitiert als: *Bearbeiter*, in: BeckOK-GmbHG)

Ders.: Kommentar zum Handelsgesetzbuch Häublein, Martin/ Hoffmann-Theinert, Roland/ Poll Jens (Hrsg.), Stand: 01.10.2024, München 2024
(zitiert als: *Bearbeiter*, in: BeckOK-HGB)

Ders.: Kommentar zum Insolvenzrecht Fridgen, Alexander/ Geiwitz, Arndt/ Göpfert, Burkard (Hrsg.), Stand: 15.07.2024, München 2024
(zitiert als: *Bearbeiter*, in: BeckOK-InsO)

Ders.: Kommentar zur Zivilprozessordnung Vorwerk, Volkert/ Wolf, Christian (Hrsg.), Stand: 01.09.2024, München 2024
(zitiert als: *Bearbeiter*, in: BeckOK-ZPO)

Boecken, Winfried: BGB – Allgemeiner Teil, 3. Aufl., Stuttgart 2019
(zitiert als: *Boecken*, BGB AT)

Brandani, Andrea: Die BGB-Gesellschaft in der Liquidation, Frankfurt am Main 2002
(zitiert als: *Brandani*, Die BGB-Gesellschaft in der Liquidation)

Braun, Eberhard: Kommentar zur Insolvenzordnung, 10. Aufl., München 2024
(zitiert als: *Bearbeiter*, in: Braun)

Brecher, Fritz: Scheinbegründungen und Methodenehrlichkeit im Zivilrecht, in: Festschrift für Arthur Nikisch, Tübingen 1958, S. 227 ff.
(zitiert als: *Brecher*, Scheinbegründungen und Methodenehrlichkeit im Zivilrecht)

Brox, Hans/ Walker, Wolf-Dietrich: Allgemeiner Teil des BGB, 48. Aufl., München 2024
(zitiert als: *Brox/Walker*, BGB AT)

Canaris, Claus-Wilhelm: Die Feststellung von Lücken im Gesetz, 2. Aufl., Berlin, 1983
(zitiert als: *Canaris*, Die Feststellung von Lücken im Gesetz)

Ebenroth, Carsten Thomas/ Boujong, Karlheinz: Kommentar zum Handelsgesetzbuch
– Band 1: Handelsgesetzbuch, §§ 1 – 342r, 5. Aufl., München 2024
– Band 1: Handelsgesetzbuch, §§ 1 – 342e, 4. Aufl., München 2020
– Band 2: Handelsgesetzbuch, §§ 343 – 475h, Transportrecht, Bank- und Kapitalmarktrecht, 5. Aufl., München 2024
(zitiert als: *Bearbeiter*, in: Ebenroth/Boujong)

Ellenberger, Jürgen/ Bunte, Hermann-Josef: Bankrechts-Handbuch, 6. Aufl., München 2022
(zitiert als: *Bearbeiter*, in: Bankrechts-Handbuch)

Ensthaler, Jürgen: Die Liquidation von Personengesellschaften, Gewinn- und Verlustrechnung bei der Liquidation der Gesellschaft und beim Ausscheiden eines Gesellschafters, Berlin 1985
(zitiert als: *Ensthaler*, Die Liquidation von Personengesellschaften)

Erman, Walter: Kommentar zum Bürgerlichen Gesetzbuch
– Band 1: §§ 1 – 778 BGB, AGG, 16. Aufl., Köln 2020
– Band 2: §§ 598 – 1588 BGB, WZGA, VersAusglG, 17. Aufl., Köln 2023
(zitiert als: *Bearbeiter*, in: Erman)

Esser, Josef: Grundsatz und Norm in der richterlichen Fortbildung des Privatrechts, Tübingen 1974
(zitiert als: *Esser*, Grundsatz und Norm in der richterlichen Fortbildung des Privatrechts)

Fallmann, Manuel: Sekundäre Lücken im Recht, Richterliche Rechtsanpassungen angesichts des Umstands- und Wertewandels, Berlin 2021
(zitiert als: *Fallmann*, Sekundäre Lücken im Recht)

Fischer, Robert: Die Weiterbildung des Rechts durch die Rechtsprechung, Karlsruhe 1971
(zitiert als: *Fischer*, Die Weiterbildung des Rechts durch die Rechtsprechung)

Freund, Stefan: Die gesellschaftsrechtliche Durchsetzungssperre, MDR 2011, 577 ff.

Gebele, Alexander/ Scholz, Kai-Steffen (Hrsg.): Beck'sches Formularbuch Bürgerliches, Handels- und Wirtschaftsrecht, 14. Aufl., München 2022
(zitiert als: *Bearbeiter*, in: Beck'sches FB Bürgerliches, Handels- und Wirtschaftsrecht)

Grüneberg, Christian: Kommentar zum Bürgerlichen Gesetzbuch
– 84. Aufl., München 2025
– 82. Aufl., München 2023
(zitiert als: *Bearbeiter*, in: Grüneberg)

Gummert, Hans/Weipert, Lutz (Hrsg.): Münchener Handbuch des Gesellschaftsrechts
– Band 1: BGB-Gesellschaft, Offene Handelsgesellschaft, Partnerschaftsgesellschaft, EWIV, 6. Aufl., München 2024
– Band 3: Gesellschaft mit beschränkter Haftung, 6. Aufl., München 2023
(zitiert als: *Bearbeiter*, in: MünchHB GesR)

Habersack, Mathias: Die Anerkennung der Rechts- und Parteifähigkeit der GbR und der akzessorischen Gesellschafterhaftung durch den BGH, BB 2001, 477 ff.

Habersack, Mathias/ Casper, Matthias/ Löbbe, Marc: Gesetz betreffend die Gesellschaften mit beschränkter Haftung – Großkommentar
– Band 2: §§ 29 – 52, 3. Aufl., Tübingen 2020
(zitiert als: *Bearbeiter*, in: Habersack/Casper/Löbbe)

Hadding, Walther/ Häuser, Franz: Zum Rückgriff des haftenden Gesellschafters einer Gesellschaft des bürgerlichen Rechts, WM 1988, 1585 ff.

Heckschen, Heribert/ Kreusslein, Matthias: Gesellschafterdarlehen und -sicherheiten in der Krise, RNotZ 2016, 351 ff.

Hell, Patrick: Grundzüge und Modernisierung des Rechts der Gesellschaft bürgerlichen Rechts (GbR), JA 2021, 12 ff.

Hellmann, Katharina: Die Auseinandersetzung des Gesellschaftsvermögens nach Auflösung und Ausscheiden – Anspruchsermittlung und prozessuale Durchsetzung am Beispiel der Außengesellschaft bürgerlichen Rechts, Konstanzer Online-Publikations-System (KOPS), URL: http://nbn-resolving.de/urn:nbn:de:bsz:352-242684
(zitiert als: *Hellmann*, Die Auseinandersetzung des Gesellschaftsvermögens nach Auflösung und Ausscheiden)

Henssler, Martin/ Strohn, Lutz (Hrsg.): Gesellschaftsrecht, 6. Aufl., München 2024
(zitiert als: *Bearbeiter*, in: Henssler/Strohn, GesR)

Hillers, Klaus: Personengesellschaft und Liquidation, Köln 1989
(zitiert als: *Hillers*, Personengesellschaft und Liquidation)

Hopt, Klaus (Hrsg.): Kommentar zum Handelsgesetzbuch, 43. Aufl., München 2024
(zitiert als: *Bearbeiter*, in: Hopt)

Jauernig, Othmar: Bürgerliches Gesetzbuch, 19. Aufl., München 2023
(zitiert als: *Bearbeiter*, in: Jauernig)

Juris Praxiskommentar: Kommentar zum Bürgerlichen Gesetzbuch
– Band 1: Allgemeiner Teil, §§ 1 – 240a, 10. Aufl., München 2023
– Band 2: Schuldrecht, §§ 241 – 853, 10. Aufl., München 2023
(zitiert als: *Bearbeiter*, in: jurisPK-BGB)

Kahle, Holger/ Prinz, Ulrich (Hrsg.): Beck'sches Handbuch der Personengesellschaften, 5. Aufl., München 2020
(zitiert als: *Bearbeiter*, in: Beck'sches HB PersG)

Kaufmann, Arthur: Analogie und „Natur der Sache", Zugleich ein Beitrag zur Lehre vom Typus, 2. Aufl., Heidelberg 1982
(zitiert als: *Kaufmann*, Analogie und „Natur der Sache")

Kindler, Peter: Grundkurs Handels- und Gesellschaftsrecht, 10. Aufl., München 2024
(zitiert als: *Kindler*, Grundkurs Handels- und Gesellschaftsrecht)

Koch, Jens: Aktiengesetz, 18. Aufl., München 2024
(zitiert als: *Koch*, AktG)

Ders.: Personengesellschaftsrecht – Kommentar, 1. Aufl., Köln 2024
(zitiert als: *Bearbeiter*, in: Koch, PersG)

Kramer, Ernst/ Arnet, Ruth: Juristische Methodenlehre, 7. Aufl., Bern 2024
(zitiert als: *Kramer/Arnet*, Juristische Methodenlehre)

Krebs, Peter/ Becker, Maximilian: Entstehung und Abänderbarkeit von Gewohnheitsrecht, JuS 2013, 97 ff.

Langenbucher, Katja: Die Entwicklung und Auslegung von Richterrecht, Eine methodologische Untersuchung zur richterlichen Rechtsfortbildung im deutschen Zivilrecht, München 1996
(zitiert als: *Langenbucher*, Die Entwicklung und Auslegung von Richterrecht)

Langenbucher, Katja/ Bliesener, Dirk/ Spindler, Gerald (Hrsg.): Bankrechts-Kommentar, 3. Aufl., München 2020
(zitiert als: *Bearbeiter*, in: Langenbucher/Bliesener/Spindler)

Larenz, Karl: Methodenlehre der Rechtswissenschaft, 6. Aufl., Berlin 1991
(zitiert als: *Larenz*, Methodenlehre der Rechtswissenschaft)

Ders.: Wegweiser zu richterlicher Rechtsschöpfung, in: Festschrift für Arthur Nikisch, Tübingen 1958, S. 275 ff.
(zitiert als: *Larenz*, Wegweiser zu richterlicher Rechtsschöpfung)

Larenz, Karl/ Canaris, Claus-Wilhelm: Methodenlehre der Rechtswissenschaft, 3. Aufl., Berlin 1995
(zitiert als: *Larenz/Canaris*, Methodenlehre der Rechtswissenschaft)

Leenen, Detlef: Die Neugestaltung des Verjährungsrechts durch das Schuldrechtsmodernisierungsgesetz, DStR 2002, 34 ff.

Mansel, Heinz-Peter: Die Neuregelung des Verjährungsrechts, NJW 2002, 89 ff.

Medicus, Dieter/ Petersen, Jens: Bürgerliches Recht, Eine nach Anspruchsgrundlagen geordnete Darstellung zur Examensvorbereitung, 29. Aufl., München 2023
(zitiert als: *Medicus/Petersen*, Bürgerliches Recht)

Meier, Patrick/ Jocham, Felix: Rechtsfortbildung – Methodischer Balanceakt zwischen Gewaltenteilung und materieller Gerechtigkeit, JuS 2016, 392 ff.

Messer, Herbert: Gesellschaftsbezogene Forderungen als unselbständige Rechnungsposten in der Auseinandersetzungsrechnung der Gesellschaft, in: Festschrift für Walter Stimpel zum 68. Geburtstag, Berlin 1985, S. 205 ff.
(zitiert als: *Messer*, Gesellschaftsbezogene Forderungen in der Auseinandersetzung)

Michalski, Lutz: Schranken der Durchsetzbarkeit eines abgetretenen Abfindungsanspruchs, NZG 2008, 57 ff.

Michalski, Lutz/ Heidinger, Andreas/ Leible, Stefan/ Schmidt, Jessica: Kommentar zum Gesetz betreffend die Gesellschaften mit beschränkter Haftung
– Band 1: Systematische Darstellungen, §§ 1 – 34, 4. Aufl., München 2023
(zitiert als: *Bearbeiter*, in: Michalski)

Möllers, Thomas: Juristische Methodenlehre, 5. Aufl., München 2023
(zitiert als: *Möllers*, Juristische Methodenlehre)

Mugdan, Benno (Hrsg.): Die gesammten Materialien zum Bürgerlichen Gesetzbuch für das Deutsche Reich
– Band 1: Einführungsgesetz und Allgemeiner Theil, Berlin 1899
– Band 2: Recht der Schuldverhältnisse, Berlin 1899
– Band 3: Sachenrecht, Berlin 1899
(zitiert als: *Mugdan*, Materialien)

Münchener Kommentar: Kommentar zum Bürgerlichen Gesetzbuch
– Band 1: Allgemeiner Teil, §§ 1 – 240, 9. Aufl., München 2021
– Band 2: Schuldrecht – Allgemeiner Teil I, §§ 241 – 310, 9. Aufl., München 2022
– Band 3: Schuldrecht – Allgemeiner Teil II, §§ 311 – 432, 9. Aufl., München 2022
– Band 7: Schuldrecht – Besonderer Teil IV, §§ 705 – 853, 9. Aufl., München 2024
– Band 8: Sachenrecht, §§ 854 – 1296, 9. Aufl., München 2023
(zitiert als: *Bearbeiter*, in: MüKoBGB)

Ders.: Kommentar zum Gesetz betreffend die Gesellschaften mit beschränkter Haftung
– Band 1: §§ 1 – 34, 4. Aufl., München 2022
(zitiert als: *Bearbeiter*, in: MüKoGmbHG)

Ders.: Kommentar zum Handelsgesetzbuch
– Band 2: Handelsgesellschaft und stille Gesellschaft, §§ 105 – 177a, 5. Aufl., München 2022
– Band 5: Handelsgeschäfte (§§ 343 – 406), 5. Aufl., München 2021
(zitiert als: *Bearbeiter*, in: MüKoHGB)

Ders.: Kommentar zur Insolvenzordnung
– Band 1: §§ 1 – 79, 4. Aufl., München 2019
– Band 2: §§ 80 – 216, 4. Aufl., München 2019
(zitiert als: *Bearbeiter*, in: MüKoInsO)

Ders.: Kommentar zur Zivilprozessordnung
– Band 2: §§ 355 – 945b, 6. Aufl., München 2020
(zitiert als: *Bearbeiter*, in: MüKoZPO)

Musielak, Hans-Joachim/ Voit, Wolfgang (Hrsg.): Kommentar zur Zivilprozessordnung mit Gerichtsverfassungsgesetz, 21. Aufl., München 2024
(zitiert als: *Bearbeiter*, in: Musielak/Voit)

Noack, Ulrich/ Servatius, Wolfgang/ Haas, Ulrich: Kommentar zum Gesetz betreffend die Gesellschaften mit beschränkter Haftung, 23. Aufl., München 2022
(zitiert als: *Bearbeiter*, in: Noack/Servatius/Haas)

Oetker, Harmut: Kommentar zum Handelsgesetzbuch, 8. Aufl., München 2024
(zitiert als: *Bearbeiter*, in: Oetker)

Oppenländer, Frank: Zivilrechtliche Aspekte der Gesellschafterkonten der OHG und KG, DStR 1999, 939 ff.

Oppenländer, Frank/ Trölitzsch, Thomas (Hrsg.): Praxishandbuch der GmbH-Geschäftsführung, 3. Aufl., München 2020
(zitiert als: *Bearbeiter*, in: Praxishandbuch der GmbH-Geschäftsführung)

Pape, Gerhard/ Reichelt, Daniel/ Schultz, Volker/ Voigt-Salus, Joachim: Insolvenzrecht, 3. Aufl., München 2022
(zitiert als: *Bearbeiter*, in: Pape/Reichelt/Schultz/Voigt-Salus, InsolvenzR)

Petersen, Jens: Einwendungen und Einreden, Jura 2008, 422 ff.

Perwein, Sigmund: Die Rechte der GmbH nach dem Kapitalerhaltungsgrundsatz – Verjährungsfalle für den Auszahlungsanspruch des Gesellschafters?, GmbHR 2006, 1149 ff.

Piekenbrock, Andreas: Befristung, Verjährung, Verschweigung und Verwirkung, Freiburg 2006
(zitiert als: *Piekenbrock*, Befristung, Verjährung, Verschweigung und Verwirkung)

Proff, Maximilian Freiherr von: Die Anwachsung als Gestaltungsmodell bei Personengesellschaften, DStR 2016, 2227 ff.

Raiser, Thomas/ Veil, Rüdiger: Recht der Kapitalgesellschaften, 6. Aufl., München 2015
(zitiert als: *Raiser/Veil*, Recht der Kapitalgesellschaften)

Reichert, Jochem: GmbH & Co. KG, 9. Aufl., München 2024
(zitiert als: *Bearbeiter*, in: Reichert, GmbH & Co. KG)

Reul, Adolf: Grundrechte und Vertragsfreiheit im Gesellschaftsrecht, DNotZ 2007, 184 ff.

Ring, Gerhard /Grziwotz, Herbert (Hrsg.): Systematischer Praxiskommentar Personengesellschaftsrecht, 2. Aufl., Köln 2021
(zitiert als: *Bearbeiter*, in: Ring/Grziwotz, PK-PersGesR)

Rodewald, Jörg: Zivil- und steuerrechtliche Bedeutung der Gestaltung von Gesellschafterkonten, GmbHR 1998, 521 ff.

Röhl, Klaus/ Röhl, Hans Christian: Allgemeine Rechtslehre, 3. Aufl., Köln 2008
(zitiert als: *Röhl/Röhl*, Allgemeine Rechtslehre)

Römermann, Volker (Hrsg.): Kommentar zur Insolvenzordnung, Stand: 49. EL Januar 2024, München 2024
(zitiert als: *Bearbeiter*, in: Römermann)

Rowedder, Heinz/ Pentz, Andreas: Kommentar zum Gesetz betreffend die Gesellschaften mit beschränkter Haftung, 7. Aufl., München 2022
(zitiert als: *Bearbeiter*, in: Rowedder/Pentz)

Rüthers, Bernd/ Fischer, Christian/ Birk, Axel: Rechtstheorie und Juristische Methodenlehre, 12. Aufl., München 2022
(zitiert als: *Rüthers/Fischer/Birk*, Rechtstheorie)

Saenger, Ingo: Gesellschaftsrecht, 6. Aufl., München 2023
(zitiert als: *Saenger*, GesR)

Ders. (Hrsg.): Zivilprozessordnung, 10. Aufl., Baden-Baden 2023
(zitiert als: *Bearbeiter*, in: Saenger, ZPO)

Schäfer, Carsten (Hrsg.): Das neue Personengesellschaftsrecht – Einführung zum MoPeG, München 2022
(zitiert als: *Bearbeiter*, in: Schäfer, Das neue Personengesellschaftsrecht)

Ders.: Gesellschaftsrecht, 6. Aufl., München 2023
(zitiert als: *Schäfer*, GesR)

Schlößer, Daniel: Die Hemmung der Verjährung des Bürgschaftsanspruchs nach neuem Schuldrecht, NJW 2006, 645 ff.

Schmidt, Karsten: Dogmatik und Praxis des Rangrücktritts, ZIP 2015, 901 ff.

Ders. (Hrsg.): Kommentar zur Insolvenzordnung, 20. Aufl., München 2023
(zitiert als: *Bearbeiter*, in: K. Schmidt)

Scholz, Franz: Kommentar zum Gesetz betreffend die Gesellschaften mit beschränkter Haftung
– Band 1: §§ 1 – 34, 13. Aufl., Köln 2022
– Band 3: §§ 53 – 88, 13. Aufl., Köln 2024
(zitiert als: *Bearbeiter*, in: Scholz)

Schulze, Reiner: Kommentar zum Bürgerlichen Gesetzbuch, 12. Aufl., Baden-Baden 2024
(zitiert als: *Bearbeiter*, in: Schulze)

Selb, Reiner: Zum Gesamtschuldnerregreß unter Gesellschaftern im Abwicklungsstadium einer BGB-Gesellschaft, EWiR 1988, 439 f.

Semler, Johannes/ Stengel, Arndt/ Leonard, Nina (Hrsg.): Kommentar zum Umwandlungsgesetz, 5. Aufl., München 2021
(zitiert als: *Bearbeiter*, in: Semler/Stengel/Leonard)

Serick, Rolf: Überschuldete Gesellschaft und konkursabwendender Forderungsrücktritt eines Nichtgesellschafters, ZIP 1980, 9 ff.

Servatius, Wolfgang: Gesellschaft bürgerlichen Rechts, §§ 705 – 740c BGB, Kommentar, München 2023
(zitiert als: *Servatius*, GbR)

Soergel, Hans Theodor: Kommentar zum Bürgerlichen Gesetzbuch
– Band 2/2, Allgemeiner Teil 2/2, §§ 158 – 240, Bearbeitung Frühjahr 2022, Stuttgart 2022
– Band 11/1, Schuldrecht 9/1, §§ 705 – 758, Bearbeitung Sommer 2011, Stuttgart 2011
(zitiert als: *Bearbeiter*, in: Soergel)

Staudinger, Julius von: Kommentar zum Bürgerlichen Gesetzbuch
– Erstes Buch: Allgemeiner Teil, §§ 164 – 240a, Neubearbeitung 2024, Berlin 2024
– Zweites Buch: Recht der Schuldverhältnisse, §§ 255 – 304, Neubearbeitung 2019, Berlin 2019
– Zweites Buch: Recht der Schuldverhältnisse, §§ 705 – 740, Bearbeitung 2003, Berlin 2003
(zitiert als: *Bearbeiter*, in: Staudinger)

Stöber, Michael: Kommentar zu OLG München, Urteil vom 25. Juni 2014 (7 U 961/14), BB 2014, 2642

Stüber, Katharina: Der Grundsatz der Durchsetzungssperre bei Liquidation von Personengesellschaften, Mannheim 2013
(zitiert als: *Stüber*, Der Grundsatz der Durchsetzungssperre bei Liquidation von Personengesellschaften)

Uhlenbruck, Wilhelm: Kommentar zur Insolvenzordnung
– Band 1: Insolvenzordnung, §§ 1 – 359, 15. Aufl., München 2019
(zitiert als: *Bearbeiter*, in: Uhlenbruck)

Ulrici, Bernhard/ Purrmann, Anja: Einwendungen und Einreden, JuS 2011, 104 ff.

Voßkuhle, Andreas: Zur Einwirkung der Verfassung auf das Zivilrecht, in: Festschrift für Rolf Stürner zum 70. Geburtstag, Tübingen 2013, S. 79 ff.
(zitiert als: *Voßkuhle*, Zur Einwirkung der Verfassung auf das Zivilrecht)

Wenner, Christian/ Schuster, Michael: Zum Jahresende: Die Hemmung der Verjährung durch die Anmeldung von Forderungen im Insolvenzverfahren, BB 2006, 2649 ff.

Westermann, Harm Peter/ Wertenbruch, Johannes (Hrsg.): Handbuch Personengesellschaften, Gesellschaftsrecht – Steuerrecht – Sozialversicherungsrecht, Verträge und Formulare, 88. Aufl., Köln 2024
(zitiert als: *Bearbeiter*, in: Handbuch PersG)

Wicke, Hartmut: Kommentar zum Gesetz betreffend die Gesellschaften mit beschränkter Haftung, 5. Aufl., München 2024
(zitiert als: *Wicke*, GmbHG)

Wiedemann, Herbert: Richterliche Rechtsfortbildung, NJW 2014, 2407 ff.

Windorfer, Matthias: Der Verjährungsverzicht, NJW 2015, 3329 ff.

Witt, Carl-Heinz: Schuldrechtsmodernisierung 2011/2002 – Das neue Verjährungsrecht, JuS 2002, 105 ff.

Lebenslauf

Alexander Gaub studierte Rechtwissenschaften an den Universitäten Konstanz und Oxford. Das Referendariat absolvierte er im Bezirk des Oberlandesgerichts Karlsruhe. Seit 2017 ist er als Rechtsanwalt tätig, zunächst in einer Wirtschaftskanzlei in Hamburg, seit 2021 in einer Wirtschaftskanzlei in Bonn. Er berät schwerpunktmäßig im Gesellschaftsrecht.

www.ingramcontent.com/pod-product-compliance
Ingram Content Group UK Ltd.
Pitfield, Milton Keynes, MK11 3LW, UK
UKHW021822290926
8980IPUK00004B/224

9 783631 933718